Seit Jahrzehnten kämpft Jürgen Todenhöfer gegen den »Irrsinn des Krieges«. Als Anfang 2011 die Menschen im Mittleren Osten gegen ihre Herrscher aufbegehrten, war er vor Ort, um dort insgesamt sieben Monate lang zu recherchieren. Oft unter großen Gefahren. In seinem Buch erzählt Jürgen Todenhöfer von seinen dramatischen Erlebnissen in Ägypten, Libyen und Syrien, aber auch in Afghanistan, Irak, Iran und in Gaza. Dabei schildert er nicht nur Bombardements und Straßenkämpfe sowie die Angst, das Leiden und Sterben Unschuldiger, sondern berichtet auch ausführlich von seinen Gesprächen mit beiden Seiten – Rebellen und Staatsführer.

Eindringlich widerlegt Todenhöfer die Argumente, die hiesige Politiker und Medien zur Rechtfertigung der vom Westen geführten oder geschürten Kriege vorbringen. Wenn die muslimische Welt systematisch dämonisiert wird, wenn von »Schurkenstaaten« oder vom »Krieg gegen den Terror« die Rede ist, geht es nie wirklich um Menschenrechte und Demokratie, sondern um handfeste Interessen des Westens: um Bodenschätze, Vormachtstreben, Geostrategie. Am Ende seiner Reisen steht ein nachdrückliches Bekenntnis gegen den Krieg: »Wenn alle Menschen gleich sind – warum ist man dann ein Mörder, wenn man einen Menschen im Westen tötet, aber ein Held, wenn man in Afghanistan einen Afghanen tötet? Wenn wir das Böse bekämpfen wollen, sollten wir bei uns anfangen. Bei der Heuchelei, mit der wir unsere Kriege als edle Taten darstellen. Das Böse liegt nicht im Mittleren Osten. Es liegt in uns allen.«

JÜRGEN TODENHÖFER, geboren 1940, war bis 2008 Manager eines europäischen Medienunternehmens, davor 18 Jahre lang Bundestagsabgeordneter und Sprecher der Unionsparteien für Entwicklungshilfe und Rüstungskontrolle. Er schrieb die Bestseller »Wer weint schon um Abdul und Tanaya?«, »Andy und Marwa – zwei Kinder und der Krieg«, »Warum tötest du, Zaid?« und »Teile dein Glück«. Mit seinen Buchhonoraren hat er u.a. ein Kinderheim in Afghanistan und ein Kinderkrankenhaus im Kongo gebaut sowie ein israelisch-palästinensisches Versöhnungsprojekt finanziert.

JÜRGEN TODENHÖFER

Du sollst nicht töten

Mein Traum vom Frieden

btb

Verlagsgruppe Random House FSC® N001967
Das für dieses Buch verwendete FSC®-zertifizierte
Papier *Lux Cream* liefert Stora Enso, Finnland.

1. Auflage
Genehmigte Taschenbuchausgabe März 2015
Copyright © der Originalausgabe 2013 by C. Bertelsmann Verlag, München,
in der Verlagsgruppe Random House GmbH
Umschlaggestaltung: semper smile, München nach einem
Umschlagentwurf von buxdesign, München unter Verwendung
von Fotos von © Julia Leeb
Die Fotos im Bildteil stammen, sofern nicht anders angegeben,
von Julia Leeb, Frédéric Todenhöfer und Belal El-Mogaddedi.
Die Rechte liegen beim Autor.
Karten: Peter Palm, Berlin
Satz: Uhl + Massopust, Aalen
Druck und Einband: CPI – Clausen & Bosse, Leck
SK · Herstellung: sc
Printed in Germany
ISBN 978-3-442-74866-2

www.btb-verlag.de
www.facebook.com/btbverlag
Besuchen Sie auch unseren LiteraturBlog www.transatlantik.de

Wir haben die Sklaverei, die Hexenverbrennung,
den Kolonialismus, den Rassismus und die Apartheid
überwunden. Wenn es uns gelingt, auch noch den Krieg
zu ächten, hat die Menschheit einen großen Schritt
nach vorne getan.

Jürgen Todenhöfer

Ist es dir nie rätselhaft vorgekommen, dass es bos-
haft ist, einen Menschen zu töten, aber ruhmreich,
zehntausend zu töten?

Lewis Fry Richardson im sokratischen
Dialog mit Shakespeares Portia

Für
Abdul Latif

Über sieben Monate war ich 2011 bis 2013 im Mittleren Osten unterwegs. Da ich ahnte, dass es zu großen Umwälzungen kommen könnte, nahm ich stets Zeugen mit. Julia, Frédéric, Belal und Khaled. Manchmal waren wir zu zweit, manchmal zu viert.

Meine Begleiter führten jeden Tag Protokoll. Oft bis tief in die Nacht hinein. Und sie fotografierten, so viel sie konnten. Von manchen Reisen besitze ich drei Protokolle sowie meine persönlichen Notizen. Mir war wichtig, alles, was ich erlebte, belegen zu können. Eine innere Stimme sagte mir, dass vieles bestritten würde. Wie gut, dass ich auf sie gehört habe.

Beim Schreiben des Buches habe ich von den Niederschriften meiner Begleiter kräftig profitiert. Dafür danke ich meinen Weggefährten. Vor allem aber danke ich ihnen dafür, dass sie unendlich viel riskiert haben, um diese Beschreibung von Krieg, Bürgerkrieg und Revolution aus nächster Nähe zu ermöglichen. Abdul Latif hat dafür sein Leben gegeben.

Inhalt

Prolog

I. Am Ende bleiben nur Tränen

II. Droge Krieg

III. Der Aufbruchversuch der arabischen Welt

IV. Sonderfall Syrien

VI. Eine andere Sicht auf Iran

Epilog
Das libysche Drama

Prolog

Die Fahrt nach Brega

Montag, 14. März 2011, 14 Uhr.

Auf einer Wüstenstraße fahren wir in unserem silbergrauen Hyundai Richtung Brega. Wir – das sind mein 54-jähriger libyscher Gastgeber Abdul Latif, der 21-jährige dunkelhäutige Libyer Yussuf, die 30-jährige deutsche Videojournalistin Julia Leeb und ich. Unser Ziel ist die kleine libysche Ölstadt Brega. Sie liegt rund 200 Kilometer südwestlich von Bengasi. In Bengasi hatte vor vier Wochen die Revolution begonnen. Drei Tage später hatten Gaddafis Truppen die Stadt verlassen und sich Richtung Brega zurückgezogen. Jetzt ist angeblich auch Brega befreit.

Die Farbe des Himmels hebt sich kaum vom Grau der Wüste ab. Immer wieder wirbelt der Wind die Sandkörner meterhoch auf und peitscht sie gegen die Windschutzscheibe. Die Landschaft wirkt unwirtlich, abweisend. Nirgendwo ein Zeichen von Leben.

Doch die Stimmung im Auto ist fast überschwänglich. Wo Abdul Latif ist, herrscht gute Laune. Seine Herzlichkeit verzaubert alle Menschen. Seit er vor drei Tagen im regnerischen Tobruk sein Haupt mit den wallend weißen Haaren lachend durch das Fenster unseres Autos steckte, nenne ich ihn »my smiling hero – meinen lächelnden Helden«. Ich hatte ganz vergessen, dass es so positive Menschen gibt.

Heute ist für Abdul Latif ein besonderer Tag. Er ist nicht nur berauscht vom Hochgefühl der arabischen Revolution. Er freut sich auch spitzbübisch, dass er den Rebellenführer der Region

Adschdabiya/Brega, General Suleiman Mahmoud, überlistet hat. Der kahlköpfige Mann mit dem grauen Bismarck-Schnauzer hatte Julia und mir einen langen Vortrag über Clausewitz und Rommel gehalten. Als er erfuhr, dass ich Rommels Sohn mehrfach getroffen hatte, leuchteten seine Augen. Doch dann erklärte er umso entschiedener, eine Weiterfahrt nach Brega komme nicht infrage. Da sei gestern noch gekämpft worden. Menschen, die die Rommel-Familie persönlich kannten, seien für solche Abenteuer »viel zu wertvoll«. Er war stolz auf diese merkwürdige Begründung.

Für mich war die Fahrt nach Brega damit erledigt. Ernüchtert waren wir in Abdul Latifs Auto gestiegen und hatten von der Entscheidung des Clausewitz-Generals berichtet. Als Abdul Latif unsere Enttäuschung sah, blitzten seine Augen schalkhaft.

Er wusste längst, wie er uns nach Brega bringen würde. Während er auf uns gewartet hatte, hatte ihn Yussuf, ein junger Libyer, gefragt, ob er nach Brega mitkommen könne. Er habe dort Familie. Er wisse einen Schleichweg durch die Wüste. Sicherheitshalber hatte Yussuf auch noch bei seiner Familie angerufen. Sie hatte bestätigt, dass die Ölstadt frei sei. Das Gleiche hatte ein langes Telefonat Abdul Latifs mit einem seiner besten Freunde in Brega ergeben.

Die Truppen Gaddafis, die die Stadt tagelang besetzt hatten, waren demnach abgezogen. Wir würden die Möglichkeit erhalten, mit Libyern zu sprechen, die die Besetzung erlebt hatten. Die schildern konnten, ob die Berichte der Medien über Massenerschießungen und Massenvergewaltigungen zutrafen. Die darlegen konnten, was Dichtung und Wahrheit war. Abdul Latif weiß, dass es genau das ist, was ich herausfinden will.

»Sie wissen doch, uns hält niemand auf«, lacht er. Dann singt er mit seiner rauchigen Stimme nicht ganz notenrein: »Yes, with a little help from my friends.« »Beatles«, sage ich. »Nein, Joe Cocker«, schmunzelt er. Er liebt Joe Cocker, Pink Floyd und Tangerine Dream.

Ein Sandsturm kommt auf. Abdul Latif lehnt sich weit nach vorn, um die Piste nicht zu verfehlen. Trotzdem kommen wir immer wieder vom Weg ab und rattern durch holpriges Wüstengelände. Der Sturm legt sich, aber es bleibt düster. Yussuf fotografiert unablässig mit seinem Handy, obwohl kaum etwas zu sehen ist. Am liebsten macht er Aufnahmen von Julia.

Plötzlich tauchen wie aus dem Nichts in der Ferne drei dunkle Punkte auf. Flimmernd nähern sie sich, werden größer, bedrohlicher. Da sie aus dem Gegenlicht kommen, können wir nicht erkennen, ob es Schützenpanzer oder mit Artillerie ausgestattete Pritschenwagen sind. Langsam, ihre Scheinwerfer auf- und abblendend, kommen sie auf uns zu. Im Irakkrieg hatten entgegenkommende blinkende Fahrzeuge immer höchste Gefahr bedeutet. Ihr Signal hieß: »Sofort Weg freimachen!« Wer nicht schnell genug reagierte, wurde weggeschossen. In den Hauptkampfjahren 2004 bis 2007 waren die Autobahnen des Irak gesäumt von ausgebrannten Fahrzeugen, deren Fahrer das zu spät verstanden hatten.

Abdul Latif fährt sofort an den Rand der Piste und stellt den Motor ab. Atemlos warten wir ab. Selbst als die düsteren Fahrzeuge sich bis auf 50 Meter genähert haben, sehen wir nur, dass es sich um Pickups, um Pritschenwagen, handelt. Ob sie Gaddafi-Kämpfer oder Rebellen transportieren, können wir nicht feststellen. Ihre Geschütze sind auf uns gerichtet.

Yussuf ist grau um die Nase, die tapfer filmende Julia bleich. »Freund oder Feind?«, frage ich Abdul Latif leise. Auch er weiß es nicht. Soldaten und Aufständische sehen hier meist gleich aus. Doch plötzlich reißt Abdul Latif die Senussi-Flagge der Rebellen hoch und hält sie gegen die Windschutzscheibe. An irgendetwas muss er erkannt haben, dass es Rebellenfahrzeuge sind. Die Aufständischen veranlasst das nicht, die Richtung ihrer Geschütze zu ändern. Sie schauen uns finster an. Wenige Meter vor uns halten sie.

Abdul Latif greift zu seiner Geheimwaffe, meinem ins Arabische übersetzten Buch *Warum tötest du, Zaid?*. Es hat uns in den drei Tagen, die wir in Libyen sind, schon mehrere Türen geöffnet. Ein Deutscher, der ein Buch in arabischer Sprache veröffentlicht, kann kein Feind sein, dachten die meisten. Wenn uns jemand mit Misstrauen begegnete, hatte Abdul Latif blitzschnell das Buch hervorgezogen und daraus vorgelesen. Selbst Mustafa Abd

Al-Dschalil, der Vorsitzende des Nationalen Übergangsrats, war einer Lesung nicht entkommen. Zehn Minuten lang musste sich das frischgebackene Oberhaupt des freien Libyen in der Rebellenstadt Al-Baida Auszüge aus dem *Zaid* anhören. Vor allem jene, die Libyen betrafen.

Unsere Wüstenrebellen sehen allerdings wie eine Räuberbande aus, die nur selten Bücher in die Hand nimmt. Doch Abdul Latif kennt kein Erbarmen. Noch während sie ihm ihre Waffen vor die Nase halten, beginnt er seinen Vortrag. Dabei deutet er mehrfach fast theatralisch auf mich. Unerschrocken kämpft seine Stimme gegen den heulenden Wind an, der fast zum Orkan angeschwollen ist. Staunend schauen die Kämpfer zu, wie Abdul Latif, einem Wüstenprediger gleich, mit ausladenden Gesten aus meinem Buch vorliest. Die Szenerie ist skurril.

Abdul Latif ist von seinem Vortrag selbst so mitgerissen, dass er auf Englisch schließt: »Die Russen und die Amerikaner haben uns nicht aufgehalten. Ihr werdet das jetzt auch nicht tun.« Dann lacht er sein herzliches Lachen, dem noch niemand widerstanden hat.

Sein Vortrag mitten in der Wüste ist so spektakulär, dass einige der Rebellen Beifall klatschen. Einer will mir gleich seine Kalaschnikow schenken. Aber ich lehne dankend ab. Auch weil Julia filmt. »Meine Waffe ist die Feder«, sage ich und bin froh, dass der Wind die pathetischen Worte gleich wieder forträgt. Eine Diskussion über die Revolution beginnt. Dann bekommen wir alle eine Dose Maracujasaft. Dankbar trinken wir das süße Zeug. Es ist das erste Getränk seit heute morgen.

In der Zwischenzeit werden wir von zwei weißen Pkws überholt. Seine Insassen, darunter ein Kleinkind, winken uns fröhlich zu. Sie haben Gepäck auf dem Dach und wollen offenbar auch nach Brega. Wir nehmen nun die Warnungen der Rebellen nicht mehr ganz so ernst. Wenn Familien mit Kindern durchkommen, schaffen wir das auch.

Nach herzlichen Umarmungen und dem unvermeidlichen Siegeszeichen geht es weiter. Die Rebellen hätten uns am liebsten eskortiert. Aber das haben wir überall abgelehnt. Auch in Brega wollen wir nicht mit bewaffneter Begleitung einfahren.

Abdul Latif gibt uns Datteln. Er selbst isst nur eine, weil er Diabetiker ist. Er erzählt uns, dass die Beduinen den Kern der letzten Dattel stets im Mund behalten. Er rege den Speichelfluss an und vermindere den Durst. In der Wüste könne das lebenswichtig sein.

Es gibt einen weiteren Grund, warum Abdul Latif heute so guter Stimmung ist. Er hatte frühmorgens einen Brief an Abd Al-Dschalil entworfen, in dem er aufzeigte, wie man eine NATO-Intervention noch vermeiden könne.

Wir haben über diese Frage in den letzten Tagen stundenlang diskutiert. Abdul Latif ist wie ich der Auffassung, dass eine Verhandlungslösung noch immer möglich ist. Die Alternative zur militärischen Intervention sei eine diplomatische Offensive. Ban Ki-moon, der sich bisher meist nur als Angsthase profiliert habe, müsse in Begleitung von Blauhelmen sofort nach Bengasi – als persönlicher Garant für die Sicherheit der Bevölkerung. Sarkozy und Berlusconi, die bekanntlich gute Freunde Gaddafis seien, müssten gleichzeitig zu Gesprächen nach Tripolis. Gaddafi werde sich diesen Verhandlungen nicht entziehen. Der persönliche Kontakt zu den Führern des Westens sei ihm stets wichtig gewesen.

Gleichzeitig sollten die arabischen Staaten demonstrativ die Lieferung einer eng begrenzten, symbolischen Zahl von Flugabwehrraketen an die Rebellen vorbereiten, um Gaddafi von Luftangriffen abzuschrecken. Parallel solle die UNO vor Bengasi und Tripolis Flottenverbände aufkreuzen lassen und eine wirksame Drohkulisse aufbauen.

Morgen will Abdul Latifs Sohn diesen Brief dem Revolutionsführer überbringen. Am Tag danach will Abdul Latif noch einmal zu ihm fahren. Gemeinsam mit mir. Er glaubt fest, dass wir ihn umstimmen können. Diplomatie und Abschreckung seien sinnvoller als Militärschläge der NATO.

Eine Befreiung Libyens durch die früheren Kolonialmächte hält er für absurd. Die Tunesier und Ägypter hätten ihre Revolutionen auch ohne die NATO geschafft. In Libyen sei bereits zu viel Blut geflossen. Auch die Soldaten Gaddafis seien Libyer. Die wenigsten seien Söldner aus Schwarzafrika, wie der Westen behaupte.

Abdul Latif beginnt zu erzählen. Wie sehr er den Westen bewundere, den er als Importeur von Arzneimitteln jedes Jahr bereist. Sogar die Italiener, die sein Land jahrzehntelang ausgebeutet hatten, mag er. Auch wenn er gern über ihre Eitelkeiten lacht. »Man muss verzeihen können«, meint er. »Das Leben ist zu kurz, um zu hassen.«

Dann spricht er über den Tod, den er als sufistisch geprägter Muslim nicht fürchtet. Wie alle Muslime wünsche er sich eine Erdbestattung. Als ich erkläre, dass ich für eine Feuerbestattung sei, schüttelt er lachend den Kopf. Das sei keine gute Idee. Darüber müssten wir noch mal sprechen. Außerdem würde ich noch gebraucht. Ich halte lachend dagegen, er werde viel mehr gebraucht. Von hinten kräht Julia aus Spaß dazwischen, das letzte Hemd habe offenbar viele Taschen. Wie meine Windjacke. Es ist ein ungewöhnlich heiteres Gespräch über den Tod.

Da wir uns nicht einigen können, wer mehr gebraucht werde, versprechen wir uns feierlich, in jedem Fall vorher noch gemeinsam in Tripolis die Befreiung Libyens zu feiern. Und anschließend ein paar Tage auf meiner Berghütte im Südtiroler Sulden zu verbringen. Um über Gott und die Welt zu diskutieren. Über den Sufismus und seine Philosophie der Freundschaft, Toleranz und Liebe.

Abdul Latif telefoniert zwischendurch mehrfach mit Freunden in Brega. Doch 30 Kilometer vor Brega, dort, wo die Sandpiste wieder in eine asphaltierte Straße übergeht, bricht der Empfang ab.

Plötzlich sehen wir, verteilt auf einer Strecke von etwa hundert Metern, sechs ausgebrannte Autos. Ich bitte Abdul Latif anzuhalten. »Why not?«, antwortet er wie üblich. Dann setzt er wegen des kalten Windes seine schwarze Zipfelmütze auf und steigt aus.

»Tal der Flammen« heiße der Ort hier, murmelt er. Julia beginnt zu filmen. Während wir zu den Autowracks gehen, ziehe ich meine Windjacke an. Die mit den vielen Taschen. Der Wind reißt sie mir fast aus der Hand.

Die Szenerie ist furchteinflößend. Die meisten der Pkws haben – als sie beschossen wurden – versucht, zu wenden und über die Wüste zu entkommen. Ohne Erfolg. Der unsichtbare Schütze hat sie zu bizarren Gebilden zusammengeschossen. Wahrscheinlich enthielten seine Raketen Phosphor oder Napalm. Die Plastikteile der Wagen sind zusammengeschmolzen oder verbrannt.

Auf der Straße liegen frische Baguettes, eine unversehrte Schachtel französischen Käses sowie zwei unbeschädigte orangefarbene Ölarbeiterhelme. Sie waren möglicherweise auf dem Dach eines der Autos verstaut und bei der Explosion weggeschleudert worden. Abdul Latif und Yussuf beginnen, die Straße von den zahlreichen Trümmern der Autos zu räumen.

Der Angriff

Beim Aussteigen hatte ich noch gedacht, die Fahrzeuge seien am frühen Morgen oder am Vorabend beschossen worden. Doch dann sehe ich unter den Rädern zweier Wagen züngelnde Flammen. Mit Julia gehe ich zu einem dieser Fahrzeuge, um nach den Insassen zu suchen. Doch ich sehe nur Asche. Abdul Latif und Yussuf, die mir gefolgt sind, wenden sich ab. Sie gehen zu unserem Wagen zurück.

Plötzlich schießt mir durch den Kopf, dass ich möglicherweise vor einem der Autos stehe, das uns vorhin überholt und dessen Insassen uns fröhlich zugewinkt hatten. Dass das bisschen Asche auf den zerschmolzenen Metallsitzen ihre Überreste sind. Dass wir uns auf einem Hinrichtungsplatz befinden, den noch niemand lebend verlassen hat. Egal, ob wir wenden, weiterfahren oder stehen bleiben.

Ich will Julia, die hinter mir steht, zurufen: »Das ist eine Todesfalle.« Doch im selben Moment zischt – meine Gedanken überholend – eine Boden-Boden-Rakete an uns vorbei. Mit flachem Knall trifft sie unser Auto. »Deckung«, brülle ich Julia zu. »Geh in Deckung!«

Ich denke in diesem Augenblick noch, wir könnten uns hinter eines der ausgebrannten Autowracks werfen. Doch schon beginnen um uns herum krachend Artilleriegeschosse einzuschlagen.

Dazwischen bellt kehlig ein Maschinengewehr und bestreicht die Straße.

Julia und Yussuf rennen verzweifelt Richtung Wüste. Mit erhobenen Händen. Sie wollen den Schützen zeigen, dass sie unbewaffnet sind. Aber das haben die bestimmt längst gesehen. Sie jagen Julia und Yussuf wie Hasen. Prasselnd, zischend schlagen ihre Geschosse neben, hinter, vor ihnen ein. Auch dicht bei mir.

Wo ist Abdul Latif? Sein Auto ist ein riesiger rotgelber Feuerball, eingehüllt in eine sich aufwölbende tiefschwarze Rauchwolke. Ich will auf die Flammenkugel zugehen. Doch Yussuf schreit fast hysterisch von Weitem: »Go, go, Abdul Latif dead!« Ich rufe ihm ungläubig nach: »Wo ist Abdul Latif?« Keuchend brüllt Yussuf zurück: »Abdul Latif killed, come, come!« Dann entschwinden Yussuf und Julia Deckung suchend in die Wüste.

Es ist schwer, die Gefühle dieser Sekunden zu beschreiben. Die totale Verblüffung über den Überfall auf diesem harmlosen Stück Wüstenstraße. Das Wissen, in einer Falle zu stecken. Die dumpfe Ahnung, dass dies die letzten Augenblicke unseres Lebens sein könnten. Das erdrückende Gefühl, Verantwortung für unsere kleine Gruppe zu haben.

Ich kann und will nicht losrennen. Ich will nicht fort von der Straße, auf der ich vor wenigen Minuten noch mit Abdul Latif über seine Zipfelmütze gewitzelt habe. Fast magisch zieht es mich zu dem Feuerball hin, der sein Auto war. Julia erzählt später, ich hätte mich trotz des Eisenhagels kaum bewegt. Mehrfach hätte ich mich ungläubig umgedreht. Irgendwann habe sie nur noch nach vorne geblickt und nicht mehr zurückgeschaut. Auch aus Angst, mich das nächste Mal nicht mehr zu sehen.

Mir ist klar, dass ich von der Straße runter muss. Unentwegt schlagen hier surrend, rauschend Artilleriegeschosse und Maschinengewehrgarben ein. Jeden Augenblick kann der Raketenschütze eine weitere punktgenaue Boden-Boden-Rakete abfeuern. Ich muss weg. Doch wohin? Die Einschläge zerschellen nicht nur auf der Straße, sie wühlen auch die Wüste auf.

Wie in Trance folge ich Julia und Yussuf, die hinter einer Sanddüne verschwunden sind. Doch das wütende Artilleriefeuer, das

Zischen, Pfeifen, Dröhnen gehen weiter. Es wirbelt den Sand auf, nimmt mir die Sicht.

Abdul Latif ist tot, und ich vielleicht bald auch. Ich spüre, dass alles entschieden ist, und gehe noch langsamer. Man kann seinem Schicksal nicht entkommen. Stets hatte ich geahnt, dass dieser Augenblick eines Tages kommen würde. Ich hatte mir vorgenommen, nicht davonzulaufen, sondern das letzte Stück des Weges mit Anstand zu Ende zu gehen. Außerdem bin ich gar nicht mehr in der Lage zu rennen. Meine Beine sind schwer wie Blei, während um mich herum der Tanz des Teufels weitergeht.

Julia und Yussuf liegen längst hinter einem zwei Meter hohen Sandhügel. Yussuf fragt, wo ich bleibe. Julia antwortet tonlos: »Der kommt nicht mehr.« Sie wagt nicht, über die Düne zu schauen. Aus Angst, entdeckt zu werden. Aber auch weil sie die Gewissheit fürchtet, dass ich nicht mehr kommen würde. Nur gelegentlich hält sie die Kamera hoch und drückt blind ab.

Doch auf einmal hat sie mich im Bild. Sie sieht auf ihrer Kamera, wie ich langsam auf den Dünenkamm zugehe. Kurz danach lasse ich mich neben ihr und Yussuf in den Sand fallen. Ich presse mein Gesicht in den Sand, um nicht zu zeigen, was ich fühle. Was um Himmels willen ist da in den letzten 15 Minuten geschehen? Alles ist völlig irreal. »Tod durch Gaddafi – in der libyschen Wüste ermordet«, das konnte doch nur ein Albtraum, ein schlechter Film sein. Irgendwann musste dieser Irrsinn zu Ende sein.

Aber er geht weiter. Die Schützen Gaddafis nehmen nun das Gelände rund um unsere Düne großflächig unter Beschuss. Die mörderischen Geräusche werden noch dumpfer, grollender. Mörser, Granaten, Raketen schlagen donnernd 50, 100 Meter von uns entfernt ein. Tief wühlen sie die Erde auf, schleudern Sandfontänen in die Luft. Dunkle Rauchschwaden steigen über 100 Meter hoch und verdüstern den Himmel. Alle paar Sekunden schlägt fauchend eines dieser schweren Geschosse ein. Jeder Einschlag ist wie ein Erdbeben.

»Wo ist Abdul Latif?«, frage ich mehrfach Julia und Yussuf. »Wir müssen ihn suchen.« Yussuf verdreht die Augen. Er hält mich für verrückt. »Tot«, raunt er. Er habe gesehen, wie er in sein Auto gestiegen sei. »Ich stand neben ihm. Er ist im Auto verbrannt.« Mit der rechten Hand macht er die Bewegung des Schlüsselumdrehens. »Ich gehe ihn suchen«, flüstere ich Julia zu. Doch jetzt wird Julia, die bisher kein Wort gesagt hat, zornig: »Das ist doch einfach nur verrückt«, zischt sie. »Dann bist erst du tot und danach wir. Wir sind doch hier nicht in einem James-Bond-Film. Abdul Latif ist tot.«

Ich liege völlig entmutigt zwischen Yussuf und Julia. Im Grunde möchte ich weinen. Um Mister Sonnenschein, um Mister »Why not«, um Abdul Latif. Doch ich weiß, dass ich Julia und Yussuf jetzt Kraft geben sollte, obwohl ich selber keine mehr habe. Um uns herum pflügen Gaddafis Truppen die Wüste um. Irgendwann werden auch wir untergepflügt. Wenn wir nur den geringsten Fehler machen.

Julia fragt, ob ich den Hemingway-Film *Wem die Stunde schlägt* gesehen hätte. Habe ich, aber ich will nicht darüber reden. Der Film geht ja schlecht aus. Doch Julia, der tausend Bilder durch den Kopf rasen, lässt nicht locker. Wenn wir uns schon nicht wehren können, möchte sie wenigstens darüber sprechen. Sie ist schließlich die engste Freundin meiner Tochter Valérie, fast ein Mitglied der Familie. »Was glaubst du, wie lange leben wir noch?«, fragt sie. Ich antworte: »Zwanzig Minuten, zwanzig Jahre, ich weiß es nicht.« Ich versuche, ihr Mut zu machen. »Wir kommen hier wieder raus. Irgendwie.« Aber Julia, die wenigstens noch einmal ihre Eltern in Bayern sehen möchte, ist sich da nicht mehr so sicher. Doch sie nickt tapfer.

Ich sage ihr nicht, dass unsere Chancen, hier rauszukommen, nicht viel größer sind als die der zu Asche verbrannten Fahrzeuginsassen im »Tal der Flammen«. Wir sitzen in einer Todesfalle. Gaddafis Schützen kreisen uns systematisch ein. Der Mörser-, Granaten- und Raketenring wird immer enger. Irgendwann werden sie vielleicht einen Jeep zu uns rüberschicken, um alles zu beenden. Das wäre auch billiger als das sinnlose Höllenfeuerwerk, das sie unaufhörlich abbrennen.

Julia kann offenbar Gedanken lesen. »Soll ich die Filme mit

den Rebellen löschen für den Fall, dass sie einen Jeep schicken?«, fragt sie. »Das hilft uns dann auch nicht mehr«, antworte ich. An meiner Jacke trage ich das Abzeichen der Rebellen in den Farben des befreiten Libyen. »Sie werden mir den Kopf abschneiden, wenn sie das sehen«, denke ich. Aber das Zeichen bleibt am Revers.

Ich überlege, welches meiner drei Kinder wen anrufen wird, wenn uns eine dieser verdammten Granaten trifft. Ich weiß genau, wie jedes einzelne von ihnen reagieren wird. Aber wird man überhaupt erfahren, was hier geschehen ist?

Ein dicker, schwarzer Wüstenkäfer versucht, vom Kamm der Düne auf uns zuzukrabbeln. Auf halber Höhe überschlägt er sich. Vorsichtig setze ich ihn auf die Dünenkante zurück. Nach einer Weile rollt er wieder auf uns zu. Für Steilhänge unbegabt.

Plötzlich sehe ich zwischen Julia und mir einen leuchtend gelben Punkt. Die Lasermarkierung eines Scharfschützen? Für einen Augenblick stockt mir der Atem. Ich sehe mich nach allen Seiten um. Doch dann stellt sich die Lasermarkierung als schimmernde Wüstenspinne heraus. Ich lege sie unter die Zweige eines Kreuzdorns, der einzigen Buschart, die hier wächst.

Alle haben Durst und Hunger. Seit dem kargen Frühstück in Bengasi hat es außer Maracujasaft und einer Dattel nichts mehr gegeben. Julia denkt an Abdul Latifs Dattelkernstrategie. Da sie keine Dattel hat, nimmt sie einen Stein in den Mund, um ihren Durst zu vergessen.

Das Raketen- und Granatfeuer lässt nicht nach. Dumpf rumpelnd schlagen die Geschosse ein. Neben und vor uns tanzen die Sandkörner auf der bebenden Erde. »Die verballern ein Vermögen«, sagt Julia. »Wir scheinen ihnen viel wert zu sein.« Ein Ende des Beschusses ist nicht abzusehen. Alle paar Minuten schlagen Granaten ein. Unablässig.

Der Angriff im »Tal der Flammen« fand um 15.30 Uhr statt. Jetzt sind etwa zwei Stunden vorbei. Erst um 19 Uhr wird es dunkel. Bis dahin sind wir entweder von Granaten zermalmt oder erfroren. Es wird kälter. Auch der Wind wird stärker.

Ich sehe, dass Yussuf an seinem alten Handy herumspielt. Ich nehme es ihm aus der Hand und entferne SIM-Karte und Batterie. Allzu leicht sollten wir es den Schützen nicht machen, uns zu orten. Ich will nicht im Wüstensand sterben.

Noch vor wenigen Monaten hatte ich in meinem Buch *Teile dein Glück* beschrieben, wie sehr ich die Schmetterlinge von Salvador da Bahia bewunderte. Nach einem in der Gluthitze Brasiliens durchtanzten Sommer setzen sie sich im Frühherbst abends an den Strand. Dort warten sie, bis eine Welle sie auf das türkisblaue Meer hinausträgt. Ich hatte unvorsichtigerweise geschrieben, dass sich der Tod trotz vieler gefährlicher Situationen nie für mich interessiert habe. So etwas sollte man nicht schreiben. Man darf das Schicksal nicht herausfordern.

Unsere Lage ist nicht nur bedrohlich, sie ist auch absurd. In München besitzt einer der Söhne Gaddafis, Saif Al-Arab, 70 Meter von meiner Wohnung entfernt ein großes Haus. Jeden Tag bin ich an dem schneeweißen Bungalow vorbeigegangen und habe gedacht, wie klein doch die Welt ist. Jetzt werde ich, statt ihm in meiner Straße zu begegnen, im libyschen Wüstensand von den Truppen seines Vaters mit Granaten eingedeckt.

Über all das würde ich gern mit Abdul Latif diskutieren, einem der wenigen Menschen, mit dem ich über alles sprechen konnte. Doch es gibt ihn nicht mehr. Ich hatte es mir zur Lebensaufgabe gemacht, diskriminierten Muslimen eine Stimme zu geben. Jetzt war ich mitschuld am Tod eines der großartigsten Muslime, die mir begegnet sind.

Yussuf will nicht mehr liegen bleiben. Abwechselnd deutet er zum Himmel und auf die dunkle Sonnenbrille, die er sich demonstrativ aufgesetzt hat. »Bang, bang«, flüstert er. Er will uns klarmachen, dass es in wenigen Stunden dunkel werde und die libysche Luftwache dann die Wüste mit Nachtsichtgeräten absuchen werde. Er will weg, solange es noch hell ist. Ein Wahnsinn!

Ich versuche ihm zu erklären, dass er bei Tageslicht noch leichter zu entdecken sei. Vor allem, wenn er jetzt losrenne. Dann wüssten die Schützen endlich genau, wo wir sind. Bisher hätten sie davon offenbar nur eine vage Vorstellung. Aber Yussuf hat panische Angst vor Nachtsichtgeräten. Er hält sie für diabolische Wundermaschinen. Julia ist von dem Gedanken, hier wegzukommen, ebenfalls beeindruckt. Ich habe Schwierigkeiten, den beiden beizubringen, dass man mit Nachtsichtgeräten nicht besser sehen kann als mit Tagessichtgeräten. Julia kann ich gerade noch überzeugen, Yussuf nicht. Er ist auf dem Sprung. Immer wieder deutet er auf seine Brille und auf den Himmel. Erst als ich ihn heftig anfahre, hört er auf, auf Julia einzureden.

Doch den Gedanken an Flucht hat er noch lange nicht aufgegeben. Auch Julia schwankt. Ich überlege, ob ich die beiden notfalls mit Gewalt daran hindern muss, in den sicheren Tod zu laufen. Aber wie? Genau in diesem Augenblick schlägt mit donnerndem Krachen wenige Meter vor unserem Sandhügel eine Rakete ein. Der ohrenbetäubende Einschlag ist so nah, dass sich die Düne zu heben scheint und die Erde sekundenlang schwankt. Wir versuchen, uns am Boden festzukrallen. Sand rieselt auf uns herunter. Die Pranke des Tigers hätte uns um ein Haar getroffen. Zwei Meter weiter, und alles wäre vorbei gewesen. Plötzlich denkt niemand mehr an Flucht. Mein Mund ist voller Sand.

Unsere einzige Überlebenschance scheint zu sein, uns ganz dicht an die Düne zu pressen. Sie als Schutzschild zu benutzen. Selbst wenn noch tausend Schwarzkäfer und Wüstenspinnen auf uns herunterpurzeln. Der Tod ist jetzt ganz nah. Vielleicht denke ich gerade meine letzten Gedanken.

I.

Am Ende bleiben nur Tränen

Frühe Begegnungen mit dem Krieg

Die Zerstörung Hanaus

Wie die Erde beben und schwanken kann, hatte ich schon in meiner Kindheit erlebt. Am 19. März 1945 in Hanau. Ich war gerade mal vier Jahre alt. Doch die Bilder und Gefühle von damals haben sich tief in mein Gedächtnis eingegraben. Ich bin ein Kriegskind.

Eigentlich war der Krieg damals längst entschieden. Von meinen Großeltern und meiner Mutter wusste ich, dass die Amerikaner schon in wenigen Tagen in Hanau einmarschieren würden. Dann wäre der schreckliche Irrsinn, wie meine Mutter den Krieg nannte, endlich vorbei. In der Tat ratterten die amerikanischen Panzer schon anderthalb Wochen später in Hanau ein.

Seit Wochen hatte es fast jeden Tag Fliegeralarm gegeben. Wir Kinder waren dann stets sofort in den Keller gescheucht worden. Falls wir schon geschlafen hatten, wurden wir schnell wieder angezogen. Es konnte ja sein, dass wir nach einem Angriff auf die Straße mussten. Hanau war bereits mehrfach bombardiert worden. Von den Amerikanern tagsüber, von den Engländern nachts. Ich war nach den nächtlichen Angriffen oft heimlich losgezogen, um die Umgebung zu erforschen und Granatsplitter zu sammeln. Das war meine Art, mit den Zerstörungen meiner Stadt umzugehen. Regelmäßig bekam ich dafür den Hintern versohlt.

Krieg war für uns Kinder Alltag. Die heulenden Fliegeralarme, das Pfeifen und Krachen der Bomben, das Tackern der Flugabwehrgeschütze und auch der Tod. Fast jeden Abend hatte man über Hanau das Brummen eines einzelnen, angeblich englischen Flugzeugs gehört. Die Leute hatten es »Eiserner Gustav«

genannt. Der »Eiserne Gustav« warf keine Bomben ab. Niemand wusste genau, was seine Aufgabe war, wenn er Hanau in großer Höhe überflog. Bis zum 19. März 1945.

An diesem Tag steckt meine Mutter meine zwei Geschwister und mich früh ins Bett. Obwohl es keine besonderen Anzeichen eines Angriffs gibt, bleiben wir angezogen. Vielleicht hat meine Mutter eine Vorahnung. Gegen 4.30 Uhr morgens hören wir ein furchtbares Krachen und dumpfe, dröhnende Erschütterungen. »Flieger!«, schreien meine Mutter und meine Großmutter. »In den Keller mit euch!« Blitzschnell werden wir in unseren winzigen »Luftschutzkeller« gejagt. Ich nutze die panische Aufregung, um wie so oft auszubüxen. Ich muss sehen, was da draußen geschieht. So heftig hat es noch nie gedonnert und gekracht.

Unser Haus liegt am Stadtrand neben großen Getreidefeldern. Von hier aus sehe ich das größte, schrecklichste Feuerwerk meines Lebens. Die Erde zittert und bebt. Glutrot brennt der Himmel. Heulend fliegt eine Fliegerstaffel nach der anderen ihre Angriffe. Berstend schlagen ihre Bomben in der Altstadt ein. Nur spärlich hört man dazwischen das Hämmern deutscher Flugabwehrgeschütze. Die Schüler, die die Flak bedienen sollen, sind von dem gespenstischen Angriff genauso überrascht worden wie alle anderen Hanauer.

Ein verirrtes Geschoss schlägt 100 Meter von mir entfernt auf den Stoppelfeldern ein. Ich renne hin und finde in einem tiefen Erdtrichter einen noch warmen Granatsplitter.

Dann laufe ich schnell wieder auf die Burgallee. Dort geschieht offenbar Wichtigeres. Ich werde diese Bilder nie vergessen. Es regnet Feuer. Höllische Mächte beherrschen den Himmel. Sie haben alle Schleusen geöffnet und schütten ihre Glut über meine Stadt. Ganz Hanau brennt.

Wie Moskitoschwärme erscheinen am Himmel immer neue Fliegerverbände und werfen ihre Brand- und Sprengbomben in die sterbende Stadt. Ich sehe brennende Menschen, die sich auf die Straße und in die Gräben werfen, sich wälzen, um das Feuer zu ersticken. Doch der grünlich-klebrige Phosphor, den die Flugzeuge abwerfen, frisst sich unerbittlich in sie hinein. Brennenden Phosphor kann man nicht ersticken.

Nach einer Viertelstunde endet das Pfeifen und Jaulen der Flugzeuge, das Explodieren und Bersten ihrer Bomben. Hanau ist vernichtet. In der Ferne vernehme ich verzweifeltes Weinen und Wimmern von Menschen.

Meine Mutter scheint mich in der Nähe des Höllenspektakels zu vermuten. Immer wieder ruft sie laut weinend meinen Namen in die Nacht. Nie wieder in meinem Leben habe ich meine Mutter so verzweifelt schreien hören. Auf Zehenspitzen gehe ich in unser Haus zurück.

Wie ich am nächsten Tag von meinem Großvater erfahre, haben die Flugzeuge der britischen Luftwaffe 90 Prozent der Hanauer Innenstadt zerstört. Über 2000 Menschen starben. Überwiegend Zivilisten.[1]

Mein Großvater war ein mittelgroßer, hagerer Mann. Er ist in dieser Nacht um Jahre gealtert. Wie viele Hanauer war er wenige Stunden nach dem Angriff in die Stadt gehastet, um zu helfen, zu lindern, zu trösten. Er schildert meiner Großmutter und meiner Mutter stockend das Elend, das Leid, den Jammer, den er im zerstörten Hanau gesehen hat.

Er berichtet von Frauenleichen, die durch den »Phosphorteppich«, den die Piloten auf die Stadt gelegt hatten, bis auf die Hälfte ihrer Größe geschrumpft waren. Von verbrannten russischen Zwangsarbeitern, von zerstörten Lazaretten. Er erzählt von dem fast endlosen Zug ausgebombter, verrußter, zerlumpter Hanauer, die sich im Morgengrauen im Stadtteil Kesselstadt angestellt haben, um etwas zum Essen und Anziehen zu bekommen. Und um sich als »ausgebombt« registrieren zu lassen.

Um Fassung ringend erzählt er von den vielen toten Kindern, die er im beißenden Qualm der Trümmer gesehen hat. Von den zwei toten Mädchen, die er, zusammen mit Freunden, eingeklemmt und verbrannt in heruntergefallenen Elektrizitätsleitungen gefunden hat. Dann höre ich meinen Großvater zum ersten Mal schluchzen.

Ich sitze ganz still in der Küche, als mein Großvater im Wohnzimmer nebenan vom Untergang Hanaus berichtet. Dann gehe ich in die Stube und frage ihn – wie meine Mutter später erzählt – mit dem großen Ernst eines kleinen Kindes: »Darf man im Krieg auch Kinder töten?« Mein Großvater antwortet nicht. Auf meine ewigen Kinderfragen habe ich nie eine Antwort erhalten. Bis heute nicht.

Später erfahre ich, dass in jener Nacht angeblich 279 britische Bomber über 350 000 Brandbomben und über 440 Sprengbomben abgeworfen hatten.[2] Doch das ist Statistik. Was ich nie vergessen werde, ist das Beben der Erde, die brennenden Menschen, die blutrot leuchtende, sterbende Stadt meiner Eltern. Das also ist Krieg. Wir Deutschen haben ihn angefangen. Aber darf man deshalb Städte verbrennen und Kinder töten?

Der Teufel bediente sich in jener Kriegsnacht nicht nur der Deutschen. Vielleicht ahnte ich damals zum ersten Mal, dass es keine anständigen Kriege gibt.

Abrechnung in Algier

Meine nächste Begegnung mit dem Krieg, dem ich nach Hanau nie mehr begegnen wollte, begann in Paris. 1959 und 1960 studierte ich in der französischen Hauptstadt. Ich wohnte im Studentenviertel Saint-Germain. Dort erlebte ich große Demonstrationen für und gegen den französischen Kolonialismus in Algerien. Von Woche zu Woche wurden die Auseinandersetzungen heftiger. Ich erinnere mich, wie einmal an der Kreuzung Boulevard Saint-Germain und Boulevard Saint-Michel zwei riesige Demonstrationszüge aufeinanderprallten. Sie hatten die Polizeiblockade durchbrochen, die derartige Zusammenstöße verhindern sollte. Es kam zu einer wüsten Schlägerei.

Wie so oft bei derartigen Zusammenstößen schlugen die Demonstranten ihren Gegnern als Erstes die Brille vom Gesicht. Da dies beide Seiten taten, krochen bald Dutzende von studentischen Protestlern auf der Erde herum, um ihr wichtigstes Studiergerät wiederzufinden. Wer es nicht fand, wusste, dass er während der nächsten Wochen den Besuch der Universitätsbibliothek vergessen konnte. Umso heftiger prügelte man auf die andere Seite ein und schlug möglichst viele gegnerische Brillen herunter.

Meist kam nach kurzer Zeit die französische Polizei dazu und drosch ebenfalls auf die Kontrahenten ein. Besonders gefürchtet waren die *Compagnies Républicaines de Sécurité* (CRS), eine berüchtigte Spezialeinheit der Nationalpolizei. Sie setzten ihre großen hölzernen Schlagstöcke gnadenlos ein. Besonders schlimm waren jene Demonstranten dran, die durch die Metro-Stationen zu entkommen versuchten. Durch die engen Eingangstüren und -kontrollen entstand fast immer ein Stau, in den die CRS-Polizisten hemmungslos hineinschlugen.

Oft gab es nicht nur Verletzte, sondern auch Tote. Unter den Toten waren vor allem Algerier. Manchmal starben sie auch erst beim späteren Verhör durch die Polizei. Diese Verhörmethoden wurden den staatlichen Sicherheitskräften auch öffentlich vorgeworfen. Später entledigten sie sich dieses Problems, indem sie einen Teil der Toten einfach in die Seine warfen. Mindestens 200 Algerier wurden auf diese Weise »entsorgt«. Jahrzehntelang wurden diese Morde energisch geleugnet. Heute sind sie unstrittig.[3]

Wissensdurstig und neugierig, wie ich war, beschloss ich, im Sommer 1960 nach Algerien zu fahren, um mir vor Ort ein Bild von der Lage zu verschaffen. In der billigsten Unterdeck-Klasse eines alten französischen Dampfers fuhr ich für 50 französische Francs nach Algier. Die Nacht war elend. Wegen des starken Seegangs erbrachen sich fast alle Mitreisenden. Ich auch. Doch am nächsten Morgen stand ich stolz am Kai von Algier. »Alger la blanche«, die berühmte »weiße« Hauptstadt der umkämpften französischen Kolonie, lag vor mir.

Von Krieg war weit und breit nichts zu spüren. Mein Vater hatte mir erzählt, Krieg sehe immer nur dort wie Krieg aus, wo die Front verlaufe. Wo militärische Operationen stattfänden oder wo Bomben einschlügen. In 90 Prozent der Kriegsgebiete sei das Auffallendste, dass alles normal zu sein scheine. »Kann Krieg normal sein?«, hatte ich mich häufig gefragt.

In einem kleinen Café in der Nähe des Hafens leistete ich mir eine Tasse Kaffee. Alles war ruhig. Nur 100 Meter weiter gab es kurz Hektik. Zwei Männer eilten davon. Später kam ein Auto mit Gendarmen. Die Beamten verschwanden mit dem gestikulierenden Personal im Inneren des Cafés. Nach einer halben Stunde erschien ein Krankenwagen. Doch er fuhr kurz danach wieder ab. »Herzinfarkt, Kreislaufzusammenbruch«, dachte ich und überlegte, ob ich mir noch einen zweiten Kaffee leisten konnte. Ich konnte nicht. Eine Überprüfung des Inhalts meines Geldbeutels machte mir das schnell deutlich. Es sei denn, ich wäre bereit gewesen, Algerien schon nach einer Woche wieder zu verlassen.

Ich stand auf und ging Richtung Kasbah, der burgähnlichen Altstadt Algiers. Ich wusste, dass es dort schwere Kämpfe gegeben hatte. Ich musste aufpassen, dass man mich nicht für einen Franzosen hielt. Das Problem löste sich schnell. Hundert Meter vor dem Eingang zur Kasbah sprachen mich drei junge Algerier an und fragten, woher ich komme. Als sie hörten, dass ich Deutscher war, strahlten sie bis über beide Ohren. Sie fragten, ob sie mir die Kasbah zeigen dürften.

Natürlich durften sie. Einer von ihnen ging in den engen, gewundenen Gassen stets einige Meter voraus und rief: »C'est un Allemand« – »Er ist Deutscher.« »Als Franzose würdest du hier keine zehn Meter weit kommen«, erklärten sie mir. »Die haben zu viele Männer aus der Kasbah verschleppt und getötet.«

So verbrachte ich mitten im Krieg einen entspannten Nachmittag in der Kasbah, dem angeblich gefährlichsten Ort Algeriens. Seit Monaten war kein Ausländer mehr hier gewesen.

Abends war ich Gast der Familie Hassans, eines der drei Jungen. Er war der Stärkste der Gruppe. Als mich auch die anderen einladen wollten, sagte er feixend: »Wir können das ja auskämpfen.« Aber darauf hatten die zwei Kleineren keine Lust gehabt.

Die Eltern Hassans waren bedrückt. Der Krieg, der nun schon sechs Jahre dauerte, steuerte auf eine Entscheidung zu. Welche, das wusste niemand. Der französische Fallschirmjägergeneral Jacques Massu hatte die algerische Befreiungsbewegung FLN 1957 in der Schlacht von Algier vernichtend geschlagen. Er hatte ihr zumindest in Algier das Rückgrat gebrochen. Die Franzosen hatten gefangene algerische FLN-Kämpfer derart gnadenlos und systematisch gefoltert, dass fast alle die Namen ihrer Mitkämpfer preisgegeben hatten. Das hatte nicht nur zur Ausschaltung ihrer Kameraden geführt, es hatte auch die Gefolterten zerbrochen.

Der Riss ging durch viele Familien, auch durch die Familie Hassans. Einige seiner Vettern waren monatelang gefoltert worden. Hassans Eltern wollten mir nicht sagen, mit welchem Ergebnis. Trotzdem wollten sie weiterkämpfen. Wie ihre Väter und Großväter. Seit die Franzosen 1830 Algerien besetzt hatten. »Zur Bekämpfung der Piraterie«, wie man damals behauptete.

Die Gräueltaten der französischen Truppen hatten längst ihr Echo in genauso brutalen Terrorakten der algerischen FLN gefunden, auf die nun auch die französischen Siedler mit Terrorismus reagierten. Der Krieg war nur noch schmutzig. Hassans Vater rutschte jetzt doch heraus, dass zwei seiner Söhne von französischen Siedlern getötet worden waren. Weil sie von einem Vetter verraten worden seien, sagte er bitter.

Dann ging er ans Fenster und lauschte. Ein Auto hatte sich genähert. Alle waren ganz leise, bis er Entwarnung gab. Abends komme es häufig zu Anschlägen französischer Terrororganisationen, erklärte Hassans Vater seine Vorsicht. Man müsse höllisch aufpassen.

Dann fragte er, ob ich heute Morgen bei meinem ersten Kaffee in Algier gesehen hätte, was im Nachbarcafé geschehen sei. Es habe ein *règlement de compte* gegeben – eine Abrechnung. »Zwei Algeriern wurde die Kehle durchschnitten. Wir wissen nicht, von wem. Keiner weiß hier, wer hinter was steht.«

»Banalität des Krieges«, hatte ich am Morgen noch gedacht und war doch ganz in der Nähe einer seiner mörderischen Aktionen gewesen. Ich war froh, dass ich nicht mehr gesehen hatte.

Wenige Tage später saß ich auf dem Bahnhof von Algier in einem Eilzug nach Constantine. Der Zug war voller englischer und deutscher Fremdenlegionäre. Einige waren betrunken. Besonders ein deutscher Legionär lallte bedenklich, als er mir von seiner Freundin erzählte. Sie hatte ihn verlassen, als man in Deutschland wegen eines Diebstahls nach ihm fahndete. Den Diebstahl hatte er angeblich nicht begangen. Aber so seien die Frauen.

Dann berichtete er von seinen »Heldentaten« in Algerien. Von abgeschnittenen Köpfen algerischer Rebellen. Von gemeinsamen

Vergewaltigungen algerischer Dorfmädchen. Von sexuellen Folter-spielen mit wimmernden FLN-Kämpfern. Vom »Fasanenschießen« auf Rebellen, die dann anschließend wie eine »Jagdstrecke« neben-einander aufgereiht wurden. Mir wurde hundeübel. Ich fragte ihn, ob er nicht lieber von seinen früheren Freundinnen erzählen wolle. Aber das wollte er nicht. Er erzählte lieber vom Krieg.

Als der Zug sich endlich in Bewegung setzt, geht er an das he-runtergelassene Zugfenster, um frische Luft zu schnappen. Ein kleiner Algerier bietet ihm eine Flasche Limonade zum Kauf an. »Ich nehme den ganzen Kasten«, tönt der deutsche Legionär la-chend auf Französisch.

Der Kleine strahlt, als der Fremdenlegionär tatsächlich den ganzen Kasten hochhebt. »10 Francs«, ruft der kleine Junge, »das macht 10 Francs.« Der deutsche Legionär lacht und tut so, als suche er nach Geld. Der Junge rennt angstvoll neben dem anfah-renden Zug her. »Mein Geld«, ruft er verzweifelt. Doch der Le-gionär lacht nur noch lauter. Dann stemmt er den Kasten hoch und lässt ihn krachend, splitternd auf den Bahnsteig fallen. »Da hast du dein Geld.« Während der Junge in fassungsloses Schluch-zen ausbricht, kann sich der deutsche Fremdenlegionär vor grö-lendem Lachen kaum noch einkriegen.

So hatten die Kolonialmächte die Algerier stets behandelt. 130 Jahre lang. Sie wurden, wie französische Historiker schrie-ben, wie Hyänen, Schakale oder räudige Füchse gejagt. Sie wur-den in Höhlen getrieben und mit Feuer ausgeräuchert. »Kopfab-schneiden« gehörte zum Zeitvertreib gelangweilter Kolonialisten. Mit in Salz eingelegten Ohren konnte man gutes Geld verdienen. Die Araber waren, wie Sartre treffend anmerkte, für die Euro-päer nicht mehr als »höhere Affen«.

Allein in der blutigen Schlussrunde von 1954 bis 1962 wurden 8000 algerische Dörfer dem Erdboden gleichgemacht.[4] Oft durch Napalmbomben. Die algerische Sahara wurde für überirdische französische Atombombentests genutzt. An ihren Spätfolgen leidet das Land noch heute. Nach algerischen Angaben starben in den letzten sechs Jahren der französischen Besatzung zwei Millionen Algerier. Nach französischen Angaben waren es »nur« halb so viel.[5]

In der Verhöhnung des kleinen Algeriers am Bahnhof von Algier konzentrierte sich wie in einem Brennglas, was diesem Volk 130 Jahre lang angetan wurde. Sie bestätigte alles, was ich später bei Camus, Sartre und Fanon über die *Verdammten dieser Erde* gelesen habe. Wenn ich Beschreibungen der Massaker an Algeriern las, fragte ich mich stets: »Warum ist das, was im eigenen Land ein schändliches Verbrechen ist, außerhalb der Grenzen eine Heldentat?«

Das wurde zu einer der wichtigsten Fragen meines Lebens.

Die Krise von Bizerta

Ein Jahr später war ich wieder in Nordafrika. Diesmal in Tunesien. Der Zufall wollte es, dass ich einer der wenigen, wenn auch leicht verspäteten neutralen Zeitzeugen der sogenannten Bizerta-Krise wurde. Im Grunde war das Wort »Krise« eine der üblichen sprachlichen Verharmlosungen. Die Franzosen hatten in Bizerta 670 Tunesier getötet und 1500 verletzt. Vor allem Zivilisten.

Tunesien war seit fünf Jahren unabhängig. Die Hafenstadt Bizerta war der letzte Militärstützpunkt Frankreichs in dem kleinen nordafrikanischen Land am Mittelmeer. Von hier aus – und nicht vom Hunderte Kilometer entfernten Frankreich aus – führte Paris seinen Krieg gegen Algerien. Hier starteten die französischen Kampfflugzeuge mit ihrer tödlichen Fracht. Von hier aus wurde Algerien monatelang mit Napalm bombardiert.

Die Tunesier hatten Frankreich wiederholt um die Rückgabe Bizertas gebeten. Zuletzt Präsident Bourguiba im Februar 1961 bei einem persönlichen Treffen mit Präsident de Gaulle. Doch auch dieser lehnte ab.

Als Frankreich stattdessen die Start- und Landebahn des Militärstützpunkts sogar noch verlängerte, blockierten Tunesier die Straßen Bizertas mit Barrikaden. Mit Kampfjets, Fallschirmjägern und Panzern fegte das französische Militär die Blockaden weg und vertrieb die gesamte Bevölkerung aus der Stadt.

Auf Einladung tunesischer Bekannter war ich wenige Tage nach den Kämpfen in Tunis angekommen. Auf allen tunesischen

Radiosendern lief patriotische Musik. Mehrfach wurden die Militärmärsche von einem erregten Nachrichtensprecher unterbrochen. Auf Französisch und Arabisch meldete er, dass einige der französischen Fallschirmjäger wegen des starken Windes außerhalb Bizertas gelandet seien. Es sei nationale Pflicht jedes Tunesiers, den Sicherheitskräften bei der Suche nach den Fallschirmjägern zu helfen.

Auch bei meinen tunesischen Freunden war die Aufregung groß. Der Ausbau der militärischen Landebahn war in ihren Augen eine absichtliche Demütigung Tunesiens. Die Vertreibung der Bevölkerung Bizertas erst recht. Wir diskutierten bis Mitternacht. Dann fiel ich in einen tiefen Schlaf.

Doch der dauerte nicht lange. Vor dem Haus hatten sich Hunderte von Menschen zusammengerottet, arabische und französische Parolen rufend. Ich hörte, wie mein Gastgeber Junis nach draußen eilte. Dort wurde er in einen heftigen Wortwechsel verwickelt. Aus den lauten Parolen wurden Sprechchöre, gegen die er sich nach einer Weile nicht mehr durchsetzen konnte. Es gelang ihm gerade noch, ins Haus zurückzukommen und die Tür zu verriegeln.

Verstört steht er vor mir. »Jemand hat dich beim Betreten des Hauses gesehen. Sie halten dich für einen französischen Fallschirmjäger. Sie wollen das Haus stürmen. Gib mir deinen Pass, ich versuche es noch mal.«

Junis hat Schwierigkeiten, überhaupt aus dem Haus herauszukommen. Die immer größer werdende Menge drängt gegen die Tür. Ich höre, wie er schreit, schimpft, fleht. Doch die Antworten der Wortführer der Menge werden nur noch wütender. Die Zerstörung Bizertas, die Aufrufe im Radio haben die Menschen aufgewühlt.

Wieder höre ich das Geräusch der laut zugeschlagenen Tür. Dann steht Junis erneut vor mir: »Du musst raus und dich zeigen. Sie haben uns zehn Minuten Zeit gegeben. Dann wollen sie das Haus angreifen. Nimm deinen Pass mit.« Junis schämt sich. Gastfreundschaft ist in der arabischen Welt eines der höchsten Güter. Und jetzt muss er mich dem Risiko aussetzen, dass ich draußen gelyncht werde.

Aber es gibt keine andere Möglichkeit. Ich ziehe mich an, nehme meinen Pass und gehe zur Tür. In meiner Khakihose und meinem Khakihemd kann man mich in der Tat für einen etwas schmächtigen Fallschirmspringer halten. »Ich komme mit«, sagt Junis tapfer. »Ich stelle mich vor dich. Da du größer bist, kann man dich auch so sehen.« Wir gehen raus. Vor Aufregung bekomme ich kaum Luft. Als wir auf der Straße stehen, schiebe ich Junis beiseite und gehe auf die Leute zu. Den geöffneten Pass halte ich hoch.

Es wird plötzlich ganz ruhig. Diesen kurzen Augenblick der Stille versuche ich zu nutzen. So freundlich ich kann, rufe ich auf Arabisch und Französisch: »Anna Almani – je suis Allemand – ich bin Deutscher.« Gleichzeitig halte ich dem Mann, der am weitesten vorne steht und offenbar einer der Wortführer ist, meinen Pass vor die Nase. Auf Französisch sage ich: »Schau, ich bin wirklich Deutscher. Hier ist mein Pass. Ich lasse ihn dir. Aber ich brauche ihn wieder.«

Der etwa 30-jährige Mann blättert und blättert. Das meiste kann er wahrscheinlich nicht lesen. Außer »Deutschland« und »Germany«. Das müsste eigentlich reichen, hoffe ich. Der Mann schaut mich mehrfach prüfend an. Dann ruft er fröhlich, als wäre nichts gewesen, auf Französisch: »Er ist wirklich Deutscher.« In diesem Augenblick bricht ein Jubel aus, als sei ich ein Fußball-Star. »Er ist Deutscher«, rufen die Leute mit leuchtenden Augen. Und Junis fügt laut hinzu: »C'est un ami! – Er ist ein Freund!«

Ich werde herumgereicht, muss Dutzende Hände schütteln. Die Menschen lachen mich so herzlich an, dass ich fast die Angst vergesse, die mir eben noch die Kehle zuschnürte. Da alle gerade so freundlich zu mir sind, frage ich, ob mich einer von ihnen nach Bizerta fahren könne. Jetzt ist die Begeisterung nicht mehr zu bremsen. Jeder will mithelfen, den Deutschen nach Bizerta zu bringen. Die Welt soll erfahren, was dort geschehen ist.

Nach ein paar Minuten finden wir einen Einwohner Bizertas, der bereit ist, mich in die evakuierte Stadt zu fahren. Obwohl das streng verboten ist. Mehmed, so heißt er, wird sagen, er habe wichtige Medikamente in seiner Wohnung vergessen. Herzlich werden Junis und ich verabschiedet. Gegen 2 Uhr morgens fallen wir endlich in den hart verdienten Schlaf.

Am nächsten Morgen geht es in einem alten Peugeot Richtung Bizerta. Nach einer knappen Stunde nähern wir uns der geräumten Stadt. Mehmed erklärt den französischen Soldaten an den zahlreichen Straßensperren, dass er aus Gesundheitsgründen dringend in seine Wohnung müsse. Was ich in Bizerta suche, will niemand wissen. Wir werden durchgelassen.

Das menschenleere Bizerta macht einen düsteren Eindruck. Die Innenstadt ist stark beschädigt. Die eisernen Rollläden der Geschäfte haben große Einschusslöcher, einige Gebäude sind nur noch Ruinen. Mehmed entschwindet in der kleinen Seitenstraße, in der er früher wohnte. Ich beginne, mit meiner kastenförmigen Box-Kamera Fotos der zerstörten Gebäude zu machen. Französische Militärpolizisten, die mit einem Jeep vorbeifahren, sind darüber so erstaunt, dass sie zunächst nicht reagieren. Erst nach einer Weile dämmert ihnen, dass hier möglicherweise etwas geschieht, was in ihren »Kriegsrechtserlassen« nicht vorgesehen ist.

Sie kehren um und verlangen nach meinen Papieren. Was ich hier mache, wollen sie wissen. »Fotografieren«, antworte ich höflich. Und schon sitze ich – nach einem unmissverständlichen Wink mit ihren Maschinenpistolen – auf ihrem Jeep und werde zum Hauptquartier gefahren.

Das Verhör durch den französischen Stadtkommandanten von Bizerta beginnt schroff. Doch es nimmt einen unerwarteten Verlauf. Wir stellen fest, dass ich mit seinen Verwandten in Paris eng befreundet bin. Er kann es kaum fassen, ich auch nicht. Plötzlich sprechen wir über ganz andere Dinge als über mein unerlaubtes Fotografieren und meine sonstigen Verstöße gegen den Ausnahmezustand. Es ist ein gutes Gespräch. Er ist ein intelligenter und sympathischer Mann. Und doch ist er mitverantwortlich für das Massaker von Bizerta. Wie ist das bloß möglich, frage ich mich. Sehen so Mörder aus?

Ich habe mir diese Frage bei Soldaten und anderen staatlichen Sicherheitskräften oft gestellt. Inwieweit sind Gräueltaten, an denen sie mitwirken, auch ihre Schuld? Die Brutalität der französischen Streitkräfte gegen die Bevölkerung von Bizerta war so groß, dass ihre Unrechtmäßigkeit jedem französischen Soldaten bewusst gewesen sein musste. Wann kommt der Punkt, an dem ein Offizier sagen muss: »Das mache ich nicht mit!«? Oder gibt es, wenn die Entscheidung der Politiker einmal gefallen ist, gar keine realistische Chance mehr, den Lauf der Dinge aufzuhalten?

Die Politiker, die die Entscheidungen getroffen haben, sitzen wie üblich weitab vom Schuss. Wann haben Regierungschefs und Kriegsminister jemals schlaflose Nächte verbracht, weil sie an die Opfer ihrer Entscheidungen dachten? An die, die jetzt den Rest ihres Lebens als Krüppel verbringen müssen?

Der Stadtkommandant von Bizerta scheint im persönlichen Umgang trotzdem ein liebenswerter Mann zu sein. Er weist seine Militärpolizisten an, mir die Stadt genau zu zeigen. Vor allem jene Straßen, in denen die schwersten Kämpfe stattgefunden haben.

Nachdenklich fahre ich durch die zerbombte Geisterstadt. Die jungen Militärpolizisten, die mich nun für einen persönlichen Freund ihres obersten Vorgesetzten halten, zeigen mir die interessantesten Schauplätze der Kämpfe. Die schwersten Zerstörungen, das getrocknete Blut der Erschossenen. An den spektakulärsten Schauplätzen machen sie für mich Fotos.

Dann liefern sie mich bei Mehmed ab. Der erschrickt fast zu Tode, als ich an der verabredeten Stelle mit Militärpolizei eintreffe. Er befürchtet das Schlimmste. Doch die jungen Polizisten sind einfach nur nett. Schweigend fahren wir nach Tunis zurück.

Hier erlebte ich auch schöne Tage. Schon damals war ich leidenschaftlicher Langschläfer. Die 20-jährige Jasira, die Junis den Haushalt führte, musste morgens meist lange und heftig an meine Tür klopfen, um mich wenigstens gegen 10 Uhr wach zu bekommen. Eines Tages wurde ihr das zu mühsam. Sie kam einfach in mein Zimmer und warf mir ein paar Kissen an den Kopf.

Ich öffnete mühsam die Augen und sah, wie sie lachend vor mir stand. »Aufstehen!«, sagte sie, »der Tag ist fast rum.« Doch ich wollte noch eine Runde schlafen. Erst als erneut Kissen an meinen Kopf flogen, richtete ich mich halb auf und schaute sie schlaftrunken an. Jasira war Berberin, dunkelblond, eine Schönheit. Ihre weißen Zähne blitzten fröhlich, wenn sie lachte. Und sie lachte viel. Vor allem jetzt über mein verschlafenes Gesicht.

Ich nahm eines der Kissen und feuerte es zurück. Eine lustige Kissenschlacht begann. Jasira lachte noch mehr. Wir hatten beide heiße Köpfe. Plötzlich ging sie zur Tür und schaute mich verschmitzt an. Dann drehte sie langsam den Schlüssel um und versteckte ihn in ihrem Kleid. »Den findest du so schnell nicht«, prustete sie und stürzte sich balgend auf mich. In der Tat brauchte ich lange, um den Schlüssel zu finden. Erst um 12 Uhr kam ich zum Frühstücken.

Während der nächsten drei Tage wurde ich nun stets durch fliegende Kopfkissen geweckt. Welch herrliches Leben! Doch dann war Jasira plötzlich spurlos verschwunden. Ohne ihr Lachen war das Haus kalt und leer.

Mehmed nahm mich zur Seite. Er erklärte mir, Jasira sei in ihr Dorf zurückgekehrt. Sie habe sich in einen jungen Ausländer verliebt. Die Krise von Bizerta habe viele junge Tunesier emotional völlig verwandelt. Sie seien wie im Rausch. Sie täten Dinge, die sie sonst nie wagen würden. Krieg und Revolution veränderten die Menschen total.

Doch Jasira wisse, dass ihre Familie ihre Beziehung nicht akzeptieren werde. Der junge Mann werde sie nie heiraten. Irgendwann werde sie zurückkommen. Wenn der junge Ausländer in seine Heimat zurückgekehrt und in Tunesien wieder Ruhe eingekehrt sei. Dann klopfte er mir kameradschaftlich auf die Schulter. »Kopf hoch! Mir laufen die Frauen auch immer davon.« Noch heute denke ich oft an Jasira.

Kurz vor meiner Rückkehr nach Deutschland schrieb ich für die tunesische Zeitschrift *Technique et hommes* den ersten Artikel meines Lebens. Über die Krise von Bizerta aus der Sicht eines deutschen Studenten. Er ist nie erschienen. Der tunesische Chefredakteur nahm mich beiseite und sagte achselzuckend: »Der Artikel ist zu hart. Wir leben von Anzeigen. Auch aus Frankreich. Ich kann das nicht drucken.«

»Klar«, dachte ich. »Der Krieg hat viele Gegner. Aber so richtig aus der Deckung kommen sie selten. Schade.«

Das Massaker von Wiriyamu

Mit der 1947 von Mahatma Gandhi gewaltlos erkämpften Unabhängigkeit Indiens hatte das Zeitalter der Entkolonialisierung begonnen. Die Idee des Selbstbestimmungsrechts der Völker war stärker als alle Kolonialarmeen der Welt. Doch es wurde ein langer, mörderischer Kampf. Von beiden Seiten. Auch in Mosambik und Angola, die seit fast einem halben Jahrtausend von Portugiesen besetzt waren.

Ende 1972 war ich in den Bundestag gewählt worden und entwicklungspolitischer Sprecher der CDU-/CSU-Bundestagsfraktion geworden. Im Juli 1973 ging die Nachricht um die Welt, die portugiesische Armee habe in dem mosambikanischen Dorf Wiriyamu über 400 Einwohner ermordet. Hauptquelle der Meldung war ein Artikel des englischen Paters Hastings in der Londoner *Times*.[6] Hastings berichtete erschütternde Einzelheiten.

Die portugiesische Regierung dementierte sofort. Hastings sei bekanntermaßen ein Lügner. Da Portugal NATO-Mitglied war, wussten viele westliche Staaten nicht, wie sie mit den Anschuldigungen umgehen sollten.

Ich beschloss, mir ein Bild vor Ort zu verschaffen. Im August flog ich nach Mosambik. Dort versuchte die Militärführung erst einmal, mich an der Nase herumzuführen. Zur Besichtigung schlug sie ausschließlich Orte in »befriedeten Gebieten« vor. »Aus Sicherheitsgründen.« Ich spürte, dass ich so nie nach Wiriyamu kommen und nur ein friedliches, fröhliches Mosambik erleben würde. Also stellte ich die Militärführung nach zwei Tagen vor die Wahl: Entweder durfte ich die Orte, die ich besuchen wollte, kurzfristig selbst bestimmen. Oder ich würde wieder abreisen.

Da ich von zwei deutschen Journalisten begleitet wurde, hätte die Abreise einen Eklat bedeutet. Eine politische Niederlage für die ohnehin unter Druck stehende portugiesische Regierung. Die Offiziere erkannten, dass sie sich in eine Sackgasse manövriert hatten. Einen Tag lang telefonierten sie mit Lissabon. Alle paar Stunden kamen Kompromissvorschläge. Keiner war akzeptabel. Ich fing an, meine Sachen zu packen. Dann plötzlich gaben die portugiesische Regierung und das militärische Oberkommando in Mosambik nach. Ich bekam für mein Reiseprogramm freie Hand.

Eine Woche lang fuhren wir mit Minensuchfahrzeugen durch »befreite Gebiete«. Wir flogen halsbrecherisch niedrig über die Wipfel des Urwalds, um nicht ins Feuer der Befreiungsbewegung FRELIMO zu geraten. Wir schliefen auf Bastmatten in den provisorischen Camps der portugiesischen Soldaten. Mitten im Kampfgebiet. Die Nächte waren kurz. Wegen der Hitze und wegen der ständigen Gefahr von Angriffen der FRELIMO. Die Buschtrommeln der Rebellen waren ganz nah.

Bei den meisten der uns begleitenden Soldaten hatte ich einen Stein im Brett. Sie waren oft wehrpflichtige Studenten und fanden es gut, dass ich mich geweigert hatte, mir Potemkin'sche Dörfer zeigen zu lassen. So war ich wenige Tage später dort, wo das Massaker geschehen sein sollte. In Wiriyamu, südlich der Stadt Tete, zwischen den Flüssen Sambesi und Luenha.

Mit Enrique, einem jungen portugiesischen Soldaten, stehe ich im kniehohen Savannengras zwischen verbrannten Hütten und verdorrten Bäumen. Enrique sagt leise: »Hier und im Nachbardorf Chawalla hat das Massaker stattgefunden. Getötet wurden überwiegend Frauen, Kinder und alte Männer. Die Kleinkinder wurden in den Armen ihrer Mütter erschossen oder gegen einen Baum geschlagen.«

Ich gehe durch das Dorf. Über die Gräber der Toten ist Gras gewachsen. Doch selbst das ist schon verwelkt. Die Sonne brennt unerbittlich. »Es waren keine 400 Tote, aber das spielt keine Rolle«, fährt Enrique fort. »Wiriyamu ist unsere Schande. All das wird bald zu Ende sein. Diese Regierung und diese Kriege haben keine Zukunft.« Meine Frage, wie er das meint, beantwortet er nicht. Er hat als Soldat schon zu viel gesagt.

Enrique führt mich zu zwei weiteren Ortschaften, die erst

kürzlich zerstört worden sind. Zweihundertachtzig Hütten seien hier ausgeraubt und niedergebrannt worden. Der beißende Geruch verbrannter Holzkohle liegt noch in der Luft. »Ein Rache- und Beutefeldzug der FRELIMO. Sie haben Versorgungsprobleme«, sagt Enrique. Ein Mitglied der Dorfmiliz, drei Frauen und drei Kinder seien bei dem Angriff getötet worden.

Ich frage ihn, warum die FRELIMO ihre eigenen Landsleute ermorde. Enrique schaut mich erstaunt an. »Sie fragen das ernsthaft? Das ist Krieg! Wissen Sie nicht, was Krieg ist?« Zwischen den Hütten finde ich Patronenhülsen. Sie stammen aus China. Die Portugiesen konnten es diesmal kaum gewesen sein. Schweigend steigen wir in unseren Jeep.

In dieser Nacht finde ich noch weniger Schlaf als sonst. Ich bin nach Mosambik geflogen, um die Wahrheit über Wiriyamu zu erfahren. Wahrscheinlich bin ich ihr auch recht nahe gekommen. Aber was ist mit den Vergeltungsaktionen der FRELIMO? Die kämpfen doch für die Freiheit ihrer Landsleute und gegen Unterdrückung. Macht der Krieg auch Freiheitskämpfer zu Mördern?

Am nächsten Tag besichtigen wir in Lourenço Marques (Maputo) ein portugiesisches Gefängnis. Hier werden angeblich europäische Missionare gefangen gehalten und gefoltert. Sie sollen die FRELIMO unterstützt haben. Der Kommandant des Lagers bringt uns in frisch geweißte Räume. Er will uns zeigen, wie großzügig, sauber und rechtsstaatlich hier alles ist. »Sie werden zugeben müssen, so sehen keine Folterkeller aus«, sagt er stolz.

Enrique deutet unauffällig auf eine bestimmte Ecke des Raumes. Dort schimmert durch die flüchtig aufgetragene Farbe ein großer dunkler Fleck. Getrocknetes Blut. Hier ist offensichtlich doch gefoltert worden. Mit versteinertem Gesicht gehe ich nach draußen.

Hundert Meter entfernt steht ein weiteres Gefängnis. Umschlossen von hohen Stacheldrahtzäunen. Ich bitte, auch dieses bestimmt genauso »rechtsstaatliche Gefängnis« sehen zu dürfen. Doch der Kommandant lehnt kategorisch ab. Hierzu habe er keinen Befehl erhalten. In Wirklichkeit ist ihm nicht entgangen, dass ich den übertünchten Blutfleck gesehen habe. Mir bleibt nichts anderes übrig, als wieder in unseren Jeep zu steigen.

In diesem Moment rennen zwei weiß gekleidete Padres an die hohen Stacheldrahtzäune und rufen mit verzweifelter Stimme: »Glauben Sie ihnen nicht. Die lügen. Die foltern jeden Tag.« Dann werden sie von Wärtern weggezerrt.

Mein Gespräch mit dem Lagerkommandanten ist eisig. Er versucht, wortreich zu erklären, dass die Padres kommunistische Agenten seien. Aber ich will jetzt nichts mehr hören. Wenn er recht hätte, könnte er mir ja das Gefängnis der Missionare zeigen. Auch er wird einsilbig. Mein Aufenthalt in Mosambik endet mit einem Missklang.

In Deutschland berichtete ich, dass das Massaker von Wiriyamu tatsächlich stattgefunden hat. Ich war der erste westliche Politiker, der es recherchiert und bestätigt hatte. Für die portugiesische Regierung war das ein Desaster. Sie hat Wiriyamu nicht lange überstanden. So wie Enrique es vorausgesagt hatte. Ein halbes Jahr später, im Frühjahr 1974, wurde die Regierung Caetano durch einen Putsch linksgerichteter Offiziere gestürzt.

Ich schilderte in Deutschland auch die Gewaltakte der FRELIMO gegenüber Zivilisten. Ich erklärte, dass sie ebenfalls nicht hinnehmbar seien. Auch nicht, wenn man das Anliegen ihres Freiheitskampfes unterstütze. Doch diese differenzierende Haltung hatte im damaligen politischen Klima Deutschlands keine Chance.

Jeder, der neben der Gewalt der Unterdrücker auch die Gewalt der Aufständischen gegen Zivilisten kritisierte, musste mit dem Vorwurf rechnen, er stehe auf der falschen Seite. Ich hatte der Kolonialmacht Portugal, unserem NATO-Partner, große außenpolitische Probleme bereitet. Kollegen meiner Bundestagsfraktion hatten mich deswegen heftig angegriffen. Doch meine Kritiker aus den anderen Parteien interessierte das nur am Rande. Sie waren wütend, weil ich auch die FRELIMO kritisiert hatte. Wer für eine gerechte Sache kämpfe, dürfe notfalls auch Zivilisten töten. Der gerechte Zweck heilige auch ungerechte Mittel.

Diese Meinung ist bis heute weit verbreitet. Sie ist verhängnisvoll. Weil meist beide Seiten glauben, sie kämpften für eine gerechte Sache. Portugiesische Regierungsvertreter hielten mir stundenlange Vorträge, dass sie ebenso lange in Afrika seien wie die Europäer in Amerika. Afrika sei auch ihr Kontinent, ihre Heimat. Dass sie die Afrikaner jahrhundertelang ausgebeutet und wie Untermenschen behandelt hatten, davon sprachen sie nie. Aber hatten die Europäer in Amerika nicht das Gleiche mit den Indianern gemacht?

Rechtsstaatlich nicht legitimierte Gewalt gegen Zivilisten wird für mich immer ein Verbrechen sein. Egal, wer sie anwendet. Bestärkt hat mich in dieser Meinung vor allem die Lektüre von Büchern Mahatma Gandhis. Er war in Fragen der Gewaltlosigkeit viel kompromissloser. Er lehnte jede Gewalt ab, nicht nur die gegen Zivilisten. Weil er mehr Mut hatte. Auch den Mut, sich auslachen zu lassen. Er wurde als »halb nackter Fakir« (Churchill) verspottet, verhöhnt und auch gehasst. Und dennoch hat er die Weltmacht Großbritannien ohne Gewalt aus Indien vertrieben.

Am Ende wurde er wegen seiner Gewaltlosigkeit – und weil er als Hindu die Muslime seines Landes verteidigte – von Hindu-Terroristen ermordet. Einer seiner letzten Sätze lautete: »Wer ein Feind der Muslime ist, ist auch ein Feind Indiens.«[7] Gandhi praktizierte Nächstenliebe und Feindesliebe. Gewalt schaffe immer nur neue Gewalt.

Vaclav Havel schrieb 1982 aus dem Gefängnis an seine Frau Olga, wie sehr er Befreiungsbewegungen bewundere. Allerdings nur, solange sie nicht »den Terror der einen durch den Terror der anderen ersetzen«.[8] Der französische Philosoph André Glucksmann fragte im *Spiegel* 2005:[9] »Sind Unterdrückte, die es ablehnen, unterschiedslos zu töten, etwa Feiglinge? Für mich sind sie Helden. Terroristische Methoden haben die Ziele fast aller modernen Befreiungsbewegungen vergiftet, von Algerien bis Vietnam. Wenn die Mittel furchtbar werden, zerstören sie die besten Ziele.«

Die Sowjets in Afghanistan

An Weihnachten 1979 marschierten sowjetische Truppen in Afghanistan ein, um der dortigen kommunistischen Regierung »brüderliche Hilfe« zu leisten. Die meisten westlichen Politiker wurden von der Invasion völlig überrascht. Sie waren im Weihnachtsurlaub. Nachrichten über den Krieg drangen damals und auch später kaum nach draußen. Westliche Journalisten durften nicht in die Kampfgebiete.

Ich habe während des gesamten Krieges versucht, die Informationsblockade der Sowjetunion zu durchbrechen. Wie andere auch. Männer wie Peter Scholl-Latour. Dazu musste ich allerdings erst einmal Kontakt zu den afghanischen Mudschaheddin aufnehmen. Auf Empfehlung eines amerikanischen Diplomaten setzte ich mich in Bonn mit Gulbuddin Hekmatyars Hizb-i-Islami in Verbindung. Sie war eine sogenannte fundamentalistische Kampftruppe. In US-Kreisen galt sie als wichtigste Freiheitsbewegung Afghanistans.

Nach mehreren heimlichen Treffen mit einem Vertreter der Mudschaheddin in verschwiegenen Nebenstraßen von Bonn war es schließlich so weit. Zusammen mit dem jungen Fotoreporter Richard Schulze-Vorberg ging es im August 1980 Richtung Peschawar. In dieser pakistanischen Grenzstadt hatten die meisten Mudschaheddin-Organisationen ihren Sitz.

Ich erklärte dem damals 33-jährigen Hekmatyar, dass ich den Kampf der Mudschaheddin gegen die sowjetische Besatzung nur so lange unterstützen würde, wie sie keine Gewalt gegen Zivilisten anwendeten. Hekmatyar wunderte sich ein wenig. Doch er versprach, immer daran zu denken. Er lächelte geheimnisvoll.

Wer 1980 von Peschawar nach Afghanistan wollte, musste über die hohen Berge des Hindukusch. Stundenlang ging es steil nach oben. Auf über 4000 Meter. Jeder Schritt wurde zur Qual. Unsere aus Pluderhosen und einem langen Hemd bestehende afghanische Nationaltracht war längst klatschnass geschwitzt. Warum hatte ich mir ausgerechnet den August als Reisemonat ausgesucht?

Um vier Uhr morgens waren wir aufgebrochen. Fünf blutjunge, bis an die Zähne bewaffnete Kämpfer Hekmatyars begleiteten uns. In den schmalen Tälern des Hindukusch kamen uns endlose Gruppen von Flüchtlingen entgegen: Frauen, Kinder, Greise, aber nur wenige kampffähige Männer. Millionen Afghanen flohen damals auf diesem Weg nach Pakistan.

Nur wenige besaßen ein Maultier, das sie und ihre Habe tragen konnte. Die meisten gingen zu Fuß. Die Jüngeren trugen die Älteren, die Frauen die Kinder und den Hausrat. Einige der Kleinen waren barfuß, manche hatten nur noch einen Schuh. Zwei Männer schleppten einen Greis auf einer Trage über die Gebirgskämme. Mich hatte schon der zehnstündige Aufstieg ohne Gepäck die letzten Kräfte gekostet.

Das ganze Elend dieser Welt schien uns entgegenzukommen. Dennoch hielten manche Flüchtlinge an und fragten, ob sie uns Tee oder Brot anbieten könnten. Es waren unvergessliche Augenblicke. Fünf Millionen Afghanen hat das finanzschwache Pakistan damals aufgenommen. Eine große menschliche Leistung.

Die weiten Ebenen Afghanistans sahen 1980 aus wie ein zerbombter Wüstenplanet. Wenn wir nicht durch Geröllwüsten liefen, ging es durch unbestellte Felder und niedergebrannte Dörfer. In einem Flecken, den wir durchquerten, stand von 30 Häusern kein einziges mehr. Wieder und wieder waren sie von sowjetischen Hubschraubern bombardiert worden. Die Mudschaheddin hatten gegen diese »gepanzerten Hunde« keine Abwehrmöglichkeit. Sobald sie sie in der Ferne hörten, verschwanden sie wie Wiesel in den Bewässerungsgräben entlang der Felder.

Auch wir machen Bekanntschaft mit einem Kampfhubschrauber. Mehrmals überfliegt er die Baumgruppe, unter die wir geflüchtet sind. Immer tiefer zieht er seine Kreise. Hoch über ihm steht in der Luft ein zweiter Hubschrauber, der ihn dirigiert. Wir kauern in einem Erdloch und warten.

Doch meine Neugier ist zu groß. Ich bitte Richard Schulze-Vorberg um seine Schmalfilmkamera. Dann gehe ich halb aus der Deckung der Bäume heraus und beginne den Hubschrauber zu filmen. Er steht weniger als 40 Meter über uns. Ich sehe das Gesicht des Piloten und weiß, er sieht meines. Ich bin oft im Hubschrauber unterwegs gewesen. Aus dieser Entfernung sieht man alles.

Die Mudschaheddin rufen erregt, ich solle zurück in den Unterstand. Doch ich filme weiter. In fast blindem Vertrauen zu dem Piloten, der über uns kreist und mich im Visier hat. Er kommt immer tiefer. Ich kann ihm fast in die Augen sehen. Als er seine Flughöhe auf 30 Meter gesenkt hat, denken meine Begleiter, jetzt sei alles vorbei.

Doch auf einmal drehen beide Hubschrauber ab. Sie fliegen zu einer anderen Baumgruppe, unter der wir 40 Minuten zuvor gerastet hatten. Dort gibt es eine gewaltige Explosion. Dann herrscht Stille. Die Hubschrauber sind verschwunden.

Verstaubt kriecht mein Begleitkommando aus dem Unterstand. Keiner sagt ein Wort. Ich bin fest davon überzeugt, dass der niedrig fliegende Pilot seinen Leitpiloten bewusst zu einem falschen Ziel gelotst hat. Weil er sah, dass ich kein Kämpfer war. Und weil er nicht töten wollte. Danke, mein junger russischer Pilot! Ich hoffe, dass das Leben zu dir genauso fair war wie du zu uns.

Der Tod des Mudschahid

Vier Jahre später, im Winter 1984, gerieten wir in eine ähnlich kritische Situation. Begleitet wurde ich diesmal von dem deutschen Fernsehjournalisten Claus Bienfait und Karim, einem deutsch-afghanischen Übersetzer. Wir waren mit vier Pritschenwagen und zwei Dutzend Mudschaheddin unterwegs. Es war bitterkalt, ein steifer Wind pfiff uns entgegen. Die traditionelle afghanische Filzmütze, den Pakol, hatten wir tief ins Gesicht gezogen. Obwohl wir uns in mehrere Wolldecken, Pattus, gehüllt hatten, froren wir erbärmlich.

Etwa 100 Kilometer jenseits der pakistanischen Grenze fuhren wir in Richtung einer vorgeschobenen sowjetischen Garnison. Von dort aus waren in den letzten Wochen mehrfach afghanische Dörfer angegriffen worden. Frauen und Kinder waren getötet worden. Doch jetzt war der sowjetische Stützpunkt angeblich von den Mudschaheddin eingekreist. Diese Stellungen wollte ich besichtigen. Im Westen waren die meisten Militärexperten der Auffassung, dass die Mudschaheddin gegen die Sowjetarmee keine Chance hätten. Der Krieg sei entschieden.

Wir holperten über den sandigen Seitenweg eines breiten, ausgetrockneten Flussbetts. Links und rechts wurde es von 300 Meter hohen felsigen Bergrücken eingerahmt. Die Landschaft war karg und grau.

Ich wusste, dass die Fahrt riskant war. Die Mudschaheddin wussten es auch. Doch ihr Führer Musafarudin und sein 18-jähriger Adjutant Khairullah, der sich besonders fürsorglich um uns kümmerte, waren guten Mutes. Sie sagten, sie hätten das Umfeld der sowjetischen Kaserne fest unter Kontrolle. Der Krieg sei noch lange nicht entschieden. »Das afghanische Volk hat noch nie einen Krieg verloren«, murmelte der kleine Khairullah, der sonst immer so fröhlich war, mit ernstem Gesicht. »Weil wir nie aufgeben.« Er sah plötzlich sehr erwachsen aus.

Nach einer Weile hielt unsere Autokolonne. Claus Bienfait und ich gingen zur Mitte des Flussbetts. Wir wollten schauen, ob es nicht wenigstens ein kleines Rinnsal gab, in dem wir uns die Hände waschen konnten.

In diesem Augenblick hören wir von den Bergkämmen links und rechts das Tackern von Maschinengewehren. Wie Hornissenschwärme kommen die Kugeln angeflogen, platzen auf die Kieselsteine, wirbeln Sand auf.

Wir werfen uns zu Boden. Doch das vertrocknete Gesträuch des Flusses bietet kaum Deckung. Der Beschuss wird intensiver. Claus Bienfait versucht zu filmen, aber Karim ist mit den Batterien der Kamera weit hinter ihm. Mühsam robbt er sich an Bienfait heran. Ich brülle: »Filmen!« Bienfait zischt zornig zurück: »Ja doch!« Er hat zwar die Kamera im Anschlag, aber noch immer keine Batterien. Dann endlich kann er filmen. Er dreht ohne Rücksicht auf die Kugeln, die teilweise nur knapp über uns hinwegzischen oder ziemlich nahe einschlagen.

Während wir hinter knorrigen Sträuchern in Deckung liegen, ist ein Teil der Mudschaheddin von den Pritschenwagen abgesprungen. Auch der kleine Khairullah. Wie Gämsen stürmen sie die steilen Hänge hoch, um die russischen Maschinengewehrstellungen auszuschalten. Gleichzeitig rast einer der Pritschenwagen Sand aufwirbelnd Richtung Garnison. Etwa die Hälfte der Mudschaheddin bleibt hinter einem Felsvorsprung zu unserem Schutz zurück.

Zehn lange Minuten werden wir in dem Flussbett beschossen, rattern die Maschinengewehre. Zehn Minuten, die uns wie eine Ewigkeit vorkommen. Im linken Knie habe ich ein taubes Gefühl. Wahrscheinlich vom langen Liegen auf den kantigen Flusssteinen. Vorsichtig kriechen wir zu dem Felsvorsprung, hinter dem die Mudschaheddin in Deckung gegangen sind. Auf dem Berg wird weitergekämpft. Immer wieder hören wir das Bellen der Maschinengewehre. Dann wird es still.

Wir warten und warten. Immer sorgenvoller. Geschütz- und Gewehrfeuer ist nicht mehr zu hören. Sind die Mudschaheddin in eine Falle geraten? Ihr Anführer Musafarudin wird immer unruhiger. Er weiß, bei Einbruch der Dunkelheit müssen wir zurück. In den umliegenden Bergen gibt es offensichtlich doch noch starke Stellungen der Sowjets. Anders, als die Mudschaheddin angenommen hatten.

Es dämmert bereits, als unser Pritschenwagen endlich in der Ferne auftaucht. Als die Mudschaheddin sehen, dass Claus Bienfait sie filmt, recken sie jubelnd ihre Maschinenpistolen in die Höhe. Sie haben ihr Gefecht wohl gewonnen. Doch als Bienfait die Kamera wieder einpackt, werden alle merkwürdig schweigsam. Dann ziehen sie sich mit Musafarudin zu einer Besprechung zurück.

Wir hören lange nichts. Dann steigen alle in ihre Pritschenwagen. Keiner spricht ein Wort. Wir fahren zurück. Doch wo ist der kleine Khairullah? Karim raunt uns zu: »Er ist tot. Bauchschuss. Er ist verblutet.« Auch drei Russen sind gefallen. Ich schlage die Hände vors Gesicht, um mein Entsetzen nicht zu zeigen.

Während wir durch die Nacht fahren, herrscht im Wagen eine bedrückte, betretene Stimmung. Der kleine, lustige Khairullah wird uns nie mehr mit seinen Späßen aufheitern. Alle wissen, dass sein Tod völlig überflüssig war. Und dass wir mitschuld sind. Auch ich.

Wir mussten nicht unbedingt wissen, ob die russische Garnison am Ende der Welt wirklich von Mudschaheddin umstellt war. Für die Erkenntnis, dass Fronten im Guerillakrieg ständig wechseln, musste niemand sterben. Afghanistan durfte zwar nicht aus der öffentlichen Diskussion verschwinden. Aber musste dafür ein junger Mensch – mussten dafür vier junge Menschen sterben? Ich werde diese Frage ein Leben lang mit mir herumschleppen. Warum mussten Menschen wie Khairullah und Abdul Latif für mich sterben?

Mit mir herumtragen werde ich auch den winzigen Kugelsplitter, den mein linkes Innenknie bei der Beschießung abbekommen hat. Immer wenn ich zu einer Kernspin-Untersuchung muss, spielen die Geräte verrückt. Auch heute noch. Sie erinnern mich an den Tod eines jungen Mudschahid im eiskalten afghanischen Winter 1984.

Die Krankenhäuser Pakistans

Nichts war in jenen 80er-Jahren trostloser und elender als die Krankenhäuser Pakistans. Im Behelfskrankenhaus von Quetta sah ich Hunderte schwerverletzte afghanische Kinder. Sie lagen auf ärmlichen Pritschen in kargen Räumen. Ihre Wunden an Kopf, Armen und Beinen waren meist offen. Man sah zerrissene, bräunliche Muskelstränge. Desinfektionsmittel, Verbandsstoff gab es kaum, Schmerztabletten auch nicht. Mit großen, fragenden Augen schauten mich die Kinder an. Ich versuchte wegzuschauen, wollte raus an die frische Luft. Aber dazu musste ich wieder durch lange Reihen verletzter, wimmernder Kinder.

Was hatten diese Kinder der großen Sowjetarmee angetan? Waren die stolzen Kriegsherren in Ost und West jemals in Kinderkrankenhäusern der Länder, die sie bombardierten? Wissen unsere Kriegspolitiker, was sie tun?

1984 bin ich in einem Krankenhaus von Peschawar. Im letzten Krankenzimmer, das ich besichtige, sehe ich Abdul. Unter einem dunklen Metallgestell liegt das, was nach einem sowjetischen Brandbombenangriff von ihm übrig geblieben ist. 27 Kilo versteifter Gelenke, verbrannten, faulenden, übel riechenden Fleisches. Im linken Knie hat er ein Loch von der Größe eines Fünf-Mark-Stücks. Man kann hindurchschauen. Nur der Kopf ist heil geblieben.

Abdul friert. Man hat ihm daher – wie Radrennfahrern jener Zeit – einen Lederhelm aufgezogen. Zwei Jahre liegt er schon hier. Seit Verwandte und Freunde ihn über den Hindukusch nach Pakistan geschleppt hatten. Er hat nach Auskunft der Ärzte nur noch wenige Wochen zu leben.

Ich will gerade das nach Verwesung und Desinfektion riechende Zimmer verlassen. Da flüstert mir dieser verbrannte, sterbende kleine Junge mit dem Radrennfahrerhelm einen Satz zu, der sich wie ein Kletterhaken in mein Herz krallt: »Nimm mich mit!«

»Nimm mich mit«, sagt der sterbende Junge, der aussieht wie der Tod. Ich bin schon fast durch die Tür, fast aus dem Raum und weiß doch sofort, dass Abduls Leid ein Teil meines Lebens sein wird. Gegen diesen Satz habe ich keine Gegenwehr.

Ich ließ Abdul nach Deutschland ausfliegen. Zwei Jahre lang brachen deutsche Ärzte ihm immer wieder die Knochen. Wie eine Kartoffel schälten sie seinen Kopf und stanzten kleine Haut-Inseln auf seinen verbrannten Körper. Ich wusste nicht, dass ein Mensch so viel Schmerz ertragen konnte. Jede Woche, immer wenn ich aus Bonn in meinen Wahlkreis nach Tübingen zurückkam, war ich bei Abdul im Krankenhaus. Jedes Mal weinte alles in mir.

Schon seinetwegen werde ich immer gegen Krieg sein. Und gegen die, die ihn verharmlosen. Krieg ist das größte aller Verbrechen.

Abdul war für mich das Symbol des geschundenen Afghanistan. Gestern und heute. Ich habe ihm vor zehn Jahren ein Buch gewidmet. Heute lebt er stolz mit Krücken in Afghanistan. Er hat sechs Kinder: drei Mädchen, drei Buben.

Spielzeugbomben

Ich habe damals alles getan, um mitzuhelfen, diesen Krieg zu beenden. Zusammen mit der Jungen Union veranstaltete ich in meinem Wahlkreis Tübingen bei Regen und Schnee Fackelzüge gegen den Krieg. Mit Unterstützung der SPD erzwang ich jedes Jahr im Deutschen Bundestag eine Afghanistan-Debatte. Unter den missmutigen Blicken des Bundestagspräsidenten zeigte ich Fotos schwerverletzter afghanischer Kinder. Und eines Tages auch eine der berüchtigten Spielzeugbomben der Sowjetunion.

Lange hatte ich gebraucht, bis ich in Deutschland eine dieser Schmetterlingsbomben fand, die in Afghanistan zu Tausenden wirbelnd, kreiselnd vom Himmel fielen. Die afghanischen Kindern die Hände zerrissen, das Gesicht zerfetzten, das Leben zerstörten. Waffenproduzenten sind erfinderisch.

In Stuttgart spürte ich einen Mann auf, der eine intakte Bombe ohne Sprengstoff besaß. Wir verabredeten uns am Flughafen von Stuttgart, wo ich meist freitagsnachmittags aus Bonn kommend landete. In dieser Maschine saßen oft hochrangige Politiker. Minister, Staatssekretäre sowie ein bekannter EU-Kommissar.

Kurz vor der Landung gibt der Kapitän per Lautsprecher durch, alle Passagiere sollten bitte nach der Landung sitzen bleiben, »damit Herr Dr. Todenhöfer als Erster aussteigen« könne. Mir ist das so peinlich, dass ich Gänsehaut bekomme. Was soll dieser Unsinn? Ich habe schon genug Feinde in Bonn. Nach der Landung drücke ich mich schnell an den Kollegen der vorderen Reihen vorbei, die mich verärgert anstarren. Sie finden diese Sonderbehandlung noch unangebrachter als ich. Wenn jemand als Erster aussteigen sollte, dann sie.

Ich haste die Treppe des Flugzeugs hinunter. Unten stürzen vier Polizeibeamte auf mich zu. Sie bilden einen Schutzring um mich und drängen mich in eines von zwei wartenden Polizeiautos. Mit Blaulicht geht es zur Polizeiwache. Dort eröffnet mir einer der Beamten: »Wir mussten Sie schützen. Man wollte Sie mit einer Bombe empfangen.« Ich bin sprachlos.

Die Erklärung ist banal. Die Polizei hatte ein Telefonat des Mannes abgehört, der mir die leere russische Schmetterlingsbombe übergeben sollte. Offenbar hatte er dabei seinem Gesprächspartner erzählt, dass er mir »eine Bombe in die Hand drücken« wollte. Daraufhin hatte die Polizei Alarm ausgelöst.

Obwohl ich genau erkläre, dass alles nur der Vorbereitung einer Bundestagsdebatte dient, muss ich eine lange Befragung über mich ergehen lassen. Irgendwann darf ich dann weiter und kann in einem Gasthof die Schmetterlingsbombe in Empfang nehmen. Durch das Fenster sehe ich zwei Polizeiwagen. Die Polizei will auf Nummer sicher gehen.

Die Präsentation der Spielzeugbomben im Bundestag gab den Sowjets einen weiteren Grund, mich zu beschimpfen. Schon die bisherige Liste ihrer Attacken war lang. »Bandit im Bundestag«, »Parlamentarischer James Bond« nannten mich sowjetische Zeitungen. »Auspeitschen und erschießen lassen« wollte mich der Sprecher des Generalsekretärs der KPdSU, Leonid Samjatin, schon 1980. Und für den Vorsitzenden der SPD-Bundestagsfraktion, Herbert Wehner, wurde ich zum »Hodentöter«.

Die sowjetische Kritik verstärkte sich, als ich nach sechs Jahren Krieg die Aktion »Gläsernes Afghanistan – Reporter für den Frieden« startete. Zusammen mit dem »Verein für Afghanistan-Förderung« wollte ich afghanische Widerstandskämpfer mit Videokameras und Fotoapparaten ausstatten und ausbilden lassen. Der Vietnamkrieg war durch die Medien entschieden worden. Der Afghanistankrieg aber fand hinter einer Mauer des Schweigens statt. Diese Mauer wollten wir einreißen. Der Macht der Roten Armee wollten wir die Macht der Bilder gegenüberstellen.

In einem vierwöchigen Crashkurs wurden in der Eifel 20 afghanische Mudschaheddin ausgebildet und nach Afghanistan zurückgeschickt. Nach ein paar Monaten tauchten im Westen die ersten verwackelten Filme auf. Sie hatten einen langen Weg hinter sich. Auf Maultieren waren sie über den Hindukusch nach Pakistan geschmuggelt worden. Immer häufiger erschienen nun Filme aus dem Landesinneren Afghanistans in ausländischen Medien.

Sie waren nicht kriegsentscheidend. Das Interesse des Westens am Leid der Afghanen blieb gering. Wie zu erwarten, landeten auch einige der Kameras auf dem Schwarzmarkt. Doch der sowjetischen Führung war die Aktion nicht gleichgültig. Sie wusste, ab jetzt konnte über jedes Massaker rasch berichtet werden. Brutale Militäraktionen, die vorher problemlos waren, wurden plötzlich heikel.

Im Februar 1989 verließ der letzte sowjetische Soldat Afghanistan. Ich hatte diesen Tag so herbeigesehnt. Doch er wurde für Afghanistan nicht zum Beginn einer Ära des Friedens. Der Westen ließ das Land in seinem Elend allein. Und die Mudschaheddin verspielten die Chance, Afghanistan stabilen Frieden zu schenken.

Als im April 1992 auch die kommunistische Regierung Afghanistans gestürzt wurde, brach unter den Anführern der Mudschaheddin ein hemmungsloser Machtkampf aus. Er bescherte dem Land einen furchtbaren Bürgerkrieg. Was in Afghanistan noch nicht zerstört war, wurde nun in Schutt und Asche gelegt. Kabul wurde von Hekmatyar, Dostum, Rabbani und Massoud in eine Ruinenstadt verwandelt.

Meine Enttäuschung kannte keine Grenzen. Neun Jahre hatte ich mich für Frieden in Afghanistan eingesetzt. Hatte mich auslachen und beschimpfen lassen. Alles vergeblich! Neun verlorene Jahre! Ich zog mich aus allen politischen Diskussionen zurück.

Die Kriege des George W. Bush

Doch dann kam 9/11. Und kurz danach der Angriff der USA auf Afghanistan. Im Fernsehen sah ich die grün leuchtenden Nachtaufnahmen der Bombardierung. Es war, als träfen mich die blitzenden Einschläge der US-Raketen und Marschflugkörper mitten ins Herz. Ich sah bildlich vor mir, wie sich Frauen, Kinder und Greise in die Ecken ihrer armseligen Behausungen verkrochen. Wie sie zum Himmel flehten, nicht für die Taten eines saudiarabischen Millionärs büßen zu müssen. Den die CIA jahrelang gefördert hatte und dessen Namen die Afghanen erst seit ein paar Tagen kannten. 99 Prozent der afghanischen Bevölkerung hatten noch nie etwas von Al-Qaida gehört.

Afghanistan war eines der am meisten geschundenen Länder der Welt. Nirgendwo gab es mehr Waisenkinder, mehr Witwen, mehr von Minen entstellte Kinder. Das ganze Land war eine einzige offene Wunde.

Warum musste nun auch noch das große Amerika auf das am Boden liegende Afghanistan einschlagen? Mein Amerika, das ich in vielem so bewunderte. Der Westen verdankt den USA so viel. Auf dem Gebiet der Naturwissenschaften, der Kunst, der Musik, der Literatur, des Sports, der Volkswirtschaft. Wir Deutsche verdanken Amerika Frieden und Freiheit.

All das werde ich nie vergessen. Auch nicht die »Schulspeisung«, die kleinen Schokoladenstücke, die wir als Kinder von amerikanischen Familien erhielten. Wenn ich an Amerika denke, habe ich manchmal noch heute den Geschmack von Schokolade im Mund.

Amerikanische Pfadfinderinnen, die ich als Reiseleiter durch Europa gelotst hatte, hatten mich zum einzigen männlichen »Ehren-Girlscout« der Welt ernannt. Die US-Streitkräfte meines Wahlkreises Kaiserslautern hatten mich zum amerikanischen »Ehrenoberst« befördert. Ich habe in den USA viele Freunde, fabelhafte Menschen.

Ich konnte den schockartigen Zustand verstehen, in dem sich die meisten Amerikaner am 11. September 2001 befanden. Die USA waren es, im Unterschied zu anderen Ländern, nicht gewöhnt, dass Bomben in ihren Städten einschlugen. Ihre Kriege fanden fast immer in sicherer Entfernung statt. Ein Angriff auf Washington und Manhattan – auf das politische und das wirtschaftliche Zentrum Amerikas – war für sie undenkbar gewesen. Außerdem waren die Terroranschläge von Al-Qaida an diabolischer Grausamkeit nicht zu überbieten. Dennoch hoffte ich verzweifelt, dass die USA besonnen und gerecht auf die Anschläge reagieren würden.

In meiner Familie setzten heftige Diskussionen über das Wie der Reaktion ein. Und darüber, wie ich mich verhalten sollte. Gegen den Afghanistankrieg der Sowjetunion hatte ich leidenschaftlich protestiert. Musste ich jetzt nicht auch gegen meine amerikanischen Freunde auf die Barrikaden gehen? Konnte ich tatenlos zuschauen, wie Amerikaner oder Deutsche in Afghanistan einmarschierten und Menschen bombardierten, die ich liebte? Amerikanische und deutsche Soldaten in Afghanistan – für mich war das eine absurde Vorstellung.

Also übergab ich in der gebotenen protokollarischen Form dem amerikanischen Botschafter in Bonn einen an George W. Bush adressierten Brief. Darin bat ich diesen, nicht die unschuldige afghanische Bevölkerung für die Mordtaten internationaler Terroristen büßen zu lassen.

Auch Talibanführer Mullah Omar, von dem ich wusste, dass er mich kannte, ließ ich durch einen hochrangigen Boten einen Brief übermitteln. Ich forderte ihn auf, eine Trennlinie zwischen afghanischer Tapferkeit und saudisch-ägyptischem Terrorismus zu ziehen. Wenn die USA Beweise für die Täterschaft Bin Ladens vorlegten, müsse Mullah Omar ihn aus dem Land weisen. Afghanistan müsse sich im Kampf gegen den internationalen Terrorismus an die Seite der USA stellen.

Weder George W. Bush noch Mullah Omar beantworteten die Briefe. Warum auch? Alles war längst entschieden.

Die Schura-e-Ulema, der Rat der afghanischen Religionsgelehrten, forderte Bin Laden zwar auf, das Land freiwillig zu verlassen. Selbst die Taliban-Regierung signalisierte, dass man über eine Auslieferung an ein neutrales Land sprechen könne, wenn die USA schlüssige Beweise für die Täterschaft Bin Ladens vorlegten. Doch der amerikanische Präsident hatte längst beschlossen, Afghanistan anzugreifen. Egal, was die Afghanen mit Bin Laden machten. Die Pläne dazu lagen seit Jahren in den Schubladen der Neokonservativen. Afghanistan ist geostrategisch eines der interessantesten Länder Zentralasiens.

Mein alter Bekannter Abdul Haq, Paschtunenführer und Freund Amerikas, hatte George W. Bush zwar mehrfach persönlich erklärt, dass die Paschtunen das Problem Bin Laden und das Problem der Taliban selbst lösen wollten. Mit einem mit Dollars beladenen Esel komme man in Afghanistan weiter als mit jeder Panzerarmee.

Über 600 Milliarden Dollar kostete der Afghanistankrieg bisher allein die USA.[10] Hätten sie – wie Abdul Haq vorgeschlagen hatte – sofort nach 9/11 auch nur eine dieser Milliarden für die Ergreifung Bin Ladens ausgesetzt, wäre Afghanistan und den USA viel erspart geblieben. Doch so konnte das Phantom der Dunkelheit, Bin Laden, aus dem vor allem von Journalisten umzingelten Höhlenkomplex Tora Bora ungehindert nach Pakistan entkommen.

George W. Bush hat einmal gesagt: »Ich sah in mein Herz und verschrieb mein Leben Jesus Christus.« Bush war einer der gewalttätigsten Präsidenten der amerikanischen Geschichte. Schon als Gouverneur von Texas war er vor allem durch Hinrichtungsrekorde aufgefallen. Dass dieser Mann sich ausgerechnet auf Jesus, den Propheten der Gewaltlosigkeit, der Nächsten- und Feindesliebe, berief, war blanker Zynismus.

Doch er hielt diese Argumentationslinie während des gesamten Afghanistankriegs durch. Noch am Abend des 11. September machte er Gott zu seinem wichtigsten Verbündeten. Er zitierte Psalm 23: »Und ob ich schon wanderte im finstern Tal, fürchte ich kein Unglück; denn du bist bei mir.« Pathetisch nannte er den Krieg gegen Afghanistan einen »Kreuzzug«.

Keiner der 19 Selbstmordattentäter des 11. September war Afghane. Allein 15 von ihnen waren Saudis, drei der Haupttäter lebten in Hamburg.

Für George W. Bush spielte es keine Rolle, dass die Taliban und Al-Qaida Koproduktionen der Geheimdienste Saudi-Arabiens, Pakistans und der USA waren. Die Taliban waren sogar Staatsgäste der USA gewesen, mit denen man intensiv über den Bau von Erdgasleitungen durch Afghanistan verhandelt hatte – aber nie über Demokratie, Menschen- oder Frauenrechte.

Auch die Tatsache, dass seit Jahrtausenden alle Kriege gegen Afghanistan als Desaster endeten, interessierte die USA nicht. Diese Region »könne man durchqueren, nicht erobern«, soll schon Alexander der Große gesagt haben.[11] Die Paschtunen, die knapp die Hälfte der Bevölkerung des heutigen Afghanistan stellen, waren eines der berühmtesten Kriegsvölker der Geschichte, ständig gezwungen, sich gegen kriegerische Einfälle zu wehren. Einen George W. Bush hielt das nicht auf.

Fassungslos machte mich die Unterwürfigkeit, mit der manche deutsche Politiker sich an diesem Krieg beteiligten. Hatten nicht alle Parteien nach dem Zweiten Weltkrieg geschworen: »Nie wieder Krieg!«? Wie konnte es dazu kommen, dass Willy Brandts Friedenspartei, Hans-Dietrich Genschers Gewaltverzichtspartei und auch die CDU/CSU fast blind mitmarschierten? Dass die Grünen, die versprochen hatten, Schwerter zu Pflugscharen umzuwandeln, nicht die Kraft zu einem klaren Nein gegen den Krieg fanden?

Terrorzuchtprogramme

Alles an diesem Krieg war falsch. Welch eine Torheit, mit Flugzeugträgern, Jagdbombern und Panzern auf Fuchsjagd zu gehen! Bin Laden dürfte diabolisch gelächelt haben, als die Amerikaner in seine Falle tappten und in den Krieg marschierten.

Kriege sind Terrorzuchtprogramme. Für jedes getötete Kind stehen über zehn neue Kämpfer auf, um es zu rächen. Nach 9/11 stieg die Zahl der Selbstmordanschläge – selbst wenn man die Kriegsgebiete Afghanistan und Irak herausrechnet – um das Vierzehnfache. Vor allem im Mittleren Osten wimmelt es inzwischen von nationalen Terroristen und ausländischen »Wanderterroristen«, die der Westen gezüchtet hat. Wir selbst haben den internationalen Terrorismus großgezogen.[12]

Terrorismus bekämpft man mit dem Skalpell, nicht mit dem Beil:
- Mit nachrichtendienstlicher Aufklärung.
- Mit Unterwanderung des Umfeldes.
- Mit Geld.
- Mit Spezialkommandos im Stile von Abbottabad, wo Bin Laden bis zu seiner Ausschaltung 2011 ein beschauliches Leben führte. Die Tatsache, dass Bin Laden in Pakistan durch ein einziges Sonderkommando ausgeschaltet werden konnte, führt den gesamten Afghanistankrieg ad absurdum.

- Mit der Unterbrechung der Finanzströme. Finanziert wird der weltweite Terrorismus vor allem durch Privatpersonen und Privatorganisationen in Saudi-Arabien. Sie versprechen sich davon als Nebeneffekt eine schnellere Verbreitung ihres wahhabitisch-salafistischen Radikalislam, dem zu ihrem Leidwesen weltweit nur zwei Prozent der Muslime anhängen.[13] Dass die überwältigende Mehrheit der 1,5 Milliarden Muslime der Welt an ihrem maßvollen und friedfertigen Islam festhält, ist diesen saudischen »Wohltätigkeitsorganisationen« ein Dorn im Auge.

Das Zentrum des internationalen Terrorismus befindet sich seit Langem in Saudi-Arabien. Ohne privates saudisches Geld könnten Al-Qaida und mit Al-Qaida verbundene Terrororganisationen nicht überleben. Der Westen wagt sich an dieses zentrale Problem der Terrorismusbekämpfung bis heute nicht heran.

Er argumentiert in vertraulichen Gesprächen, das saudische Herrscherhaus habe mit den wichtigsten Terrorpaten einen mafiaähnlichen Pakt, aus dem es sich nicht lösen könne. Es bleibe nur so lange von Anschlägen verschont, wie es deren Kreise nicht ernsthaft störe. Man müsse für die Zurückhaltung des saudischen Herrscherhauses gegenüber den Hintermännern des Terrors daher Verständnis haben. Der Westen werde für seine Nachsicht gegenüber dem saudischen Regime schließlich reichlich durch Erdöl entschädigt.

Dieses komplizenhafte Verständnis für Saudi-Arabien als Schutzraum und Zentrum des internationalen Terrorismus ist der eigentliche Skandal des westlichen »Antiterrorkampfes«. Keine amerikanische Regierung legt sich mit Saudi-Arabien an. Afghanisches Blut ist billiger.

Kriegslügen zu Afghanistan

All das habe ich nach 9/11 immer wieder gesagt und geschrieben. In allen Medien. Chancenlos. Der Westen erfand immer neue Gründe, um seinen Krieg zu rechtfertigen. Churchill hat einmal sarkastisch angemerkt, in Kriegszeiten sei die Wahrheit so kostbar, dass sie durch eine Leibwache von Lügen beschützt werden müsse.[14] Der Westen hat zur Begründung des Afghanistankrieges eine ganze Armee von Lügen aufgestellt.

- *Die erste Lüge des Westens lautete, er kämpfe in Afghanistan gegen den internationalen Terrorismus.* Selbst David Petraeus, damals Oberkommandierender der NATO in Afghanistan, räumte schon vor Jahren ein, dass »Al-Qaida gar nicht mehr von Afghanistan aus operiert«.[15] Der Westen kämpft in Afghanistan nicht gegen *internationale* Terroristen, sondern gegen *nationale* Widerstandsgruppen. Die angebliche Führung des internationalen Terrorismus war schon im Dezember 2001 – kurz nach 9/11 – über die Berge des Hindukusch nach Pakistan geflohen.

- *Die zweite Lüge hieß, wir verteidigten dort die Werte unserer Zivilisation.* Zu unseren wichtigsten Werten gehört die Unantastbarkeit der Menschenwürde. Wo in Afghanistan wird die Menschenwürde respektiert? Jeden Tag sterben dort durch westliche Truppen afghanische Frauen, Kinder, Greise. Anonyme US-Todesschwadronen töten nachts auf geheimen Todeslisten stehende Widerstandskämpfer und oft auch Zivilisten. US-Elitesoldaten verbrennen Korane, urinieren ungestraft auf tote afghanische Gegner und verschleppen ihre afghanischen Gefangenen in das rechtswidrige Schandlager Guantánamo auf Kuba.

  Wir haben in der muslimischen Welt seit Beginn des Kolonialismus nie die Werte unserer Zivilisation verteidigt, sondern immer nur unsere Interessen. Der Westen hat in Afghanistan viel mehr Zivilisten getötet als Al-Qaida in den USA und Europa. George W. Bush ist ein viel schlimmerer Mörder als Bin Laden. Schon die Tatsache, dass man das eigentlich nicht aussprechen darf, ist ein zivilisatorischer Skandal.

- *Die dritte Lüge spricht vom »Vorrang des zivilen Wiederaufbaus vor dem militärischen Einsatz«* (so Dirk Niebel, Minister für wirtschaftliche Zusammenarbeit). Doch die USA gaben 2011 in Afghanistan 100 Milliarden US-Dollar für den Krieg aus, aber nur fünf Milliarden für Entwicklungshilfe.[16] Von dieser

»Hilfe« flossen rund 40 Prozent als Gewinne und Honorare in die USA zurück. Weitere geschätzte 40 Prozent versickern üblicherweise in dunklen Kanälen. Deutschland gab 2011 für den Militäreinsatz in Afghanistan mehr als viermal so viel aus wie für Entwicklungshilfe.[17]

Entsprechend schlecht sind noch immer die Lebensbedingungen der Afghanen. Mehr als zwei Drittel der Bevölkerung haben nach Angaben der Weltbank keinen Zugang zu sauberem Trinkwasser. Über 40 Prozent der Afghanen leiden unter »Nahrungsarmut«. Sie hungern. Laut CIA hat Afghanistan die höchste Säuglingssterblichkeit der Welt. Es ist das ärmste Land Asiens.[18]

- *Die vierte Kriegslüge lautete lange, die NATO kämpfe in Afghanistan, um die Rückkehr der Taliban zu verhindern.* Doch nicht erst jetzt, sondern schon seit einiger Zeit wird mit diesen verhandelt. Mullah Omar, noch immer Chef der afghanischen Taliban, kann sich den Regierungsposten aussuchen, den er in einer Koalitionsregierung einnehmen will. Das Amt des Vizepräsidenten hat ihm die afghanische Führung schon vor langer Zeit angeboten.

Trotzdem wurde jeder, der wie ich schon sehr früh Verhandlungen forderte, ausgelacht und wüst beschimpft. Weil der Westen nicht zugeben wollte, dass der Krieg ein Fehler war. Und weil er keine Verhandlungsstrategie hatte. Weil er nie richtig wusste, was er in Afghanistan wollte.

Mit jedem Kriegsjahr wurden die Taliban stärker: Sie können inzwischen zu jedem Zeitpunkt an jedem Ort Afghanistans zuschlagen. Im Jahr 2001 waren sie Verlierer, weil sie erkennbar keine Ahnung hatten, wie man ein Land regiert. Die Bevölkerung hatte das längst bemerkt. Der Krieg hat sie wieder zu Siegern gemacht. Er gab ihnen die Chance, sich als Widerstandskämpfer zu profilieren. Auf diesem Gebiet sind die Afghanen traditionell unschlagbar. So konnten die Taliban der NATO, dem stärksten Militärbündnis aller Zeiten, ihre bitterste Niederlage beibringen.[19]

Im Grunde ist alles danebengegangen. Auch die versprochene rechtstaatliche Demokratie ist noch Lichtjahre entfernt. Man kann Afghanen nicht einfach aus ihren jahrtausendealten Stammesbindungen herauslösen, die bisher der wichtigste Garant ihres Überlebens waren.

Für all diese Lügen, Torheiten und Misserfolge mussten unschuldige Afghanen sterben, wurden junge westliche Soldaten sinnlos verheizt. Manchmal kommen Politiker nach Fernsehsendungen zu mir und flüstern mir zu, sie dächten über den Afghanistankrieg ähnlich wie ich. Warum sprechen sie das nie aus? Viele unserer Soldaten sind Löwen – geführt von Eseln.

Die Trauerfeier von Asisabad

Ende August 2008 saß ich morgens beim Frühstück im Serena-Hotel von Kabul. Dieses Hotel war so häufig von den Taliban angegriffen worden, dass es inzwischen fast schon wieder als sicher galt. In einer afghanischen Zeitung las ich, amerikanische GI's hätten am Vortag bei Herat dreißig Taliban getötet. Ich hatte gelernt, derartigen Meldungen zu misstrauen. Getötete Zivilisten wurden von den Sprechern der US-Armee fast schon immer erst einmal als Taliban bezeichnet. Das erleichterte das Geschäft des Krieges und war gut für die Statistik.

Doch abends zeigt das afghanische Fernsehen Bilder des Angriffs. Die Opfer sehen überhaupt nicht wie Widerstandskämpfer aus. Es sind bis zur Unkenntlichkeit zerfetzte Kinder und Greise. Angeblich Gäste einer Trauerfeier. Ein Sprecher der US-Streitkräfte erklärt dennoch unbeirrt, man habe in Asisabad 30 Taliban getötet. Zivilisten seien nicht zu Schaden gekommen.

Am nächsten Tag rufe ich zusammen mit einem Übersetzer den Mann an, der die Trauerfeier veranstaltet hat. Er heißt Gul Ahmad und ist über den Anruf völlig erstaunt. Er bedankt sich, dass jemand aus dem Westen an ihn denkt. Dann berichtet er über die Ereignisse.

In der Nacht von Donnerstag auf Freitag habe er für seinen Bruder Taimur Shah, der vor einigen Monaten von ISAF-Truppen[20] getötet worden sei, eine Gedenkfeier veranstaltet. Man

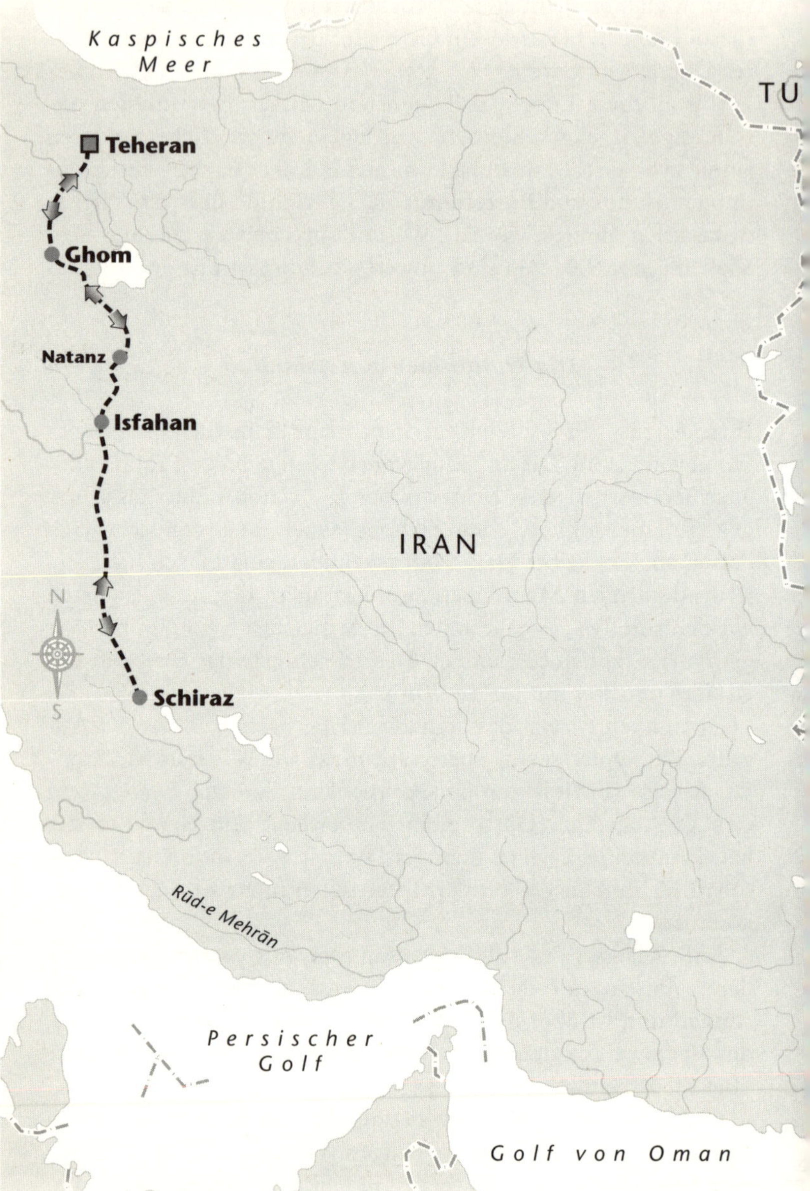
Kaspisches Meer
TU
Teheran
Ghom
Natanz
Isfahan
IRAN
N
S
Schiraz
Rūd-e Mehrān
Persischer Golf
Golf von Oman

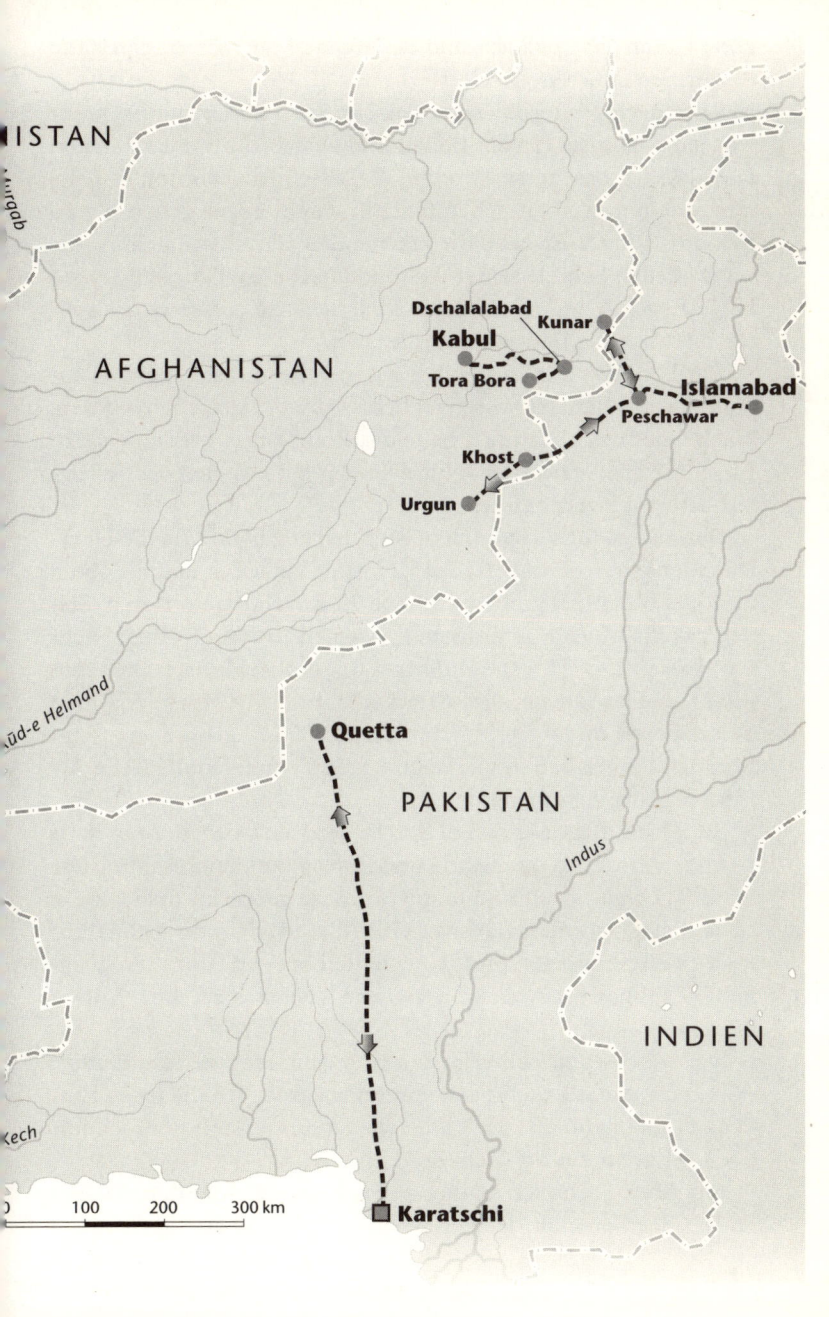

habe Koranverse rezitiert und ein großes Mahl für die Speisung der Armen zubereitet.

Kurz nach Mitternacht sei das Dorf von Panzern eingekreist worden. Dann sei es vom Boden und aus der Luft mit Granaten und Raketen beschossen worden. Er wisse nicht, warum. Er habe nur überlebt, weil er sich zufällig in einem abgelegenen Nachbarhaus befand. Er habe die krachenden Einschläge gehört, die verzweifelten Schreie seiner Verwandten. Riesige Feuerbälle seien aufgestiegen. Die Angriffe hätten relativ lange gedauert. Sie sollten offenbar alle Bewohner auslöschen.

Die Kinder seien in Panik von einer Seite des Geländes zur anderen gelaufen, bis sie schließlich doch noch getroffen wurden. Nach einer halben Stunde habe das Bombengewitter aufgehört. Es sei ganz still geworden. Nur noch das leise Weinen der Verletzten habe man vernommen.

Dann seien GI's gekommen. Stundenlang hätten sie die Überlebenden daran gehindert, den Verletzten zu helfen und die Toten aus dem Schutt zu graben. Er habe 75 Angehörige verloren. Seinen zwölfjährigen Sohn Amanullah, einen Bruder, Neffen, Nichten, Enkel. Das jüngste Opfer sei der sechs Monate alte Abid gewesen. Das älteste Opfer sei 90 Jahre alt gewesen. Als man alle nebeneinandergelegt habe, sei sein Herz gebrochen. Fünf Stunden vorher hätten alle noch begeistert mitgeholfen, die Armenspeisung vorzubereiten.

Einige der Kinder seien in Stücke gerissen worden. Man habe nur noch ihre blutigen Hände und Füße gefunden. Er habe diese in ein Tuch gewickelt und in die Moschee gebracht. Später seien sie bestattet worden. Ich sage Gul Ahmad, dass die US-Streitkräfte weiterhin behaupteten, sie hätten bei den Angriffen lediglich 30 Taliban getötet. Von verletzten Zivilisten sei ihnen nichts bekannt.

Der alte Mann schweigt lange. Dann sagt er fast lautlos: »Wenn die Amerikaner das weiter sagen, grabe ich die toten Kinder mit meinen bloßen Händen wieder aus.« Dann höre ich nur noch verzweifeltes Schluchzen.

Am Abend sehe ich wieder afghanische Nachrichten. Erneut erklärt der Sprecher der US-Streitkräfte, man habe in Asisabad

30 Taliban ausgeschaltet. Dabei könne es unter Umständen auch ein oder zwei zivile Opfer gegeben haben.

Am nächsten Tag bin ich beim afghanischen Präsidenten Karsai. Wir kennen uns seit 1989. Ich hatte in jenem Jahr in Urgun, einem kleinen afghanischen Hindukusch-Dorf, die erste Sitzung der Exilregierung auf afghanischem Boden organisiert. Damals waren in Kabul noch die Kommunisten an der Macht. Karsai war Assistent des Präsidenten der Exilregierung, Sibghatullah Al-Modschaddedi.

Ich frage ihn, warum er nicht härter gegen derartige Massaker an afghanischen Zivilisten protestiere. »Aber ich protestiere doch ständig«, wehrt sich Karsai. »Viel zu leise«, antworte ich. »Es entsteht der Eindruck, Sie hingen von den Amerikanern ab.«

Karsai schaut mich entgeistert an: »Aber was glauben Sie denn, von wem ich abhänge. Natürlich von den Amerikanern. Ich habe keine Armee. Jedes Mal, wenn ich gegen diesen Wahnsinn protestiere, gibt es monatelang Ärger.«

»Sie müssen noch lauter protestieren. Sie sind Präsident der Afghanen, nicht der Amerikaner«, lege ich nach. Ich denke, als der Ältere kann ich mir derartige Ratschläge erlauben. Aus früheren Gesprächen weiß ich, dass Karsai mir meine Offenheit nicht übel nimmt.

Am nächsten Abend sehe ich in den afghanischen TV-Nachrichten, wie Karsai in Asisabad auf den vor Gram gebeugten Gul Ahmad zugeht. Dann liegen sich die beiden Männer in den Armen und weinen. George W. Bush wird diese Tränen nie verstehen.

Von diesem Tag an protestiert Karsai bei Angriffen der NATO auf afghanische Zivilisten noch kompromissloser. Und von da an bezeichnen ihn führende amerikanische Politiker zunehmend als Problem.

Spoghmai und Esmatullah

Ein Jahr später, im August 2009, bin ich in Landa Kheil, einem Dorf der Hindukuschregion Tora Bora. In dem kleinen Flecken leben etwa 50 Familien. »Dort drüben hatte Osama Bin Laden sein Versteck«, erklärt uns der 19-jährige Esmatullah leise. Er zeigt auf einen in der Ferne liegenden grünen Berghang. »Zu Fuß sind es zwei Stunden«, fügt er hinzu.

Zusammen mit seiner zwölfjährigen Schwester Spoghmai stehen wir an der Lehmmauer ihres kleinen Gartens. Esmatullah ist ein schmächtiger, in sich gekehrter Junge. Er sieht aus, wie man sich den jugendlichen Gregory Peck vorstellt. Die anmutige, in einen lichtgrünen Schleier gekleidete Spoghmai ist noch scheuer als er. Ihre großen, dunklen Augen haben in ihrem kurzen Leben schon viel zu viel gesehen. Die beiden bitten uns in ihr Lehmhaus.

Hier ist es kühl und still. Nur das Meckern einer kleinen Ziege, die in der sengenden Sonne vergeblich nach Gras sucht, dringt in das Halbdunkel des schlichten Gästeraums. Spoghmai bringt uns köstlich frisches Wasser. Dankbar nehme ich einen Schluck. Spoghmai und ihr Bruder trinken nichts. Es ist Fastenzeit, Ramadan. Leise erzählen die beiden ihre Geschichte.

Ich habe eine anstrengende Fahrt hinter mir. Im Morgengrauen war ich mit einem afghanischen Fahrer und einem Übersetzer Richtung Tora Bora aufgebrochen. Schon nach wenigen Minuten wurde uns drastisch vor Augen geführt, welch unerbittlicher Krieg hier tobte: In den Vororten Kabuls kam uns ein Militärkonvoi mit 20 Tiefladern entgegen. Sie transportierten zerstörte amerikanische Schützenpanzer und andere Militärfahrzeuge aus dem Kampfgebiet Kunar nach Bagram. Eine Kurzfassung des Krieges auf Tiefladern!

Wir fuhren Richtung Dschalalabad im Osten des Landes. Entlang dem Kabul-Fluss, der hier nur ein algig trübes Rinnsal war. Die erst kürzlich von Chinesen mit EU-Geldern instand gesetzte Asphaltstraße war wie viele Verkehrswege des Landes durch die

Spurrillen schwerer Militärfahrzeuge schon wieder reparaturbedürftig. In Serpentinen wand sie sich durch die waldlosen Berge, die wie schlafende Bären wirkten. Ihre Ausläufer ähnelten Tatzen, die gierig nach dem Wasser des immer breiter werdenden, nun türkis funkelnden Flusses griffen. Am Straßenrand immer wieder Dorfruinen. Steinerne Erinnerungen an den zehnjährigen Krieg der Sowjetunion. Die früheren Bewohner waren nie zurückgekehrt.

Endlich waren wir in Dschalalabad, einer brodelnden orientalischen Handelsstadt. Stoff-, Schuh-, Obst- und Gemüsehändler buhlten in ihren winzigen Geschäften um Kundschaft. Auf den überfüllten Straßen kämpften Schubkarren schiebende Kinder, Eselswagen, knatternde Rikschas und hupende Autos um ein Durchkommen.

Am Ortsausgang von Dschalalabad stieg ein ortskundiger Afghane zu. Der 40-jährige, stets freundlich lächelnde Paschtune trug einen schwarzen Turban mit feinen weißen Streifen. Er war unser Mittelsmann zu den Taliban. Wir hatten ihn aus Sicherheitsgründen engagiert.

Ein Bauernhof reihte sich nun an den anderen. Viele waren ausgebombt, dieses Mal nicht von den Russen, sondern von den Amerikanern. Die Männer, die vor ihren Hütten und Läden saßen, warfen uns finstere Blicke zu. Wir waren im Land der Taliban. Sie waren überall und nirgendwo. Eine Geisterarmee, kaum zu orten. Wie jene amerikanischen Tarnkappenbomber und Drohnen, gegen die sie kämpften. Unser paschtunischer Wegbegleiter lächelte mir freundlich zu.

Wir näherten uns Landa Kheil. Die Straße ging in einen unebenen, staubigen Lehmweg über. Wir wurden kräftig durchgerüttelt. Aber nicht nur deshalb waren wir jetzt hellwach, sondern auch wegen der zunehmend feindseligen Mienen der Dorfbewohner. Ausländer waren hier selten und unbeliebt. Sie hatten dem Land stets nur Not und Leid gebracht. Egal, woher sie kamen.

Als wir am Tor des kleinen Lehmhofes von Spoghmai und Esmatullah ankamen, waren wir sofort von einem Dutzend staunender Kinder und Erwachsener umringt. Esmatullah erklärte ihnen auf Paschtu, dass wir als Freunde gekommen waren. Dann schloss er schnell das Hoftor.

Im Spätherbst 2001 waren Spoghmai und Esmatullah – wie das ganze Dorf – Zeugen des Dauerbombardements auf die Höhlen von Tora Bora geworden. Sie sahen, wie dort Tag und Nacht die roten Blitze der Bomben, Raketen und Marschflugkörper einschlugen. Wie Leuchtmunition die Nacht zum Tag machte. Die Erde bebte auch in Landa Kheil. Tagsüber verdüsterten Rauchwolken die Sonne.

Die Familie wusste nicht genau, warum die »Ausländer«, die dort drüben in den Bergen wohnten, bombardiert wurden. Nachbarn hatten erzählt, Grund seien wahrscheinlich drei Flugzeugattentate auf Amerika wenige Wochen zuvor. Einer der Hauptverantwortlichen dieser Anschläge, Bin Laden, habe sich bei den »Ausländern« versteckt. Aber Genaueres wussten auch sie nicht. In Landa Kheil gab es weder Telefon noch Fernsehen.

Spoghmais und Esmatullahs Eltern hatten nie Kontakt zu den Taliban oder Al-Qaida gehabt. Die »Ausländer« waren zwar gelegentlich zum Einkaufen nach Landa Kheil gekommen, aber sie hatten zurückgezogen gelebt. Als Esmatullah damals erfuhr, dass bei den Anschlägen auf New York mehrere tausend unschuldige Menschen getötet worden waren, war er wie seine Eltern entsetzt. »Niemand hat das Recht, anderen Menschen etwas Derartiges anzutun«, ist seine Auffassung auch heute noch.

Irgendwann schien das Dauerbombardement auf Tora Bora vorbei zu sein. Das Leben begann wieder seinen normalen Lauf zu nehmen. Doch plötzlich wurde auch Landa Kheil angegriffen. Warum, wissen Spoghmai und Esmatullah bis heute nicht. US-Bomber donnerten im Tiefflug über das Dorf und warfen ihre tödliche Fracht ab. Mit ohrenbetäubendem Lärm, gewaltige Staub- und Rauchwolken aufwerfend, schlugen kurz hintereinander zwei Raketen in ihrem Haus ein.

Ihre Mutter, ihr Vater sowie ihre drei Schwestern waren sofort tot. Esmatullah wurde durch Glassplitter am Auge verletzt, Spoghmai am Hinterkopf und an der Hand. Lediglich der damals sechsjährige Zahidullah und der erst sechs Monate alte

Hidschrat überlebten fast unverletzt. Das Baby wurde samt dem Körbchen, in dem es lag, aus dem Schlafzimmer in den Hof geschleudert.

Spoghmai und Esmatullah, dessen rechtes Auge seltsam matt ist, haben den Tod ihrer Eltern und ihrer Geschwister nicht verarbeitet. Wenn sie über die Bombennacht sprechen, werden ihre leisen Stimmen noch leiser. Zwar haben sie gelernt, ihren Schmerz vor ihren beiden kleineren Brüdern zu verbergen. Aber in ihren Augen liegt unendliche Trauer – und großer Ernst. Sie müssen ihren Brüdern die Eltern ersetzen, eine Verantwortung, die sie fast erdrückt.

Jeden Tag stehen sie im Morgengrauen auf, um nach dem Gebet für die Familie zu sorgen. Spoghmai wäscht ihren kleinen Bruder und macht das Frühstück – gesüßten Tee und Brot, manchmal auch Eier. Esmatullah geht möglichst früh auf seinen kleinen Acker, um die Kühle des Morgens zu nutzen. Er hat Mais und Erdnüsse angepflanzt.

Während er auf dem Feld arbeitet, räumt Spoghmai das Haus auf. Sie fegt den Hof, wäscht die Kleider ihrer Geschwister und bereitet das Mittagessen vor. Meist gibt es Kartoffeln und rote Bohnen, Fleisch nur selten. Den Brotteig bereitet Spoghmai selbst zu. Eine Nachbarin backt dann das Brot.

Manchmal trifft sie sich auch mit Freundinnen, um für eine kurze Stunde Kind zu sein. Sie spielen dann Verstecken oder ein Geschicklichkeitsspiel mit kleinen Steinen. Sie träumt häufig von ihrer Mutter. Im Traum bittet die Mutter sie, sich weiter um ihre Brüder zu kümmern. Und sie lächelt jenes Lächeln, das Spoghmai so liebte und das sie so vermisst.

Ich frage Spoghmai, was sie George W. Bush sagen würde, wenn sie ihn treffen könnte. Sie antwortet fast unhörbar: »Wenn ich den ›König von Amerika‹ treffen könnte, würde ich ihn fragen: ›Was haben wir dir getan?‹.«

Esmatullah spielt einmal in der Woche Volleyball. Einen Fußballplatz gibt es in Landa Kheil nicht mehr. Wo Esmatullah früher mit Begeisterung und blutigen Zehen Fußball spielte, steht jetzt ein Militärcamp.

Nach zwei Stunden, die mir heute wie Tage vorkommen, verabschieden wir uns. Länger zu bleiben wäre gefährlich. Es ist früher Nachmittag. Verfolgt von einer Schar johlender Kinder und den forschenden Blicken bärtiger Männer, fahren wir los, zurück nach Dschalalabad.

Das Treffen mit den Taliban

Auf der holprigen Fahrt gebe ich unserem freundlichen paschtunischen Wegbegleiter ein Foto aus den 80er-Jahren. Es zeigt mich zusammen mit dem alten rotbärtigen Mudschaheddin-Führer Maulawi Khales bei der Übergabe von Medikamenten am Khyber-Pass. Khales' Sohn ist jetzt einer der regionalen Stellvertreter des Taliban-Chefs Mullah Omar.

Unser meist lächelnder Begleiter wird ernst. Prüfend schaut er mir in die Augen und fragt, ob ich – wie mehrfach angedeutet – wirklich mit der Führung der Taliban sprechen möchte. Als ich nicke, führt er auf seinem Handy ein kurzes Telefonat. Dann schweigt er bis Dschalalabad. Im Zentrum der quirligen Stadt steigt er aus und bittet, einen Augenblick zu warten.

Aus dem Augenblick wird eine Stunde. Dann kommt er zurück und nennt dem Fahrer einen Ort südlich von Dschalalabad. Wir fahren los. Mehr als anderthalb Stunden lang geht es rumpelnd über löchrige Asphaltstraßen, zerfurchte Feldwege, ausgetrocknete Bachbetten und schließlich quer durch abgeerntete Felder zu einem ländlichen Dorf.

Wir halten vor einem einfachen Lehmhaus. Unser Begleiter mit dem weiß gestreiften schwarzen Turban bittet meinen Übersetzer und mich, schnell einzutreten. Wir werden in den spartanisch eingerichteten, weiß gekalkten Gästeraum geführt. Dort nehmen wir auf einem schlichten, dunkelroten Teppich Platz.

Nach zehn Minuten taucht, bewaffnet mit einer Kalaschnikow, ein vermummter Talib im Türrahmen auf. Prüfend gleiten seine Augen durch den Raum. Dann gibt er mit seiner Maschinenpistole ein Zeichen Richtung Hof. Sekunden später betritt, unvermummt, ein mittelgroßer Mann mit schmalem Gesicht und kurz geschnittenem schwarzen Bart den Raum. Er ist höchstens 30 Jahre alt.

Er erinnert mich an den legendären Mudschaheddin-Führer Ahmed Schah Massoud. An den »Löwen des Pandschir-Tals«, der zwei Tage vor dem 11. September 2001 von Al-Qaida ermordet wurde. Er trägt ein helles afghanisches Gewand, auf dem Kopf einen Pakol. Der unscheinbare, aber drahtige Mann schaut mich kurz an und setzt sich wie selbstverständlich neben mich. Seine einzige Waffe ist ein altes Nokia-Handy. Immer wieder blickt er zur Tür. Wie Gefahr witterndes Wild.

Seine Vorsicht ist verständlich. Der Mann neben mir ist Mullah Nasrat. Er ist Sprecher der afghanischen Taliban für die Provinzen Nangarhar, Laghman und Kunar. Diese sind in jener Zeit neben der Region Kandahar-Helmand das wichtigste Aufmarschgebiet der Taliban. Aus Kunar stammten die zerstörten Militärfahrzeuge, die wir am Morgen in Kabul gesehen hatten.

Wie wir später erfahren, haben 28 seiner Kämpfer im Dorf Stellung bezogen, um unser Treffen abzusichern. Mullah Nasrat hat noch nie einem Westler ein Interview gegeben. Und auch mit afghanischen oder pakistanischen Journalisten spricht er nur über sein Handy.

Er erklärt, zu diesem Gespräch sei er nur bereit, weil er wisse, dass ich die Mudschaheddin immer unterstützt hätte. Vor allem im Kampf gegen die sowjetische Besatzung. Die oberste Führung der Taliban habe dem Gespräch ausdrücklich zugestimmt. Er habe eine Stunde Zeit. Dann müsse er damit rechnen, dass die Nachricht über seine Anwesenheit zu den US-Streitkräften durchgesickert sei.

60 Minuten lang stelle ich ihm bohrende Fragen. Nach Selbstmordanschlägen, nach der Tötung von Zivilisten, nach der Zusammenarbeit mit dem pakistanischen Geheimdienst ISI und nach den langfristigen Zielen der Taliban. Präzise, kurz und ernst beantwortet er alle Fragen.

Mullah Nasrat erzählt, er habe sich zum Widerstand entschieden, als eines Nachts amerikanische Soldaten in sein Dorf eingefallen seien. Sie hätten die Häuser einschließlich der Frauengemächer rabiat durchsucht und wahllos Männer verhaftet. Die säßen teilweise heute noch in amerikanischen Gefängnissen. Die USA hätten inzwischen Zehntausende unschuldige Afghanen umgebracht. Auch viele Kinder. Irgendwann habe er das alles nicht mehr ertragen. Jeder Mensch habe ein Recht auf Widerstand und Notwehr gegen krasses Unrecht. Vor allem bei unberechtigten ausländischen Aggressionen. Als der Sohn Maulawi Khales' zum Widerstand aufgerufen habe, sei er dem Ruf gefolgt.

Der Westen nenne alle Widerstandskämpfer in Afghanistan Taliban. Doch es gebe völlig unterschiedliche Arten von Taliban: Die erste Gruppe seien die wahren *»afghanischen Taliban«*, denen er angehöre. Sie hätten in den letzten Jahren viel dazugelernt. Sie griffen, so Mullah Nasrat, grundsätzlich nur US-Streitkräfte an – keine Zivilisten. Erst recht keine ausländischen Organisationen, die Afghanistan respektierten und unterstützten. Mullah Omar habe erst kürzlich nochmals ausdrücklich verboten, Zivilisten anzugreifen. Die afghanischen Taliban seien Freiheitskämpfer und keine Terroristen.

Sie würden vor allem von der einfachen Bevölkerung unterstützt. Doch die Menschen in Afghanistan seien arm. Manche seiner Kämpfer könnten sich nicht einmal richtige Schuhe leisten. Ich sehe, dass der vermummte Talib an der Tür fast die gleichen Turnschuhe trägt wie ich. Aber seine sind billige Imitate und zerrissen. Sie werden nur mühsam durch Schnürsenkel zusammengehalten.

Mullah Nasrat betont, die afghanischen Taliban bräuchten keinen Kontakt zum pakistanischen Geheimdienst ISI. Sie kämpften nur für ihr eigenes Land. Die Gruppe, die er in Tora Bora führe, bestehe aus etwa 20 Mann. In dem Kampfgebiet, für das er spreche, gebe es 40 solcher Gruppen. Auch Frauen gehörten ihnen an. Einige der 40 Gruppen, für die er spreche, gehörten zur Hizb-i Islami von Gulbuddin Hekmatyar. Mit diesen gebe es inzwischen eine funktionierende Zusammenarbeit.

Die zweite Gruppe bildeten die vor allem aus den Stammesgebieten in Pakistan kommenden »pakistanischen Taliban«. Sie hielten sich nie länger an einem Ort auf und seien ständig in Bewegung. Soweit sie gegen die Amerikaner kämpften, würden sie vom pakistanischen Geheimdienst ISI geduldet und teilweise auch gefördert.

Sie seien radikal und rücksichtslos. Sie hätten sogar die afghanischen Taliban wiederholt als Nichtmuslime bezeichnet und verfolgten sie manchmal mit großer Brutalität. Sie töteten Zivilisten, brennten Schulen ab und griffen ausländische Organisationen an.

Die echten afghanischen Taliban versuchten, wo immer sie könnten, auf die pakistanischen Taliban Einfluss zu nehmen und ihnen klarzumachen, dass der Koran das Töten von Zivilisten verbiete. Aber sie könnten nicht alles verhindern. Viele dieser Leute seien einfach verblendet, manche auch verbohrt.

Die dritte Gruppe seien die von den USA »gekauften Taliban«. Die Amerikaner würden systematisch junge, arbeitslose Afghanen anwerben. Sie mischten sich unter die echten Taliban und unter die einfachen Leute. Sie hätten den Auftrag, sich als Taliban auszugeben, die afghanischen und pakistanischen Taliban auszuspähen sowie mit mörderischen Anschlägen gegen Zivilisten den USA den Vorwand für Militäraktionen zu liefern.

Die Amerikaner verfolgten in Afghanistan nur ihre eigenen Interessen. Kein Afghane glaube, dass sie Hunderte von Milliarden Dollar ausgäben, um Afghanistan Demokratie und Freiheit zu schenken.

Die von den USA gekauften Taliban seien schwer zu identifizieren. Man erkenne sie höchstens daran, dass sie oft mehr Geld sowie bessere Waffen und Fahrzeuge besäßen als die afghanischen und pakistanischen Taliban. Außerdem würden sie nach Festnahmen meist schnell wieder freigelassen. Er schätze die Zahl der »gekauften Taliban« in seinen drei Provinzen auf etwa 100 Mann. Sie griffen die afghanischen Taliban oft mit grausamen Methoden an. Erst vor einer Woche seien zehn seiner Männer von ihnen betäubt und anschließend mit Bajonetten getötet worden.

Neben den afghanischen, den pakistanischen und den von den Amerikanern gekauften Taliban gebe es in Afghanistan noch etwa 100 ausländische Kämpfer, Araber und Tschetschenen, die sich zu Al-Qaida bekennen würden. Ihre Bedeutung im afghanischen Widerstand sei nicht groß. Sie seien nur »Fußsoldaten«. Doch sie seien finanziell gut ausgestattet.

Ich wende ein, dass seine Geschichte der »von den USA gekauften Taliban« stark nach Verschwörungstheorie klinge. Doch ich weiß, dass Besatzer aller Zeiten derartige Methoden angewandt haben, um den nationalen Widerstand zu schwächen. Die Franzosen in Algerien, die Portugiesen in Angola, die Amerikaner in Vietnam, in Nicaragua, in El Salvador und in anderen Ländern.

Mullah Nasrat schüttelt gelassen den Kopf. Die Beurteilung seiner Darstellung überlasse er mir. Man müsse eigentlich nur fragen, wem bestimmte Aktionen nützten. Dann finde man irgendwann die richtige Lösung.

Ich frage ihn, wie er Selbstmordanschläge mit dem Koran vereinbaren könne. Der Koran verbiete ausdrücklich den Selbstmord und die Tötung Unschuldiger. Mullah Nasrat antwortet wieder sehr bedacht. Die meisten, aber nicht alle Selbstmordanschläge würden von den pakistanischen Taliban durchgeführt. Für ihn seien sie ein großes Problem, da sie unerträglich viele zivile Opfer forderten.

Die afghanischen Mudschaheddin, für die er spreche, akzeptierten Selbstmordanschläge nur unter strengen Bedingungen: Sie dürften sich nur gegen die US-Streitkräfte richten. Dabei müssten zivile Opfer vermieden werden. Als er spürt, dass ich auch das inakzeptabel finde, fragt er mich, mit welchen Waffen seine Leute denn gegen modernste Bomber, Raketen und Panzer kämpfen sollten. Mit ihren alten Kalaschnikows?

Die einzige wirksame Waffe, die seine zahlenmäßig und waffentechnisch unterlegenen Kämpfer hätten, sei ihr Leben. Nur durch den Einsatz ihres Lebens könnten sie gegenüber der Weltmacht USA ein annäherndes Gleichgewicht der Kräfte erreichen und irgendwann ihr Land befreien.

Es sei leicht, Selbstmordanschläge zu verurteilen, wenn man Piloten habe, die in 1000 Meter Höhe ohne Gefahr für das eigene Leben auf einen Knopf drücken könnten, um ihre tödlichen Waffen abzuschießen. Sei diese risikolose Form des Tötens nicht viel unmenschlicher? Auch beim Bombardieren militärischer Ziele würden fast immer Zivilisten getötet – vom Bombardieren afghanischer Hochzeiten und Trauerfeiern ganz zu schweigen.

Mullah Nasrat sieht, dass wir auch in dieser Frage keine Übereinstimmung erzielen werden. Ich werde Selbstmordattentate immer ablehnen. Aber haben westliche Politiker recht, wenn sie junge Selbstmordattentäter »feige« nennen? Ist es nicht viel feiger, wie westliche Schreibtischpolitiker andere für seine Ideale sterben zu lassen?

Während der letzten Minuten unseres Gesprächs ist Mullah Nasrat zunehmend unruhig geworden. Noch häufiger als zuvor geht sein Blick zu dem vermummten Talib an der offenen Tür, der auch nervöser geworden ist. Deutlich hörbar hat er seine Waffe entsichert.

Mullah Nasrats Anwesenheit scheint sich nicht nur im Dorf, sondern auch darüber hinaus herumgesprochen zu haben. Der vermummte Talib im Türrahmen ruft Mullah Nasrat mehrfach etwas zu, bis dieser aufspringt. Er schüttelt mir beide Hände. Er müsse los, sagt er. Seine Stimme klingt belegt. So plötzlich, wie er gekommen ist, entschwindet er durch die Tür.

Ich will mich setzen, aber mein sonst so freundlicher paschtunischer Wegbereiter mahnt unruhig zum Aufbruch. Wir müssten schnell aus dem Dorf raus. Vor Einbruch der Dunkelheit müssten wir in Dschalalabad sein. Auch er ist auf einmal angespannt.

Wenige Minuten später rumpelt unser Geländewagen wieder über Felder und Bachbetten. Unser Fahrer fährt noch schneller als sonst. Immer wieder werden wir von den Sitzen hochgeworfen oder gegen die Tür gepresst. Als ich ihn frage, warum er so rase, antwortet er, in ein paar Minuten kämen wir vielleicht nicht mehr raus.

Wie wir am Abend erfahren, explodiert eine halbe Stunde nach unserer Durchfahrt auf dem Feldweg eine Sprengfalle. Zwei Mitglieder einer afghanischen Hilfsorganisation werden getötet, drei verletzt. Wer den Weg, der am Tag nur ein Dutzend Mal befahren wird, vermint hat, werde ich nie erfahren. Sprengfallen gehören zum Alltag dieses Landes. Die afghanischen Taliban waren es kaum. Gastfreundschaft ist den Paschtunen heilig.

Draußen ist es dunkel geworden. In der Nähe des Ortes Sarobi lenkt unser Fahrer den Jeep über einen steinigen Weg ans Ufer des Kabul-Flusses. Meine muslimischen Begleiter haben wegen des Ramadan den ganzen Tag nichts gegessen und nichts getrunken. Jetzt dürfen sie das Fasten brechen. Ein romantischeres Picknick als hier am Kabul-Fluss kann man sich nicht vorstellen.

Bevor unser Fahrer mit dem Essen beginnt, geht er noch einmal zu seinem Geländewagen. Aus dem Laderaum holt er eine kleine Ziege. Minutenlang lässt er sie am Fluss ihren Durst löschen. Ich frage ihn, woher die Ziege komme. Er erwidert, Spoghmai und Esmatullah hätten sie mir geschenkt, weil sie mir wegen des Ramadans nichts anbieten konnten.

Mir stockt der Atem. Selten haben mich zwei junge Menschen so beschämt wie die zwei Habenichtse Spoghmai und Esmatullah. Diese zwei Kinder, die so gerne Kinder wären, aber Eltern sein müssen.

Am späten Abend erhalten wir in unserem Hotel einen Anruf. Am Apparat ist Talibanführer Mullah Nasrat. Er hat von dem Sprengstoffanschlag gehört. Er scheint besorgt und will wissen, ob wir gut angekommen sind.

Die Tat des Oberst Klein

Mein damals 19-jähriger Sohn Frédéric hatte im Winter 2003/2004 in Kabul fünf Monate lang kriegsversehrte afghanische Kinder unterrichtet. Er hatte ihnen gezeigt, wie man mit Computern umgeht, und ihnen Englisch beigebracht. Manchmal war er auch quer durch Afghanistan gefahren, obwohl ich ihm das verboten hatte. Dann hatten seine Freunde eine große deutsche Fahne auf die Motorhaube geklebt. Damit kam man damals gut durchs Land. Selbst durch die Taliban-Hochburgen Kandahar und Kunar.

Die Deutschen waren in Afghanistan beliebt. Sie hatten jahrzehntelang uneigennützig Entwicklungshilfe geleistet und traten

nicht wie Machos auf. Wenn deutsche Soldaten in Kabul ein-
kauften, fuhren sie nicht – wie manche GI's – in Panzerfahrzeu-
gen vor. Sie vertrieben nicht mit ihren Maschinenpistolen die
übrigen afghanischen Käufer, um eine Cola oder ein paar Kau-
gummis zu kaufen. Sie traten nicht als Herren der Welt auf.

Doch dann kommt die Tat des deutschen Oberst Georg Klein
in Kunduz. Knapp zwei Wochen nach meiner Fahrt nach Tora
Bora. Als in der Nacht vom 3. auf den 4. September 2009 zwei
von den Taliban entführte Tanklastzüge im Kunduz-Fluss stecken bleiben, lässt Oberst Klein sie von US-Kampfjets bombardieren. Obwohl für ihn erkennbar zahllose Afghanen um die
Fahrzeuge herumstehen. Nach Angaben des Dorfältesten sterben dabei 137 Afghanen. Darunter 36 Kinder im Alter von fünf
bis 16 Jahren. Es ist eines der drei größten Massaker des Afghanistankrieges.

Nur fünf der Toten sind Taliban. Getreu dem Motto einiger
westlicher Kriegsherren: »Tötet alle, Allah wird die Seinigen
schon finden!« 163 Mädchen und Jungen werden Waisen. Ein
Zwillingspärchen wird nur wenige Tage nach dem Tod seines Vaters geboren. Ihre Mutter nennt den Jungen Gul Agha, das Mädchen Sara. Gul heißt Blume, Sara Prinzessin.

Wie konnte es zu dieser menschlichen und militärischen Katastrophe kommen? In Afghanistan gibt es nicht viele Brücken.
Autos, Busse und Lastkraftwagen durchqueren die Flüsse daher
oft an flachen Furten. Manchmal bleiben sie stecken und werden aufgegeben. In Flüssen festsitzende Fahrzeuge sind schwer
wieder flottzubekommen. Die Menschen machen sich dann auf,
um etwas von den Dingen zu ergattern, die in den Fahrzeugen
zurückgelassen wurden. Lebensmittel, Kleidung und manchmal
auch Treibstoff. Wer durch Afghanistan fährt, wird in den Flüssen immer wieder stecken gebliebene Fahrzeuge sehen. Manchmal klettern noch Monate später Kinder auf ihnen herum, um
etwas Verwertbares zu finden. Das ist Alltag in Afghanistan. Wer
das Land kennt, weiß das.

Doch woher sollten ausländische Soldaten Afghanistan kennen? Drei Viertel der Soldaten kommen nie aus ihrem Camp he-

raus. Und die wenigen, die auf Patrouille fahren, verlassen kaum noch ihre Einsatzfahrzeuge.

Oberst Klein ist Kommandeur des »regionalen Wiederaufbauteams« in Kunduz. Er sitzt in dieser Nacht 15 Kilometer vom Kunduz-Fluss entfernt in seinem Bundeswehr-Camp. Dort wird er über die im Flussbett steckenden Tanklastzüge informiert. Er meldet wahrheitswidrig »Feindkontakt« und fordert US-Bomber an. Die Jets übertragen in Echtzeit Filmaufnahmen auf Kleins Kommandostand. Der Oberst sieht, dass sich zwischen den beiden Tanklastwagen viele Menschen aufhalten. Zeitweise sind es mehrere hundert bettelarme Afghanen – Erwachsene und Kinder. Es gibt Treibstoff. Viele können sich so etwas schon lange nicht mehr leisten. Aus über einem Dutzend Dörfern sind sie herbeigeeilt.

Fünfmal schlagen die Besatzungsmitglieder der US-Jets vor, die Menschen durch Tiefflüge zu vertreiben. Durch seinen Flugleitoffizier, der neben ihm sitzt, lehnt Klein dies kategorisch ab. Er will bombardieren. Als die amerikanische Flugzeugbesatzung schließlich nachfragt, ob er die Tanklastwagen ausschalten wolle oder die Menschen, lässt Klein antworten: »Wir sollten versuchen, die Leute zu treffen.« Er sieht in ihnen eine »unmittelbare Bedrohung« für die 15 Kilometer entfernten deutschen Soldaten.

Um 1.59 Uhr werfen die US-Kampfjets, Kleins Befehl folgend, ihre Bomben ab. Allerdings nur zwei, obwohl Klein sechs Bomben gefordert hatte. Um 3.13 Uhr meldet das »Wiederaufbauteam Kunduz« seinem Regionalkommando, man habe 54 Aufständische getötet. Verluste unter Zivilisten habe es keine gegeben.

Die Menschen von Kunduz werden jene Nacht, in der ein deutscher Kommandeur eines »Wiederaufbauteams« ihr Leben zerstörte, nie vergessen. Sie verstehen bis heute nicht, was diesen Mann dazu bewegt hat, wehrlose Menschen zu töten.

Stockend erzählte der vierzehnjährige Ibrahim meinem Freund und Mitarbeiter Belal El-Mogaddedi später, wie er jene Nacht erlebte:

»Wir sind vier Brüder und zwei Schwestern. Am Abend saßen wir gemütlich zusammen. Plötzlich bemerkte mein Vater, dass Menschen durchs Dorf eilten. Als er hörte, dass es kostenlosen Treibstoff gab, ist er mitgegangen. Dann kamen die Bomber.

Gegen 2 Uhr nachts habe ich vom Tod meines Vaters erfahren. Ich bin sofort zum Anschlagsort gerannt. Aber ich habe seinen Leichnam nicht gesehen. Diejenigen, die ihn gefunden haben, konnten ihn nur noch anhand seines gebrochenen Schneidezahns identifizieren.

Als Ältester muss ich jetzt die Familie führen. Unser Auskommen versuche ich mit einem kleinen Laden zu sichern. Von 8.00 bis 12.30 Uhr gehe ich zur Schule. Dann übernehme ich den Laden von meinen Geschwistern. Sie gehen nachmittags zur Schule.

Manchmal besuche ich das Grab meines Vaters. Es ist mit weißen Flusssteinen bedeckt. Ich weiß, dass niemand ewig leben wird. Aber uns wurde großes Unrecht zugefügt. Einmal habe ich von meinem Vater geträumt, wie er über unser Feld ging. Ich habe ihm im Traum zugerufen: ›Vater, du bist doch tot, was machst du hier?‹ Aber er hat nicht geantwortet. Wenn ich an meinen Vater denke, habe ich das Gefühl, dass ich zu seinen Lebzeiten alles hatte. Ich bin gerne mit ihm spazieren gegangen. Seit er tot ist, gehe ich kaum noch raus. Ich habe keine Lust mehr.

Den Verantwortlichen des Bombardements möchte ich sagen: Die Menschen, die ihr getötet habt, waren Schüler, Bauern, Traktorfahrer. Einfache, gute Leute. Mit welchem Recht habt ihr den Piloten befohlen, Bomben abzuwerfen?«

Der damals achtunddreißigjährige Bauer Abdul Hannan aus Aliabad berichtete:

»In der Nacht des Anschlags schliefen mein Neffe Aref Jan sowie meine Söhne Abdul Bayan und Sanaullah auf dem Flachdach unseres Lehmhauses. Sie waren acht und zwölf Jahre alt. Gegen Mitternacht lief ein Nachbar am Haus vorbei und rief: ›Freibenzin.‹ Ich habe tief geschlafen und ihn nicht gehört.

Meine Frau wollte mich nicht wecken, weil ich immer früh raus muss. Also hat sie vorsichtig die Kinder wachgerüttelt und ihnen gesagt, sie sollten wie die anderen Freibenzin holen. Die Tanklastwagen waren ganz nahe bei uns im Fluss stecken geblieben. Die Jungs sind mit ihren Behältern losgerannt. Am Fluss standen viele Menschen, alle mit Kanistern in der Hand. Meine Kinder mussten sich hinten anstellen, weil sie so klein waren. Dann wurden die Bomben abgeworfen.

Morgens um 5 Uhr bin ich zum Fluss gegangen und habe die Kinder geholt. Nur ihre Rümpfe waren übrig geblieben. Die Gliedmaßen fehlten. Ich habe sie in einem Sammelgrab im Dorf beerdigt. Mein Schmerz ist unerträglich. Auch heute noch.

Die Deutschen haben mir insgesamt 5000 US-Dollar gegeben. Für drei Kinder. Wenn sie wollen, können sie das Geld wiederhaben.«

Die achtjährige Basira erzählte:

»Ich heiße Basira, mein Vater hieß Alefuddin. Bei dem Anschlag kamen mein Vater, zwei Onkel und ein Bruder ums Leben. Wir sind jetzt noch drei Schwestern und vier Brüder. Ich gehe in die dritte Klasse.

An meinen Vater erinnere ich mich gerne. Obwohl ich weiß, dass er für immer fort ist. Ab und zu besuche ich sein Grab. Er war ein guter Mensch. Er war Bauer und hat auf den Feldern gearbeitet. Ich habe ihm immer das Mittagessen aufs Feld gebracht. Er mochte gerne Kartoffeln. Für meine Arbeit hat er sich stets bedankt und mich immer gelobt.

Wenn er nach Hause kam, hat er mit mir und meinen Geschwistern gespielt. Oder sich einfach mit uns unterhalten. Manchmal träume ich von meinem Vater. Dann sagt er zu mir: ›Komm, Basira, lass uns spielen!‹«

Als ich in einer Talkshow des deutschen Fernsehens Fotos der getöteten Kinder zeige, fällt mir der deutsche Entwicklungshilfeminister Dirk Niebel wütend ins Wort. Ich habe keine Möglichkeit, das Schicksal der Kinder zu schildern. Ein anderer Politiker wirft mir später vor, durch das Zeigen der Bilder unterstellte ich, er und seine Kollegen hätten den Tod Unschuldiger gewollt.

Nein, unsere Politiker haben die Tötung afghanischer Kinder, Mütter und Väter nie gewollt. Aber sie haben sie bewusst in Kauf genommen. Im deutschen Recht nennt man das bedingten Vorsatz, »dolus eventualis«. Es ist der Vorsatz der Gleichgültigen.

Ich habe die Fotos in jener Sendung hochgehalten, um das wahre Bild des Krieges zu zeigen. Die Wahrheit über den Krieg erfahren wir nicht durch glanzvolle Militärparaden oder schneidige Reden. Sondern durch die Bilder zerfetzter, verbrannter Kinder und die gebrochenen Herzen ihrer Mütter. Der »Kollateralschaden« ist das wahre Gesicht des Krieges.

Oberst Klein ist inzwischen zum Brigadegeneral befördert worden.[21] Welch unglaubliche Verhöhnung der Opfer, der Grundwerte unseres Landes und der Bundeswehr! Ein Polizeioffizier, der im Kampf gegen deutsche Terroristen etwas Vergleichbares in Deutschland angerichtet hätte, säße längst im Gefängnis. Oder in der Irrenanstalt.

Hätte man Klein nicht zumindest in den Ruhestand versetzen können? Mit dem Argument, dass Soldaten unter dem unvorstellbaren Stress des Krieges unvorstellbare Fehler begehen? Hätte ein Mann von Charakter eine solche Beförderung nicht ablehnen müssen?

Bis heute war kein Mitglied der Bundesregierung bei den Opferfamilien von Kunduz. Kein Minister hat sich jemals bei den Angehörigen entschuldigt. Welch eine Schande!

Manches, was der Westen in Afghanistan tut, ist aus der Sicht der Afghanen nicht besser als das, was Bin Laden in den USA getan hat. Die afghanische Zivilbevölkerung hat in den letzten zwölf Jahren unzählige 9/11 erlebt. Ist es imperiale Verblendung, dass uns das nicht einmal bewusst wird? Solange wir nicht verstehen, dass andere genauso leiden wie wir, wird die Spirale aus Terror, Krieg und wieder Terror niemals enden.

Mehrfach habe ich deutsche Politiker gebeten, einmal mit mir afghanische Kriegsopfer zu besuchen. Wir könnten hierzu relativ sichere Orte Afghanistans aufsuchen. Doch alle hatten Ausreden. Entwicklungshilfeminister Niebel etwa erklärte mir, dass das Bundeskriminalamt ihm die Reise nie gestatten werde. Als ich ihn ungläubig anschaute, schob er das Argument nach, die Kanzlerin könne »auf ihn nicht verzichten«. Ob er sich da nicht täuscht?

Die meisten unserer Politiker haben einfach Angst. Sie sind nicht bereit, auch nur einen Bruchteil der Gefahren auf sich zu nehmen, die sie unseren Soldaten täglich zumuten. Wir sollten wirklich alle Politiker, die für Krieg eintreten, vier Wochen in Kampfgebiete schicken. Zu Patrouillenfahrten. Ohne BKA-Schutz. Es würde keine Kriege mehr geben.

Irrfahrt nach Bagdad

In jenem Sommer 2009 versuchte ich – nach einem Zwischenaufenthalt in Damaskus – mich auch noch nach Bagdad durchzuschlagen. Da es von Damaskus keine vernünftigen Flugverbindungen gab, nahm ich mir mittags ein Taxi. Mein weißhaariger Fahrer Baschir machte einen sympathischen und gepflegten Eindruck. Leicht klappernd setzte sich sein alter Renault in Bewegung. Er hatte bereits viele hunderttausend Kilometer auf dem Buckel. Wie immer dauerten die Kontrollen an der syrisch-irakischen Grenze stundenlang. Erst am späten Nachmittag waren wir im »befreiten und befriedeten« Irak.

Der Renault kämpfte mit der Hitze und seinem Alter. Ich auch. Die Wüstenstraße war eintönig. An ihren Rändern lagen ausgebrannte Fahrzeuge. Nur langsam kamen wir vorwärts. Es wurde dunkel. Mein freundlicher syrischer Fahrer glaubte trotzdem, dass wir kurz nach Mitternacht in der irakischen Hauptstadt sein würden.

Bagdad wird für mich immer das Symbol eines sinnlosen und auch verbrecherischen Angriffskrieges sein. Als George W. Bush Anfang 2003 die Entscheidung getroffen hatte, nach Afghanistan auch noch den Irak anzugreifen, hatte der 85-jährige demokratische Senator Robert C. Byrd das Wort ergriffen. Mit bebender Stimme sprach er zu seinem Vaterland Amerika: »Ich glaube an dieses wunderschöne Land. Ich habe seine Wurzeln erforscht und mich an der Weisheit seiner großen Verfassung erfreut. Millionen von Amerikanern haben die edlen Ideale verstanden, die unserer großen Republik zugrunde liegen. Doch heute weine ich um dieses Land.«

George W. Bush hatte angekündigt, den Irak, dessen Militärbudget gerade einmal 0,4 Prozent des amerikanischen betrug, »blind, taub und stumm zu schlagen«. Er hielt Wort. Tausende, hastig in abgetragene Militärkleidung gesteckte irakische »Teenager in Uniform« wurden »von der Last des Lebens befreit« – wie ein britischer Offizier berichtete. Enttäuscht vom geringen Widerstand der irakischen Armee, erklärte ein US-Offizier: »Es war wie das Abschlachten von Robbenbabys.«

Dennoch schwärmten amerikanische Reporter von den »wunderschönen Bildern«, von der »Welle aus Stahl«, die sich auf die irakische Hauptstadt zuwälzte. Auf Bagdad regne es Bomben und Raketen. Ein erbarmungsloser Hightech-Vandalismus begann, der ein ganzes Volk zerbrach.

Die Organisation »Ärzte gegen den Atomkrieg« geht von über 1,5 Millionen Kriegstoten aus.[22] Organisationen wie »Iraq Body Count« – die allerdings nur Opfer zählen, deren Name mindestens zweimal in englischsprachigen Medien erwähnt wurde – berichten von nur 110 000 bis 120 000 Toten.[23] Der Krieg begann mit Lügen und endete mit Lügen. Meine irakischen Freunde schauen mich stets fassungslos an, wenn ich ihnen diese Zahlen nenne. In keinem Land der Welt mussten mehr Fußballplätze in Friedhöfe umgewandelt werden als im Irak.

Das hinderte George W. Bush nicht daran, in seiner Siegesrede am 1. Mai 2003 zu erklären: »Als irakische Zivilisten in die Gesichter unserer Soldaten und Soldatinnen blickten, sahen sie Stärke, Freundlichkeit und guten Willen. In den Bildern feiernder Iraker haben wir die zeitlose Anziehungskraft menschlicher Freiheit gesehen. Wo immer die Freiheit Einzug hält, frohlockt die Menschheit.« Darf man am Boden liegende Völker derart verspotten?

Kurz hinter Ramadi, jener Stadt, in der ich zwei Jahre zuvor eine Woche mit Kämpfern des irakischen Widerstands verbracht hatte, ging es nicht mehr weiter. Es war 23 Uhr. Amerikanisches Militär hatte die Straße gesperrt. Da in Bagdad ab Mitternacht Ausgangssperre herrschte, wurden nur noch Fahrzeuge der US-Streitkräfte durchgelassen. Der Rest musste bis zum nächsten Morgen 5 Uhr früh warten.

Schnell bildete sich ein Stau von mehreren Kilometern, der immer länger wurde. Dunkle Gestalten bevölkerten die Straße. Manche maulten, manche rauchten einfach nur eine Zigarette. Mein Fahrer verriegelte das Taxi von innen. »Die meisten Leute, die um diese Uhrzeit nach Bagdad fahren, sind Schmuggler und sonstige Kriminelle«, sagte er. Schöne Aussichten, dachte ich.

Als das Gewusel um unser Auto herum immer dichter wurde, fragte Baschir, ob ich nicht doch nach Damaskus zurückwolle. Wir befänden uns in einer der gefährlichsten Gegenden des Irak. Berüchtigt für die Entführung Fremder. Wir seien unter die Räuber geraten. Für ihn allein sei die Lage nicht gefährlich, mit mir zusammen schon. Ob er nicht umdrehen dürfe.

Baschir, was auf Arabisch »Überbringer guter Nachrichten« heißt, war ein liebenswerter alter Herr. Für seine Angst konnte er nichts. Die Sperrstunde in Bagdad aber hätte er in Erfahrung bringen können. Ich allerdings auch. Radebrechend erklärte ich ihm, dass ich unter allen Umständen weitermüsse.

Ich stieg aus, um mit der US-Militärpolizei zu verhandeln. Eine halbe Stunde lang redete, gestikulierte, argumentierte ich. Ich sei Deutscher und für niemanden in Bagdad eine Gefahr. Ob wir uns nicht wenigstens an einen der Militärkonvois anhängen dürften, die nach der Kontrolle ihrer Papiere laufend durchgewinkt wurden. Doch es gab keine Sonderrechte für Deutsche. Die Militärpolizei war unerbittlich.

Neben mir standen drei hünenhafte, dunkelhäutige Männer in militärischer Tarnkleidung. Offenbar GI's. Während sie auf die Rückgabe ihrer Papiere warteten, hatten sie einen Teil der Diskussion mitbekommen. Sie waren mit drei großen weißen Jeeps unterwegs. Ich fragte die verwegen aussehenden Amerikaner, ob sie uns bis Bagdad eskortieren könnten. Oder mich in einem ihrer Jeeps mitnehmen könnten. Sie zogen sich zur Beratung an den Straßenrand zurück. Dann gab mir einer von ihnen mit seiner Maschinenpistole ein Zeichen: »Come on! Wir nehmen Sie nach Bagdad mit.«

Ich konnte mein Glück kaum fassen. Baschir seines auch nicht. Diese Unkompliziertheit vieler Amerikaner hatte ich schon immer bewundert. Es kam noch zu einem kurzen Wortwechsel zwischen den Militärpolizisten und meinen GI's. Dann durfte ich in einen der Jeeps einsteigen. Mein Hüne legte seine Maschinenpistole auf die Knie, und los ging es Richtung Bagdad.

Ich sehe, dass im hinteren Teil des Jeeps zwei weitere Männer sitzen. Auch sie haben Maschinenpistolen auf den Knien. Sie schlafen. Insgesamt umfasst unsere kleine Truppe neun Mann. Mein Hüne, der sich als Joe vorstellt, spricht wenig. Nur dass er müde sei, sagt er. Er habe seit zwei Tagen nicht mehr geschlafen. Er müsse aufpassen, dass er nicht einschlafe. Dann legt er eine CD mit karibischen Klängen ein und klammert sich am Steuer fest. In weniger als einer Stunde werde ich in Bagdad sein und spätestens um 2 Uhr im Bett. Glück gehabt!

Wir fahren und fahren. Eine Stunde, zwei Stunden. Nirgendwo sehe ich ein Hinweisschild auf die irakische Hauptstadt. Vorsichtig frage ich Joe, wann wir endlich in Bagdad seien. »Morgen früh um 10, vielleicht auch erst um 11 Uhr. »11 Uhr?«, frage ich entgeistert. Von Ramadi bis Bagdad brauche man doch kaum mehr als eine Stunde. Das seien höchstens 100 Kilometer. Als Amerikaner werde er doch von den Kontrollposten immer nur kurz angehalten.

Er habe nie gesagt, dass er Amerikaner sei, erwidert Joe. Er sei von den Fidschi-Inseln – wie seine Kumpels. Er arbeite für eine internationale Sicherheitsfirma. Als »Spezialist für Sonderaufträge«. Sie wollten zwar auch nach Bagdad. Aber erst müssten sie nach »Camp Delta«, »ein paar hundert Kilometer« südlich von Bagdad. Dann dreht er seine karibische Musik wieder hoch und stützt sich erneut auf sein Lenkrad. Auf seinen Knien liegt die Maschinenpistole. Wie viele Spezialaufträge hat er mit ihr wohl schon erledigt?

Ich erinnere mich, dass mir schon meine Großeltern geraten hatten, nie in ein fremdes Auto zu steigen. Nachts schon gar nicht. Auch meinen Kindern habe ich das eingetrichtert. Ich Esel aber bin im von Terroranschlägen erschütterten Irak in einen wildfremden Jeep gestiegen. Zu Männern, die einem der schmutzigsten Gewerbe der Welt nachgehen. Die für viel Geld fast jeden Auftrag ausführen. Zu Berufskillern. Ich kann es nicht fassen. Die Uniform, die Waffen, die Autos, alles sieht so amerikanisch aus. Doch die Männer sind aus der Südsee!

Wir fahren und fahren. Ich habe keine Ahnung, wohin die Fidschi-Söldner fahren. Langsam wird es hell, und irgendwann sind wir sogar in einem endlos großen Militärlager. Es wimmelt von Filipinos, von weiß-, gelb-, schwarzhäutigen Söldnern und deren Hilfspersonal. Meine neun Fidschi-Spezialisten verschwinden spurlos. Zum Duschen und Frühstücken, wie sie mir später erklären. Das würde ich auch gerne. Doch sicherheitshalber bleibe ich ganz nah an den Jeeps. Ich will nicht in einem Söldnerlager hängen bleiben.

Als meine Begleiter nach zwei Stunden wieder auftauchen, sind sie noch müder als zuvor. Das hat dramatische Folgen. In einer kleinen Ortschaft, 30 Kilometer vor Bagdad, verliert einer von ihnen die Kontrolle über seinen Wagen. Er rast auf den Gehweg und überfährt einen 50-jährigen Iraker. Blutüberströmt, laut schreiend liegt der Mann am Boden. Sein Bein ist seltsam verdreht. Die Sicherheitsspezialisten sind aus ihren Autos gesprungen und laufen zu dem Verletzten.

Sofort umstellt uns eine feindselige Menschenmenge. »Was tun?«, fragt der Fahrer, der den Unfall verschuldet hat. Er ist völlig durchgedreht und will weg. Ich nehme meinen ganzen Mut zusammen und sage den neun Söldnern, das müssten wir doch wirklich nicht diskutieren. Joe wirft mir einen wütenden Blick zu. Ich bin zum lästigen Zeugen geworden. Dann murmelt er: »Los, wir fahren ihn ins Krankenhaus.«

Die nächsten Stunden verbringen wir in einer Notaufnahme. Danach geht es weiter. Keiner sagt etwas. Um 11 Uhr sind wir in Bagdad. Joe lässt mich an einem Taxiplatz aussteigen. Er hat keine Lust, mich zum Hotel zu fahren. Die Fidschi-Spezialisten sind todmüde. Und auch sauer. Das Thermometer zeigt

48 Grad. Zwanzig Stunden hat die »Achtstundenfahrt« von Damaskus nach Bagdad gedauert. Auch ich bin ziemlich fertig.

Im Hotel verständigt mich die Rezeption, dass aus Damaskus eine Irakerin namens Manal angerufen habe. Sie werde abends noch einmal anrufen. Ich erschrecke. Hoffentlich ist Manal nichts passiert.

Manal

Manal ist eine 28-jährige Schiitin aus Bagdad. Sie lebt als Flüchtling in Damaskus. Ihre Geschichte ist symbolhaft für das Schicksal des gesamten irakischen Volkes.

Im Winter 2004 stürmten GI's ihr Haus. Gefesselt, mit schwarzen Säcken über dem Kopf, wurden sie und ihre Mutter ins Flughafengefängnis Bagdad geflogen. Die Amerikaner warfen beiden vor, sie seien Terroristen. Als die Vorwürfe in sich zusammenfielen, wurden die Verhörmethoden verschärft. Manal wurde nachts mit dröhnender Musik beschallt und mit eiskaltem Wasser begossen. Betrunkene GI's drohten, man werde sie vergewaltigen, falls sie nicht gestehe.

Eines Abends wurde sie in einen Raum gebracht, in dem ein leerer Tisch stand. Ein weinender, nackter junger Iraker wurde hereingezerrt und mit dem Oberkörper auf den Tisch gepresst. Mit einem Fußtritt wurden seine Beine gespreizt. Dann wurde er von einem Amerikaner ausgiebig vergewaltigt. Verzweifelt versuchte Manal, zu Boden zu schauen. Doch ihr Kopf wurde immer wieder hochgerissen. In ihrer Zelle wurden ihr zur Strafe für ihren Widerstand die langen schwarzen Haare abgeschnitten. Sie waren ihr ganzer Stolz.

Am nächsten Tag drohten die US-Wärter, falls sie weiter störrisch bleibe, werde ihre Mutter erschossen. Da Manal nichts zu gestehen hatte, stülpte man ihr wieder einen Sack über den Kopf. Dann peitschte ein Schuss durch den Nebenraum. Seelenruhig erklärten die GI's, der Schuss habe ihrer Mutter gegolten. Manal brach zusammen. Am nächsten Tag spielten die GI's das gleiche Folterspiel mit ihrer Mutter.

Nach 33 Tagen wurde Manal nachts auf einer unbefahrenen Straße aus dem Auto geworfen. Zu Fuß schlug sie sich zum nächsten Dorf durch. Ihre Mutter musste noch ein halbes Jahr in das gefürchtete Gefängnis Abu-Ghuraib.

Nach ihrer Flucht aus dem Irak lebt Manal nun mit ihrer Mutter in Dscharamana, einem ärmlichen Vorort von Damaskus. Dort haben auch Tausende irakische Christen Zuflucht gefunden. Manal hat ihre Träume nicht aufgegeben. In wenigen Tagen will die Schiitin den 29-jährigen irakischen Sunniten Hayder heiraten. Die Liebe fragt nicht nach Konfessionen. Ein Hochzeitskleid kann sich Manal nicht leisten. Die GI's haben bei ihrer Festnahme alle Wertgegenstände mitgenommen. Krieg heißt immer auch plündern. Überall auf der Welt. Amerikanische Soldaten im Irak machen da leider keine Ausnahme.

Vorgestern habe ich viele Stunden mit Manal und Hayder verbracht. Warum will sie mich auf einmal so dringend sprechen?

Marwa

Es ist 12 Uhr. Wenn ich mich jetzt hinlege, werde ich wahrscheinlich 20 Stunden schlafen. Doch ich will noch heute zu der inzwischen 18-jährigen Marwa, deren Schicksal ich in meinem Buch *Andy und Marwa* beschrieben hatte. Nach einer kalten Dusche und einer Kanne Kaffee fahre ich wieder los.

Im Schritttempo kämpft sich mein Taxi durch die Straßen Bagdads. Aus der legendären Stadt der Märchen von Tausendundeiner Nacht ist eine düstere Festung aus tausend Betonmauern, tausend Schießtürmen und tausend Checkpoints geworden. Sieben Überwachungszeppeline am Himmel von Bagdad melden jede verdächtige Bewegung an die US-Sicherheitszentralen.

Noch immer gibt es hier täglich über zehn »militärische Zwischenfälle«. Inszeniert von irakischen Widerstandskämpfern, überforderten Besatzungssoldaten, fanatisierten Milizen sowie in- und ausländischen Terroristen. Viele Iraker behaupten, bei besonders widerwärtigen Anschlägen, die gezielt ethnische und religiöse Rivalitäten schürten, hätten auch ausländische Geheimdienste und

»Sicherheitsfirmen« wie Blackwater[24] ihre Hände im Spiel. Orientalische Verschwörungstheorie oder Realität schmutziger Kriege?

Marwa lebt zusammen mit ihrer Mutter und drei Geschwistern in Sabah Qusur, einem armseligen Viertel im Norden Bagdads. Hier sagen sich Fuchs und Hase gute Nacht. Das Transportwesen wird auch 2009 noch weitgehend über Eselskarren abgewickelt. Marwa hat 2003 als 13-Jährige bei einem US-Bombenangriff ein Bein verloren. Ihre kleine Schwester Azra war getötet worden. Ich hatte Marwa in Deutschland operieren lassen und ihr eine Prothese beschafft. Voller Hoffnung war sie zurückgeflogen. Sie wollte Ärztin werden. All das ist ausgeträumt.

Marwa sitzt verloren in ihrem armseligen Haus. Mit leeren, traurigen Augen. Die Schule hat sie aufgegeben. Der Weg dorthin ist zu gefährlich. Sie will auch nicht mehr als »Humpelstilzchen« gehänselt werden. In Deutschland hatten sie alle »Prinzessin« genannt. Aber sie ist keine Prinzessin mehr. Nur noch eine kleine, verzweifelte Irakerin, die an nichts mehr glaubt.

Das Glück macht um Marwas Familie weiter einen großen Bogen. Ihr kleiner Bruder Ahmad ist auf der Flucht vor amerikanischen Soldaten im Euphrat ertrunken. Ihre Mutter Faliha einst eine fröhliche, rundliche Frau, lacht kaum noch. Sie hat Diabetes und wiegt nur noch 40 Kilo. Sie wird bald sterben.

Zwei Stunden lang höre ich mir das Elend der Familie an. Die Hoffnungslosigkeit Marwas, die nie das Leben eines normalen jungen Mädchens führen wird, nie das Leben einer normalen Frau. Nur weil ein »wiedergeborener Christ« aus Texas seinen Namen in den Geschichtsbüchern dieser Welt verewigen wollte. Und weil Mord und Verstümmelung im Krieg angeblich nicht Mord und Verstümmelung sind, sondern eine Heldentat.

Gegen 18 Uhr geben uns Nachbarn ein Zeichen, aus Sicherheitsgründen rasch aufzubrechen. Ich lade Marwas Familie ein, mich am nächsten Tag im Hotel zu besuchen. Sie wird nicht kommen. Nach schweren Schießereien riegeln GI's Sabah Qusur ab.

Faliha informiert uns telefonisch, dass auch ich nicht mehr kommen solle. Man habe ihr gedroht, den nächsten Besuch würde ich nicht überleben. Man werde mich »liquidieren«. Man wolle keine Westler mehr in Sabah Qusur.

Dschamal

Am Abend bin ich in Sadr City bei Scheich Dschamal zu Gast. Der erst 29-Jährige ist Führer eines großen schiitischen Stammes. Sadr City ist wie Saba Qusur für Ausländer im Grunde nicht mehr betretbar. Selbst in gepanzerten Fahrzeugen wagen sich GI's nicht hierher. Doch ich habe in Bagdad Freunde, die mich überall hinschleusen.

Ich frage den jungen Scheich, ob es wenigstens den Schiiten nach der Befreiung von Saddam Hussein besser gehe. Zornig schüttelt er den Kopf. Selbst unter dem Sunniten Saddam habe es nie ein solches Chaos gegeben. Die sechseinhalb Jahre Krieg und Besatzung hätten mehr Iraker das Leben gekostet als die 35 harten Saddam-Jahre. Weit über eine Million Iraker seien getötet worden.

Es gebe weniger Arbeitsplätze, weniger medizinische Versorgung, weniger sauberes Wasser und weniger Elektrizität als vorher. Gerade einmal drei Stunden Strom habe Sadr City. Einkaufen sei nur unter Lebensgefahr möglich. Man könne jetzt zwar frei wählen, sich aber nicht mehr frei bewegen.

Diktatur sei schlimm. Aber Anarchie sei schlimmer. Der Krieg habe nur den Irakern genutzt, die auf den Gehaltslisten der USA stünden. Dschamal klingt bitter – und müde. Er hat durch den Krieg zwölf Familienmitglieder verloren.

Auf der nächtlichen Rückfahrt zum Hotel gibt es kaum noch zivilen Verkehr. Dafür tauchen im Zentrum jetzt häufig US-Militärfahrzeuge auf. Sie drängen uns an den Straßenrand. Dann richten sie ihre gleißenden Scheinwerfer und einmal auch den Laserstrahl eines Geschützes ins Wageninnere. Im Rückspiegel sehe ich den grünen Laserpunkt auf meiner Stirn. Ich lasse mich tief in den Sitz des Wagens gleiten. Ein Hubschrauber donnert wie eine Hornisse im Tiefflug über uns. Albtraum Bagdad.

Allein an diesem Tag gibt es in der Stadt 14 Anschläge mit zehn Toten und 43 Verletzten – die Zahl der Opfer amerikanischer Aktionen nicht mitgezählt. Die USA haben den Irak nicht befreit, sie haben ihn zerbrochen.

Manal, Marwa, Dschamal. Wenn ich im Irak bin, empfinde ich tiefe Scham. Wir sollten einfach ein paar Jahre lang nicht mehr von den großen Werten unserer Zivilisation, vom »westlichen Wertekanon« reden.

Zurück in meiner Hotelfestung, finde ich eine schriftliche Nachricht von Manal und Hayder. Sie bedanken sich für das Hochzeitskleid, das ich heimlich für sie gekauft hatte. Ich atme auf. Wenigstens eine gute Nachricht an diesem Tag.

Unsinnige Aktionen gegen unsinnige Kriege?

Mein Protest gegen diese Irrsinnskriege wurde von Jahr zu Jahr hilfloser. Diese Hilflosigkeit war oft nicht weit von Lächerlichkeit entfernt. Ich wusste das immer.

In Kabul hatte ich 2004 für Opfer sowjetischer Minen und des afghanischen Bürgerkriegs ein Waisenhaus bauen lassen. Als die Toiletten des Personals wegen der extremen Temperaturschwankungen verwitterten und zerfielen, hatte ich mir bei einem Besuch im Jahr 2009 einen alten, blauen Arbeitsanzug angezogen. Dann hatte ich das schmutzige Klo eigenhändig gereinigt, verputzt und neu gestrichen. Zwei Tage brauchte ich für diese unangenehme Arbeit. Ich wollte wenigstens einmal etwas mit eigenen Händen für die »Verdammten dieser Erde« tun.

In der *New York Times*, in der *Frankfurter Allgemeinen Zeitung* und in der arabischen *Al-Quds Al-Arabi* hatte ich 2008 »Zehn Thesen« zur Unwissenheit des Westens über die muslimische Welt publiziert. Die drei zentralen Punkte lauteten:

»Muslime sind genauso viel wert wie Juden und Christen.«

»Hör und sieh dir immer beide Seiten an!«

»Verhandlungen sind besser als Kriege.«

Es war im Grunde mein außenpolitisches Glaubensbekenntnis. Hat die Veröffentlichung irgendetwas bewirkt? Wenn ich die Reden mancher westlicher Politiker lese und ihre Taten sehe, denke ich, ich hätte es auch bleiben lassen können.

In Berlin hatte ich Anfang 2011 eine Idee von John Lennon aufgegriffen und im Regierungsviertel riesige Plakate geklebt:

»Der Afghanistankrieg ist vorbei – wenn ihr es wollt.« Obwohl selbst die *Bild-Zeitung* ausführlich darüber berichtete, stimmten im Bundestag kurz danach fast alle Parteien für die Fortsetzung des Krieges.

Die Kritik an meiner Kritik der Kriege wurde immer hämischer, verächtlicher. Interessanterweise umso mehr, je deutlicher das Scheitern der Kriege wurde. »Vulgärpazifist«, »bewaffneter Arm der Heilsarmee«, »Sprecher der Taliban«, »Simpel« waren nur einige der Schimpfworte, die mir um die Ohren flogen. Die Opfer des Krieges in den Vordergrund zu stellen gilt als naiv.

Die Kinder von Kunduz

Im Herbst 2012 flog ich mit Julia, Frédéric und Belal El-Mogaddedi erneut nach Afghanistan. Ich wollte unser zweites Waisenhaus einweihen. Nach zweijähriger Bauzeit und unvorstellbaren Komplikationen war es endlich fertig geworden. Zwei Wochen zuvor waren 30 sechs- bis zwölfjährige Kinder eingezogen. 13 Mädchen, 17 Jungen, die ihre Väter oder Brüder bei dem von Oberst Klein befohlenen Luftangriff auf Kunduz verloren hatten. Ich freute mich sehr auf das Heim. Vielleicht war doch nicht alles sinnlos, was ich unternommen hatte.

An unserem ersten Morgen in Kabul bummeln wir über die Märkte. Merkwürdigerweise traut sich kaum ein Westler dorthin. Wenn unsere Politiker in ihren gepanzerten Fahrzeugen durch die Stadt fahren, lassen sie sich von Antiterrorkommandos begleiten. Das wirkliche Leben von Kabul entdecken sie so nie.

Im Gewühl der Menschen ziehen wir über den »Mandahi«, den bekanntesten Markt Kabuls. Frédéric kauft zehn Bananen für einen Dollar. Sie schmecken köstlich. Dann geht es durch die winzigen Gassen des Vogelmarkts. Tausend Vögel schmettern ihre Arien und versuchen, sich gegenseitig zu übertönen. Tief gebeugte Arbeiter zerren ihre schwer beladenen Holzkarren durch die Menge. Ein junger Ladeninhaber bietet mir ein klebrig schmutziges Glas dunklen Tees an. Trotz Frédérics Durchfallwarnung trinke ich es dankbar aus.

Wir kommen an einer Moschee vorbei. Viele Afghanen beten auf der Straße. Fast magisch fühle ich mich zu ihnen hingezogen. Aber Frédéric meint, heute sei kein guter Tag. Am Vormittag hatte es am US-Camp Eggers einen Selbstmordanschlag gegeben. Der Attentäter hatte zwei einheimische Wachmänner mit in den Tod gerissen. An solchen Tagen sollte man als Ausländer nicht zu viel Aufmerksamkeit auf sich ziehen. Häufig kommt es zu Folgeanschlägen. Das war wohl auch der Grund, warum heute Morgen Schützenpanzer mein Hotel umstellt hatten.

Doch die Menschen, die uns begegnen, sind hilfsbereit und zuvorkommend. Vielleicht auch dankbar, dass wenigstens ein paar Ausländer durch ihre Stadt bummeln, die einst eine weltberühmte Touristenattraktion war. Die mehr als 30 Jahre Krieg und Bürgerkrieg haben das Land um hundert Jahre zurückgeworfen. Wenn ich durch Kabul schlendere, fühle ich mich in längst vergangene Zeiten versetzt.

Immer wieder sehen wir beinamputierte Männer, werden von bettelnden Kindern und Frauen umringt. Zwischen Obst- und Fleischständen huschen Frauen in hellblauen Burkas umher. Doch dieser federleichte Überwurf aus alter paschtunischer Zeit ist nicht das Hauptproblem Afghanistans. Wer das behauptet, weiß nichts vom Leid und Elend dieses Landes.

Den Abend verbringen wir in einem »Schafsrestaurant« im Stadtteil Schar-e-Nau. Dekorativ hängen Schafshälften im Schaufenster. Nachdem wir eine ausgesucht haben, wird sie kunstvoll in Portionen geschnitten. Die werden dann vor dem Restaurant 45 Minuten lang in Öl, Knoblauch und Tomaten gekocht.

Besonders gerühmt werden die Schafshoden. Sie sollen äußerst lecker sein und potent machen. Frédéric wagt sich an das exotische Gericht heran. Doch er schafft nur einen Hoden. Auf eine weitere Potenzsteigerung verzichtet er. Stattdessen isst er schnell zwei Portionen Joghurt, um einen anderen Geschmack in den Mund zu bekommen.

Auf dem Rückweg kommen uns gepanzerte Fahrzeuge und Scharfschützen entgegen. Die Symbole des Krieges sind fast allgegenwärtig. Wir nehmen sie kaum noch wahr. Später erfahren wir, dass es sich um einen Gefangenentransport aus dem berüchtigten US-Gefängnis Bagram handelt. Es soll die Hölle sein, schlimmer als Guantánamo.

Karsai und der Taliban-Führer

Manchmal schaffe ich es, in derselben Woche den afghanischen Präsidenten und einen Führer der Taliban zu treffen. Karsai scheint sich zu freuen, Frédéric, Julia und mich zu sehen. Für Frédéric ist es schon das zweite Treffen mit ihm.

Karsai schaut mich nachdenklich an. Das sei ja ein folgenreicher Vorschlag gewesen, den ich ihm 2008 gemacht hätte. Damals, nach dem amerikanischen Bombenmassaker von Asisabad, hätte ich ihm doch geraten, heftiger und lauter gegen die Bombardierung von Zivilisten zu protestieren. Seither seien seine Beziehungen zur US-Regierung sehr kompliziert, sagt er. Er habe durch seine Kritik viele Freunde in Washington verloren. Das mache das Regieren in diesem schwierigen Land noch schwerer.

Für Karsai ist die Behauptung, der Afghanistankrieg sei ein Antiterrorkrieg, eine »Farce«, ein Witz. Die internationalen Terroristen säßen schon lange in anderen Ländern. Den USA gehe es hinter den Kulissen nur noch darum, Afghanistan zu einem geostrategischen Luftwaffenstützpunkt auszubauen. Dem größten in Zentralasien. Sie wollten Garantien, dass sie ihre Militärbasen noch mindestens zwanzig bis dreißig Jahre nutzen dürften.

Die Garantien könnten sie auch bekommen. Doch im Gegenzug müssten sie sich aus den Städten und Dörfern des Landes zurückziehen und aus dem Alltag der Afghanen verschwinden. Vor allem müssten sie aufhören, afghanische Dörfer zu bombardieren. Wenn sie das nicht akzeptierten, müssten sie gehen. Afghanistan gehöre den Afghanen und nicht den Amerikanern. Karsai ist in diesem Punkt sehr klar.

Fünfzig Prozent der getöteten afghanischen Zivilisten gingen auf das Konto der USA und der NATO. Wenn die USA oder die UNO etwas anderes sagten, sei dies einfach nicht wahr.

Die Drohnenattacken seien ebenfalls nicht hinnehmbar. Sie forderten viele zivile Opfer. Drohnenangriffe seien »Terrorismus. Aus dem Unsichtbaren zuzuschlagen und Menschen in die Luft zu jagen ist die feigste Art der Kriegführung«, sagt Karsai.

Die Auseinandersetzung mit den Taliban sei Sache der Afghanen. Seine Abgesandten verhandelten mit ihnen in Saudi-Arabien, in Katar und selbst in Kabul. Er sei optimistisch, noch vor dem Ende seiner Amtszeit eine Einigung zu erreichen. Ich frage ihn, ob er sich auch eine Versöhnung mit Mullah Omar vorstellen könne. »Frieden heißt vergeben und vergessen«, antwortet er. Selbstverständlich sei er bereit, sich mit Mullah Omar zu verständigen.

Karsai ist entspannter als bei unserem letzten Treffen. Ich sage ihm das. Im selben Augenblick fängt seine linke Gesichtshälfte wieder an zu zucken. Wie beim letzten Mal. Ich hätte besser geschwiegen.

Auch der Taliban-Kommandeur Mullah Nasrat, dem ich schon 2009 begegnet war, stimmt einem Treffen zu. Er befehligt mittlerweile zehn Prozent der afghanischen Taliban und untersteht Mullah Omar direkt. Vor einem halben Jahr wurde er bei einem Drohnenangriff an Schulter und Oberschenkel schwer verletzt. Sein Bruder und sein Cousin wurden dabei getötet. Sie starben vor seinen Augen.

Die Anreise zu unserem Treffpunkt im Osten Afghanistans ist diesmal noch mühsamer als das letzte Mal. Auf halber Strecke gibt es einen langen Stau. Sicherheitsleute in Tarnuniform haben eine Straßenbombe entdeckt und entschärft. Drei Mann kehren wenige Meter vor uns schwarzes Pulver zusammen.

Alle paar Kilometer gibt es Straßensperren. Militärpolizisten werfen einen Blick in unsere Gesichter und in den Kofferraum. Aus unserem Radio dröhnt zwar paschtunische Stammesmusik. Aber ich sehe nun mal nicht wie ein Paschtune aus. Jedes Mal bin ich erleichtert, wenn wir durchgewinkt werden. Die afghanische Regierung hat erst vor wenigen Tagen Ausländern verboten, von Kabul aus über Land zu reisen.

Ausgerechnet über dem mit Mullah Nasrat vereinbarten Treffpunkt schwebt ein Überwachungszeppelin. Mit seinen hochauflösenden Kameras hat er im Umkreis von Kilometern alles unter Kontrolle. Um uns aufzuheitern, erzählt unser Fahrer, einer seiner Freunde sei kürzlich auf die Militärbasis bestellt worden. Man hatte seinen Vater auf den Filmen des Zeppelins entdeckt. Aber nicht beim Bombenbauen, sondern beim fröhlichen Liebesspiel mit seiner Geliebten.

Auch Mullah Nasrats Anfahrt ist schwierig. Kurz vor dem Dorf, in dem wir uns treffen wollen, gerät er an eine amerikanische Militärstreife. Eine lebensgefährliche Situation. Er steht auf der Todesliste der USA. Doch die GI's erkennen ihn nicht.

Mullah Nasrat ist angespannt, als er die Lehmhütte betritt, in der wir verabredet sind. Zwölf seiner Kämpfer sichern diesmal den Ort ab. Kaum sitzen wir, überfliegt ein US-Hubschrauber das Dorf im Tiefflug. Irgendetwas stimmt nicht.

Mullah Nasrat blickt zu seinem vermummten Wachmann an der Tür. Doch der signalisiert, alles sei in Ordnung. Mullah Nasrat zögert. Seine Männer sind zu verschiedenen Uhrzeiten aus unterschiedlichen Richtungen ins Dorf gefahren. Selbst wenn die Amerikaner von dem Treffen erfahren haben sollten, können sie nicht wissen, wo genau er sich aufhält. Aber der Zeppelin, die Militärstreife, der Hubschrauber – das sind schon merkwürdig viele Zufälle. Mullah Nasrat geht noch einmal zu seinem Wachmann und erteilt ihm flüsternd Anweisungen. Dann gibt er mir ein Zeichen, schnell mit den Fragen zu beginnen.

Mullah Nasrat glaubt nicht, dass die Amerikaner abziehen werden. Notfalls werde man bis zum Jüngsten Tag weiterkämpfen. Verhandlungen mit den USA hält er persönlich inzwischen für ziemlich sinnlos. Die Amerikaner hätten die Taliban bei allen bisherigen Gesprächen getäuscht. Mit der afghanischen Regierung könne er sich jetzt Verhandlungen vorstellen. Auch eine Regierung der nationalen Aussöhnung sei denkbar – sobald die USA abgezogen seien. Jede neue Regierung werde anders sein als die Taliban-Regierung der späten 90er-Jahre. Auch Mädchenschulen werde es geben. Seine Tochter gehe ja auch zur Schule.

Ich frage ihn, was er von dem Angriff auf das pakistanische Mädchen Malala halte. Die 15-Jährige, die sich auf einem Internetblog der BBC für die Gleichbehandlung von Mädchen einsetzte, war in Pakistan von dortigen Extremisten niedergeschossen worden. Mullah Nasrat antwortet, der Angriff auf wehrlose Mädchen sei immer ein Verbrechen. Die Täter seien Mörder. Sie hätten die Todesstrafe verdient.

Dann fragt er, warum es die mehr als 10 000 afghanischen und pakistanischen Mädchen, die durch NATO-Bomben oder amerikanische Drohnen getötet worden seien, nie in die Weltpresse geschafft hätten. Nie habe eine westliche Zeitung diesen Mädchen eine Titelseite gewidmet.

Ich wechsle das Thema und erzähle ihm, dass mir ein NATO-Soldat auf Facebook gewünscht hatte, dass mich afghanische Taliban in die Luft sprengten. Mullah Nasrat lacht: »Der Mann weiß nichts von Afghanistan. Sie sind Zivilist. Sie stehen unter unserem Schutz. Die Amerikaner sind für Sie viel gefährlicher.«

Ob er den über uns schwebenden Zeppelin fürchte, frage ich. »Nein«, lächelt er. »An diese Überwachungsballone haben wir uns gewöhnt. Wir fürchten nur Gott. Die Amerikaner haben Technologie. Wir haben Gott.«

Dann springt er auf. »Das nächste Mal werde ich Sie mit Mullah Omar zusammenbringen. Sobald es Frieden im Land gibt, werden Sie ihn treffen. So wie mich heute.« Er gibt mir die Hand, um die Ernsthaftigkeit seines Versprechens zu unterstreichen. Dann zieht er sein Halstuch vors Gesicht. Seine beiden Leibwächter nehmen ihn in die Mitte. So lautlos, wie er gekommen ist, verschwindet er. Ein Schattenkrieger.

Auf Feldwegen umfahren wir den neugierigen Beobachtungszeppelin. Ich bin sicher, dass seine Befehlszentrale längst weiß, wer wir sind und wen wir trafen. Vielleicht war das für Mullah Nasrat sogar gut.

Dann geht es durch eine trostlose Steinwüste. Ihre Eintönigkeit wird nur gelegentlich von kleinen Baumwollpflanzungen und Lehmhäusern unterbrochen. Eine Nomadenfrau sitzt an einem Bach, der dem Wegeslauf folgt. Mit ihrem bunt bestickten Gewand schenkt sie der sandbraunen Umgebung einen fröhlichen Farbtupfer. Sie wäscht, so wie es afghanische Frauen seit

Urzeiten tun. Mit einem Stock klopft sie den Schmutz aus der in Seifenlauge getauchten Kleidung. Schlag um Schlag. Wie vor 30 Jahren. Und wie in 30 Jahren.

Das Haus der Hoffnung

Heute ist ein großer Tag. Wir fahren zum »Haus der Hoffnung«, unserem Kinderheim. Wir, das sind Julia, mein Freund Belal, Frédéric und ich sowie die *Spiegel*-Journalisten Alexander Osang und Thomas Grabka. Alle sind voller Erwartung.

Von der Hauptstadt aus geht es Richtung Bagram. Die Berge des Hindukusch umgeben die Kabuler Hochebene wie eine Märchenkrone. Auf ihren Gipfeln liegt Schnee.

Zu unserer Linken sehen wir moderne Verwaltungs- und Firmengebäude. Hier residieren die wenigen Gewinner dieses Krieges. Auf der rechten Seite versuchen die Verlierer, in ihren niedrigen Lehmhütten irgendwie zu überleben. Die Behausungen sind dunkel und eng. Im Sommer glutheiß, im Winter bitterkalt. Jahrelang haben ihre Bewohner in pakistanischen Flüchtlingslagern dahinvegetiert. In der Hoffnung auf die Rückkehr in eine aufblühende Heimat. Doch diese Träume sind ausgeträumt. Afghanistan ist arm wie eh und je.

Manche von ihnen leben auf Müllhalden vom Abfall der Großstadt. Kleine barfüßige Kinder in zerrissener Kleidung stöbern zusammen mit Ziegen und Fettschwanzschafen nach Nahrung. Oder nach Dingen, die man irgendwie zu Geld machen könnte.

Nach einer halben Stunde Fahrt kommen wir am »Haus der Hoffnung«, »Dar-ul-Omeid«, an. Das Grundstück ist zwei Hektar groß. Ich wollte nicht nur Wohnräume schaffen, sondern auch Spielplätze, einen Gemüsegarten und einen Obstgarten. Am Kopfende des von hohen Mauern geschützten Grundstücks stehen drei wunderschöne, orientalisch anmutende Gebäude. Wie in einem alten Märchen. Links das Mädchenhaus, rechts das Haus für die Jungs und dazwischen das Gemeinschaftsgebäude mit Küche und Essräumen. Sie sollen den Kindern von Kunduz während ihrer Schulausbildung zur Heimat werden.

Als ich langsam auf die Häuser zugehe, bleiben meine Begleiter stehen. Sie wissen, wie sehr ich mich auf diesen Augenblick gefreut habe. Und ich weiß, dass ich gerade einen der glücklichsten Momente meines Lebens erlebe. Alle Sorgen und Enttäuschungen der letzten Jahre sind in diesen Sekunden weit weg.

Ich sehe, wie die kleinen Mädchen in ihren hübschen schwarzen Kleidern hinter dem Haus hervorflitzen und sich wie Orgelpfeifen davor aufstellen. Auch die Jungs in ihrer beigebraunen Tracht rennen nach vorn und nehmen mit leuchtenden Augen Aufstellung. Gemeinsam schmettern sie uns einen Willkommensgruß entgegen.

Ich bleibe stehen, weil ich überwältigt und dankbar bin. Am liebsten würde ich diesen Augenblick für immer festhalten. Dieses schalkhafte Blitzen in den Augen der kleinen Afghaninnen und Afghanen. Die unbändige Lebensfreude dieser Kinder. Es ist eine Minute reinen Glücks.

Hinter meinem Rücken hole ich einen Fußball hervor und schieße ihn an die Hauswand, vor der die Mädchen stehen. Der Ball springt zurück, die Kinder schauen mich ungläubig an. Der grauhaarige Mann, der ihnen dieses Heim gebaut hatte, spielt Fußball? Das glauben sie nicht. Ich ballere ein zweites Mal, diesmal in Richtung der Jungs. Die Kinder schauen mich noch immer verdutzt an. Doch als ich ein drittes Mal schieße und der Ball auf den Bolzplatz zurückprallt, gibt es kein Halten mehr. Die ganze Horde Mädchen und Jungs stürmt hinter dem Ball her.

»Natürlich« können die Mädchen beim nun beginnenden Fußballspiel nicht mitmachen. Sie erhalten von Belal, der wie immer diskret im Hintergrund bleibt, Federballschläger und Federbälle. Doch mit den Jungs beginnt eine wilde Fußballschlacht. Sandalen und Schuhe fliegen durch die Luft. Jeder liegt mindestens einmal im Staub. Auch ich. Die Kleinen kämpfen wie die Löwen.

Meine Mannschaft verliert 1:5. Die Siegermannschaft hat leider zwei Spitzenspieler, Dschamil und Alexander. Meine Mannschaft nicht. Aber die hohe Niederlage meiner Mannschaft steigert die Freude der Jungs noch mehr. Eigentlich haben sie alle gerade ein Länderspiel gegen Deutschland gewonnen.

Währenddessen versuchen die Mädchen, sich mit dem Federballspiel anzufreunden. Doch immer wieder blicken sie neidisch auf die Fußball spielenden Jungs. Ich hatte zwei Fußbälle mitgebracht. Irgendwie findet der zweite Ball seinen Weg zu den Mädchen. Plötzlich werden die Federballschläger zur Seite gelegt. Und nun beginnen die Mädchen eine lustige Mischung aus Fuß- und Handball. Dabei geht es nicht um Tore, der Ball ist das Ziel. Ausgelassene Freude macht sich breit.

Frédéric und ich schauen vergnügt zu. Immer häufiger versucht das Mädchen, das gerade den Ball hat, diesen Frédéric oder mir zuzuwerfen. Vielleicht sind wir in diesem Spiel nur die Torwand oder der Basketballkorb. Aber vielleicht ersetzen wir auch für ein paar Minuten ihre toten Brüder und Väter.

Nach dem Spiel gibt es im Gemeinschaftsraum Tee, Sandkuchen und Rosinen. Dann tragen die Kinder Verse aus dem Koran vor. Sie beten für Frieden in ihrem Land. Ein Junge und ein Mädchen sagen ein Gedicht über ihre Heimat auf. Nach jedem Vers rufen die Kinder: »Unsere wunderschöne Heimat, unser Afghanistan.«

Ich weiß, dass ich jetzt etwas sagen muss. Ich stelle mich in den großen Türrahmen zwischen dem Mädchen- und dem Bubenraum. Als Erstes gratuliere ich der siegreichen Fußballmannschaft zu ihrem großen Erfolg. Dabei nehme ich mich kräftig auf den Arm. Es gibt tosenden Beifall. Ich wusste gar nicht, dass Kinder so kräftig klatschen können.

Dann spreche ich kurz über den Angriff auf Kunduz. Die Kinder zucken zusammen. Ich erzähle, dass viele Menschen in Deutschland darüber traurig seien. Im Namen dieser Menschen entschuldige ich mich. Wieder tosender Beifall.

Dann sage ich ihnen, was ich von ihnen erwarte: Fleiß und Freundlichkeit gegenüber ihren Mitmenschen. Ich bitte sie mitzuhelfen, eine schönere Welt aufzubauen. Mit viel Fußball und wenig Krieg. Donnernder Beifall. Die Augen der Kinder leuchten. Sie wissen jetzt, dass sie Freunde in Deutschland haben. Julia, Frédéric, Belal, Alexander, Thomas und mich. Und wir haben dreißig kleine Freunde in Afghanistan.

Draußen versinkt die Abendsonne hinter den Bergkuppen.

Die kleine Bibi Hawa und der noch kleinere Haroun übergeben mir als Zeichen der Versöhnung stolz einen Käfig mit zwei
schneeweißen Tauben. Wir gehen nach draußen, um den Frie-
denstauben die Freiheit zu schenken. Die Kinder werfen sie
mit Schwung in die Luft. Fröhlich flattern sie über die Köpfe
der Kinder – und landen gemütlich wieder ganz in ihrer Nähe.
Durch nichts sind sie zu bewegen, diesen Hort des Friedens zu
verlassen.

Ich nehme dem Leiter des Heims das Ehrenwort ab, dass die
Tauben ab sofort unter seinem persönlichen Schutz stehen. Damit niemand auf dumme Gedanken kommt und behauptet, sie
seien in Wirklichkeit schmackhafte Hühner.

Als wir in unsere Fahrzeuge steigen wollen, höre ich aus dem
Jungen- und dem Mädchenhaus laute Kinderstimmen. Hinter
einem Fenster steht dicht gedrängt die Rasselbande der 17 afghanischen Lausbuben. Sie brüllen sich die Seele aus dem Leib.
»Thank you, good bye«, rufen sie in Sprechchören, so laut sie
können. Auch die Mädchen haben sich hinter ihre Fenster gestellt und winken uns fröhlich zu: »Thank you, thank you!«.

Wir winken zurück.

Da es dunkel ist, schadet es nichts, dass uns ein paar Tränen
über das Gesicht kullern. Auch diesen Augenblick werde ich nie
vergessen. »Danke«, haben die Kinder gerufen, deren Familien
wir zerstört haben.

Als ich »Dar-ul-Omeid« im Juni 2013 erneut besuche, überflie-
gen zwei weiße Tauben das Heim. »Sie kommen jeden Tag zum
Fressen her«, sagt der kleine Haroun stolz. »Ich glaube, sie mögen uns.« Dankbar haue ich dem neben mir stehenden Küchen-
chef auf die Schulter.

II.

Droge Krieg

Kriegslust

Von Zeit zu Zeit werden manche Menschen von einer seltsamen Lust befallen: von Kriegslust. Vor dem Afghanistan- und dem Irakkrieg konnten einige Kriegsbefürworter, die noch nie einen Krieg am eigenen Leib erlebt hatten, vor Verantwortungs- und Geschichtsbewusstsein kaum noch laufen. Pathos ergriff unsere Sofastrategen.

Es erinnerte mich an Ernst Jüngers Kriegsbegeisterung im Ersten Weltkrieg. Als 20-Jähriger schrieb er in seinen Kriegstagebüchern an seine Mutter: »Doch still davon. Ich kann es wohl ertragen,/mich reizt die wilde Schönheit der Gefahr./Hier wirst du lesen, wie ich mich geschlagen./Und wenn ich fiel, dass es in Ehren war.«

Eigentlich hatten wir dieses Kriegspathos überwunden. Kriege gelten heute nicht mehr als frischer Wind, läuterndes Feuer, »Reinigung und Befreiung«, wie Thomas Mann in der allgemeinen Kriegsbegeisterung zu Beginn des Ersten Weltkriegs noch meinte. Die meisten Menschen halten heute Kriege für dumm, abstoßend und unzivilisiert. Sie haben erkannt, dass Krieg Terrorismus ist, ein Ausstieg aus der Zivilisation, ein Rückfall in die Barbarei.

Kein Militärpfarrer kann heute noch Sätze sagen wie der deutsche Divisionspfarrer Schettler 1915 im Ersten Weltkrieg: »Dem Soldaten ist das kalte Eisen in die Faust gegeben. Er soll es führen ohne Schwächlichkeit und Weichlichkeit. Der Soldat soll totschießen, soll dem Feind das Bajonett in die Rippen bohren, soll die sausende Klinge auf den Gegner schmettern. Das ist seine heilige Pflicht. Das ist Gottesdienst.«[1]

In unserer kleinen Welt werden alle zunehmend zu Nachbarn.

Zwar nennen wir das »Erschlagen dieser Nachbarn« noch immer »Krieg«. Doch es bleibt Totschlag. Wegen Grausamkeit und Heimtücke oft sogar Mord, die kriminellere Variante des Totschlags.

Krieg ist, wie der britische Publizist und Friedensnobelpreisträger Norman Angell nachgewiesen hat, in der Regel auch wirtschaftlich eine Torheit. In einer Welt, in der Wohlstand aus Austausch, Kredit und Arbeitsteilung entsteht, machen Eroberungen den Eroberer nicht reicher, sondern ärmer. An Geld und Menschenleben.

Kriege sind vor allem nach dem Zweiten Weltkrieg tabuisiert worden. Kein Politiker würde es heute noch wagen, wie Winston Churchill offen von »fröhlichen, kleinen Kriegen gegen barbarische Völker« zu schwärmen. Der Psychologe Steven Pinker versucht in seinem über 1100 Seiten umfassenden Buch *Gewalt: Eine neue Geschichte der Menschheit*, diesen angeblich mit der »Aufklärung« einsetzenden »zivilisatorischen Fortschritt« mit Fakten zu belegen.

Leider überschätzt er das Ausmaß dieses Fortschritts, weil er das Leid der Menschen in Ländern wie Afghanistan und Irak nie miterlebt hat. Und weil er sich – um seine optimistischen Thesen nicht zu gefährden – immer für die niedrigsten der umhergeisternden Opferzahlen entscheidet.

Vor allem aber, weil er in Prozentzahlen denkt. Eine seiner problematischsten Thesen lautet, die 180 Millionen Toten des 20. Jahrhunderts[2] stellten »nur« noch drei Prozent der Weltbevölkerung dar. Zu Zeiten der Jäger und Sammler seien noch 15 Prozent der Menschen gewaltsam getötet worden.

Das ist zwar wahr, und doch schon wieder zynisch. Mao Zedong hat angeblich 60 Millionen Menschen auf dem Gewissen, Josef Stalin 40 Millionen, Adolf Hitler 30 Millionen.[3] Wie kann man da von zivilisatorischem Fortschritt seit Beginn der Aufklärung sprechen?

Der Westen führt auch heute noch »fröhliche, kleine Kriege gegen barbarische Völker«. Nur nicht mehr so offen wie früher. Er müsste sonst das idealistische Bild korrigieren, das er so gerne von sich zeichnet.

Die Vergewaltigung der Sprache

Im Grunde hat die Tabuisierung der Gewalt und des Krieges nur dazu geführt, dass Politiker ihre Kriege inzwischen besser begründen müssen. Dass die Kriegslügen und die sprachliche Verharmlosung der Gewalt raffinierter geworden sind. Um nicht in offenen Widerspruch zu den hehren Grundsätzen der westlichen Zivilisation zu geraten, wird die Sprache immer schamloser verbogen.

Die Vertreibung ethnischer Minderheiten wird zur »Umsiedlung«, Völkermord zur »ethnischen Säuberung«. Ermordete Zivilisten heißen »Kollateralschaden«, Massaker »Befriedung«. Der Transport Verdächtiger in ausländische Folterkeller wird als »außerordentliche Auslieferung« beschrieben, der Angriffskrieg als »präventive Verteidigung«. Die Bombardierung eines Landes unter gleichzeitiger Ausschaltung seiner Luftverteidigung heißt »Errichtung einer Flugverbotszone«. Diese zynische Vergewaltigung der Sprache, die auch Pinker geißelt, funktioniert erstaunlich gut.

Genauso wie die üblichen Kriegslügen. Der Irakkrieg ist nur eines von unzähligen Beispielen moderner Lügenkriege.[4] Zwar wurde auch früher vor Kriegen die Unwahrheit gesagt. Hitler begründete die meisten seiner Überfälle mit Lügen. Der Krieg selbst ist eine Lüge.

Doch früher waren Kriegslügen nur nützlich, heute sind sie unverzichtbar. Ohne Übertreibungen und Lügen sind Kriege in demokratischen Staaten nicht mehr durchsetzbar. George W. Bush hätte ohne die Lüge von den Massenvernichtungswaffen Saddam Husseins seinen Angriffskrieg gegen den Irak politisch nicht durchsetzen können. Die Wahrheit stirbt nicht erst im Krieg, sondern lange vorher. Vorkriegslügen sind der antidemokratische Versuch der Regierenden, das Nein der Bevölkerung zu ihren Kriegsplänen zu überspielen. Sie sind inzwischen fester Bestandteil der »westlichen Zivilisation«.

Die Dämonisierung des Gegners

Die Vorbereitung eines Krieges beginnt meist mit der Dämonisierung und Kriminalisierung des Gegners. Oder mit seiner Barbarisierung, wie man das früher nannte.

Vor jedem Krieg läuft eine von den Kriegsministerien, die sich Verteidigungsministerien nennen, gesteuerte Dämonisierungskampagne. Wenn in schneller Abfolge von monströsen Foltermethoden, grauenerregenden Massakern, aus Brutkästen herausgerissenen Babys berichtet wird, kann man fast sicher sein, dass es demnächst losgeht.

An der Dämonisierung von Gegnern wird oft jahrelang systematisch gearbeitet. Vor allem, wenn das »Hauptverbrechen« des Feindes darin besteht, dass er sich nicht den strategischen Zielen des US-Imperiums unterwirft. Wenn er zur »Achse der Ungehorsamen« gehört, die die USA »Achse des Bösen« oder »Reich der Finsternis« nennen.

Die Produktion angeblicher Schurken ist eine Spezialität westlicher Außenpolitik. Castro, Noriega, Saddam Hussein, Gaddafi, Ahmadinedschad und Assad zählen zu ihren Spitzenprodukten. Einige von ihnen haben dem Westen ihre Darstellung als Schurken zugegebenermaßen nicht schwer gemacht.

Bei anderen war es harte Arbeit. Als ich kürzlich für eine berühmte amerikanische Zeitung einen Essay über Assad schreiben sollte, bat mich der zuständige Redakteur schriftlich, die Passagen über Assads »westliche Erziehung, seine Anzüge und seine Jeans kräftig zu reduzieren«. Das lasse ihn »zu sympathisch« erscheinen. »Reduce, reduce«, schrieb er fast verzweifelt. Die Feindbilder des Westens werden leidenschaftlich verteidigt.

Feindbild Islam

Oft werden ganze Völkergruppen und Kulturen dämonisiert. Früher Juden, heute Muslime. Obwohl kein muslimisches Land in den letzten 200 Jahren jemals den Westen angegriffen hat, gelingt es westlichen Propagandastrategen mit verblüffender Leichtigkeit, muslimische Länder wie den Irak oder Iran als gigantische Gefahr für den Weltfrieden darzustellen.

Dass wir christliche Europäer seit einem halben Jahrtausend – seit Christoph Kolumbus – große Teile der Welt überfallen und niedergemetzelt haben, kommt in unserer Wahrnehmung gar nicht vor. Ebenso wenig wie die zahllosen Angriffskriege, die die USA alle paar Jahre führen. Samuel Huntington hat zumindest mit einem Satz recht: »Der Westen eroberte die Welt nicht durch die Überlegenheit seiner Ideen, seiner Werte oder seiner Religion, sondern durch seine Überlegenheit bei der Anwendung organisierter *Gewalt*.«[5]

In der traurigen Bilanz des Tötens führt der Westen gegenüber der muslimischen Welt kontinuierlich klar 10:1.[6] Wir sehen immer nur den Splitter im Auge des anderen. Den Balken im eigenen Auge sehen wir nicht.

Muslime werden im Westen gerne als besonders gewaltbereit dargestellt. Obwohl alle seriösen Meinungsumfragen das Gegenteil belegen. Laut dem amerikanischen Meinungsforschungsinstitut Gallup *akzeptieren* im Mittleren Osten und Nordafrika 13 bis 19 Prozent der Bevölkerung Gewalt gegen Zivilisten. Das ist viel. In den USA und Kanada sind es laut Gallup jedoch 47 bis 49 Prozent.[7] Alle Mordstatistiken weisen die USA mit großem Abstand als gewalttätigste westliche Demokratie aus. Vor fast allen arabischen Staaten, in denen nicht gerade ein Krieg tobt.[8] Gewalt gehört zu den USA wie Coca-Cola. Die Selbstwahrnehmung der USA ist völlig anders.

Die nützlichsten Schurken unserer Zeit jedoch sind »muslimische Terroristen«. Praktischerweise gibt es sie – dank unserer Antiterrorkriege – inzwischen in fast jedem Land des Mittleren Ostens. Wenn man nach westlicher Art alle nationalen muslimischen Widerstandskämpfer, gewaltbereiten Extremisten und Terroristen in einen Topf werfen würde, könnte man auf eine Zahl von 300 000 kommen. Das wären 0,02 Prozent der rund 1,5 Milliarden Muslime auf der Welt.

Würde man dieselben Maßstäbe auf die USA anwenden, käme

man allein im rechtsradikalen Bereich auf mehrere hunderttausend gewaltbereite Mitglieder und Unterstützer paramilitä-
rischer Gruppen. Bei lediglich 314 Millionen Einwohnern. Der
gewaltbereite Extremismus scheint in den USA verbreiteter zu
sein als in der muslimischen Welt. Zu diesen »US-Extremisten«
zählen amerikanische Neonazis, der Ku-Klux-Klan, arische Ter-
rorgruppen, rassistische Skinheads, rechtsextreme Netzwerke
wie »Blood and Honour« sowie »White-Supremacy«-Gruppen.

Dass auch die meisten amerikanischen Kriege von den Menschen der überfallenen Länder als Terrorismus empfunden werden, ist in diesen Statistiken nicht berücksichtigt. Obwohl es für
ein irakisches oder afghanisches Kind keinen Unterschied macht,
ob es von einem Selbstmordattentäter oder von einer amerikanischen Bombe verstümmelt wird. »Kriege sind der Terrorismus
der Reichen.«[9] Die USA sind um ein Vielfaches gewalttätiger als
die muslimische Welt.

Echte Al-Qaida-Kämpfer gibt es nach meiner Einschätzung weltweit inzwischen vielleicht 30 000. Die meisten in Syrien, Irak, Pakistan, Jemen und Somalia. Vor dem Afghanistankrieg waren es
gerade einmal einige hundert. Die Antiterrorkriege gegen Afghanistan und den Irak haben Al-Qaida zu einer Weltmarke gemacht.

In Europa haben Al-Qaida und Al-Qaida-nahe Gruppen noch
nicht im selben Ausmaß Fuß gefasst. Laut der europäischen Poli-
zeibehörde *Europol* waren 2010 von 249 vollendeten und versuchten Terroranschlägen in Europa nur drei islamistisch motiviert.
2011 hatte von 174 Terroranschlägen in Europa kein einziger
einen islamistischen Hintergrund. 2012 waren es sechs von 212.[10]
Die meisten Täter waren Separatisten und Linksextreme. Das
steht im krassen Widerspruch zur Islamophobie und Panikmache
westlicher Innenminister.

Ähnliches gilt für die USA. Dort wurden von 1980 bis 2005
laut FBI 42 Prozent der Terroranschläge von Latinos, 24 Prozent
von linken Gruppierungen, sieben Prozent von jüdischen Extremisten, sechs Prozent von muslimischen Extremisten, fünf Prozent von Kommunisten und 16 Prozent von sonstigen Organisationen begangen.

Antimuslimische Hassprediger lassen sich von diesen Fakten nicht beeindrucken. Ihr Satz, nicht alle Muslime seien Terroristen, aber alle Terroristen seien Muslime, ist bezogen auf Europa, Amerika und die meisten Regionen der Welt schlicht falsch.

Als besonders »kriegerisch« wird im Westen der Koran dargestellt. In der Tat schildert der Koran in seinen historischen Passagen auch die damaligen Glaubenskriege zwischen Mekka und Medina. Insoweit enthält er konkrete kriegerische Anweisungen an die Kämpfer *jener Zeit*. Ähnlich wie die historischen Textstellen des Alten Testaments.

Mit dem Unterschied, dass das Alte Testament in seinen Schlachtenschilderungen erheblich blutiger ist als der Koran. Selbst der jüdische Evolutionspsychologe Steven Pinker nennt das Alte Testament »ein einziges langes Loblied der Gewalt«.[11] Es zeichne »eine Welt von atemberaubender Grausamkeit. Menschen versklaven, vergewaltigen und ermorden Angehörige ihrer eigenen Familien. Frauen werden gekauft, verkauft und gestohlen wie Sexspielzeuge. Und Jahwe foltert und ermordet die Menschen zu Hunderttausenden wegen banalen Ungehorsams oder völlig ohne Grund.«[12]

Neben 1000 Versen, in denen Jahwe selbst als Vollstrecker gewaltiger Bestrafungen auftrete, erteile er an mehr als 100 Stellen ausdrücklich den Befehl, Menschen zu töten.[13] Der »Gräueltaten-Forscher« Matthew White kommt bei den Massenmorden, für die die Bibel ausdrücklich Zahlen nennt, auf mindestens 1,2 Millionen Opfer.[14] All das wird im Westen erfolgreich verdrängt.

Die Dämonisierung der muslimischen Welt ist eine der erfolgreichsten Propagandaleistungen des Westens. Nach dem Zusammenbruch des Feindbildes Sowjetunion wurde sie noch wichtiger als vorher. 1991 hatte Colin Powell sorgenvoll geklagt, ihm gingen »allmählich die Schurken aus«. Er habe eigentlich nur noch Fidel Castro und den damaligen nordkoreanischen Staatschef Kim II-sung.

Kriege gegen Schurken- und Terrorstaaten sind politisch nicht mehr schwer durchzusetzen. Nach ein paar griffigen Zusatzlügen – wie Massenvernichtungswaffen, nukleare Ambitionen oder geplante Massaker – steht einem Krieg nicht mehr viel im Weg. Dass die USA mehr Massenvernichtungswaffen besitzen als jedes andere Land der Welt, dass sie in Hiroshima und Nagasaki als einziges Land der Welt völkerrechtswidrig Atomwaffen eingesetzt und in Vietnam grauenvolle Massaker begangen haben, spielt keine Rolle. »Quod licet Iovi, non licet bovi – was Jupiter erlaubt ist, ist einem Ochsen noch lange nicht erlaubt.«

Wo Kriege als zu aufwändig erscheinen, liefert die Ernennung zum Schurken- oder Terrorstaat wenigstens den Vorwand, nicht linientreuen Staaten Drohnenüberwachung und disziplinierende Drohnenschläge zu verordnen. Pakistan, Afghanistan, Somalia, Jemen, Mali und Niger sind schon heute »Drohnenkolonien«. Andere werden folgen.

Der Einsatz tödlicher Drohnen ist eine technologische Weiterentwicklung von Churchills *police bombing*. Dieses wurde in den 20er-Jahren des vergangenen Jahrhunderts mit großem Erfolg im Irak, in Palästina, im Jemen, im Sudan und in Nordwestindien praktiziert. Zur Aufrechterhaltung von Disziplin und Ordnung im britischen Imperium.

Die Befürworter von Drohnen halten diese fliegenden Guillotinen nicht nur für effektiv, kostengünstig und personalschonend, sondern auch für familienfreundlich. Schließlich kann man sie per Fernbedienung von den USA aus steuern. Und danach den Feierabend im Kreise seiner Lieben zu Hause genießen.

In Wirklichkeit ist der Drohnenkrieg, falls er nicht ausdrücklich vom Sicherheitsrat der Vereinten Nationen beschlossen wird, Mord nach Mafia-Art. Und völkerrechtswidrig. Aber derartige Vorwürfe haben die großen Imperien der Weltgeschichte nie gestört.

Wo immer die USA »Kriege gegen den Terror« führen oder fordern, geht es um ganz andere Dinge. In Afghanistan um die zentrale geostrategische Position in Asien, im Irak um Öl und im Konflikt mit dem angeblich nuklearsüchtigen »Terrorstaat« Iran um die Vorherrschaft im Mittleren Osten. Fast immer ist das eigentliche Ziel die Durchsetzung imperialer Interessen der USA.

In Mali geht es ausnahmsweise um postkoloniale Rohstoff-interessen *Frankreichs*. Vor allem um das Uran des Nachbarstaa-tes Niger. Frankreich braucht es dringend für seine Stromver-sorgung. Wenn es in der Ex-Kolonie »Französisch-Westafrika« nur Sand gäbe, dürften sich Terroristen, Tuaregs und Malier die Köpfe einschlagen, solange sie wollten – Paris würde nie inter-venieren.

Die edlen Vorwände

Auch edle Vorwände sind hilfreich, wenn es darum geht, die offi-zielle Tabuisierung des Krieges zu überwinden. Meist behauptet man pathetisch, man kämpfe für Demokratie, Menschen- und Frauenrechte. Allerdings nur in Ländern ausgewählter Feinde. Für das Gute lohne es sich zu sterben – sagen die, die dazu nie bereit wären.

Es gibt vieles, was ich am Westen bewundere. Seine Freiheit, seine Dynamik, seine Innovationskraft. Die Behauptung unse-rer Politiker, sie kämpften weltweit für Menschenrechte, für die Würde des Menschen, gehört nicht dazu. Auch die christlichen Grundwerte Nächstenliebe oder gar Feindesliebe spielen in der Außenpolitik des christlichen Westens keine Rolle. Die schon von Hegel beklagte »germanische Rauflust« hat sich auch in der Neu-zeit gegenüber der christlichen Nächstenliebe souverän durchge-setzt.[15] Die Erziehung des Menschengeschlechts zur Humanität war bisher leider ein Misserfolg. Letztlich hat sie nur zu mehr Heuchelei geführt.

Als Gandhi einmal gefragt wurde, was er von der westlichen Zivilisation halte, antwortete er tiefsinnig: »Ich denke, sie wäre eine gute Idee.«[16]

Der tschechische Schriftsteller und Politiker Václav Havel ver-zweifelte in seinen Gefängnisbriefen an seine Frau Olga an die-ser »verlogenen Scheinwelt großmäuliger Worte«. Daran, dass wir »unsere Ideale schon lange verraten haben«. Am Auseinanderklaffen von Wort und Tat, wenn es um Freiheit, Demokratie, Menschenrechte und Frieden gehe. Die Welt sei zum »Schachbrett eines zynischen und durch und durch egoistischen Interessenspiels« geworden.[17] Der Dienst am allgemeinen Wohl der Menschheit werde nur vorgetäuscht.

Kriegführen ist in unseren Tagen leider fast genauso leicht wie früher. Wenn man den Gegner richtig dämonisiert, überzeugende Kriegslügen parat hat und glaubwürdig darlegen kann, dass man für eine edle Sache kämpft. Möglicherweise beruhigt auch die von Kurt Tucholsky übermittelte Erkenntnis eines französischen Diplomaten das Gewissen: »Der Tod eines Menschen ist eine Katastrophe. Hunderttausend Tote sind Statistik!«[18]

Kriegsruhm

Die Motive für die extreme Kriegslust mancher Kriegsherren sind nicht schwer herauszufinden. Fast immer geht es um Macht, Ruhm und Prestige. Mit keiner anderen Methode der Welt können Politiker so schnell berühmt und mächtig werden wie mit Kriegen. Kriegsruhm kann Jahrhunderte überdauern. Die Versuchung, sich auf diese Weise in den Geschichtsbüchern zu verewigen, ist groß. Der Krieg hat anders als der Frieden immer eine Geschichte zu erzählen.

Besonders faszinierend wirken Kriege auf Politiker, die glauben, sich und der Welt etwas beweisen zu müssen. Denen keiner Großes zutraut, die lange als Verlierer galten. Auf frühere Versager wie George W. Bush zum Beispiel, der sich, seinem Vater und der Welt zeigen wollte, dass er doch ein Kerl war. Teuflische Verführer wie Dick Cheney hatten bei ihm leichtes Spiel.

In diese Kategorie fällt vielleicht sogar Barack Obama, dem hämische Rassisten vorwerfen, eigentlich kein echter Amerikaner und auch kein echter Christ zu sein. Obama hat nach seinem Amtsantritt die amerikanische Truppenstärke in Afghanistan verdreifacht und den Drohnen-Terrorismus im pakistanisch-afghanischen Grenzgebiet zeitweise verzehnfacht. Mein Ex-Lieblingspolitiker Barack Obama tötet nach Mafia-Art! Was will dieser Mann der Welt beweisen?[19]

Die Freude am Töten

Was empfinden Krieger auf dem Schlachtfeld? Ernst Jünger spricht von »Rausch«, »Trunkenheit wie in der Hexenschaukel«, von »Orgien der Vernichtung«. Einen Angriff im März 1917 beschreibt er in seinen *Stahlgewittern* mit den Worten: »Im Vorgehen erfasste uns ein berserkerhafter Grimm. Der übermächtige Wunsch zu töten beflügelte meine Schritte. Die Wut entpresste mir bittere Tränen. Der ungeheure Vernichtungswille, der über der Walstatt lastete, verdichtete sich in den Gehirnen und tauchte sie in rote Nebel ein. Wir riefen uns schluchzend und stammelnd abgerissene Sätze zu, und ein unbeteiligter Zuschauer hätte vielleicht glauben können, dass wir von einem Übermaß an Glück ergriffen seien.«[20]

Die neuseeländische Historikerin Joanna Bourke zitiert in ihrem Buch *An Intimate History of Killing* den belgischen Offizier und späteren Sozialpsychologen Henri de Man über dessen Erfahrungen im Ersten Weltkrieg: »Ich hielt mich für ziemlich immun gegenüber diesem Rausch. Bis ich als Granatwerfer-Offizier Befehlsgewalt über das wohl mörderischste Instrument moderner Kriegführung bekam. Eines Tages gelang mir ein direkter Treffer auf das feindliche Lager. Ich sah Körper und Körperteile in die Luft fliegen und hörte das verzweifelte Schreien der Verwundeten und Flüchtenden. Ich musste mir eingestehen, es war einer der glücklichsten Momente meines Lebens.« Er habe »vor Lust laut geschrien und vor Freude weinen« können. »Was sind die Befriedigungen erfolgreicher Arbeit in der Öffentlichkeit, von Autorität, von Liebe im Vergleich zu dieser Minute der Ekstase?«[21]

In seinem Bestseller über den Vietnamkrieg, *Matterhorn,* beschreibt der Vietnamveteran und Ex-Marineleutnant Karl Marlantes, wie sein Held Leutnant Mellas auf feindliche Stellungen zuläuft: »Sein Herz, sein ganzer Körper strömte von einer Empfindung über, die er nur als Liebe bezeichnen konnte.«[22]

Pinker beschreibt auch die Verbindung von Sex und Aggression. Ein Vietnamveteran berichtet: »Ein Gewehr zu tragen war für manche so, als hätten sie ständig einen Steifen. Jedes Mal, wenn man den Abzug betätigt hat, war das ein rein sexueller Trip.«[23] Ein anderer GI erzählt: »Da ist dieses unglaubliche Gefühl der Macht, wenn man fünf Menschen tötet. Das Einzige, womit ich es vergleichen kann, ist die Ejakulation. Einfach ein unglaubliches Gefühl der Erleichterung, dass ich es getan habe.«[24]

Für andere scheint das Töten und Zerstören zumindest ein Mordsspaß zu sein. Auf meinem Laptop sehe ich ein Video, das amerikanische GI's ins Netz gestellt haben. Fast gelangweilt beobachten sie aus sicherer Entfernung einen Lufteinsatz gegen afghanische Kämpfer, die sich unter den Bäumen eines Gehöfts versteckt haben. Die Soldaten erwarten die übliche Routinebombardiererei. Doch dann setzt ihre Luftwaffe sechs besonders schwere »J-DAM-Bomben« ein. Das ganze Gehöft samt Bäumen fliegt spektakulär in die Luft. Ein gewaltiger Feuerball, mächtige Rauchwolken steigen auf.

Der rauschartige Jubel der GI's kennt keine Grenzen. »Wuuhuum, hohoho, yaaaaay!«, johlen sie. »Mein Gott, heilige Scheiße, das war ein Ding.« Einer der GI's ist völlig aus dem Häuschen. Sein Gesicht strahlt, leuchtet, blitzt auf vor Glück. »So was Geiles habe ich mein ganzes Leben noch nie erlebt. Mann, war das eindrucksvoll. Da ist jetzt bestimmt keiner mehr drin! Wow!«

Jack und das »schöne Töten«

Rund 5000 »Sicherheitsberater« à la Blackwater gibt es angeblich in Afghanistan. Einer von ihnen ist der 38-jährige Kanadier Jack, den Frédéric und ich in einem kleinen Kabuler Hotel treffen. Jack sieht gut aus, ist groß und durchtrainiert. »Hände wie ein Schraubstock«, stellt Frédéric fest. Jack hat ihm bei der Begrüßung fast die Hand zerquetscht.

Doch auch sein Herz scheint steinhart zu sein. Obwohl er ursprünglich voller Ideale nach Afghanistan gekommen war.

Er hingegen findet, er sei nur konsequenter und ehrlicher als andere.

Jack hält Krieg grundsätzlich für die »dümmste aller Lösungen«. Kriege seien fast immer »Egotrips von Politikern«. Stets wolle einer der Welt zeigen, dass er der Größte sei. Sein Schlüsselerlebnis sind die Sanktionen und der Krieg gegen den Irak.

Laut Frédérics Wortprotokoll sagt Jack: »Nehmen Sie Irak. Hunderttausende tote Kinder durch das Embargo. Bush und Blair müssten schon deshalb vor Gericht. Genauso Powell und die anderen Maulhelden. Massenvernichtungswaffen. Ich kann das Wort nicht mehr hören. Man sollte die ganze Gang fragen: Wo sind die Massenvernichtungswaffen? Die haben den Krieg doch deswegen angefangen. Warum muss keiner dieser Lügenbolde jetzt dafür geradestehen?«

Ich frage ihn, was *er* anstelle Bushs nach 9/11 gemacht hätte. Jack antwortet: »Kleine, kluge Operationen. Dann einpacken und nach Hause. Das ganze *nationbuilding* ist sinnlos. Wir haben doch alle keine Ahnung von diesem Land.«

»Aber der Westen hat sich nun mal für Krieg entschieden. Was würden Sie jetzt tun?«, frage ich. Jacks Antwort ist gnadenlos wie das ganze Gespräch: »Wenn Krieg, dann richtig. Die Politiker sollten in die Geschichtsbücher schauen. Alle Mächte, die hier einmarschiert sind, haben einen auf den Sack gekriegt. Weil sie nicht richtig durchgezogen haben. Ich würde die Weltpresse rausschmeißen und ganze Teile Afghanistans plattmachen. Kandahar, die Hochburg der Taliban, würde ich total auslöschen.«

Ich schaue Jack ungläubig an. Ist er ein Großmaul oder nur offener als andere? Er erwidert meinen Blick ganz ruhig: »Ich weiß, dass ich jetzt stumpf rüberkomme. Aber das ist mir egal. Mit Political Correctness kann man keine Kriege führen. Unsere Politiker fordern das schöne Töten. Das gibt es nicht. Das ist Volksverdummung. Die Taliban führen auch keinen politisch korrekten Krieg. Wenn die im Fernsehen einem Lkw-Fahrer den Kopf abschneiden, dann muss auch eine 500-Pfund-Bombe auf ihre Häupter okay sein. Nach Selbstmordanschlägen würde ich das Dorf des Täters bis auf die letzte Hütte vernichten. Dann wüssten die anderen Dorfältesten, was ihnen beim nächsten Mal blüht.« Frédéric schreibt mit versteinerter Miene mit.

»Das ist ein Kriegsverbrechen«, sage ich. »Krieg ist ein Verbrechen«, kontert Jack. »Nicht die Soldaten, die Politiker gehören vors Kriegsgericht.«

Wir sprechen über Kunduz. Ich frage Jack, ob er die Beförderung von Oberst Klein zum Brigadegeneral für richtig halte. »Natürlich«, antwortet Jack. »Wir sind im Krieg. Hätte er nicht bombardieren lassen, wären die Tanklaster vielleicht zwei Tage später ins deutsche Camp gefahren. Dann hätte es 100 tote deutsche Soldaten gegeben. Dann wäre der Oberst noch mehr kritisiert worden. Er hat diesen Krieg doch nicht angefangen. Was glauben Sie, unter welchem Druck der stand!«

»Aber er hat gelogen. Das haben mir führende deutsche Militärs bestätigt«, fasse ich nach. Doch Jacks Sympathie für den deutschen Oberst ist nicht zu erschüttern. »Im Krieg wird immer gelogen. Die Menschen wollen es nicht anders. Das Herumgelabere über Rechtsstaatlichkeit im Krieg ist lächerlich. Du kannst Soldaten nicht zum Töten losschicken und dann von ihnen Rechtsstaatlichkeit verlangen. Das geht in der Theorie, aber nicht in der Praxis. Krieg heißt, ab jetzt ist es vorbei mit der Rechtsstaatlichkeit. Das ist das ewige Gesetz des Krieges.«

»Was würden *Sie* machen, wenn Ihre Kinder oder Ihre Brüder totgebombt würden?«, frage ich.

»Ich würde zurückschlagen, so wie die Taliban. Aber deshalb muss man ja gerade dafür sorgen, dass es keine Überlebenden gibt. Notfalls muss man sagen, man habe die Überlebenden für Taliban gehalten und auf der Flucht erschossen. Das passiert doch ständig. Krieg ist grausam. Aber wenn schon, denn schon.«

Jack merkt, dass Frédéric entsetzt ist. Aber er will einmal aussprechen können, was er nach zehn Jahren Kriegseinsatz denkt. Und was angeblich alle seine Kollegen empfinden, aber nicht zugeben. Weil sie politisch korrekt sein müssen, um nicht gefeuert zu werden.

»So wie wir den Krieg führen, können wir ihn nie gewinnen«, fährt er fort. »Die Taliban haben von der Motivation her 1000 Jahre

Vorsprung. Ein Aufständischer, der ganz allein 50 Mann eines NATO-Teams angreift, ist stolz, dass er in ein paar Sekunden als Märtyrer sterben wird. Von unseren Leuten will keiner als Märtyrer sterben. Die wollen gar nicht sterben. Die wollen ihre Kohle. Steuerfrei und lebend. Hier kämpft doch keiner fürs Vaterland oder solche Dinge. Auch das ist ein Märchen der Politik. Aber wehe, einer spricht das offen aus! Diesen moralischen Vorsprung der Taliban werden wir nie aufholen. Unser Krieg ist eine Nullnummer. Krieg musst du richtig führen oder sein lassen.«

Ich frage Jack, wie viele afghanische Kämpfer er in dieser »Nullnummer« getötet habe. »200«, antwortet er. »Vielleicht auch 250.« Ich schaue ihn sprachlos an. Jack fährt fort: »Mir blieb gar nichts anderes übrig. Es hieß immer: er oder ich. Da fand ich es besser, er schwirrt ab. Meine Freunde meinen, ich hätte einen besonders tüchtigen Schutzengel. Das erste Mal hatte ich noch unglaubliche Angst. Mein Gesicht ging durch alle Farbphasen. Ich habe mich gefragt: Was mache ich hier? Doch dann habe ich zwei tote Kollegen gesehen. Seitdem schieße ich schneller.«

»Mit was für einer Waffe?«, frage ich. »Immer mit der Maschinenpistole. Auf den Körper, nie auf den Kopf. Die Gefahr, danebenzuschießen, ist sonst viel zu groß. Die Jungs von Haqqani, Hekmatyar oder Mullah Omar sind fast immer total zugedröhnt. Die laufen mit 30 Schuss im Körper weiter auf dich zu, weil ihnen das wegen der Drogen nichts ausmacht. Da musst du draufhalten, bis sie in die Knie gehen.«

Er und seine Kollegen nähmen nie Drogen oder Alkohol, sagt Jack. Das sei viel zu gefährlich. Da die Angriffe meist aus dem Hinterhalt kämen, müsse man blitzschnell reagieren. Er mache das wie seine Kollegen von den Seals, die Bin Laden ausgeschaltet hatten. »iPod rein, Musik – und los geht's.« Musik sei wichtig. Sie motiviere. Er stelle sie so laut ein, dass er sich gerade noch mit seinen Kollegen verständigen könne. »Und dann Attacke.«

»Was empfinden Sie beim Töten?«, frage ich. »Eine ungeheure Macht«, sagt er ganz ruhig. »Die Macht, einem anderen das Leben zu nehmen. Man steht sich fast ebenbürtig gegenüber. Er hat eine Waffe, ich habe eine Waffe. Mal schauen, wer stehen bleibt.« Geld interessiere ihn weniger. Er habe bereits genug. »Ich will Teil dieses Dramas Afghanistan sein. Teil dieser jahrtausendealten Geschichte.«

Die meisten seiner Kumpels kämpften wegen des Geldes. Das sei seit Ewigkeiten so und auch okay. Er spreche nicht von den normalen Berufssoldaten in ihren Amtsstuben. Und schon gar nicht von Wehrpflichtigen. Aber der Soldat, der sich freiwillig zum Kriegseinsatz melde, wolle Kohle. »Die Zulagen sind ja auch verdammt hoch. Die Politik zahlt, wir liefern. Alles andere sind Politikermärchen.«

Ich will wissen, ob es für ihn auch Grenzen gebe, die er nicht überschreite. »Ja, Bagram«, sagt er. »Damit wollte ich nichts zu tun haben. Wenn der Afghane durch Hunde vergewaltigt wird, dann ist das nicht mein Ding. Deshalb bin ich dort weggegangen.«

»Vergewaltigung durch Hunde?«, frage ich ungläubig. Frédéric fragt, ob er weiterschreiben solle. Jack nickt: »Das wissen hier viele. Aber nur wenige reden darüber. Lesen Sie mal den McChrystal-Bericht über Bagram. Schon da wird einem schlecht. Obwohl er die Hunde weglässt. Waterboarding und Leute zwanzigmal an die Wand klatschen, das fand ich schon schlimm. Aber die Vergewaltigung mit Hunden war das Letzte.«

Obwohl ich keine Frage mehr stelle, fährt Jack fort: »Du denkst, du kennst schon alles. Da bringen die einen kleinen Stuhl oder einen kleinen Hocker rein. Da wird der Afghane draufgebunden. Mit dem Bauch nach unten. Dann kommen die Hunde. Fast immer mehrere. Afghanische Kampfhunde. Amerikanische Armeehunde werden nie genommen. Das widerspricht dem amerikanischen Ehrenkodex.«

Jack sieht, dass es Frédéric schlecht wird. Doch er will diese Geschichte loswerden. »Ich fand das auch zum Kotzen. Die Wächter haben mit den Gefangenen ein Zeichen vereinbart. Wenn sie aussagen wollten, konnten sie sich mit dem Kopf oder der Hand melden. Die haben ganz schnell mit den Fingern gewackelt. Wenn die Info nichts wert war, wurde der nächste Hund rangelassen. Da konnte der Afghane so viele Zeichen geben, wie er wollte. Die Sache wurde durchgezogen. Bis jeder Hund einmal dran war. Die haben die Gefangenen übel zugerichtet.«

Ich denke an die Feiertagsreden unserer Politiker über die edlen Ziele ihrer Kriege. Ich frage Jack nach dem Wert derart erzwungener Geständnisse. »Mal hoch, mal niedrig. Meist haben die gesagt, was du hören wolltest. Die hätten sogar behauptet, sie hätten Kennedy ermordet. Obwohl sie nicht wissen, wer das ist.«

Wir schweigen lange. Ich stehe auf. Jack sagt mir noch, dass er meine Idee, Politiker auf Patrouillenfahrt »an die Front« zu schicken, »klasse« finde. »Die haben die Scheiße eingebrockt, bitte schön! Noch besser wären ihre Söhne. Aber die schicken lieber die Söhne anderer.«

Ob er irgendwann nach Kanada zurückkehren wolle, frage ich. Er schüttelt den Kopf. Er sei nicht mehr sozialisierbar. »Und Europa?«, frage ich. »Dahin schon gar nicht. Europa wird irgendwann überrannt. Das Ganze kommt als Bumerang zurück. Die Weltgeschichte ist keine Einbahnstraße. In 20 Jahren ist es so weit. Dann werden Europäer an die Wand geklatscht oder auf kleine Hocker gebunden.«

Drei Stunden dauert das Gespräch. Jack weiß, dass seine Haltung voller Widersprüche ist. Wie dieser Krieg, den der Westen längst verloren hat. Samt seiner Ehre.

Das Märchen vom anständigen Krieg

Lange hatte ich gehofft, all das seien Ausnahmen. Doch ich habe mich geirrt. Die Freude am Töten im Kampf scheint die Regel zu sein. Sönke Neitzel und Harald Welzer haben in ihrem Bestseller *Soldaten* heimlich aufgenommene »Geständnisse« von über 13 000 deutschen Wehrmachtssoldaten in britischer und amerikanischer Kriegsgefangenschaft ausgewertet. Das Ergebnis ist niederschmetternd. Krieg verändert fast alle Menschen. Das Völkerrecht spielt plötzlich keine Rolle mehr.

Ein Oberleutnant der Luftwaffe, der wie seine Kameraden nicht weiß, dass er abgehört wird, erzählt: »Es ist mir ein Bedürfnis geworden, Bomben zu werfen. Das prickelt einem außerordentlich, das ist ein feines Gefühl. Das ist ebenso schön wie einen abzuschießen.«[25]

Der Unteroffizier und Pilot Fischer berichtet: »Ich sage dir, ich habe vielleicht schon Leute umgelegt in England. Ich habe alles umgelegt – Autobus auf der Straße, Zivilzug in Folkestone. Wir hatten Befehl, unten in die Städte hineinzuschmeißen. Jeden Radfahrer habe ich beschossen.«[26]

Zivile Ziele wurden genauso angegriffen wie militärische. Der deutsche Oberleutnant Hartigs schwärmt vor Mitgefangenen: »Wir haben den Befehl gehabt, auf alles zu schießen. Wir haben Frauen und Kinder mit Kinderwagen umgelegt.«[27] Für Leutnant Pohl war das Bombardieren von Häusern sein »Vorfrühstücksvergnügen«.[28]

Vor allem das Erschießen von Partisanen machte offenbar großen Spaß. »Da haben wir Bierflaschen mit Benzin gefüllt auf den Tisch gestellt und beim Rausgehen so ganz lässig Handgranaten dahinter geworfen. Da brannte gleich alles lichterloh – Strohdächer. Man hat Frauen und Kinder, alles niedergeschossen: die wenigsten davon waren Partisanen«, erzählt der Obergefreite Müller.[29]

All das war kein deutsches Phänomen. Auch Ernest Hemingway brüstet sich mit seiner Lust am Töten – sogar als Kriegsreporter. Stolz berichtet er in einem Brief an seinen Verleger, wie er in Paris einen gefangenen SS-Mann umgelegt habe. Der Kerl habe ihn belehren wollen, dass es völkerrechtswidrig sei, Kriegsgefangene umzubringen. »Du irrst, Bruder‹, sagte ich zu ihm und schoss ihm dreimal in den Bauch. Als er in die Knie ging, schoss ich ihm in den Schädel, sodass ihm das Gehirn aus dem Mund kam. Oder aus der Nase.« Eine der größten Freuden beim Töten sei das Gefühl der Rebellion gegen den Tod, das man erlebe, wenn man ihn verursache. So der Literatur-Nobelpreisträger Ernest Hemingway.[30]

Ähnliche Berichte gibt es aus dem Irakkrieg, dem Afghanistankrieg und dem Vietnamkrieg. Berühmt-berüchtigt ist die Begründung des US-Leutnants Calley für seine Beteiligung am

Ägypten

Kairo, 10. Februar 2011. Auf dem Weg zum Tahrir-Platz. Seit zwei Wochen fordert das Volk den Rücktritt Mubaraks.

Tahrir-Platz. Vor einem der Panzer Mubaraks. Sie werden systematisch blockiert.

Tahrir-Platz. Am Abend wird Mubarak seine Rede halten. Er will nicht zurücktreten.

Ein Tag später, 11. Februar. Vor dem Informationsministerium. Die Demonstranten nennen es »Zentrale der Lügen«.

Kairo, 11. Februar 2011. Tahrir-Platz. Endloser Jubel. Mubarak ist soeben zurückgetreten.

»Wie habt ihr das geschafft?« Die Demonstranten waren bereit, für die Freiheit zu sterben. Aber nicht zu töten.

12. Februar 2011. Am Tag nach dem Rücktritt. Wird jetzt alles besser? Oder war dies nur die erste Etappe eines langen, steinigen Weges?

Dieses Kind und sein Vater glauben an eine strahlende Zukunft. Wer kennt schon die blutige Geschichte von Revolutionen und Gegenrevolutionen?

Ein Jahr später, 25. Januar 2012. Jahrestag der Revolution. Schlägerbanden des alten Regimes stürzen sich auf Julia Leeb (Mitte). Sie zerren sie über den Tahrir-Platz und misshandeln sie schwer. Das ist die dunkle Seite der Revolution.

Gaza

Ägypten – Gaza, Juni 2011. Auf dem Weg zur Grenze. Überall stehen ägyptische Schützenpanzer.

Grenze. Die ägyptische Regierung hatte feierlich erklärt, »die Grenze sei offen«. Doch sie ist geschlossen. Zumindest für die meisten.

Rafah. Es bleibt nur der heimliche Weg. Durch einen Tunnel nach Gaza.

»Unser Maulwurftunnel«. Feucht, heiß, gespenstisch und gefährlich. Hunderte starben in diesen Tunnels durch israelische Bombenangriffe.

Auf dem Weg von Rafah nach Gaza-Stadt. Reise durch ein armes Land.

Das größte Freiluftgefängnis der Welt. Alle träumen von der Freiheit.

Hauptsache, der UN geht's gut. Gaza aber lebt von der Substanz – und zerfällt.

Friedliche Abendstimmung in Gaza. Bis zum nächsten Waffengang.

Zerstörter Helikopter Arafats. Symbol der Wehrlosigkeit der Palästinenser.

Massaker von My Lai, bei dem amerikanische GI's im Jahr 1968 mehr als 500 unbewaffnete Vietnamesen hinrichteten. Er sagte: »Die alten Männer, die Frauen, die Kinder, die Babys waren alle Vietcongs. Oder würden in drei Jahren Vietcongs sein. Und in den Vietcongfrauen gab es schon tausende kleiner Vietcongs«.[31]

Das Fazit von Neitzel und Welzer nach Auswertung von 150 000 Seiten Protokoll lautet: Der Verstoß gegen das Völkerrecht, das Kriegsverbrechen, ist im Krieg nicht die Ausnahme, sondern die Regel. »Auszubrechen aus dem Rahmen der Konformität erschien fast allen Soldaten unmöglich, mochten die von ihnen beobachteten Verbrechen auch noch so grauenvoll sein.«

Es gibt keine anständigen Kriege. Die »Spielregeln« des Krieges heißen wie in der Steinzeit noch immer: Zerstörung, Mord, Plünderung und Vergewaltigung. Bei allen Kriegen. Auch bei den Kriegen des Westens. Die Hauptschuld daran tragen nicht die Soldaten, sondern die, die dieses mörderische Spektakel veranstalten.

Gibt es »gerechte« Kriege?

Kriege töten immer auch Kinder. Um Kinder töten zu dürfen, sind epochale Gründe erforderlich. Gründe, die sich meiner Vorstellungskraft entziehen. Krieg kann auch deshalb stets nur totale Ausnahme sein. Lediglich als Notwehr, als reine Verteidigung, kann er »gerechtfertigt« sein. »Gerecht« sind Kriege gegen Zivilisten, gegen Kinder jedoch nie.

Auch bei Notwehr oder Nothilfe sind nur unvermeidbare Verteidigungsmaßnahmen gerechtfertigt. Vorbeugende, präventive und präemptive Verteidigungskriege sind immer illegitim. Auch im eigenen Land kann ich meinen gefährlichen Nachbarn und seine Kinder nicht vorbeugend erschlagen.

Es gab eine Zeit, als dies auch in den USA unstreitig war. Als Robert Kennedy während der Kubakrise Präventionskriege unamerikanisch nannte. Weil sie alle Werte infrage stellten, für die Amerika stehe.[32] Angriffskriege kann nur fordern, wer Rechtsstaatlichkeit und Menschenrechte nie zu Ende gedacht oder nie ernst gemeint hat. Oder wer glaubt, sie gälten nur für uns, nicht aber für andere Kulturen.

Das gilt auch für die immer häufiger geforderten »humanitären Interventionskriege«. Auch sie sind nur in extremen Ausnahmefällen gerechtfertigt. Es ist eine Vergewaltigung der Sprache, im Namen der Menschlichkeit Zivilisten umzubringen.

Einer der Leitsätze von Kants Schrift *Zum Ewigen Frieden* lautet: »Kein Staat soll sich in die Verfassung und Regierung eines anderen Staates gewalttätig einmischen.« Dieses Einmischungsverbot ist in den letzten Jahren zunehmend zu einem Gebot der Einmischung umfunktioniert worden.

»Humanitäre Interventionen« sind eine besonders raffinierte Art zur Umgehung des lästigen Kriegstabus. Es gibt keine humanitären Bomben. »Bombing for peace is like fucking for virginity«, stellten junge Demonstranten schon vor Jahrzehnten fest.

68 Jahre lang habe ich Kriege aus nächster Nähe miterlebt. Habe Menschen verbrennen, verbluten, leiden und sterben sehen. Frauen, Männer, Kinder. Wenn alle Menschen gleich sind – warum ist man dann ein Mörder, wenn man im Westen einen Menschen tötet, aber ein Held, wenn man in Afghanistan einen Afghanen tötet? Wie kann man im eigenen Land die Todesstrafe verurteilen, in anderen Ländern aber die »Todesstrafe Krieg« befürworten?

Krieg ist nur dann als eine Art übergesetzlicher Notstand »vertretbar«, wenn sechs Bedingungen erfüllt sind:
1. Es liegt ein echter Verteidigungsfall vor.
2. Alle politischen und diplomatischen Lösungen sind ernsthaft ausgeschöpft.
3. Eine Abwägung der Rechtsgüter ergibt: Angesichts der gigantischen, epochalen Dimension der drohenden Katastrophe bleibt kein anderer Ausweg, als ausnahmsweise auch den Tod von Zivilisten, Frauen und Kindern in Kauf zu nehmen.
4. Bei entsprechenden Katastrophen im eigenen Land würden wir der Polizei gegenüber unseren Landsleuten die gleichen Maßnahmen gestatten.

5. Alle Notwehrexzesse werden vermieden. Es werden nur militärische Ziele angegriffen.
6. Die Kriegsentscheider sind angesichts der Dramatik der drohenden Katastrophe alle bereit, an vorderster Front mitzukämpfen oder eigene Kinder an die Front zu schicken. Ausnahmen von dieser Beteiligungspflicht gibt es nicht.

Nach diesen Maßstäben, die sich letztlich nur an den einfachsten Grundregeln des Rechtsstaats und der Menschlichkeit orientieren, war in den letzten 100 Jahren nur ein einziger Krieg »gerechtfertigt«: der Zweite Weltkrieg gegen Hitler. »Gerecht« war er nicht: Selbst im Zweiten Weltkrieg gab es keine Rechtfertigung für Hiroshima, Nagasaki, Dresden, Hanau und zahllose andere Exzesse und Kriegsverbrechen.

Kriege sind Irrwege der Menschheit. Wie die Sklaverei, die Hexenverbrennung, der Kolonialismus, der Rassismus, der Judenhass, der Hass gegen Muslime oder die Apartheid. Wenn es zum Krieg kommt, haben wir versagt. Nie ist der Mensch erbärmlicher, als wenn er Kinder tötet, Müttern das Herz bricht, mordet, plündert und vergewaltigt – wenn er Krieg führt.

Süßigkeiten statt Bomben

Im Jahr 2008 hielt Barack Obama als Präsidentschaftskandidat an der Berliner Siegessäule eine große Rede. Bei den 200 000 Zuschauern brandete Beifall auf, als er ausrief: »Vor 60 Jahren errangen unsere Piloten über Berlin mehr als einen militärischen Sieg. Sie gewannen die Herzen, die Liebe und das Vertrauen der Menschen. Sie warfen keine Bomben ab, sondern Lebensmittel und Süßigkeiten für Kinder.«

Ich war einer jener begeisterten 200 000 Zuschauer und nach dieser Rede voller Hoffnung. Doch als Obama an die Macht kam, ließ er weiterbombardieren. In Afghanistan, Pakistan, Libyen, Jemen und Somalia. Lebensmittel und Süßigkeiten für Kinder ließ er nirgendwo abwerfen. Im Instrumentenkasten der Pax Americana gibt es offenbar nur noch Sanktionen und Krieg.

Mit unseren Bomben und Raketen zerstören wir nicht nur die

kleine Welt anderer Menschen in fernen Ländern. Wir zerstören auch unsere eigenen Werte. Die Größe einer Kultur erkennt man daran, wie sie mit Schwächeren umgeht. Mit Andersdenkenden.

Das Reich des Bösen liegt nicht im Nahen oder Fernen Osten. Seit 500 Jahren ist der Westen selbst für unzählige Länder und Völker der Welt das Reich des Bösen. Wenn wir das Böse bekämpfen wollen, müssen wir bei uns anfangen. Und bei der Heuchelei, mit der wir unsere imperialen Kriege als edle Taten darstellen.

Albert Einstein hat recht: Mord bleibt Mord, auch wenn er sich den Mantel des Krieges umwirft.[33] Solange wir das nicht begreifen, wird die Geschichte der Menschheit eine Aneinanderreihung von Katastrophen sein.

Es ist naiv zu glauben, dass diese Katastrophen immer nur in fernen Ländern stattfinden werden. Der Zweite Weltkrieg, mit Millionen verbrannten, geschändeten Frauen und Kindern, ist noch nicht einmal 70 Jahre vorbei. Der Tanz des Teufels kann auch bei uns jederzeit wieder beginnen. Die Menschen glauben nach jedem Krieg, er sei der letzte.

Warum wehren wir Bürger uns eigentlich nicht? Gegen all die Politiker, die uns einreden wollen, wir müssten uns wieder an militärische Interventionen, an das Totschlagen von Nachbarn und Kindern gewöhnen? Warum ziehen wir nicht alle Politiker zur Rechenschaft, die unsere Soldaten in den Irrsinn des Afghanistankrieges geschickt haben? Warum verlangen wir nicht in der Tat von allen Abgeordneten, die für Kriege stimmen, dass sie mindestens vier Wochen an Patrouillenfahrten unserer Soldaten im Feindesland teilnehmen?

Warum weigern wir Steuerzahler uns nicht, die auf Kriegsfinanzierung entfallenden Steueranteile zu zahlen? Realitätsfremd? Gandhi und seine Anhänger sind genau für diese Form gewaltlosen Ungehorsams ins Gefängnis gegangen. Für Christen und Humanisten sollte das Gebot »Du sollst nicht töten« größere Bedeutung haben als die kollektive Wahnvorstellung eines Parlaments, »die Sicherheit Deutschlands werde auch am Hindukusch« verteidigt.

El-Alamein

Im Juni 2011 bin ich im ägyptischen El-Alamein. Hier hatte die größte Wüstenschlacht des Zweiten Weltkrieges stattgefunden. Die burgähnliche deutsche Gedenkstätte ist schon von Weitem zu erkennen. Die Bepflanzung wirkt paradiesisch. Die Zweige der buschartigen Wüstenrosen neigen sich tief unter der Last ihrer unzähligen Blüten. Im Hintergrund schlagen leise schaumgekrönte Wellen gegen den Strand.

4200 Soldaten des deutschen Afrikakorps liegen hier begraben. Manche waren erst 17 Jahre alt. Nur wenige Kilometer weiter ruhen die Gefallenen Großbritanniens und Italiens. Ein Gedenkstein erinnert an jene, die aus Meer und Wüste nicht mehr geborgen werden konnten. Für was und für wen sind sie gestorben? Kein deutscher Verteidigungsminister war jemals hier.

Schweigend stehe ich vor den Gedenktafeln. Einige Sätze prägen sich für immer in mein Gedächtnis ein. Wie jene für 31 junge Soldaten unbekannter Nationalität.

> »Alles nahm hier der Tod:
> Name, Alter und Volk.
> Nahm jedes irdische Maß,
> Machte es wesenlos.
> Gott allein kennt euch alle.
> Er weiß eure Namen.
> Er hält in Händen die Bitte
> Der Lebenden und der Toten.
> Die Bitte um Frieden.«

Lohnt es sich nicht, dafür einzutreten?

III.

Der Aufbruchversuch
der arabischen Welt

Es war mitten im Winter, als der arabische Frühling ausbrach. Er kam so, wie ich ihn immer erträumt hatte. Gewaltlos. Wie jene friedliche Revolution im Ostblock, gegen die selbst mächtigste Panzer keine Chance hatten. Seit ich 1960 zum ersten Mal in Algerien war, hatte ich auf diesen Tag gewartet.

Fast endlos hatten die arabischen Völker die Ungerechtigkeiten und Demütigungen durch ihre kolonialen und postkolonialen Herrscher ertragen. Gelegentliche Aufstände waren brutal niedergeschlagen worden. Im Irak, in Syrien, in Libyen und in Algerien. Irgendwann arrangierten sich die meisten Menschen. Manche profitierten sogar von den klaren Machtverhältnissen. Dennoch: 200 bleierne Jahre Kolonialismus, Postkolonialismus und Diktatur mussten die Menschen Arabiens ertragen.

Fünfzig Jahre lang war ich durch die arabische Welt gereist. Nicht nur durch ihre Krisengebiete. Mit einer eigenen Kamelkarawane durchquerte ich die algerische Sahara bis an die malische Grenze. Am Rande der marokkanischen Wüste schrieb ich *Warum tötest du, Zaid?*, ein Buch über den irakischen Widerstand. Besonders häufig war ich in Syrien und Ägypten. Nichts wies auf den aufziehenden Orkan hin.

Der Westen hatte sich bei seinen verbündeten Marionetten in der arabischen Welt nie für Demokratie eingesetzt. Freiheit, Gleichheit und Brüderlichkeit waren dort nie seine Ziele. Freiheit hätte ja auch Freiheit von uns bedeutet. Undenkbar! Gleichheit? Noch undenkbarer! Und Brüderlichkeit gab es ja nicht einmal bei uns. Brüderlichkeit war immer nur eine Worthülse. Überall.

Als der Westen Arabien nicht mehr kolonisieren konnte, unterstützte er dort bedenkenlos skrupellose Monarchen und autoritäre Herrscher. Falls sie bereit waren, sich der westlichen Vorherrschaft unterzuordnen. Dafür durften sie jede oppositionelle, jede demokratische Bewegung im Keim ersticken. Bis Anfang 2011 hat der Westen befreundeten arabischen Diktatoren systematisch bei der Unterdrückung ihrer Völker geholfen.

Ein typisches Beispiel war Gaddafi: Nachdem er sich Ende 2003 der weltweiten »Antiterror-Koalition« angeschlossen hatte, besuchten mehrfach hochrangige amerikanische Politiker die libysche Hauptstadt Tripolis. Unter ihnen 2009 Ex-Präsidentschaftskandidat John McCain und Senator Joseph Lieberman. Laut »Wikileaks« waren beide begeistert. Lieberman schwärmte bei einem Gespräch mit Mutassim Gaddafi: »Das hätten wir vor zehn Jahren nie geträumt, hier in Tripolis zu sitzen und von einem Sohn Gaddafis begrüßt zu werden.« McCain war von dem neuen Antiterror-Partner so begeistert, dass er Mutassim Gaddafi versprach, sich im Kongress dafür stark zu machen, dass Libyen »die Waffen erhält, die es für seine Sicherheit braucht«.

Zu keinem Zeitpunkt forderte die Bush- oder die Obama-Administration von Gaddafi die Einhaltung der Menschenrechte oder die Einführung der Demokratie. Hillary Clinton war über Mutassim Gaddafis Besuch in Washington einfach nur glücklich. Strahlend wie ein verliebter Teenager freute sie sich auf die »Vertiefung und Verbesserung der Beziehungen beider Länder«.

So verhielt sich der Westen gegenüber allen Diktaturen der arabischen Welt – falls sie mit ihm zusammenarbeiteten. Gleichzeitig benutzte er ihre Gefängnisse als Folterfilialen. Terrorverdächtige wurden heimlich nach Nordafrika geflogen, weil die dortigen Diktatoren besser folterten. Eigentlich müssten alle westlichen Politiker und Beamten, die an diesen schändlichen Folterflügen beteiligt waren, längst vor Gericht stehen. Foltern lassen ist genauso strafbar wie selber foltern.

Bis zuletzt waren die Kerker Muammar Gaddafis eine beliebte Folterzentrale. Für seinen Folterservice wurden ihm selbst außergewöhnliche Wünsche erfüllt. Sarkozy versorgte ihn mit dem Traumauto aller Mafiabosse, einem gepanzerten Tarnkappen-Mercedes. Tony Blair und George W. Bush lieferten ihm libysche Regimegegner frei Haus. Deutschland versorgte ihn mit modernsten Waffen. Berlusconi küsste ihn, Prodi nannte ihn »seinen Bruder«. Obama verneigte sich vor ihm.

An all das hatten sich die Menschen der arabischen Welt beinahe gewöhnt. Doch ganz plötzlich führte der sprichwörtliche Flügelschlag eines Schmetterlings – hier der Selbstmord eines tunesischen Gemüsehändlers – zu einem vulkanartigen Ausbruch, brach sich jahrhundertealte Bitterkeit Bahn. Die Hoffnung war auf einmal größer als die Angst. Wie durch ein Wunder entstand in der Gemeinschaft von ein paar hundert, tausend oder zehntausend Machtlosen eine rauschartige revolutionäre Stimmung, ein nie gekanntes, mit dem Verstand nicht erklärbares Gefühl unwiderstehlicher kollektiver Macht. Wie einst in der Französischen Revolution.

Als am 17. Januar 2011 die Revolution in Tunesien den dortigen Diktator Ben Ali vertrieb, dachte ich noch, es könne sich um ein vereinzeltes Ereignis handeln. Aber dann erfasste der demokratische Virus auch Ägypten. Die euphorische Siegesstimmung verbreitete sich wie ein Feuersturm von Stadt zu Stadt, von Land zu Land. Wie ein Tsunami überrollten die bisher Ohnmächtigen, Gedemütigten, Unbeachteten ihre Machthaber. Sie wunderten sich selbst über ihren Mut und ihre Stärke. Hunderttausende riefen mit einer Stimme: »Al schaab jurid iskaat al nisaam – Das Volk will den Sturz des Systems.«

Obwohl ich sonst fast nie fernsehe, saß ich jeden Abend staunend vor meinem Gerät. Das war Gandhi, das war Gandhis Revolution! Machtvoll und gewaltfrei!

Schicksalstage in Kairo

Ich beschloss, nach Kairo zu fliegen. Eigentlich war es fast zu spät. Denn Präsident Mubarak ließ inzwischen erbarmungslos in die Menge schießen. Er bot marschierende sowie auf Pferden und Kamelen reitende Schlägertrupps auf und ließ Jagd auf Journalisten machen. Jeden Tag gab es Tote. Den meisten Journalisten blieb nichts anderes übrig, als das Land zu verlassen oder sich in ihren Wohnungen zu verbarrikadieren. Ich beschloss, trotzdem zu fliegen, zusammen mit Julia und meinem Freund Belal El-Mogaddedi.

Am 9. Februar 2011 starteten wir. Als sich unser Flugzeug Kairo näherte, setzten sich fast alle ägyptischen Passagiere in der halb leeren Maschine auf die linke Seite. Staunend blickten sie auf diese Stadt, über die seit Tagen die Welt sprach. *Ihr* Kairo hatte sich aus dem Staub erhoben, hatte den Aufstand gewagt? Als sie einige Wochen zuvor die Stadt verlassen hatten, war doch alles noch ganz ruhig gewesen. Der Pilot bat die Passagiere dringend, sich wieder auf ihre Plätze zu begeben. Es ist schwierig, ein Flugzeug zu steuern, in dem sich alle Insassen gegen die Fenster auf der linken Seite lehnen.

Der Flughafen war fast menschenleer, die sonst so verstopften Straßen autofrei. Auf der Schnellstraße nach Kairo fuhren wir an einer schier endlosen Reihe von Schützenpanzern vorbei. In ihren Luken standen Soldaten. Ihre Maschinenpistolen waren auf die Straße gerichtet. Auch im Zentrum bestimmten Panzer das Straßenbild. Aber hier waren es Kampfpanzer. Auch unser Hotel war von ihnen umstellt.

Als wir am nächsten Morgen zum Tahrir-Platz, dem »Platz der Befreiung«, wollen, rät uns der Rezeptionschef dringend ab. Die Polizei mache Jagd auf Journalisten, meint er. Aber das sei vor einer Woche gewesen, erwidere ich. Mubarak habe die Polizei doch aus der Innenstadt abgezogen. Jetzt sorge das Militär für Ordnung. Das sei viel zurückhaltender als die Polizei. Doch der Ägypter bleibt skeptisch. Die Lage könne sich innerhalb von Minuten ändern. Wie bei der »Kamelschlacht« in der Vorwoche. Die

Regierung habe heute Morgen alle Spezialeinheiten in Alarm-
bereitschaft versetzt.

Wir brechen trotzdem zum Tahrir-Platz auf. Die Luft in Kairo ist
frisch und sauber, weil sich kaum ein Autofahrer auf die Straße
traut. Überall sehen wir ausgebrannte Fahrzeuge. Vor allem neben der zerstörten Zentrale der Nationaldemokratischen Partei. Aus den zersplitterten Fenstern dieses einstigen Zentrums
der Macht dringen noch immer Rauchschwaden. Ganz in der
Nähe sehen wir ein großes Transparent in den Nationalfarben
Ägyptens. In seiner Mitte sind die Symbole der beiden ägyptischen Religionen abgebildet: der muslimische Halbmond und
das christliche Kreuz. Darunter steht: »Wir gehören zusammen.
Wir alle sind Ägypter«.

Je näher wir dem Tahrir-Platz kommen, desto dichter werden
die Massen. Kein unfreundliches, chaotisches Schieben und Stoßen, sondern heiteres, ausgelassenes, erwartungsfrohes Schlendern. Wie bei einem großen Volksfest oder vor einem entschei-
denden Fußballspiel.

Der Platz ist weiträumig abgesperrt. Freiwillige Revolutions-
helfer überprüfen jeden. Die jungen Kontrolleure sind teils verwegen vermummt, teils in den Nationalfarben ihres Landes bemalt. »Oh, Germany!«, freuen sie sich, als sie unsere Pässe sehen.
»Nahnu nuhibb Almania – wir lieben Deutschland.« Ein Ruf, der
uns fast überall in der arabischen Welt empfängt.

An den Zugängen zum Platz sind Dutzende Panzer aufgefah-
ren. Bewaffnete Soldaten mit Helmen und Tarnanzügen marschieren auf. Die Armee will auf alles vorbereitet sein. Es ist erst
11 Uhr, und doch sind schon Hunderttausende auf dem Platz.
Immer lauter schallt der Ruf »Irhal Mubarak! – Mubarak, verschwinde!«

Der Platz ist eingerahmt von provisorischen Bühnen, auf de-
nen unablässig politische und kabarettistische Sprechgesänge
angestimmt werden. Meist auf Arabisch, manchmal auch auf
Englisch. In der Mitte stehen kleine Zelte. Vieles erinnert an ein
Volksfest, manches an ein Treffen der Vereinigung ägyptischer
Marktschreier.

Wenn da nicht die vielen Panzer wären. Und die weißen Zelte des Roten Halbmondes, wo in Notfällen Verwundete behandelt werden können. Sowie dieser hohe Haufen von Pflastersteinen, den sich die Revolutionäre für den Fall der Fälle zurechtgelegt haben. An den Außenwänden der Bühnen sind Hunderte Fotos getöteter Demonstranten, von Panzern zerquetschter Jugendlicher angebracht. Sie erzählen von den bitteren, einseitigen Kämpfen, die bis vor Kurzem auf diesem Platz stattgefunden haben.

Plötzlich grüßt mich laut ein hochgewachsener Ägypter auf Deutsch: »Guten Tag, Herr Todenhöfer! Danke, dass Sie an unserer Revolution teilnehmen.« Ich fasse mir an den Kopf. In München kann ich stundenlang durch die Stadt gehen, ohne dass mich jemand erkennt. Hier im fernen Kairo aber spricht mich ein Revolutionär mit Namen an. Er erzählt mir, dass er mich einige Tage zuvor über Satellit in einer Fernsehsendung Maybrit Illners gesehen habe. Was für eine kleine Welt! Oder kennen die Ägypter uns einfach besser als wir sie?

Auf einmal geht ein Raunen über den Platz, gefolgt von triumphierenden Sprechchören. Die Regierung hat soeben für den Abend eine Rede des Präsidenten angekündigt. Alle erwarten, dass er zurücktreten werde. Der Platz explodiert schier vor Freude. Ist Ägypten ab heute Abend ein freies Land? Wildfremde Menschen umarmen uns. Sie tanzen in Vorfreude. »Wir haben es geschafft. Heute Abend die Freiheit.« Aber ganz sicher sind sie nicht. Mubarak ist ein Fuchs. Die Spannung steigt.

Die Soldaten stehen mit ihren Maschinenpistolen auf den sandfarbenen Panzern. Sie versuchen, ein unbeteiligtes Gesicht zu machen. Aber wahrscheinlich würden sie am liebsten heruntersteigen und sich mit ihren Landsleuten verbrüdern. Doch was ist, wenn sie den Befehl bekommen, zu schießen?

Vor einigen der Panzer haben sich junge Ägypter häuslich niedergelassen. Sie verbringen Tag und Nacht hier, um die Panzer am Einsatz zu hindern. Um Essen und Trinken müssen sie sich nicht sorgen. Ständig kommen Freunde und Verwandte mit Tüten voller Kekse, mit Obst und Getränken.

Ich setze mich zu ihnen. Einer von ihnen hat sich eine ägyptische Fahne umgehängt. Ein anderer lässt gerade sein blutiges Pflaster auf der Stirn auswechseln. Ein Dritter schläft. Ich habe plötzlich den dringenden Wunsch, hier zu übernachten. Obwohl es kalt ist und ich nur eine dünne Jacke anhabe. Vor zwei Tagen saß ich noch in meiner beheizten Münchner Wohnung. Jetzt liege ich vor einem ägyptischen Panzer. Träume ich?

Neben uns sitzen Kinder auf dem Boden. Sie malen mit bunten Wasserfarben ein Revolutionsplakat. Mit Häusern, Blumen, Palmenhainen. Sie träumen von einem schöneren Morgen. Daneben hält ein älterer Mann ein Poster hoch. Auf Englisch steht dort: »Amerikaner, mischt euch nicht ein! Wir wollen Demokratie ohne euch.«

Aus dem bewölkten Himmel entlädt sich ein mächtig grollender Donnerschlag. Die Hunderttausende blicken lachend nach oben und antworten vielstimmig: »Allahu Akbar – Gott ist größer.«

Als es dunkel wird, verlasse ich mein Panzer-Lager. Mit Julia gehe ich durch die dicht gedrängte Menschenmenge zu einer der großen Leinwände. Dort werden wir in wenigen Minuten Mubarak sehen. Eine Gruppe fröhlich bemalter Kopten und Muslime stürzt sich auf uns und ruft: »Bitte helfen Sie mit, die Propaganda im Westen zu stoppen. Ägyptische Muslime und Christen gehören zusammen. Seit über 1000 Jahren. Glauben Sie nicht, was manche schreiben!«

Zehnjährige, zwölfjährige Jungen sind auf die Straßenlaternen geklettert. Stolz schwenken sie die ägyptische Fahne. Eine junge Frau kommt ganz nah auf mich zu und flüstert verzückt: »Die Freiheit so nah, so nah!« Alles ist rauschartig.

Als das Gesicht des Präsidenten auf der Leinwand erscheint, hallt ein Wutschrei über den Platz. Als wollten ihm die Menschen entgegenschreien: »Du hast unsere Brüder getötet, hau ab!« Doch sofort kommen noch lautere Rufe: »Ruhe, Ruhe! Wir wollen hören, was er sagt!« Mubarak redet und redet.

Neben mir steht ein kräftiger junger Mann, der vor einigen Tagen mit anderen aus dem Gefängnis ausgebrochen ist. Er zeigt mir die Spuren der Handschellen an seinen Handgelenken. »Wie langweilig der redet, wie langweilig«, mault er. »Er kommt nicht auf den Punkt! Sie werden sehen, er wird nicht gehen.« Tatsächlich verkündet Mubarak am Ende seiner langen Rede, aus Liebe zu seinem Volk habe er beschlossen, Präsident zu bleiben.

Die Menschenmassen schauen sich fassungslos an. Was hat Mubarak da gesagt? Mit hängenden Schultern stehen sie da. Nur ein paar hundert junge Leute stimmen zornige Sprechchöre an. Alle hatten mit seinem Rücktritt gerechnet. Soll das Kämpfen, das Sterben nun weitergehen? Hatten sie denn gegenüber dem gewaltigen Staatsapparat auf Dauer überhaupt eine Chance? Sie hatten gehofft, dem »Pharao« mit ihrem Todesmut Angst eingeflößt zu haben. Hatte der durchschaut, dass sie gar nicht so stark waren, wie sie taten? Viele ahnen an diesem Abend: Wenn Mubarak seine gesamte polizeiliche und militärische Macht einsetzt, wird es schwer.

Niedergeschlagen machen sich die Menschen auf den Heimweg. »Dann geht es halt noch ein paar Monate«, sagt ein Ägypter zu mir. »Wir halten durch.« Aber sehr optimistisch klingt er nicht. Inzwischen werden die Sprechchöre der Jugendlichen am Rande des Platzes wieder lauter. Als Zeichen der Verachtung halten sie ihre Schuhe hoch. Aber all das ist nichts im Vergleich zu der Stimmung, die vor der Rede herrschte. Für viele ist eine Welt zusammengebrochen.

Am nächsten Tag treffen sich trotzdem wieder Hunderttausende auf dem Platz. Nicht zur Demonstration, sondern zum Freitagsgebet. So viele, dass nicht alle gleichzeitig beten können. Also finden mehrere Gebete nacheinander statt. Einige Jugendliche sind auf Panzer geklettert und wenden sich in Gebetsrichtung. Als der Imam zum Gebet ruft, tun es die Soldaten ihnen gleich.

Ich sehe koptische Christen, die einen Kreis um die betenden Muslime bilden, um sie vor Störern zu schützen. Mit einem vieltausendfachen, lang gezogenen »Amen« endet die Lesung der Koranverse. Dann schließt sich ein Totengebet an. Der Wind streicht sanft über die Häupter der Betenden, als wollte er ihre Sorgen lindern.

Nachmittags muss der Tahrir-Platz seine bisher magische Anziehungskraft mit dem nur wenige hundert Meter entfernten Informationsministerium teilen. Es gilt als Sprachrohr Mubaraks.

Tausende strömen dorthin. Der Platz vor dem Ministerium ist mit Stacheldraht abgesperrt. Dahinter stehen schwer bewaffnete Soldaten vor einer Wand von Panzern. Die Anti-Mubarak-Gesänge werden lauter. Junge Leute rufen den Soldaten zu, sie sollten ihre Kanonenrohre doch bitte nicht auf sie, sondern auf das »staatliche Zentrale der Lüge« richten. Die Soldaten verziehen keine Miene.

Ich versuche, mich zum Stacheldraht vorzuarbeiten, um mit einem der Soldaten zu sprechen. »Machen Sie das nicht«, warnen einige Demonstranten. »Die sind nervös.« Ich gehe trotzdem zum Stacheldraht vor. Ein Soldat kommt mit ausdruckslosem Gesicht auf mich zu. Obwohl niemand den Draht berühren möchte, drängt die Menge von hinten immer stärker. Der Soldat und ich stehen uns einige lange Augenblicke schweigend gegenüber. »Fragen Sie ihn nichts, die dürfen nicht reden«, flüstert mir ein Ägypter ins Ohr. Doch ich frage den jungen Soldaten: »Was macht ihr, wenn die jetzt den Stacheldraht einreißen und das Ministerium stürmen? Werdet ihr schießen?« Er lächelt – was er sicher auch nicht darf – und antwortet: »Das sind Landsleute. Wir werden nicht schießen.«

Wenige Minuten später höre ich in der Ferne Gewehrsalven. Und dann trillernde Jubelschreie junger Frauen. Es muss etwas geschehen sein. Ich frage die umstehenden Leute, was die Salven und das Trillern zu bedeuten haben. Die Antwort ist ernüchternd. Hier werde ständig geballert und geträllert. Doch ich spüre, dass etwas Außergewöhnliches passiert ist. Wir eilen zum Tahrir-Platz. Ich schaue in die Gesichter der Demonstranten. Aber ich erkenne keine Reaktion.

Doch auf einmal, erst zögernd, dann mit orkanartiger Wucht, braust ein Jubelschrei über den Platz. »Freiheit!«, brüllt der Orkan. »Hurriyah, Freiheit, Freiheit, Freiheit!« Mubarak ist zurückgetreten. Über Handys ist die Nachricht durchgesickert. Die Stimmung ist unbeschreiblich. Das ist kein Jubel wie beim Gewinn der Fußballweltmeisterschaft. Es ist, als hätte Ägypten alle Meisterschaften dieser Welt auf einmal gewonnen.

Im Fahnenmeer des Tahrir-Platzes geht jetzt alles drunter

und drüber. Tausende rufen »Allahu Akbar«. Freudentränen und Freudentänze überall. Feuerwerkskörper werden in die Luft geschossen. Süßigkeiten werden verteilt. Kinder tanzen auf den Panzern. Endlich können sich Soldaten und Zivilisten in die Arme schließen.

Ein alter, stoppelbärtiger Ägypter drückt mir nasse Küsse auf die Wange. Zwei Männer nehmen mich auf die Schultern und lassen mich nicht mehr herab. Sie wollen ihren Stolz mit einem Fremden teilen. Erst nach fröhlichen Protesten darf ich wieder runter. Dafür drückt mir ein etwa 16-jähriger Junge, der seinen Schal verwegen um den Kopf geschlungen hat, eine weiße Taube in die Hand. »Welcome to the real Egypt!«, sagt er feierlich. So stehe ich mit einer weißen Friedenstaube zwischen Hunderttausenden jubelnden, tanzenden Menschen auf dem Tahrir-Platz.

Die Menschen sind im kollektiven Rausch. Ein 18-jähriges Mädchen in seiner schwarzen Abaya fragt mich, ob sie mir die Hand geben dürfe. Während ihre jüngere Freundin errötet und Julia den Kopf schüttelt, sagt sie zu mir: »Sie sind die große Liebe meines Lebens.« Sie der Frühling, ich der Winter. Dann läuft sie weg – aber nur ein paar Meter. Droge Revolution. Gustave Le Bon hat dieses Phänomen in seiner *Psychologie der Revolutionen* so treffend beschrieben.

Die Menge stimmt die Nationalhymne an. »Biladi, biladi, biladi, laki hubbi wa-fu'adi – Mein Land, mein Land, mein Land. Dir gehört meine Liebe und mein Herz.« Ich habe einen Kloß im Hals. Es geht also doch – auch ohne Gewalt. Die Aufständischen waren bereit gewesen, für die Freiheit zu sterben, aber nicht zu töten. Gandhis Geist hatte gesiegt, und ich durfte dabei sein.

Was wird die Zukunft bringen? Wissen die Revolutionäre etwas von den blutigen Nachwehen fast aller Revolutionen? Dass auf Monarchien und Diktaturen nur selten funktionierende parlamentarische Demokratien folgen, sondern oft Militärputsche und grauenvolle populistische Systeme? Dass Frankreich nach seiner Revolution 1789 über 80 Jahre brauchte, um eine stabile Demokratie zu werden? Über 70 Kurzzeit-Präsidenten, sechs Direktorien, zwei Konsulate, drei Könige und zwei Kaiser mussten die Bürger über sich ergehen lassen. Immer wieder versank das Land in Strömen von Blut, Leid und Elend. Weil manche Politiker, frei nach Karl Marx, statt auf »liberté, egalité, fraternité« auf Infanterie, Kavallerie und Artillerie setzten.[1]

Am Tag nach Mubaraks Rücktritt frage ich ein Dutzend junger Ägypter, was die Revolution ihnen persönlich bringen werde. Alle sind überzeugt, dass sich ihr Einkommen innerhalb des nächsten Jahres verdoppeln oder verdreifachen werde. Dass sie bald eine viel größere Wohnung besitzen würden als jetzt. Dass alles besser und schöner werde.

Alle setzen Demokratie mit Wohlstand gleich. Alle glauben, dass beides sehr schnell kommen werde. Ich habe nicht widersprochen. Obwohl jede demokratische Regierung schon aufgrund dieser riesigen Erwartungen vor fast unlösbaren Aufgaben stehen wird.

Doch darüber will ich an diesem Tag nicht diskutieren. Alle sind so unendlich glücklich. Aber ich befürchte, dass ich heute nur die erste Etappe eines langen, steinigen Weges erlebt habe.

Revolutionäre Tage in Libyen

Revolutionen sind nicht nur berauschend. Sie sind auch ansteckend. Zumindest in ihrer Anfangsphase kennen sie keine Grenzen. Schon am 17. Februar 2011 erreichte die demokratische Welle Libyen. Über Kairo schlugen wir uns Anfang März mit einem Taxi Richtung Bengasi durch. Das sind über 1200 Kilometer.

Spätabends erreichten wir die Grenze. Dort, im Niemandsland zwischen Ägypten und Libyen, waren unzählige geflohene Gastarbeiter gestrandet. Aus Niger, Mali, dem Tschad und Bangladesh. Wer Glück im Unglück hatte, hatte einen Platz in den hoffnungslos überfüllten Hallen der Pass- und Zollkontrolle ergattert. Tausende mussten im Freien, auf den Gehsteigen und Parkplätzen übernachten. Aus Decken und Plastiktüchern hatten sie sich Zelte gebastelt. Doch sie schützten nur unzureichend vor dem Nieselregen und der Wüstenkälte.

Viele Flüchtlinge behaupteten, sie seien »verjagt« worden. Auf

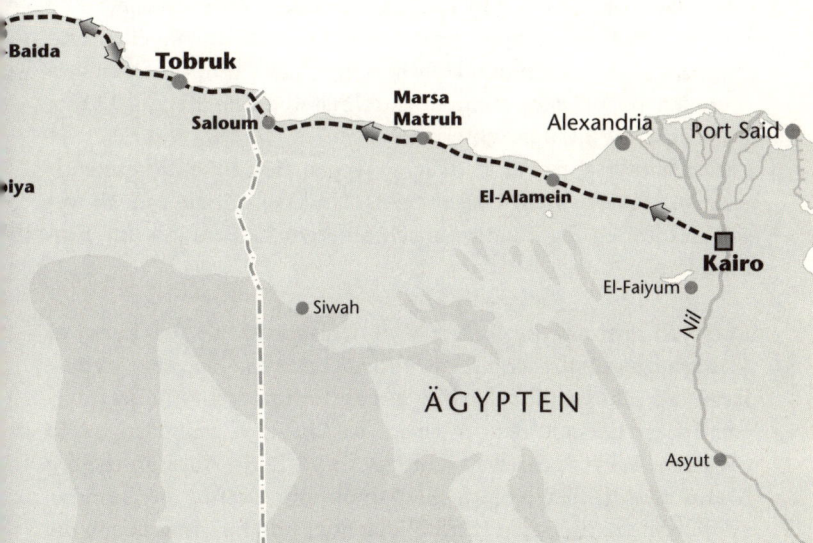

ihren Handys zeigten sie Bilder bestialischer Gewalt. Man habe sie wegen ihrer Hautfarbe für Söldner Gaddafis gehalten. Deshalb seien manche gelyncht worden. Ich konnte und wollte ihnen die blutigen Bilder nicht glauben. Meine edlen Rebellen taten so etwas nicht.

Nach Libyen wollte keiner der Flüchtlinge zurück. Und Ägypten ließ sie nicht einreisen. Ihre Heimatländer aber hatten »organisatorische Probleme«, sie zurückzuholen. Eigentlich wollte sie niemand mehr.

Es fehlte an allem. An sauberem Trinkwasser, an Essen, Kleidung und Decken. Die hygienischen Verhältnisse waren unbeschreiblich. Die Flüchtlinge aus Libyen hatten keine Zukunft. Sie waren Strandgut der Revolution.

Meine Laune wurde nicht besser, als ich feststellte, dass ein Bus beim Zurücksetzen meinen Reisekoffer überrollt und in seinem Radkasten zerquetscht hatte. Wie ich die Überreste meines Koffers durch Libyen transportieren sollte, war mir unklar. Sollte ich meinen Rasierapparat jetzt in die Hosentasche stecken und den Rasierspiegel um den Hals hängen? Was war mit meinen verdreckten Klamotten, meinem durchnässten Schlafanzug? Oder war das ein Wink des Schicksals?

Die Stimmung war gedrückt. Wegen des Flüchtlingselends und wegen des kalten Nieselregens. Und bei mir auch noch wegen der Zerlegung meines »bruchsicheren« Koffers in seine Einzelteile.

Diese Missstimmung ändert sich schlagartig, als wir kurz vor Mitternacht am Stadtrand von Tobruk unseren Gastgeber treffen. Es ist, als schiene plötzlich die Sonne. Vor uns steht mit unwiderstehlichem Lächeln der 54-jährige weißhaarige, weißbärtige und für einen Libyer sehr weißhäutige Abdul Latif. Alles an diesem Mann strahlt. Der Mund, die Mimik, die Gestik, die Stimme. »Willkommen im freien Libyen!«, lacht er und nimmt jeden in die Arme. Jeder von uns hat plötzlich einen Freund, einen Bruder.

Nur vier Tage verbringen wir mit Abdul Latif. Sie sind wie ein ganzes Leben. Alle mögen ihn. Alle Türen, an die er klopft, öffnen sich. Abdul Latif ist nie böse oder gehässig. Über Gaddafi sagt er, leider habe es am Schluss in Libyen nur noch *einen* Spiegel gegeben. Wenn das Volk hineingeblickt habe, habe es nicht sich, sondern Gaddafi gesehen. Selbst das Ausland habe im libyschen Spiegel nur Gaddafi erblickt. Er habe den Libyern ihr Gesicht gestohlen. Wenn er, Abdul Latif, geschäftlich ins Ausland gefahren sei, habe man ihm entgegengehalten, er sehe ja gar nicht aus wie Gaddafi. Die meisten Libyer hätten fast vergessen, wie sie wirklich aussähen.

Trotzdem ist Abdul Latif entschieden gegen eine Tötung Gaddafis. Er plädiert für 1000 Jahre Gefängnis. Zu dieser Strafe würde er auch Bin Laden verurteilen, der im September 2001 nicht nur Unschuldige getötet, sondern die USA auch in ihrer Würde getroffen habe.

Abdul Latif findet Al-Dschasira großartig. Als ich ihn frage, ob der Sender denn objektiv sei, lacht er: »Natürlich sind die nicht objektiv. Gott sei Dank!« Das denken offenbar auch andere Libyer. Überall sieht man Poster: »Al-Dschasira, Al-Arabiya, CNN, wir danken euch.« In der Not ist man offenbar jedem Helfer dankbar.

Abdul Latif ist kein Freund von Gewalt. Er wird blass vor Zorn, als ich ihn auf die Lynchmorde an angeblichen Gaddafi-Söldnern aus Schwarzafrika anspreche. »Das sind unsere Brüder«, sagt er. »Wir müssen sie schützen. Nach der Revolution müssen wir diese Misshandlungen Schwarzer aufklären. Wir dürfen die Menschen nicht so behandeln, wie Gaddafi das getan hat.«

Abdul Latif ist auf der Suche nach einer friedlichen Lösung für Libyen. Aber er weiß nicht, wie sich die Menschen gegen Gaddafis Flugzeuge und Panzer wehren sollen. Immer wieder fragt er, wie eine diplomatische Lösung aussehen könnte. Und warum man von Gaddafis europäischen Freunden jetzt niemanden in Bengasi und Tripolis sehe. Eine Flugverbotszone will er nicht. Sie werde den Libyern langfristig nicht helfen. Er liebe die Ferraris der Italiener und die Renaults der Franzosen, aber nicht ihre Bomben. »Kennt der Westen gegenüber seinen Feinden denn nichts anderes als Sanktionen und Krieg?«, fragt er. Aber noch hat er keine Lösung.

Es gibt keinen Wunsch, den Abdul Latif uns nicht umgehend erfüllt. Ich möchte den Führer der Rebellen, den »Vorsitzenden des Nationalen Übergangsrats«, Mustafa Abd Al-Dschalil, sprechen. Kurz darauf treffen wir ihn an einem geheimen Ort in der Rebellenstadt Al-Baida.

Abd Al-Dschalil ist ein kleiner, stiller Mann mit hoher Stirn. Er sieht überhaupt nicht aus, wie man sich einen Rebellenchef vorstellt. Eher wie ein Amtsrichter. Obwohl er bis vor wenigen Monaten Gaddafis Justizminister war, gilt er als integer. Er habe sich in wichtigen Fragen gegen Gaddafi gestellt, sagt Abdul Latif. Aber er habe auch enge Kontakte zu Katar. Abdul Latif ist sich nicht sicher, ob das für Libyen gut ist.

Abd Al-Dschalil setzt sich neben mich auf ein Sofa. »Vielen Dank für Ihr Kommen. Sie haben damit Menschlichkeit gezeigt«, sagt er freundlich. Er weist auf die Brutalität Gaddafis und auf die militärische Unterlegenheit der Rebellen hin. »Wir müssen die Militärbasen dieser ›Terroristen‹ zerstören«, sagt er. »Wir brauchen eine Flugverbotszone und eine Seeblockade.«

Dann schaut er mich an und fragt mich fast wie ein Lehrer: »Was sagen Sie dazu?« Als er sieht, dass ich von einem Eingreifen westlicher Flugzeuge gar nichts halte, verschließt sich sein Gesicht. Mein Argument, Völker müssten ihre Revolutionen selber machen, interessiert ihn nicht. Eine diplomatische Lösung hält er für unrealistisch. Das Gespräch wird kühler.

Abd Al-Dschalil fragt Abdul Latif dennoch, wie er uns weiterhelfen könne. Er werde alles tun, was in seinen Kräften stehe. »Wir haben keine Armee, wir brauchen die Hilfe des Westens«, sagt er zum Abschluss etwas mutlos.

In Bengasi hingegen ist die Stimmung euphorisch. Auf dem ebenfalls in »Tahrir-Platz« umbenannten ehemaligen Gerichtsplatz haben sich schon am Nachmittag Tausende begeisterte Libyer versammelt. Viele haben sich ihre neuen, rot-schwarz-grünen Nationalfarben ins Gesicht gemalt. Von allen Seiten rufen uns Menschen zu: »Danke fürs Kommen.« Dann skandieren sie weiter ihre Sprechchöre.

Auf mehreren Zelten, die den Platz säumen, sieht man Poster des libyschen Volkshelden Omar Mukhtar. Er hatte jahrelang gegen die italienische Besatzung gekämpft, die über 100 000 Libyer in Wüsten-Konzentrationslager gepfercht hatte. Als die Italiener ihn 1931 gefangen nahmen, hängten sie ihn auf. Der arabische Regisseur Moustapha Akkad hat ihm mit dem Film *Omar Mukhtar – Löwe der Wüste* ein künstlerisches Denkmal gesetzt. Mit Anthony Quinn als Omar Mukhtar.

Der eifersüchtige Gaddafi hatte daraufhin Omar Mukhtars in Bengasi bestattete Überreste ausgraben und in der Wüste verscharren lassen. Doch jetzt ist dieser erst recht Vorbild der meisten Libyer und Symbol der Revolution. Ob auch Omar Mukhtar italienische Kampfflugzeuge zur Befreiung Libyens fordern würde, frage ich Abdul Latif. »Bestimmt nicht«, lacht er. »Aber das war auch eine andere Zeit.«

Ein Demonstrationszug Fahnen schwenkender Medizinstudentinnen bewegt sich Richtung Tahrir-Platz. »No-fly-zone«, rufen die Nachwuchsmedizinerinnen auf Englisch und: »Gaddafi, hau ab!« Ich staune, wie gut organisiert die jungen Libyerinnen in perfektem Englisch nach den Kolonialherren von gestern rufen. Wer zieht da die Fäden?

Ich klinke mich in den Zug ein und rede auf einige der Mädchen ein. »Ihr wollt Freiheit«, sage ich immer wieder. »Aber Freiheit kann man doch nicht mit Freiheit bezahlen!« Einige der Mädchen stutzen. Dann sagen sie, anschließend würden sie die NATO ja wieder rauswerfen, und demonstrieren weiter. Zehn Minuten lang gehe ich diskutierend, gestikulierend in dem Demonstrationszug mit. Dann lasse ich ihn weiterziehen. Ich kann hier keine Gegendemonstration veranstalten.

Wir gehen zum Tahrir-Platz zurück. Zu den jubelnden, hoffenden, frohgemuten Menschen, die sich so sehr nach Freiheit sehnen. Wie die Menschen in Tunesien und Ägypten.

Doch vieles ist hier anders. Die Auseinandersetzung ist brutaler. Und nicht ganz so unbeeinflusst von außen wie die Revolutionen von Tunis und Kairo. Am Tahrir-Platz hängt ein riesiges, in Europa produziertes Werbeplakat mit dem englischen Slogan »We Have a Dream«. Wer träumt hier welchen Traum?

Abdul Latif nimmt mich zur Seite und zeigt mir an den Wänden die Bilder der getöteten Libyer. Jugendliche, Kinder, alte Menschen. »Sie alle sind für Libyens Freiheit gestorben. Wir werden einen hohen Preis bezahlen müssen, bis wir wirklich frei sind. Gaddafi ist nicht Ben Ali oder Mubarak.«

Um Mitternacht sind noch viele Menschen auf dem Tahrir-Platz. Auf einmal stoßen Hunderte, Tausende hinzu. Sie kommen zum Totengebet für den Kameramann von Al-Dschasira, Ali Hassan Al-Jaber. Der 56-Jährige ist am Nachmittag wenige Kilometer vor Bengasi von Gaddafi-Kämpfern erschossen worden. Noch am Mittag hatte er auf dem Tahrir-Platz ein Totengebet für einen ermordeten Libyer gefilmt.

Sein Leichnam ist in die Fahnen Katars und des neuen Libyen gehüllt. Als das Totengebet zu Ende ist, rufen die Hunderttausende wie ein Mann: »Bi ruh, bi dam, nafdiyaa a Al-Dschasira! – Mit unserer Seele, unserem Blut verteidigen wir dich, o Al-Dschasira.« Von der Fröhlichkeit, die noch vor einer Stunde herrschte, ist nichts geblieben. Selbst Bengasi ist noch lange nicht von Gaddafis Leuten befreit. »Sie müssen sehr aufpassen«, sagt Abdul Latif zu uns. »Hier wimmelt es von Agenten.«

Am nächsten Morgen taucht Abdul Latif erst mit großer Verspätung gegen 12 Uhr auf. Den ganzen Vormittag lang hat er unsere Fahrt nach Brega vorbereitet. Erwartungsvoll fahren wir los.

IV.

Sonderfall Syrien

Wo, bitte, geht es hier zur Revolution?

Im März 2011 erreichte der demokratische Virus auch Syrien. Dieses Land kenne und liebe ich besonders. Ein Dutzend Mal bin ich in den letzten Jahren hier gewesen und habe märchenhafte Tage verbracht. Von hier aus war ich mehrfach in den umkämpften Irak gereist oder über Jordanien nach Israel. Syriens multireligiöser, multiethnischer Charme hatte für mich stets einen besonderen Zauber. Hier wurde Paulus zum Christen. Hier entstand das Christentum.

Ende Mai 2011 setzte ich mich ins Flugzeug nach Damaskus. Auch Julia war wieder dabei sowie Hakim, ein aus dem Irak stammender würdevoller, älterer Dolmetscher. Mein Übersetzer und Freund Khaled kam diesmal nicht mit. Als »Exil-Syrer« stand er aufseiten der Opposition. Eine Reise in seine Heimat war zu gefährlich.

Damaskus empfing uns wie eh und je – friedlich, fröhlich, quirlig und gastfreundlich. Alles war anders als in Kairo und Bengasi. Und völlig anders, als die westlichen Medien berichteten. Wo, bitte, war hier eine Revolution?

Angelehnt an eine kühle Marmorsäule, sitze ich am dritten Tag meines Aufenthalts im schattigen Innenhof der 1300 Jahre alten Umayyaden-Moschee. Hier befindet sich der Schrein Johannes' des Täufers, den auch die Muslime tief verehren. Einen Steinwurf entfernt steht der in grünen Damast gehüllte hölzerne Sarkophag Saladins. Saladin ist der beliebteste Held der arabischen Geschichte.

Direkt daneben liegt ein edler weißer Marmorsarg. Gestiftet hat ihn der deutsche Kaiser Wilhelm II. Er erachtete den Holzsarg als eines Helden unwürdig. Die Araber sahen das anders. Sie ließen Saladin bis heute in seinem hölzernen Sarg. So muss jeder, der zu Saladin will, an Wilhelms leerem Marmorsarg vorbei. Auch mit leeren Särgen kann man Ruhm erlangen. In Syrien ist Wilhelm II. fast berühmter als in Deutschland.

Eine Gruppe schwarz gekleideter schiitischer Klageweiber zieht an mir vorbei. Summend wie ein Wespenschwarm. Sie wollen zu einem Schrein, in dem angeblich der Kopf Husseins, des Enkels des Propheten, bestattet ist. Am Schrein angekommen, weinen, jammern und flehen sie. Wie in einem alten orientalischen Märchen. Die Eindrücke der letzten zwei Tage gehen mir durch den Kopf.

Stundenlang war ich auf der Suche nach der Revolution durch die Souks der Altstadt gebummelt. Ich war durch die Armenviertel und durch die Vorstädte geschlendert. Mit einem klapprigen Taxi war ich auf den Qasyun-Berg gefahren. Dort hat man einen unvergesslichen Blick auf die Dreimillionenstadt. Die Betreiber von 31 fahrbaren Kiosken hatten aufgeregt versucht, mir wenigstens eine Cola zu verkaufen. Oder ein paar Datteln. Ich war der einzige Tourist, der sich an diesen weltberühmten Ausflugsort verirrt hatte. Damaskus war nicht nur journalisten-, sondern auch weitgehend touristenfrei.

Nirgendwo war Militär zu sehen und nur selten uniformierte Polizei. Stattdessen wie immer auffällig unauffällige Gestalten in grauen und braunen Anzügen, die demonstrativ desinteressiert alles beobachteten. »Ungeheimer« als der syrische Geheimdienst kann man kaum auftreten.

Weit und breit war nichts zu spüren von jener tosenden Aufbruchsstimmung, die ich im Februar in Kairo und im März in Bengasi erlebt hatte. Warum um Himmels willen hatte der syrische Staatspräsident Baschar Al-Assad diese noch immer vor Lebensfreude sprühende Stadt für die Weltpresse sperren lassen?

Und warum hatte das deutsche Außenministerium für Damaskus eine Reisewarnung ausgesprochen? Manche Stadtteile von New York, Los Angeles oder Chicago waren viel gefährlicher als Damaskus in jenen Wochen. Eine deutsche Zeitung schrieb während meines Aufenthalts geheimnisvoll, »man müsse kein

Experte sein, um zu erkennen, dass Damaskus keine Zuschauer wünsche, wenn es Armee und Geheimdienste auf die Bevölkerung loslasse«.

Wie immer war ich zum Al-Nofara-Café geschlendert, das trotz Reisewarnungen ein paar unerschrockene, vor allem französische Touristen angezogen hatte. Dort hatte ich meinen alten Bekannten, den Märchenerzähler Abu Schadi, getroffen, der Abend für Abend die Menschen mit seinen arabischen Fabeln in den Bann zog. Als er mich erblickt hatte, hatte er fröhlich gelacht. Ob ich mich nicht auf den Erzählerstuhl setzen wolle. Zurzeit seien *wir* doch die besten Märchenerzähler. Was er aus dem Westen über Syrien und Damaskus höre und lese, sei besser erfunden als all seine Märchen.

Im Hof der Umayyaden-Moschee bin ich mittlerweile von Jugendlichen umlagert. Alle wollen wissen, woher ich komme. Als ich »Deutschland« sage, gehen wie überall in Arabien ihre Daumen nach oben. Deutschland finden alle gut.

Ich frage auch sie, wo es hier zur Revolution gehe. Sie lachen. Ahmad, ein zwanzigjähriger Jurastudent, erklärt mir, in Syrien sei vieles nicht in Ordnung. Das Land brauche dringend Reformen. Jeder wisse das. Aber Syrien sei nicht Tunesien, Ägypten oder Libyen. Zwar gebe es in einigen Städten und in den Vororten von Damaskus heftige Demonstrationen oppositioneller Teile der Bevölkerung. Aber das sei kein Volksaufstand wie in Ägypten oder Libyen. Nur völlige Ignoranten könnten das übersehen.

Das Problem der Syrer sei nicht ihr Präsident, sondern das ungerechte bürokratische System der Baath-Partei. Assad sei der bessere Teil eines überholten Systems. Er habe noch immer die Mehrheit der Bevölkerung hinter sich. In jedem Fall habe er mehr Anhänger als die Opposition.

Der katarische Sender Al-Dschasira versuche, die Stimmung in Syrien anzuheizen. Katar habe es sich zum Nationalsport gemacht, in seinen Nachbarländern Aufstände anzuzetteln, die sie »demokratische Revolution« nannten. Obwohl Katar selbst eine unerbittliche Diktatur sei. Viele Berichte von Al-Dschasira seien so falsch, dass dies inzwischen selbst der Opposition auffalle. Die meisten Politiker des Westens aber hätten von Syrien leider nur wenig Ahnung. Sie fassten ihre Beschlüsse auf der Basis von Youtube-Videos, deren Herkunft niemand kenne. Das sei nicht seriös.

Ich frage Ahmad nach Hamza Al-Khatib. Der dreizehnjährige Junge war im Mai in Daraa 100 Kilometer südlich von Damaskus erschossen aufgefunden worden. Und zur Symbolgestalt des Aufstands geworden. Ahmad erwidert, dieser Mord sei unverzeihlich. Wie alle Morde an Zivilisten, aber auch an Soldaten. Assad habe Hamsa daher sofort einen Märtyrer genannt, sich mit seiner Familie getroffen und ihr kondoliert. Gerade weil sich derartige Fälle nicht wiederholen dürften, seien die meisten Syrer für Reformen und gegen eine gewaltsame Revolution.

Ich will von Ahmad wissen, ob er mich nach Daraa bringen könne. Wenn der Westen mit seiner Beurteilung Syriens so danebenliege, könne das ja nicht schwer sein. Nach westlichen Medienberichten allerdings sei die Stadt von Panzern umstellt. Ahmad antwortet diesmal deutlich zurückhaltender. Die Lage in Daraa sei ernster als in Damaskus. Dort seien inzwischen zahlreiche Menschen getötet worden.

Eine Schulklasse mit Kindern im Alter von zwölf und dreizehn Jahren habe im März in Daraa die Wände mit der Aufschrift »Hau ab« bemalt. Ähnlich wie Demonstranten in Tunesien, Ägypten und Libyen. Wegen dieser Graffiti sei die ganze Klasse eingesperrt worden. Im Gefängnis seien die Kinder misshandelt worden. Die Nägel seien allerdings niemandem ausgerissen worden. Das sei die übliche Propaganda der Gegner Assads.

Als die Eltern zu Recht einen Protestzug gegen die Inhaftierung ihrer Kinder organisierten, hätten Sicherheitskräfte des Geheimdienstes sie mit Sprüchen wie »Produziert doch einfach neue« beleidigt. Dann seien Schüsse gefallen. Es habe zwölf Tote gegeben. Das Verhalten des Geheimdienstes sei völlig unverantwortlich gewesen. Ein paar Tage später sei es zu gewalttätigen Demonstrationen gekommen. Siebzehn Sicherheitsbeamte seien zum Teil schwer verletzt worden.

Trotzdem werde er mich nach Daraa begleiten. Die Berichte der Weltpresse, dass die Stadt von Panzern eingekesselt sei, seien falsch. Richtig sei nur, dass sich seit Wochen kein Westler mehr nach Daraa getraut habe. Die seien Opfer ihrer eigenen Propaganda.

Der Muezzin ruft zum Gebet. »Gott ist größer. Ich bezeuge, es gibt keinen Gott außer Gott. Und Mohammed ist sein Prophet. Kommt zum Gebet, kommt zum Heil. Gott ist größer. Es gibt keinen Gott außer Gott.« Ahmad will beten. Wir verabreden uns für den nächsten Tag in meinem Hotel.

Im Hotel informiere ich den Chef-Concierge über die geplante Fahrt. Ich gehe davon aus, dass er seine Freunde vom Geheimdienst informieren wird. Ich will alles ganz offen spielen, um unser Risiko zu verringern. Der Concierge rät mir, aus Sicherheitsgründen einen Hotelwagen und einen Berufschauffeur zu nehmen. Ein unbekannter Fahrer sei gefährlich. Er werde sich um eine Genehmigung der Sicherheitsbehörden bemühen, damit wir nicht ständig angehalten würden. Ich stimme zu. Ahmad kenne ich vielleicht doch zu wenig.

Julia übernimmt es, Ahmad zu informieren. Er bekommt für die entfallene Reise nach Daraa zehn Dollar. Laut Julia ist er überglücklich. Angeblich nur wegen des Geldes und nicht, weil er nun nicht nach Daraa muss.

Am Abend wühle ich mich durch westliche Presseberichte über Daraa. Die Stadt scheint in der Tat hermetisch abgeriegelt zu sein. Einwohner, die die Stadt verlassen, dürfen angeblich nicht zurück. Elektrizität und Wasser seien abgeschaltet, das Essen werde knapp. All das will ich sehen.

Daraa, die verbotene Stadt

Am nächsten Mittag geht es los. Das Hotel hat einen für syrische Verhältnisse sehr großen Wagen besorgt. Einen 5er-BMW. Noch beeindruckender ist unser Fahrer Dimitri. Seine Mutter stammt aus Russland. Er erinnert an den jungen Arnold Schwarzenegger. Nur dass er noch einen Kopf größer und deutlich jünger ist. Stolz erzählt er, er habe von den Behörden eine schriftliche Genehmigung für Daraa erhalten. Trotzdem nehme ich sicherheits-

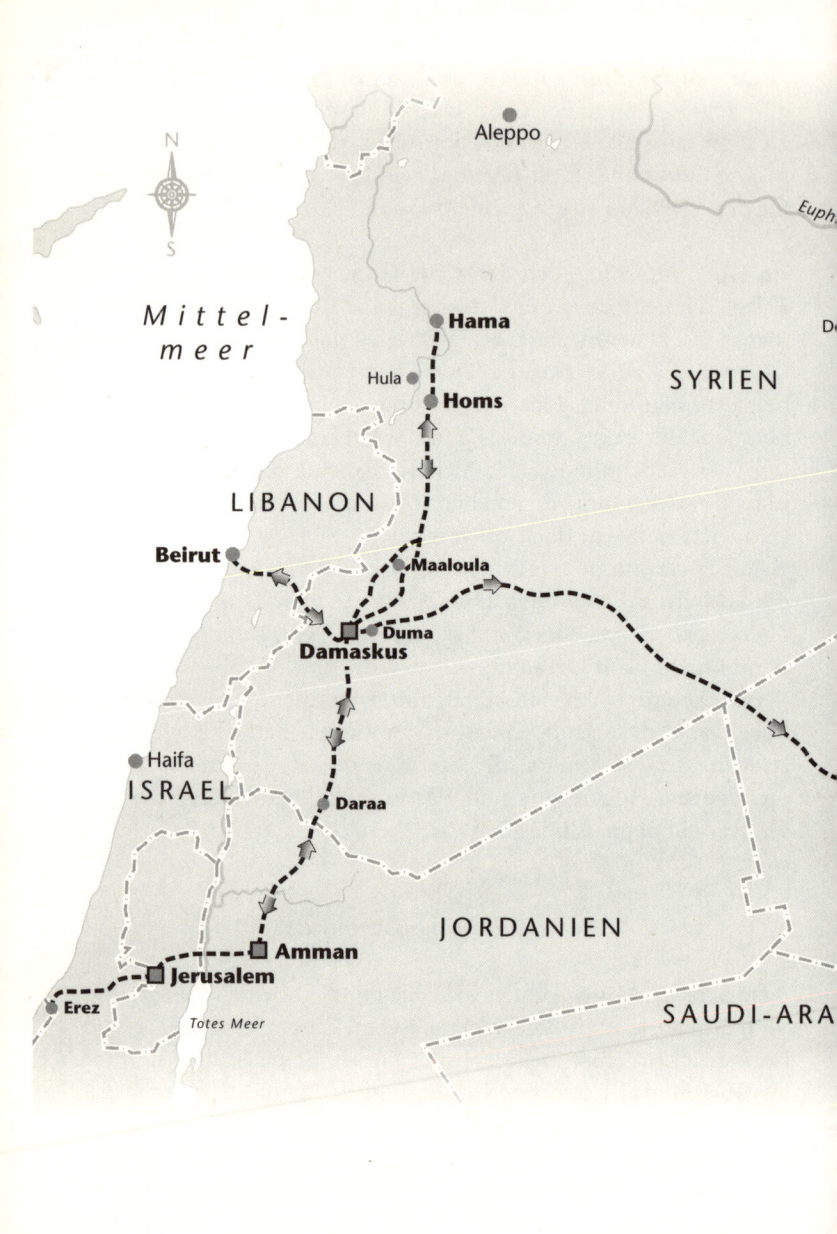

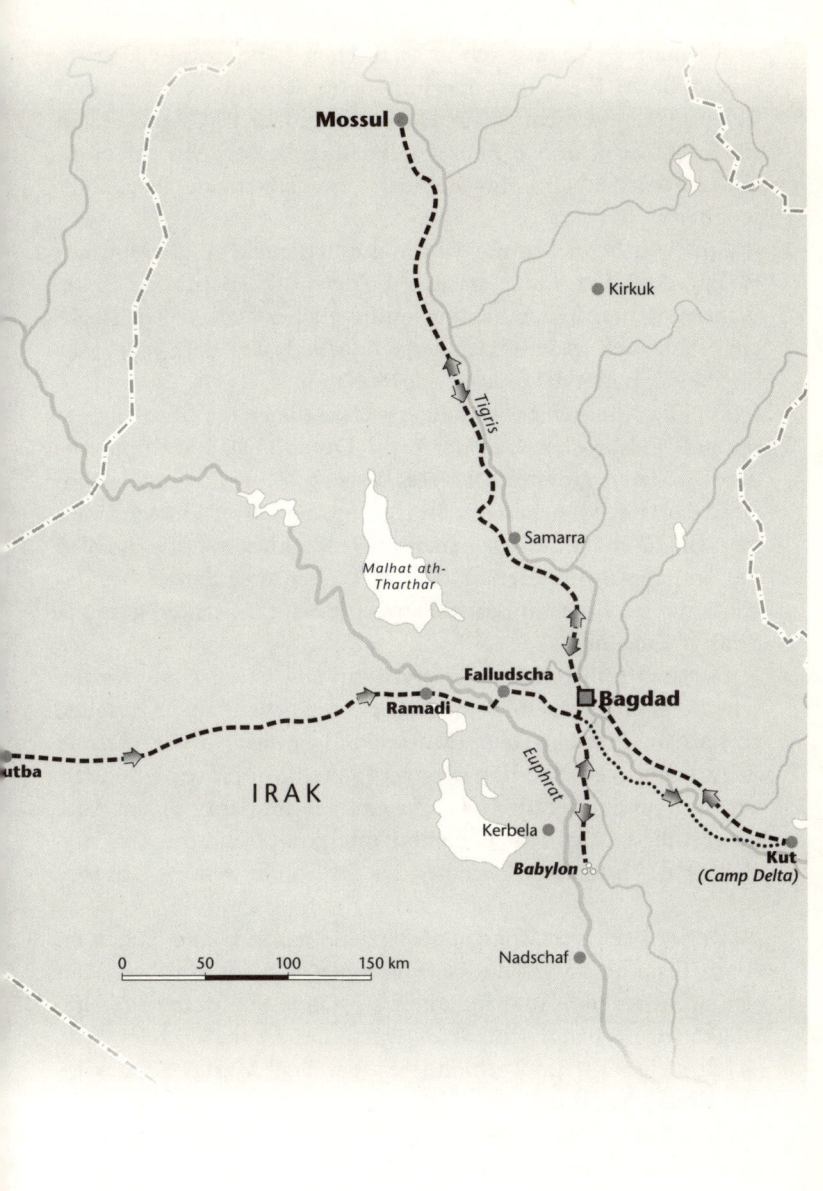

halber eine Zahnbürste mit. Verhöre auf syrischen Polizeistationen können nächtelang dauern, hat man mir erzählt.

Normalerweise reise ich in arabischen Ländern mit kleinen, unauffälligen Taxis. In ihnen fühle ich mich unbeobachtet und sicher. Aber vielleicht ist für Daraa ein großer BMW mit einem Ehrfurcht gebietenden Fahrer tatsächlich besser. Mit einem alten Taxi würden wir wahrscheinlich schon am ersten Checkpoint scheitern.

Auf einer Schnellstraße geht es durch die fruchtbare Houran-Ebene. Auf den vulkanerdigen Feldern stehen braune Zelte. Wanderarbeiter fristen hier ihr kümmerliches Dasein. Zur Rechten erhebt sich majestätisch der schneebedeckte Berg Jabal ash-Sheikh. Er bildet die Grenze zum Libanon.

Dreißig Kilometer vor Daraa tauchen die ersten Straßensperren auf. Felsbrocken blockieren die Durchfahrt. Fünf übermüdete Soldaten stoppen unseren Wagen, die Kalaschnikow im Anschlag. Rechts neben der Straße döst ein halbes Dutzend weiterer Soldaten im Schatten eines Olivenbaumes vor sich hin. Auf der anderen Straßenseite steht ein kleiner alter Panzer. Ist das alles? Wo sind die zahllosen Panzer, die angeblich die gesamte Stadt abriegeln?

Der kontrollierende Soldat schaut uns irritiert an. Westler scheint er in dieser Gegend schon lange nicht mehr gesehen zu haben. »Touristen aus Deutschland«, erklärt unser »Arnold Schwarzenegger« und hält dem verdutzten Militär seine Sondergenehmigung unter die Nase. Zusammen mit dem riesigen Auto scheint die behördliche Genehmigung großen Eindruck zu machen. Fast ehrfürchtig bedeutet uns der Soldat weiterzufahren.

Nach zwei weiteren Kontrollposten sind wir in Daraa. Schon im Alten Testament wird die jahrtausendealte Stadt erwähnt. Hier schlug Moses den Amoriterkönig Og. Ohne Schwierigkeiten gelangen wir ins historische Stadtzentrum und zum Wochenmarkt.

Ich steige aus und schlendere über den Markt. Kinder lachen mich an und fragen: »How are you?« Sie strahlen, wenn ich irgendetwas antworte. Unser Dolmetscher Hakim, der die ganze Fahrt über angespannt neben mir gesessen hatte, atmet tief durch. Er ist völlig überrascht. »Das müssen Sie filmen«, sagt er zu Julia, »das glaubt Ihnen sonst niemand.«

Jeder versucht, uns etwas zu verkaufen – Schals, Schuhe, Seife, Obst, Lebensmittel. Nach Versorgungsengpässen sieht das nicht aus. Nirgendwo sehen wir uniformierte Polizei. Nur zwei Soldaten beim Aprikosenkaufen. Julia fragt, ob sie fotografieren dürfe. Der jüngere Soldat nickt. Sein Kamerad schüttelt mürrisch und müde den Kopf. Julia filmt trotzdem.

An einem Stand sehe ich leuchtend rote Kirschen. Kirschen aus Daraa sind in Syrien beliebt. Ich kaufe ein Kilo für 25 syrische Lira. Das sind 35 Cent. »Willkommen in Daraa«, feixt der junge Verkäufer. Als er hört, dass wir aus Deutschland sind, fragt er, ob wir ihn nicht mitnehmen könnten.

Kurz bevor wir den Markt verlassen, kommt eine verschleierte junge Frau auf mich zu. Vorsichtig blickt sie sich um. Dann redet sie hastig auf mich ein. Genauso schnell, wie sie gekommen ist, entschwindet sie im Gewühl des Marktes. Es sei schlimm, wie die Menschen hier von der Polizei behandelt würden, übersetzt uns Hakim leise.

Im überdachten Souk kauft Julia einen Seidenschal. Für umgerechnet vier Euro. Ein guter Preis. Ich klopfe dem Verkäufer dankbar auf die Schulter. Schmerzverzerrt zuckt er zusammen. Er zeigt mir seinen bandagierten Arm, den er unter dem Pullover versteckt hat. In der vergangenen Woche sei er auf einer Demonstration gewesen. Die Polizei habe ihn verprügelt. Er sie auch, grinst er zufrieden. Im Hauptberuf sei er Sportlehrer. Das Bekleidungsgeschäft gehöre seinem Bruder.

Ich frage ihn, ob Assad stürzen werde wie Ben Ali oder Mubarak. Er schüttelt den Kopf. Er sei zwar gegen das Regime, aber nicht gegen Assad. Der müsse erst mithelfen, den Konflikt zu lösen. Dann könne er gehen. Die Bevölkerung sei gespalten. Auch die Regierung habe viele Anhänger. Das unterscheide Syrien von Tunesien, Ägypten und Libyen.

Zum Mittagessen besuchen wir ein Restaurant der Altstadt. Es gibt würzigen Humus, knusprigen Lammbraten und leckeres Fladenbrot. Hakim und Julia können noch immer nicht richtig glauben, dass wir uns in Daraa, dem »hermetisch abgeriegelten

Zentrum der Kämpfe«, so frei bewegen können. Das muss mit dem Ausweis unseres Fahrers zusammenhängen, meint Hakim. Alle nennen ihn inzwischen bewundernd Arnie. Ich bitte ihn, mir seinen Wunderpass einmal zu zeigen. Aber Arnie hat ihn im Auto vergessen. Außerdem findet er Lammbraten wichtiger als alle Passierscheine dieser Welt.

Zum Nachtisch essen wir unsere Kirschen. Kirschen aus Daraa sind wirklich etwas Besonderes.

Die Festnahme

Nach dem Essen machen wir eine Stadtrundfahrt. Es herrscht wenig Verkehr. Gelegentlich sehen wir einen Soldaten auf einem Fahrrad. Nur einmal kommt uns ein Mannschaftswagen mit Soldaten entgegen. Ich bitte Arnie, zur Universität zu fahren. Vielleicht können wir dort mit Studenten sprechen. Arnie willigt ein. Seit er überall durchkommt, macht ihm die Fahrt zunehmend Spaß.

Wir kommen an einem ausgebrannten Polizeigebäude vorbei, dem ersten sichtbaren Hinweis auf Kämpfe. Julia will das Gebäude fotografieren. Also wenden wir. Julia filmt und filmt. Hakim weist darauf hin, dass uns seit einer Weile ein Auto folge. Immer wenn wir anhielten, halte es ebenfalls. Doch wir sind nicht beunruhigt. Notfalls wird Arnie seinen Passierschein zeigen.

Wir fahren an einem »Panorama-Tor«, einer Art Triumphbogen, vorbei. Seine bunten Kacheln zeigen den früheren syrischen Präsidenten Hafiz Al-Assad mit seinem tödlich verunglückten Sohn Basil. Julia bittet den Fahrer, Schritttempo zu fahren. Sie will wieder filmen und fotografieren.

Doch urplötzlich steht einige Meter vor uns ein Soldat auf der Straße. Er richtet seine Maschinenpistole auf uns. Arnie bremst hart, wir werden nach vorne geschleudert.

Wie aus dem Nichts tauchen von rechts Soldaten in Kampfanzügen auf. Das Auto, das uns die ganze Zeit folgte, fährt dicht auf. Auch aus ihm springen bewaffnete Männer in Tarnanzügen heraus. Innerhalb von Sekunden sind wir von acht Soldaten umstellt. Die Lage ist hochexplosiv. Fast tonlos flüstere ich Julia zu, ihre Profikamera fallen zu lassen und meine kleine Digitalkamera in die Hand zu nehmen. Doch Julia hat das längst getan.

Die Soldaten, die uns umzingelt haben, sehen extrem unfreundlich und aggressiv aus. Ich setze trotzdem auf Körpernähe und steige aus. Jedem einzelnen der finster dreinschauenden Soldaten schüttle ich die Hand. Julia und Hakim rufe ich zu, sie sollten lächeln. Doch sie lächeln bereits – wie Pauschaltouristen auf dem Weg zum Strand. Nur Arnie ist blass. Ein Soldat hält die Mündung seiner Maschinenpistole direkt vor sein Gesicht.

Die Soldaten, die kein Wort Englisch sprechen, kontrollieren unsere Pässe. Die Daten geben sie einer Zentrale durch. Mein Buch über den irakischen Widerstand hole ich nicht hervor. Es wäre hier eher kontraproduktiv. Zwei Fahrzeuge des militärischen Geheimdienstes treffen ein. Wieder begrüße ich jeden der misstrauischen Beamten mit Handschlag.

Noch immer hat Arnie die Maschinenpistole direkt vor seiner Nase. Ich rufe ihm zu, er solle seinen verdammten Wunderausweis vorzeigen. Doch Arnie wagt angesichts des Schnellfeuergewehrs vor seinem Gesicht keine Bewegung.

Ich weiß, das Hauptproblem kommt noch: die Überprüfung der Kamera. Sie enthält neben touristischen Fotos auch Aufnahmen des einsamen Panzers vor Daraa, der Checkpoints, Bilder von Soldaten und Aufnahmen des ausgebrannten Polizeigebäudes. Für Touristen etwas ungewöhnliche Fotos. Eine Nacht auf dem Revier der Geheimpolizei ist das Mindeste, was Julia, Hakim und mir droht. Wegen Spionageverdachts.

Für Arnie, der Syrer ist, kann alles noch ernster werden. Ich raune ihm ein weiteres Mal zu, er solle endlich seine verflixte Sondererlaubnis herausholen. Arnie wird jetzt noch grauer im Gesicht als zuvor. An der Mündung der Maschinenpistole vorbei flüstert er mir zu, er habe keine Sondererlaubnis. Er habe immer nur seinen Personalausweis gezeigt. Er habe sich fest darauf verlassen, dass die Soldaten nicht lesen könnten oder nicht so genau hinschauen würden.

Ich kann es nicht fassen. Wir sind ohne jede Erlaubnis in eine Stadt im Ausnahmezustand gefahren. Dazu hatte ich das kostspieligste Auto und den teuersten Fahrer von Damaskus gemietet!

Auch Julia ist blass um die Nase. Sie muss für den Geheimdienstchef alle Fotos durchklicken. Auf touristischen Bildern aus Damaskus und Daraa lässt sie ihren Finger besonders lange ruhen. Die problematischeren Bilder zeigt sie nur für den Bruchteil einer Sekunde. Auf die Idee, dass es im Wagen auch noch eine Profikamera geben könnte, kommt keiner der Geheimdienstler. Oder doch?

Der Chef des militärischen Geheimdienstes ist zwar übermüdet, aber nicht dumm. Der Mann mit den kurz geschnittenen grauen Haaren nimmt mich auf die Seite und schaut mir in die Augen. »Was um alles in der Welt machen Sie hier? Sie wissen doch, dass hier schnell geschossen wird.« Seine Männer hätten seit Tagen kaum geschlafen. Da könne alles passieren.

Ich antworte, ich sei Tourist und bereiste seit 50 Jahren die arabische Welt. Ich sähe keinen Grund, diese Reisen wegen eines Aufstands aufzugeben. Fast traurig erwidert der Geheimdienstler, im letzten Jahr habe es in Syrien noch zehn Millionen Touristen gegeben. Aber das sei Vergangenheit. In Daraa gebe es keine Touristen mehr.

Ich antworte: »Doch, es gibt noch zwei Touristen. Sogar mit Übersetzer und Fahrer. Die sollten Sie nicht auch noch vertreiben.« Zum ersten Mal schmunzelt er: »Steigen Sie in Ihr Auto. Ich bringe Sie zum Stadtausgang. Damit Sie an den Checkpoints keine Probleme bekommen. Wir müssen uns beeilen. Ab 20 Uhr ist Ausgangssperre.«

Dann fügt er hinzu: »Eigentlich müsste ich Sie mindestens eine Nacht hierbehalten. Auch um mir Ihre Fotos genauer anzusehen. Vor allem die auf den anderen Apparaten. Aber dann wird alles zu ernst. Seien Sie uns nicht allzu böse. Die Lage in Daraa ist schwieriger, als Sie ahnen. Und die Situation, in der Sie sich befinden, auch.«

Ich frage ihn, ob der Soldat irgendwann seine Maschinenpistole aus dem Gesicht unseres Fahrers nehmen könne. Jetzt lachen sogar einige der Soldaten. Nur Arnie ist bedrückt. Die Sache mit dem »Wunderausweis«, die anfangs so gut geklappt hatte, ist ihm sehr peinlich.

Der Geheimdienstchef fährt mit uns bis zum letzten Kontrollposten. Dort wartet er, bis wir Richtung Damaskus entschwun-
den sind. Er will sichergehen, dass wir die Stadt tatsächlich verlassen.

Vor Damaskus wird der Verkehr dichter. »Fliegende Kontrollposten« mit schwer bewaffneten Sicherheitsbeamten in Zivil kontrollieren alle Autos und alle Papiere. Das Regime will sicherstellen, dass keine Rebellen in die Stadt einsickern.

Das Freitagsgebet in der Umayyaden-Moschee

Am nächsten Tag, einem Freitag, wollen Julia und ich zum Freitagsgebet in die Umayyaden-Moschee. Julia will den Gottesdienst filmen. Aber Hakim, unser Dolmetscher, der ihre Kamera
über Nacht aufbewahrt, weigert sich, diese herauszurücken. Als
deutsche Christin während einer Revolution zum muslimischen
Freitagsgebet zu wollen, sei schon verrückt. Aber dort als Frau
auch noch fotografieren zu wollen sei schlicht lebensgefährlich.
»I would consider it a potential suicide« – aus seiner Sicht sei das
potenzieller Selbstmord.

Die schwersten Demonstrationen begännen meist direkt nach
dem Freitagsgebet. Das Regime habe deshalb heute Morgen lan-
desweit das Internet abgeschaltet. Er leiste keine weitere »Ster-
behilfe«.

Doch bisher war in Syrien alles viel undramatischer als in den
Medien geschildert. Wir beharren daher auf unserer Entscheidung. Hakim bleibt verärgert zu Hause. Ich hörte ja ohnehin
nicht mehr auf ihn, brummt er.

Der Souk vor der Moschee ist wie leer gefegt. Durch die schad-
haften Dächer malt die Sonne Kreise auf den Boden. Am Ausgang des Souks strömt das Licht wie Goldregen auf uns herab.
Wir gehen durch den Paulusbogen und stehen vor der Umayyaden-Moschee. Wir sind spät dran. Nur eine kleine Menschen-
traube steht noch vor dem Eingangstor. Ein Wächter fragt, ob wir
Muslime seien. Wir schütteln den Kopf. Er auch. Der Freitags-
gottesdienst sei nur für Muslime.

Neben uns steht ein etwa fünfzigjähriger Mann mit silbernem Haar und gepflegtem Dreitagebart. Er trägt ein langes, beiges Gewand, die Galabiyya, und eine gehäkelte Kappe, die Taqiyya. Er sieht sehr kultiviert aus. Ich frage auf Englisch, ob er uns helfen könne. Er nickt: »Selbstverständlich, Sie sind meine Gäste.« Dann wechselt er ein paar Worte mit dem Türwächter und begleitet uns fast feierlich in den vornehmen Gästeraum der Moschee. Wir können den Gottesdienst von hier aus über einen Bildschirm oder – wie alle anderen – direkt vom Gebetsraum aus verfolgen. Ein Diener bringt uns Tee. Wir werden behandelt wie königliche Besucher.

Die Moschee ist nur zur Hälfte besetzt. Doch die Predigt des greisen Scheikh Mohammed Al-Buti ist eindrucksvoll. Er appelliert an beide Seiten des Konflikts, aufeinander zuzugehen.

Wir begeben uns in den prächtigen Innenhof. Durch die halb offene Tür hören wir noch immer die sonore, entspannende Stimme Al-Butis. Es ist wie in einem Traum aus alten Zeiten. Erst als die Gläubigen aus dem Gebetsraum in den Innenhof strömen, erwache ich aus der fast mystischen Stimmung, in die mich die beschwörende Predigt und das Gebet versetzt haben.

Als die Menschen schließlich auf den großen Platz zwischen Moschee und Paulustor drängen, schlendern wie in einem Wildwestfilm von allen Seiten Dutzende auffällig unauffällige Männer auf sie zu. Ihre Hosen sind bis über den Bauchnabel hochgezogen. Ihre Körpersprache sagt: »Legt euch nicht mit uns an. Wir sind bereit.« Der Geheimdienst will zeigen, dass er alles unter Kontrolle hat. Doch die Moscheebesucher gehen an den Männern vorbei, als existierten sie nicht.

Scheikh Al-Buti fährt in seinem Jeep langsam durch die Menge. Als er auf unserer Höhe ist, kurbelt er das Fenster herunter und reicht uns seine gegerbte Hand. »Herzlich willkommen, grüßen Sie Deutschland«, sagt er und lächelt uns mit seinem zerfurchten Gesicht freundlich an. Dann fährt er weiter.

Unter einem kleinen, schattenspendenden Dachvorsprung der Moschee warten wir auf den Mann, der uns geholfen hat, am Freitagsgebet teilzunehmen. Er kommt als einer der Letzten. Er heißt Aziz, hat lange im Ausland gelebt und spricht fließend

Englisch. Während ich mich mit ihm unterhalte, umkreist uns ein Geheimdienstler mit Nussknackergesicht. Immer enger zieht er seine Kreise. Am Ende ist sein grimmiges Gesicht ganz nah. Doch er hat Schwierigkeiten, unsere Sprache zu verstehen. Obwohl seine Ohren immer länger werden.

Aziz lässt sich nicht beeindrucken. Offen sagt er seine Meinung. Assad müsse die Reformen des Landes energischer vorantreiben. Und die sozialen Probleme der Vorstädte und der ländlichen Regionen anpacken. Die Demonstranten hätten in vielen Punkten recht. Die Sicherheitskräfte hätten auf die ersten Kundgebungen völlig unangemessen reagiert. Doch die Reaktionen einiger Demonstranten seien auch nicht so friedlich gewesen, wie Al-Dschasira berichtet habe.

Leider habe sich das Ausland früh eingemischt. In Daraa beispielsweise seien die Aufständischen schon nach wenigen Tagen bewaffnet gewesen. Von da an hätten die Kundgebungen zunehmend ihren Charakter verändert. Demokratie stehe nicht mehr im Vordergrund. Die Waffen seien aus Katar, Saudi-Arabien und der Türkei ins Land geschmuggelt worden. Die meisten Syrer und die Mehrzahl der demokratischen Demonstranten seien gegen diese Einmischung des Auslands. Sie wollten auch nicht den Sturz Assads. Der Präsident sei nicht das Problem. Tunesien, Ägypten und Libyen seien für die Syrer kein Vorbild.

Aber Assad laufe die Zeit davon. Aziz schaut auf seine Uhr. »Mir auch«, lacht er und verabschiedet sich herzlich. »Wenn Sie ein Problem haben, rufen Sie an«, sagt er und gibt mir seine Visitenkarte. Auch der Geheimdienstler hätte die gerne. Doch Aziz ist bereits wie ein Phantom in der Menge verschwunden.

Tanaya, das Straßenmädchen aus Bagdad

Syrien hat in der jüngeren Vergangenheit großzügig immer wieder Flüchtlinge aufgenommen. 400 000 Palästinenser und 1,5 Millionen Iraker haben hier zeitweise Asyl gefunden.[1] Die meisten in Damaskus.

Gemeinsam mit Hakim fahren wir nachmittags in einen dieser Flüchtlingsvororte. Ins »Palästinenserviertel« Jarmuk. Hier lebt Tanaya, ein Straßenkind aus Bagdad. Sie ist vor einigen Jahren vor der Gewalt im Irak nach Syrien geflohen. Außer einer alten Tante hat sie niemanden mehr auf dieser Welt. Sie ist erst 27 Jahre alt, aber sie hat längst jeden Mut verloren. Sie hat keinen Beruf und will auch nicht heiraten. Sie traut sich nicht einmal allein in die Gassen ihres Viertels.

Mit ihrer Tante lebt sie in einer ärmlichen, aber blitzsauberen Wohnung. Vielleicht wird sie irgendwann wieder fliehen müssen. Doch sie weiß nicht, wohin. Sie nennt mich »Vater«, weil ich sie und ihre Tante finanziell unterstütze. Aber ich bin nicht ihr Vater. Sie hat keinen Vater. Als ich sie angesichts ihrer totalen Mutlosigkeit fast verzweifelt frage, ob sie denn gar keine Träume habe, überlegt sie kurz. Dann antwortet sie: »Träume? Nein, ich habe keine Träume.«

Als wir gehen wollen, zeigt sie uns ihren winzigen, schattigen Hinterhof. Hier stehen Plastiktöpfe mit kleinen Pflanzen. Tanaya pflückt die beiden einzigen Blumen, die es gibt. Sie schenkt sie Julia und mir.

Es ist das letzte Mal, dass ich Tanaya sehe. Wenige Monate später verschwindet sie zusammen mit ihrer Tante spurlos aus Jarmuk. Ist sie vor den aufkommenden Unruhen im Palästinenserviertel zurück in den Irak geflohen? Wir telefonieren alle ihre Bekannten ab. Doch die Nachforschungen bleiben erfolglos. Ich mache mir große Sorgen. Beide sind mittellos. Ich hoffe, sie leben noch. Wie kann ich Tanaya finden?

Spätabends gehen wir noch einmal durch das Christenviertel. Ich muss den Kopf freibekommen, will die Traurigkeit Tanayas vergessen. Und die Tragödie, in die Syrien mit freundlicher Unterstützung des Auslands fast unaufhaltsam hineinschlittert. Am Straßenrand erblicke ich einen großen Fußball. Ich spüre das unwiderstehliche Bedürfnis, meine ganze Wut an diesem Ball auszulassen. Ihn irgendwohin, weit weg zu schießen. Ich nehme einen kurzen Anlauf, hole aus – doch Julia schreit schrill: »Stopp, stopp!«

Da sehe ich, dass der Fußball eine alte Steinkugel ist, an der ich mir um ein Haar den Fuß zertrümmert hätte. Und wenn schon, denke ich wütend. An irgendetwas muss ich meine Wut auslassen. Darüber, dass dieses wunderbare Land ins Chaos getrieben wird und viele seiner Nachbarn sich die Hände reiben. Dass kein führender westlicher Politiker einmal selbst nach Damaskus fliegt, um sich ein Bild der Lage zu verschaffen. Jetzt, wo man die Katastrophe noch verhindern könnte. Wir schreiben Mai 2011.

Nachts in meinem Hotel lese ich im Internet, dass im Sicherheitsrat der Vereinten Nationen »nur« noch Russland und China aufseiten Assads stünden. Die Meldung ist typisch für unsere Selbsteinschätzung. In Russland und China leben 1,5 Milliarden Menschen. In den USA, Großbritannien und Frankreich nur 450 Millionen. Wir sind nicht allein auf dieser Welt. Richtig ist, dass der Westen mächtiger ist als andere. Aber könnte er diese Macht nicht auch nutzen, um Frieden zu schaffen?

Hohn in Deutschland

In Deutschland muss ich mich der Kritik der Öffentlichkeit und meiner Freunde von der syrischen Exil-Opposition stellen. Meine Schilderungen seien naiv und lächerlich. In Damaskus könne kein Tourist normal spazieren gehen. Ich sei mit Sicherheit ständig vom Geheimdienst begleitet worden. Wahrscheinlich habe man ganze Viertel für mich geräumt und in Potemkin'sche Dörfer verwandelt.

In Daraa hätten mich auf dem Wochenmarkt höchstens Geheimdienstler angelacht. Dort herrsche Krieg. Wahrscheinlich habe man meinetwegen die Panzer zurückgezogen. Alles sei für mich »gestellt und inszeniert« worden. Vielleicht sei ich gar nicht in Daraa gewesen.

Assad habe in Wirklichkeit kaum noch Anhänger. Das sei meine größte Lüge. Außer den alawitischen und christlichen Minderheiten stehe schon lange niemand mehr hinter ihm. Man fragt mich, wie viel mir die syrische Regierung für derartige Äußerungen zahle. Leserbriefschreiber vermuten, ich sei Agent oder

Mitglied einer verbotenen Geheimloge. Die Morddrohungen häufen sich.

Die kritischsten Fragen aber stelle ich mir selbst. Möglicherweise war wirklich einmal ein Gesprächspartner in einem Café, einem Geschäft oder auf der Straße Mitglied des Geheimdienstes. Aber größere Inszenierungen sind bei meiner Art zu reisen schwierig. In der Regel kennt keiner außer mir meine konkreten Pläne. Auch nicht meine Begleiter. Ich halte meist ein altes Taxi an und fahre los. Irgendwohin. In die Altstadt, in Vororte, auf Märkte. Dort befrage ich Verkäufer, Studenten, junge Männer, junge Frauen. Wenn es geht, alleine. Ohne ihre Freunde oder Kollegen. Auf Englisch, unter vier Augen. Oder unter sechs Augen mit meinem Dolmetscher.

Natürlich konnte man in Daraa für mich die Panzer abziehen. Aber solch ein Aufwand meinetwegen? So etwas würde man vielleicht beim Besuch des UN-Generalsekretärs veranstalten. Aber bei mir? Hätte dann unser Fahrer nicht einen funktionierenden Passierschein gehabt? Wären wir in Daraa über eine Stunde festgenommen worden? Die Maschinenpistole, die unserem Fahrer die Nase kitzelte, sah nicht wie eine Attrappe aus.

Vielleicht liege ja nicht ich falsch, sondern manche westliche Politiker und Medien. Wie in anderen Krisen zuvor. Zum Beispiel im Irakkrieg. Kann man vom heimischen Sessel aus die Krisenherde dieser Welt beurteilen? Wenn der Westen seine erfolgreichste Massenvernichtungswaffe einsetzt, die Lüge?

Auf der Suche nach der Wahrheit

Staatsfeind

Irgendwann werden meine Selbstzweifel so groß, dass ich beschließe, noch einmal nach Syrien zu reisen. Ende Oktober 2011 sitze ich erneut in einer Maschine nach Damaskus. Allerdings nur mit der Hälfte unseres Gepäcks. Julias sieben Sachen sind auf der Lufthansa-Kurzstrecke München – Frankfurt abhanden gekommen. Erst nach einer Woche taucht ihr Koffer, den sie unter meinem Namen aufgegeben hatte, wieder auf. Alle Computerfestplatten fehlen. Das wäre nicht der Rede wert, wenn nicht von nun an auf jeder zweiten Reise nach Syrien mindestens ein Koffer verschwinden würde. Manchmal für bis zu drei Wochen.

Im Flugzeug kommen wir mit einem quirligen Arzt ins Gespräch. Er heißt Salem und ist bekennender Anhänger Assads. Er schwärmt von diesem und von den Freiheiten seines Landes. In Damaskus werde man mich wie immer herzlich empfangen. Die Berichterstattung über Syrien beruhe auf einer »Verschwörung«. Da mich Verschwörungstheorien ermüden, schließe ich die Augen und schlafe ein. Nun muss sich Julia mehrere Stunden mit Salems Theorien auseinandersetzen. Sie ist, nachdem ihr Koffer und vor allem ihre Festplatten verschwunden sind, Verschwörungstheorien gegenüber aufgeschlossen.

Endlich landen wir in Damaskus. An den Wänden und Säulen des Flughafens hängen Bilder Assads. Viele der Fotos sind unvorteilhaft. »Vielleicht ist sein Fotograf Anhänger der Opposition«, meint Julia. Dann geht es zur Passkontrolle. Julia wird freundlich durchgewinkt.

Doch bei mir verfinstert sich das Gesicht des Grenzbeamten. Immer wieder blickt er auf seinen Computer. Dort muss etwas Unangenehmes stehen. Ein Mitarbeiter des Geheimdienstes kommt hinzu. Mit strengem Blick bittet er mich, ihm zu folgen. Ich werde in ein Polizeibüro geführt. Dort fordert er mich auf, Platz zu nehmen. Ich weise darauf hin, dass ich dazu keine rechte Lust hätte und jetzt gern in mein Hotel ginge. Doch die Beamten erklären trocken, dass ich den Raum nicht verlassen dürfe.

Inzwischen ist auch der deutsch-syrische Assad-Fan im Vernehmungszimmer eingetroffen. Er ist erregt. Immerhin hatte er mir einen besonders herzlichen Empfang versprochen. Mit Händen und Füßen redet er auf die Beamten ein. Man flüstert ihm etwas ins Ohr, doch er schüttelt zornig den Kopf. Immer mehr Beamte schalten sich ein.

Salem besteht darauf, telefonieren zu dürfen. In Berlin versucht er, den syrischen Botschafter und in Damaskus den Außenminister oder wenigstens den Vizeaußenminister zu erreichen. Er scheint nicht erfolgreich zu sein. Es ist schon nach 23 Uhr, und irgendwann gehen auch syrische Minister schlafen. Salem gibt nicht auf.

Zwischen zwei Telefonaten rückt er mit der Sprache heraus. Der mächtige »Politische Geheimdienst« Syriens habe gegen mich ein Einreiseverbot verhängt. Wegen eines regimekritischen Artikels, den ich über Syrien geschrieben hätte. Eigentlich konnte das nur ein Artikel in der Wochenzeitung *Die Zeit* sein. Dort hatte ich über meine Reise nach Daraa berichtet. Salem macht ein besorgtes Gesicht. Der Fall scheint nicht einfach zu sein. Ich schaue mich schon mal nach einem sauberen Plätzchen um, wo ich bis zur Abschiebung am nächsten Morgen ein paar Stunden schlafen könnte.

Julia unternimmt einen letzten Versuch. Aus ihrer Handtasche kramt sie die arabische Version meines Buchs *Warum tötest du, Zaid?* hervor. Sie gibt es einem der Beamten. Der reicht es erstaunt seinen Kollegen. Als sie das Foto des Märchenerzählers von Damaskus, Abu Schadi, sehen, strahlen sie. Alle blicken mich auf einmal freundlicher an. Es tut ihnen plötzlich fast leid, dass sie mich nicht ins Land lassen dürfen. Viele Araber scheinen es als ungewohnte Respektbezeugung anzusehen, wenn ein Westler ein Buch in ihrer Sprache veröffentlicht.

Plötzlich klingelt das Telefon des Leiters der Grenzbehörde. Er hebt den Hörer ab und nimmt Haltung an. Er nickt mehrfach fast militärisch, dann legt er auf. »Der Außenminister«, sagt er ergriffen und schaut mich dankbar an. Noch nie hat ihn ein Minister angerufen. Salems wütende Anrufe hatten Erfolg gehabt. Wahrscheinlich hatte er mich in den Rang eines hohen Staatsgastes erhoben. Irgendjemand hatte daraufhin erschrocken den Außenminister aus dem Bett geholt. Zufrieden wischt sich Salem den Schweiß aus dem Gesicht.

»Ein Irrtum, ein großer Irrtum«, sagen nun alle und laden uns zu einer Tasse Tee ein. Nur Salem spricht nicht von Irrtum. »Man hat Sie beim Politischen Geheimdienst angezeigt«, sagt er. »Sie müssen schauen, dass der Vermerk des Geheimdienstes gelöscht wird. Der liegt jetzt allen Dienststellen des Landes vor. Sie gelten als Staatsfeind.« Es ist ein eigenartiges Gefühl. Hier bin ich »Staatsfeind«. In Deutschland wird mir das Gegenteil vorgeworfen.

Übermüdet verlassen wir den Flughafen. Mitternacht ist längst vorbei. Salem ist noch immer außer sich. Wie konnte man seine euphorische Schilderung der Freiheiten Syriens so drastisch widerlegen? Das werde er so nicht stehen lassen, erklärt er zornig. In ein paar Tagen habe er zusammen mit einem Dutzend anderer Persönlichkeiten eine Audienz bei Staatspräsident Assad. Er werde ihm sagen, welche Esel es bei den Geheimdiensten gebe. Das werde ein Nachspiel haben.

Natürlich wird er bei der Audienz nichts sagen, denke ich. Und selbst wenn, wird das Assad nicht interessieren. Auch bei meinen Reisen in die USA bin ich mehrfach stundenlang verhört und auch schon vorläufig festgenommen worden. Kein Mensch interessiert sich dafür. Deshalb erwidere ich müde: »Genau, Sie werden Assad den Marsch blasen! Und der wird sich dann mit seinen Geheimdiensten anlegen.« Dann muss ich ausgiebig gähnen.

»Sie irren sich«, antwortet Salem. Doch als er sieht, dass ich mich ganz meiner Müdigkeit hingebe, schweigt er gekränkt. Immerhin hatte er für mich wie ein Löwe gekämpft. Enttäuscht entschwindet er mit einem Taxi Richtung Stadtzentrum. Ich vermute, dass wir uns vorerst nicht mehr sehen werden.

Demonstrationen für Assad?

Am nächsten Tag machen Julia und ich eine Stadtrundfahrt. Wie üblich mit einem kleinen Taxi. Auf den Straßen kommen uns Scharen gut gelaunter, Fahnen schwenkender Syrer entgegen. Ausgelassen und fröhlich wie nach einem Fußballspiel. Sie singen revolutionäre Parolen. Aber nicht gegen, sondern für Assad. Sie kommen vom Umayyaden-Platz, einem der größten Plätze von Damaskus. Wir bitten den Fahrer, uns dorthin zu fahren.

Auf dem Umayyaden-Platz herrscht eine Stimmung wie auf

dem Oktoberfest. Die Baath-Partei oder die Regierung selbst hat eine riesige Pro-Assad-Demonstration organisiert. Doch von Zwang ist nichts zu spüren. Zwei Millionen Menschen sollen es morgens gewesen sein. Jetzt, nachmittags, sind es mindestens noch eine Million. Selbst auf dem Tahrir-Platz in Kairo habe ich keine größere Demonstration erlebt.

Viele Menschen tanzen. Auch ich werde mehrfach zum Tanzen aufgefordert. Das bringt mir strafende Blicke Julias ein. Sie meint, ich hätte neutral zu bleiben. So muss ich leider alle Einladungen ablehnen. Obwohl manche der Mädchen hübsch und gut gelaunt sind. Der Platz ist ein Fahnenmeer. Über uns dreht ein Militärhubschrauber mit einem Kamerateam seine Runden. Als sich Soldaten in die offene Tür setzen und herunterwinken, jubeln die Hunderttausende. Von einem Podium werden Parolen in die Menge gerufen: »Assad, Demokratie – Assad, Freiheit.« Und von den Menschen hunderttausendstimmig erwidert. »Sind das alles bezahlte Jubelsyrer?«, fragt Julia und reibt sich die Augen.

Die Menge wird über Lautsprecher aufgefordert, die Facebook-Seite der Regierung zu besuchen. Mubarak und Gaddafi hingegen hatten das gesamte Internet gesperrt. »Verdammt gut organisiert!«, denke ich. Doch nicht alles scheint gesteuert zu sein. Vieles wirkt spontan. Vor allem die Freude und Herzlichkeit, mit der gefeiert wird und die man auch uns entgegenbringt. Wir sind allerdings auch die einzigen Westler auf dem Platz. Vielleicht werden wir nur deshalb so herzlich begrüßt.

Das westliche Fernsehen, Al-Dschasira und Al-Arabiya werden von dieser staatlich organisierten und dennoch erstaunlich lebendigen Großdemonstration abends nichts zeigen. Westliche Online-Dienste berichten von einigen wenigen zehntausend Menschen. Wenn am selben Tag im Stadtzentrum von Damaskus auch nur 100 Studenten gegen Assad demonstriert und darüber ein Video produziert hätten, wäre es um die ganze Welt gegangen. So feiern die Assad-Anhänger für sich allein. Es gibt sie offiziell ja gar nicht.

Auf einer der 14 abgesperrten Straßen, die sternförmig vom Umayyaden-Platz ausgehen, liegt eine mehrere hundert Meter lange Fahne. Angeblich die größte Fahne der Welt. Hier kann jeder seinen Wunsch eintragen. Manche schreiben nur den Vornamen ihrer Freundin oder ihres Freundes darauf. Ich denke an John Lennon und schreibe: »Give peace a chance – Gebt dem Frieden eine Chance.« Ein junger Mann fragt, warum ich nicht »mit Assad« dazuschreibe. »Weil mir das völlig egal ist«, erwidere ich. Frieden finde ich mit jedem Staatspräsidenten gut.

Abends sitzen wir in einer Kneipe des Christenviertels mit jungen Syrern vor dem Fernseher. Musikvideos zeigen die syrische Variante des amerikanischen Traums: Ein junger Mann in Jeans und T-Shirt gibt sich singend seinem Herzschmerz hin. Gleichzeitig weint eine nach westlichem Schönheitsideal gestylte Syrerin im BMW-Cabriolet ihrer zerbrochenen Liebe nach. Die meisten jungen Syrer haben die gleichen Träume wie junge Menschen im Westen. Freund, Freundin, Auto, Haus. Und nicht viel mehr.

Es ist spät. In unserem altarabischen Hotel Beit Zafran wartet das Personal sehnsüchtig auf uns. Wir sind die einzigen und letzten Gäste. Seit Monaten ziehen die Mitarbeiter des Hotels jeden Morgen ihre schicke Arbeitskleidung an, um sich auf den Tag vorzubereiten. Obwohl auch dieser Tag wieder nur aus Stornierungen und der Pflege leerer Gästezimmer bestehen wird. Einst sind hier Bryan Adams und Alfons Schuhbeck abgestiegen. Schuhbeck hat es so gut gefallen, dass er den Koch gleich mitgenommen hat. Doch das war vor den Unruhen. Nach unserer Abreise wird der Eigentümer das Hotel schließen müssen. Die Mitarbeiter haben keine Chance, eine vergleichbare Stelle zu finden. Krieg trifft immer die Falschen.

Maaloula – ein aramäisches Märchen

Überall in unserem Hotel stehen Bücher des vor allem in Deutschland berühmten syrischen Schriftstellers Rafik Schami. In deutscher Sprache. Julias Augen leuchten. Sie liest alle seine Bücher. Offiziell sollen sie in Syrien verboten sein. Angeblich darf der große Poet Syrien auch nicht besuchen. Seit 1970 lebt er im Exil. Noch vor der Machtergreifung der Assads hatte er das

Land verlassen. Weil er an der Zensur der Vorgängerregierung zu ersticken drohte.

Julia fühlt sich inmitten all dieser Bücher richtig wohl. Ihr Vater ist der Bruder von Rafik Schamis Frau. Julia ist seine angeheiratete Nichte. Deshalb will sie unbedingt nach Maaloula, jener Stadt, in der ihr Onkel aufwuchs. Und in der sein berühmter Roman *Die dunkle Seite der Liebe* beginnt. Außerdem ist Maaloula einer der wenigen Orte der Welt, in dem noch Aramäisch – die Sprache Jesu – gesprochen wird.

Die Fahrt am nächsten Nachmittag dauert lange. Weil der Fahrer nie schneller als 60 Stundenkilometer fährt. Und häufig mit seiner Freundin telefoniert und dabei die Geschwindigkeit fast auf Gehtempo drosselt. Er scheint sehr verliebt zu sein.

Nach drei Stunden verwandelt sich die flache Ebene in eine immer enger werdende Berglandschaft. Maaloula taucht auf, 1500 Meter hoch, von Felsen umschlungen. Die an die steilen Hänge geschmiegten Häuser scheinen die Bergkämme erklimmen zu wollen. Die ins Gestein gehauene Kirche ist eine der ältesten der Welt.

Aramäisch, arabisch und englisch sprechende Einwohner begleiten uns durch den zauberhaften Ort. Sie führen uns zu einer kilometerlangen, kalkweiß-beige-braunen Schlucht, die sich schlangenförmig durch das Gestein windet. Der blaue Himmel ist hier nur noch durch einen Spalt zu erkennen. So eng stehen die hohen Felsen beieinander, die einst von reißenden Wassern durchtost wurden.

Bald neigt sich die Sonne. Die Häuser im Schoß der Felsen verfärben sich tieforange. Es ist Zeit zu gehen. Unser Fahrer fotografiert sich noch schnell von allen Seiten für seine Freundin. Dann geht es zurück nach Damaskus. Auch jetzt telefoniert er ständig mit seiner Verlobten. Wir fahren Schritttempo. »Noch etwas langsamer, und wir stehen«, murre ich milde. Doch gegen diese Liebe ist kein Kraut gewachsen. So genießen Julia und ich den Blick auf das nächtliche Damaskus, das glitzernd und funkelnd vor uns liegt. Die Revolution scheint weit weg zu sein – obwohl sie schon vor acht Monaten begann.

Vor dem Schlafengehen bummeln wir noch einmal durch die schmalen Gassen der Altstadt. Es ist, als gäbe es hier keine Türen. Man riecht, was gekocht wird, und hört, was im blumengeschmückten Innenhof gesprochen wird. Kräuter und Gewürze duften durch die Ritzen der alten Häuser. Wir sehen einen Schreiner, versunken in das Abschleifen einer Tischplatte, einen Polsterer, der, auf einem frisch bezogenen Sofa sitzend, stolz eine Zigarre raucht. Und einen Bäcker, der dampfendes Brot aus dem Ofen zieht und einem wartenden Kunden reicht.

Auf dem Nachhauseweg kommen wir an einem Trödelladen vorbei. Hier gibt es Geldscheine längst vergangener Zeiten. Libysche Dinare mit dem Jugendbildnis Gaddafis, irakische Dinare mit dem Foto Saddam Husseins, iranische Rials mit Abbildungen des Schahs von Persien und Ayatollah Khomeinis und kubanische Pesos mit dem Gesicht Che Guevaras. Was ist aus all diesen Herrschern und Revolutionären geworden? Lohnt sich die Herrschaft über Leben und Tod – auf Leben und Tod? Assads Bild gibt es nicht auf Banknoten. Eine kluge Entscheidung, meint Julia. Für ein paar Euro kaufe ich einige der alten Geldscheine.

Im Taxi nach Homs und Hama

Am nächsten Morgen bestellte ich über unser Hotel einen Minibus samt Dolmetscher. Eine Stunde später war der mehrsprachige Fahrer im Hotel. Zuhair war ein väterlich wirkender, großer, schlanker Mann. Von Beruf war er Reiseführer. Seit sechs Monaten war dies sein erster Auftrag, wie er ohne Selbstmitleid erzählte. Er gab sich große Mühe, Haltung zu bewahren. Sein Anblick tat fast weh. Wie sollte dieser Mann in den Wirren des Krieges seine Familie ernähren?

Zuhair glaubte, ich wolle in den Libanon oder nach Palmyra, die beliebte antike Oasenstadt. Doch ich fragte ihn, ob er uns in das etwas gefährlichere Hama fahren könne. Er nickte. Er stamme aus Hama. Die Stadt sei im Augenblick relativ ruhig. Anders als Homs. Dort gebe es Kämpfe. Wir einigten uns und stiegen in seinen Minibus ein.

Ich informierte niemanden über unsere Reisepläne. Auch Zuhair versprach zu schweigen. Die Leute vom Geheimdienst, die regelmäßig nachmittags bei der Rezeption unseres Hotels nachfragten, wo ich mich herumtriebe, würden als Antwort – wie meist – nur ein Achselzucken bekommen. Vielleicht sei ich auf dem Weg nach Beirut, vielleicht aber auch zu irgendeiner touristischen Sehenswürdigkeit wie Palmyra oder Maaloula. Bei mir wisse man nie genau, was ich gerade machte. Der Geheimdienst war diese Antworten inzwischen gewöhnt. Wahrscheinlich wusste er auch von Salem, dass ich in Ruhe gelassen werden wollte. Und die Regierung wollte nach dem Zwischenfall am Flughafen wohl keine weiteren Probleme mit mir. Salem war ein kluger Mann.

Auf einer vierspurigen Schnellstraße ging es zügig Richtung Hama. Einige Kilometer vor der Stadt wiesen große grüne Verkehrsschilder auf eine Abzweigung nach Homs hin. Ich fragte Zuhair, wie lange man von hier ins umkämpfte Homs brauche. »Zwanzig Minuten«, antwortete er. Ob er bereit sei, uns dorthin zu fahren, wollte ich wissen. »Wenn Sie es wünschen, gerne«, gab er zurück. Wenn man seit sechs Monaten ohne Arbeit ist, sagt man nicht mehr häufig Nein. »Also auf nach Homs!«, nickte ich. Ich schaute Julia an, mit der ich ebenfalls nur über Hama gesprochen hatte. Auch sie blieb ganz ruhig. Sie hatte offenbar Vertrauen zu Zuhair, der die Gegend kannte – und offenbar noch immer zu mir.

Ich hatte mir schon bei der Abfahrt vorgenommen, wenn möglich nach Homs zu fahren. Aber ich wollte keine langen Diskussionen. Ich wollte die Entscheidung von den konkreten Umständen vor Ort und vom Rat Zuhairs abhängig machen.

Gespannt warte ich auf die ersten Straßensperren. Doch es gibt keine. Wieder einmal ist alles anders als in den arabischen und westlichen Medien berichtet. Homs ist nicht total abgeriegelt, wie Al-Dschasira täglich kriegstreiberisch vermeldet. Nur ein Militärpolizist regelt am Stadteingang, nahe dem Universitätsviertel, den Verkehr. Obwohl ganz in der Nähe der schwer umkämpfte Stadtteil Baba Amr liegt. Weder Checkpoints noch Panzer behindern die Fahrt ins Zentrum. Julia ist sprachlos. Und filmt. Bilder, die man uns wieder nicht glauben wird. Aber vielleicht habe ja der Geheimdienst meinetwegen wieder alle Panzer abziehen lassen, meint sie ironisch.

Homs, einst bewundertes Vorbild friedlich-freundschaftlichen Miteinanders von Sunniten, Alawiten, Schiiten und Christen, ist zwar seit Monaten Schauplatz blutiger Auseinandersetzungen. Doch die Kämpfe finden in jenen Wochen meist nur in einzelnen Vierteln statt. Im Stadtzentrum Al-Hamidiye etwa erinnern Schutzwälle aus Sandsäcken an Straßenkreuzungen und öffentlichen Gebäuden daran, dass hier Gefechte stattgefunden haben.

Wir gehen in den Souk Al-Hal im Stadtteil Al-Kussur. Alle Geschäfte sind offen. Viele Menschen grüßen uns herzlich. Junge Leute laden uns in einen Hinterhof ein. Es gibt Tee. Die Jungs sind vorsichtig. Sie wollen nicht gefilmt werden. Sie erzählen von zwei gefährlichen westlichen Spionen, die für die syrische Regierung tätig seien.

Wer hat bloß diese Geschichte in die Welt gesetzt? Auch ein hoher westlicher Diplomat in Damaskus hatte sie uns erzählt. Er hatte wörtlich berichtet, die Bewohner von Homs pflegten derartigen Spionen Nase und Ohren abzuschneiden. Julia fasst sich mehrfach an ihre Nase. Sie fühlt sich in dem engen Hinterhof unwohl. Sie will raus. Mit Nase und Ohren. Wir verabschieden uns.

Auf dem Wochenmarkt, wo es von Fleisch, Gemüse, Obst bis zu Kleidung alles zu kaufen gibt, erwerbe ich drei Bananen. Der schnauzbärtige Verkäufer schenkt mir eine Tüte Mandarinen dazu. »Danke, dass Sie gekommen sind. Hier kommt niemand mehr her.«

In einem nahe gelegenen Teehaus spielen alte Männer Backgammon. In einer schummrigen Ecke nehmen wir Platz. Wir bestellen Minztee und eine Schischa-Pfeife. Ein junger Mann setzt sich zu uns. »Heute Abend wird es heftige Kämpfe geben«, sagt der ganz normal gekleidete Rebell leise. »Sie sollten bald abfahren.« Dann erzählt er von der Revolution, von seinen Träumen von Freiheit und seiner Angst vor den Geheimdiensten. »Die Menschen hassen das System. Es ist korrupt und brutal.«

Ich will wissen, wie viel Prozent in Homs hinter den Rebellen stünden. »50 Prozent«, antwortet er. »Es gibt einen furchtbaren

Bürgerkrieg, wenn es nicht bald eine Lösung gibt.« Ich staune: Nur 50 Prozent unterstützen den Aufstand von Homs? Doch ich höre diese Zahl in Homs mehrfach. Vor allem von Alawiten und Christen, die hier 40 Prozent der Bevölkerung stellen. Manchmal werden mir sogar deutlich niedrigere Zahlen genannt.

Über unser Handy bitten wir Zuhair zu uns. Falls er Kontakte zum Geheimdienst hat, wird er nicht viel berichten können. Nur dass wir wie üblich darauf bestanden hätten, alleine zu sein. Voll überraschender Eindrücke fahren wir Richtung Hama. Wie soll ich in Deutschland jemandem erklären, dass wir einen halben Tag lang wie normale Touristen durch das umkämpfte Homs spaziert sind? Das Fernsehen zeigt doch täglich ganz andere Bilder. Friedliche Straßen oder Viertel gibt es hier angeblich schon lange nicht mehr.

Auf der Fahrt kommen uns mit Soldaten besetzte dunkelgrüne Busse entgegen. Sie fahren nach Homs. Einige halten ihre Maschinenpistolen aus den Fenstern. Sie wirken müde und abgekämpft. Manche grölen wie Fußballfans vor einem Spiel. Wollen sie sich Mut machen? In irgendeinem Viertel von Homs werden sie demnächst ihre Arbeit, ihr Handwerk verrichten müssen. »Ihre Arbeit ist Töten«, sagt Zuhair. »Sie fahren nach Baba Amr.« Julia ist bleich im Gesicht.

Hama ist weltberühmt für seine malerischen Aquädukte aus der Zeit der Ayyubiden. Hier versteht man sofort, warum die Syrer so stolz auf ihre lange Geschichte sind. Alles verzaubernd geht die Sonne unter. Für ein paar Minuten vergessen wir, dass in der Nähe Krieg ist.

Auch hier empfängt uns das pulsierende Leben der Souks. In einem Schuhladen zeigt uns ein schmächtiger Junge das Handy-Foto seines Vaters. Er ist bei einer Demonstration erschossen worden. Bis morgen will er uns das gesamte Filmmaterial besorgen. Obwohl er Angst hat. Immer wieder schaut er auf die Straße. Als fürchte er, dass plötzlich Soldaten oder Geheimdienstler auftauchen könnten.

Unser Hotel im Zentrum der Stadt muss einmal schön gewesen sein. Doch die acht Monate Aufstand und Krieg haben ihm zugesetzt. In meinem Zimmer ist es bitterkalt. Die Heizung ist abgestellt. Ich ziehe zwei Jacken, zwei Hosen sowie eine Wollmütze an und gehe ins Bett. Dort wickle ich mich in alle Decken ein, die ich finden kann.

Um Mitternacht höre ich in der Stadt eine Explosion und anschließend nicht endende Gewehrsalven. Ich rufe die Rezeption an und frage, was los sei. »Das Übliche«, lacht der Eigentümer, der mir kurz zuvor noch eine friedliche Nachtruhe gewünscht hatte. »Sie können ruhig weiterschlafen.« Ich schlafe weiter, aber unruhig.

Am nächsten Morgen zieht es uns erneut zum Souk. Er scheint das Herz von Hama zu sein. Unseren Fahrer haben wir wieder höflich abgeschüttelt. Tausende Menschen drängen durch die engen Gassen. Es gibt nichts, was es hier nicht gibt. Als Erstes kaufen wir uns mehrere Sätze warmer, langer Unterwäsche. Die Nacht war zu kalt.

In der Gasse der Kesselflicker frage ich einen Jungen mit langen schwarzen Locken, was er von Assad halte. »Ich liebe ihn und werde ihn immer lieben«, antwortet er auf Englisch. »Er ist ein Mann, auf den man sich verlassen kann.« Staunend schauen Julia und ich uns an. Wir sind in Hama, nicht in Damaskus.

Dann suchen wir nach dem Jungen, der uns das Filmmaterial versprochen hatte. Wie findet man jemanden in diesem labyrinthischen, riesigen Souk? Plötzlich begegnen uns in der Menge wissende Augen. Fast unmerklich geben sie uns ein Zeichen. Wir folgen. Wieder landen wir in einem Hinterhof. Er ist groß und hat einen stattlichen Lagerraum. Monitore überwachen das Schuhgeschäft, den Hinterhof, das Lager.

Und sie strahlen Al-Dschasira aus, das in reißerischer Aufmachung ein Gefecht irgendwo in Syrien zeigt. In der Heldenrolle die Rebellen. Mutig kämpfend, sterbend. Der Bericht geht durch Mark und Bein. Sofort sind in meinem Kopf die Bilder von Bizerta, Kairo und Bengasi wieder da. Es ist schwer, sich der rauschartigen Stimmung zu entziehen, die die Reportage verbreitet.

Unsere Jungs haben das Material, aber sie wollen es nicht herausgeben. »Zu gefährlich«, sagt Hamid, dessen Vater getötet wurde. Dann könne er sich gleich erschießen. Ich dränge nicht. Er soll unseretwegen keine Probleme bekommen. Vielleicht hat er ja auch die Räuberpistole von den zwei westlichen Geheimagenten gehört. Julia fasst sich sorgenvoll an die Nase. Unverrichteter Dinge ziehen wir ab.

Draußen in der Gasse kommen uns Jugendliche entgegen, die sich laut unterhalten. Als sie auf unserer Höhe sind, sagen sie leise auf Arabisch: »Assad sift, Assad erhal – Assad ist schlecht, Assad, verschwinde.«

Schließlich treffen wir unseren etwas entmutigten, aber dennoch Haltung bewahrenden Fahrer Zuhair. Er beschwert sich nicht, dass wir eine Stunde verspätet sind. Wir fahren wieder an den großen alten Wasserrädern vorbei, atmen noch einmal den herben Geruch des ausgetrockneten Flusses ein. »Damaskus?«, fragt Zuhair hoffnungsvoll. »Homs«, erwidere ich. Zuhair nickt ergeben. Es ist 1 Uhr mittags.

Wieder gibt es vor Homs keine Straßensperren, keine Kontrollen. In einem Café im Stadtteil Al-Mahatta diskutieren wir mit jungen Christen. Auch sie demonstrieren regelmäßig für Demokratie. Aber sie sind nicht mehr sicher, ob es darum noch geht. Nicht nur die staatlichen Sicherheitskräfte seien brutal, auch die bewaffneten Rebellen seien inzwischen gnadenlos. Sie würden von Katar und Saudi-Arabien großzügig bezahlt und übernähmen zunehmend deren politische Ziele. Sie töteten auch Zivilisten. Vor allem Alawiten, aber auch Christen. Fast jeder in Homs kenne schreckliche Fälle.

Die friedlichen Demonstranten der ersten Tage sitzen zwischen allen Stühlen. Dem Staat sind sie zu aufsässig, den bewaffneten Rebellen nicht entschlossen und hart genug. Man habe ihnen die Revolution gestohlen, sagen sie. Es ist ein langes, nachdenkliches Gespräch. Nur gestört von den heulenden Sirenen der im Hintergrund immer häufiger vorbeifahrenden Krankenwagen.

Von der Straße aus gibt uns Zuhair erregte Zeichen. Die Lage sei kritisch, ruft er uns zu. Wir müssten schnell raus. Ich blicke mich um. Noch immer sehe ich auf der Straße Passanten, wenn auch nicht mehr viele.

Ich möchte noch in die nahe gelegene Al-Atassi-Moschee, um Ordnung in meine Gedanken zu bringen. Was ist das für eine Revolution, in der ein Teil der Bevölkerung den Staatschef wütend ablehnt, während der andere Teil ihn angeblich verehrt? Was wird in Syrien gespielt?

Zuhair wird ungeduldig. Busse mit Soldaten und Schützenpanzer der Polizei fahren vorbei. Ich signalisiere ihm, dass wir spätestens in einer halben Stunde abfahren würden. Ich will mich nach den Passanten und den Ladenbesitzern richten. Solange die sich keine Sorgen machen, müssen wir das auch nicht.

Zuhair sieht das skeptischer. Er fährt nun im Schritttempo direkt neben uns her. An der Moschee angekommen, bemerke ich, dass wie auf ein geheimes Kommando ein Geschäft nach dem anderen seine eisernen Rollläden herunterlässt. Die Fußgänger sind plötzlich verschwunden. »High noon« – wie in einem Wildwestfilm.

Zuhair ruft uns zu: »Bitte sofort einsteigen. In Baba Amr finden schwere Kämpfe statt. Auch hier kann es jederzeit losgehen.« Fast flehentlich lässt er den Motor aufheulen. Baba Amr ist nur drei Kilometer entfernt. Erneut fahren Busse mit Soldaten an uns vorbei. Richtung Baba Amr. Ich will das Schicksal nicht wieder herausfordern, wir steigen ein. Mit Vollgas braust Zuhair los.

Atemlos berichtet er, dass Al-Dschasira, Al-Arabiya und CNN seit heute morgen über heftige Kämpfe in Baba Amr, aber auch in Azzara und in der 60. Straße berichten. Es handle sich um die schwersten Kämpfe seit Langem. Doch warum hat Zuhair uns erst nachmittags darüber informiert? Wollte er seinen ersten Job nach so langer Zeit nicht gefährden? Und warum haben wir die Schießereien in Baba Amr nicht gehört?

Kurz nach Sonnenuntergang sind wir in Damaskus. Über 100 Tote hat es heute in Homs gegeben. Wenige Kilometer von uns entfernt. Zivilisten, Rebellen und Soldaten. Und dennoch war das Leben in 90 Prozent der Stadt wie üblich weitergegangen.

Einige Tage später sichte ich zusammen mit Nadim, einem Bekannten aus Homs, Filmmaterial über die Kämpfe jenes Tages. Nadim kennt einige der Kämpfer, die an den Gefechten teilgenommen haben.

Ein Film zeigt zwei Soldaten, die hinter einem total zerstörten Panzer kauern. Auf der Straße neben ihnen liegen nackte verkohlte Leichen. Ihre Uniformen sind verbrannt, der Tod hat sie entkleidet. Ein dritter Soldat versucht, die grauenvoll entstellten Körper trotz feindlichen Beschusses mit Tüchern zu bedecken.

Ein vierter Soldat sitzt apathisch mitten auf der Straße. Seine Maschinenpistole hat er auf einen mit Steinen fixierten Autoreifen gelegt. Er feuert auf ein fernes Ziel. »Hör auf zu schießen, du Sohn eines Zuhälters«, brüllt sein Kamerad hinter dem Panzerwrack. »Wir müssen doch erst die Leichen einsammeln.« Ein bizarres Bild eines bizarren Krieges.

Scheherazad

Damaskus war noch immer ruhig. Zwar berichteten die Botschafter aller Länder in grotesker Verzerrung der Wirklichkeit, wie gefährlich ihr Leben hier sei. Doch in Wahrheit war zumindest das Zentrum von Damaskus nach wie vor eine Oase des Friedens. In den Cafés und Souvenirläden der Hauptstadt waren die Menschen gegenüber den wenigen Touristen noch liebenswerter als sonst. Sie schienen entspannt und gelassen. Aber vielleicht war das nur die Ruhe vor dem großen Sturm, der sich im Landesinnern und in den Vorstädten zusammenbraute.

Salem jedenfalls, den wir nach unserer Rückkehr aus Homs doch wieder trafen, war euphorisch. Er war heute mit einer Delegation beim Präsidenten. Er schwebte noch immer im siebten Himmel. Mit verklärten Augen erzählte er von der Warmherzigkeit und Weitsicht seines geliebten Staatsoberhaupts. Stolz zeigte er Fotos von sich mit Baschar Al-Assad.

Wie versprochen habe er ihn über meine Festnahme unterrichtet. Assad habe daraufhin seine PR-Beraterin Scheherazad gebeten, mit mir Kontakt aufzunehmen. Es würde sicher zu einem Gespräch kommen. »Mit Scheherazad oder dem Präsidenten?«, fragte ich. »Mit beiden«, sagte Salem mit leuchtenden Augen. Der Präsident hatte ihn verzaubert. Und wohl auch

Scheherazad, die 21-jährige PR-Beraterin, von der Salem fast genauso schwärmte wie von Assad.

Ich nickte abwesend. Mir begegneten ständig Menschen, die mir das Blaue vom Himmel versprachen. Warum sollte das hier anders sein – nach diesem Empfang am Flughafen? Doch einige Tage später fragte Salem immerhin, ob ich bereit sei, Assads PR-Beraterin zu treffen. Natürlich war ich das. Man konnte nie wissen. Treffpunkt war das »Segafredo«, ein hochmodernes italienisches Café in der Nähe des Hotels Four Seasons.

Die junge Dame ließ uns lange warten. Eine halbe, eine Dreiviertelstunde. Nach einer Stunde zog ich meine Jacke an und stand auf. Salem zog alle Register seiner Überredungskunst, um mich aufzuhalten. Es sei eine persönliche Beleidigung des Präsidenten, wenn ich jetzt ginge. Wir seien im Orient, unser Gast sei eine Frau. Mir war das egal. Eine Stunde war zu viel. Und da Salem nichts Klügeres einfiel, verabschiedete ich mich.

In diesem Augenblick stürmte Assads Assistentin ins Lokal. Salems Augen strahlten. Denn Scheherazad war groß, hübsch, attraktiv und schien blitzgescheit zu sein. Und sie flirtete auf Teufel komm raus. Mit Salem, mit mir, mit allen. Man würde ihr viele Berufe zutrauen, nur nicht den, PR-Beraterin des syrischen Präsidenten zu sein. Salem war begeistert. Hatte er sie nicht richtig beschrieben?

Scheherazad lebte seit vielen Jahren in New York. Dort war ihr Vater UN-Botschafter Syriens. Nach Ausbruch der Krise hatte sie sich zusammen mit einigen ebenfalls unpolitischen Freunden bei Assad gemeldet. Sie wollten in der Krise mithelfen. Syrien müsse moderner werden. Mit Assad an der Spitze, sagte sie in breitem Amerikanisch. Assad werde falsch beraten.

Auch deshalb müsse ich mit ihm sprechen. Es sei wichtig, dass ihm unabhängige Menschen aus dem Westen ganz offen die Meinung sagten. Im Grunde liebe er den Westen. Als ich erwiderte, dass ich bei solchen Gesprächen recht undiplomatisch sein könne, meinte sie, genau deshalb müsse der Termin stattfinden. Niemand im Umfeld Assads wage, ihm unbequeme Wahrheiten zu sagen. Assad sei letztlich ziemlich alleine.

Das Gespräch hatte etwas Surreales. Scheherazad war ein

blutjunges Mädchen, das die Tücken des Mediengeschäftes gar nicht kennen konnte. Wie sollte sie Assad in Medienfragen beraten? Genauso absurd war: Große Teile der Medienelite der westlichen Welt bemühten sich um einen Termin bei Assad. Doch die Entscheidung darüber traf eine Studentin aus New York. Sie schien jederzeit Zugang zum Präsidenten und seiner Familie zu haben. Sofort nach unserem Gespräch wolle sie ihn anrufen. Der Termin werde bald stattfinden.

Für einen Augenblick dachte ich, Scheherazad könnte eine wichtige Verbündete werden. Um Assad zu den dringend erforderlichen Reformen zu bewegen. Zum Dialog mit den Rebellen. Zum Frieden. Doch dann verwarf ich diesen Gedanken. Sie war 21 Jahre alt, gerade dem Teenageralter entwachsen. Wer wusste, ob der Termin je zustande kommen würde? Das Ganze erinnerte eher an einen James-Bond-Film. Nur war ich nicht 007, sondern allenfalls 0070.

Die Gefangenen von Damaskus

Ich fragte einen Bekannten Salems, ob ich gefangene Demonstranten oder Rebellen sehen könne. Nach mehreren Telefonaten eröffnete er mir, dass das nur möglich sei, wenn ich bereit sei, den Informationsminister zu treffen. Dazu war ich eigentlich nicht bereit. Doch es gab keinen anderen Weg.

Schon am Abend waren wir im Informationsministerium. Der Minister behauptete, nicht 50, sondern 90 Prozent der Videos, die von Al-Dschasira ausgestrahlt würden, seien falsch. Viele würden direkt in Katar produziert. Dennoch liefen auf den zahlreichen Bildschirmen seines Büros Al-Dschasira, Al-Arabiya und CNN. »Feindbeobachtung«, meinte der Herr Propagandaminister.

Ich sagte ihm, dass ich gerne auch die Aussagen der syrischen Regierung überprüfen würde. Die spreche von minderjährigen Kämpfern, von bezahlten Informanten der arabischen TV-Sender und von Rebellen, die Soldaten bestialisch zurichteten. Er schaute mich einen Augenblick verdutzt an. Dann antwortete er:

»Sie können in einer halben Stunde Gefangene sehen. In einem Geheimdienstgefängnis. Ich kann aber nicht garantieren, dass es genau die Leute sein werden, die Sie sehen wollen.« Dann verabschiedete er sich. Er schien froh zu sein, diesen Besuch hinter sich zu haben.

Wenig später standen wir mit unserem Fahrzeug und zwei Beamten des Informationsministeriums vor dem Tor eines Geheimdienstgebäudes. Es war längst dunkel. Die grimmigen Wächter mit ihren merkwürdig langen Gewehren hätten aus einem schlechten Hollywood-Film stammen können. Erst als sie den Fahrer und unsere Begleiter erkannten, hellten sich ihre Mienen etwas auf. Hinter dem Tor, das sich langsam öffnete, standen weitere Wächter. Sie trabten mit ihren Waffen neben dem Wagen her, bis wir vor einem großen Gebäude hielten.

Wir wurden ins Büro des Gefängnischefs geführt. Ein großer Mann mit Bauchansatz zwängte sich zwischen Lehnstuhl und Schreibtisch hervor. Er begrüßte uns und bot mir einen der zwei Ledersessel des Büros an.

Vor die Sessel wurde ein wackliger Holzstuhl gestellt. Für die Gefangenen. Ich bat, den Stuhl wieder hinauszutragen. Ich wollte den Gefangenen einen der Sessel anbieten. Ich war kein Staatsanwalt und kein Untersuchungsrichter. Ich hatte kein Recht, die Gefangenen zu vernehmen. Ich wollte mich mit ihnen unterhalten. Im Übrigen hasse ich die Atmosphäre von Gefängnissen. Ich bekomme schon beim Betreten kaum Luft.

Als Erster wird ein 14 Jahre alter Junge hereingeführt. Die Jogginghose hat er weit hochgezogen, weil der Gummibund ausgeleiert ist. Seine nachgemachten Adidas-Schuhe haben keine Schnürsenkel. Der Junge hat Angst. Ich biete ihm den zweiten Sessel an und ziehe diesen nah an meinen heran. Ich versuche, dem Jungen etwas von seiner Angst zu nehmen. Trotzdem bleibt die Stimmung bedrückend. Für den Jungen geht es bei einem solchen Gespräch um Leben und Tod, um Freiheit oder Gefangenschaft. Er antwortet auf alle Fragen aufgeregt, hastig und schnell.

Angeblich hat er in Homs mit den Rebellen gekämpft. Er musste ihnen, so erzählt er, mit einem schweren Geschütz Deckung geben. Da jedoch der »Rückstoß« bei den Schüssen stark und schmerzhaft gewesen sei, habe er statt nach vorne stets in die Luft geschossen. Er habe niemanden verletzt oder getötet. Er wolle nach Hause. Zu seiner Mutter.

Ich frage den Gefängnisvorstand, ob man den Jungen nicht freilassen könne. Vierzehnjährige gehörten nicht in ein Gefängnis. Er fragt, ob Vierzehnjährige an die Front gehörten. Ich erwidere: »Nein.« Und bitte ihn trotzdem, mir zu versprechen, den Jungen bald nach Hause zu schicken. Er fragt, ob ich garantieren könne, dass der Junge nicht wieder auf Soldaten schieße. Natürlich kann ich das nicht.

Trotzdem nehme ich die rechte Hand des Gefängnisvorstehers und sage fast feierlich: »Versprechen Sie, dass der Junge schnell freikommt!« Etwas überrumpelt nickt er: »Spätestens bei der Umsetzung der gerade verabschiedeten Amnestie ist er frei. Aber Sie tragen die Verantwortung, dass er niemanden umbringt.«

Der nächste Gefangene ist ein 33-jähriger Mann mit gepflegtem schwarzem Vollbart. Er trägt Bermuda-Shorts. Mit seinen dunklen Knopfaugen wirkt er recht sympathisch. Ihm wird vorgeworfen, in Homs mit Al-Dschasira und einer westlichen Journalistin konspirativ zusammengearbeitet zu haben. Er habe Al-Dschasira gegen Geld stets die gewünschten Opferzahlen genannt.

Mit meinen Augen suche ich Hände, Beine und Gesicht des jungen Mannes nach Folterspuren ab. Ich kann keine erkennen. Außerdem scheint der junge Mann, obwohl er eingeschüchtert wirkt, ein fast kumpelhaftes Verhältnis zu seinem Bewacher zu haben. Doch das ist in vielen Gefängnissen so. Gerade wenn gefoltert wird. Fast abwesend spielt er mit seinem Bart. Auch er hofft, unter die Amnestie Assads zu fallen. Er sehnt sich nach seiner Frau und seinen Kindern.

Ich versuche, auch für ihn ein gutes Wort einzulegen, ohne die Zusage für den 14-jährigen Jungen zu gefährden. Ganz so schlimm sei die Geschichte mit den für Al-Dschasira übertriebenen Zahlen ja nicht, erkläre ich vorsichtig. Auch das syrische Fernsehen übertreibe ja und bezahle seine Mitarbeiter dafür. Der Gefängnischef lacht gequält. Für einen besonders schweren Fall hält er den jungen Mann allerdings nicht.

Syrien

Damaskus, Juni 2011. Im Al-Nofara-Café, nahe der Umayyaden-Moschee. »Warum erzählt ihr Märchen über unser Land?«, fragen mich viele Syrer.

In der Moschee. Nach ein paar Minuten setzen sich junge Leute zu mir. Sie wollen wieder mal mit einem Westler sprechen. Wie früher.

Universitätsgelände. Verhör durch den Geheimdienst. Wir sind durch unsere Diskussion mit Studenten aufgefallen. Mein auf Arabisch übersetzter »Zaid« rettet uns.

Daraa, Juni 2011. Fahrt in die angeblich hermetisch abgeriegelte Stadt. Hier begannen die Unruhen, hier gab es die ersten Toten.

In der »verbotenen Stadt«. Gespräch mit einem Soldaten auf dem Wochenmarkt. Eigentlich will er nicht fotografiert werden. Julia Leeb filmt trotzdem.

Im Souk. Eine lebhafte Diskussion beginnt. Obwohl es hier vor Kurzem noch schwere Auseinandersetzungen gab.

Homs, Herbst 2011. Tee im Hinterhof. Die Stimmung ist gedrückt. Doch die Gastfreundschaft ist beeindruckend. Wie immer.

Am gleichen Tag. Wenige Kilometer von uns entfernt: einsamer Kämpfer neben den zugedeckten verkohlten Leichen seiner Kameraden. Bizarres Bild eines bizarren Krieges.

Homs, zwei Wochen später. Freitagsdemonstration gegen Assad. »Wenn der Geheimdienst auf Sie schießt, einfach zu Boden werfen und tot stellen!«, rät man mir.

Anti-Assad-Demonstration in Homs. Manchmal filme ich selber. Hier von einem Telefonkasten aus mit meinem Handy.

Damaskus, November 2011. Bei Syriens Staatspräsident Assad. »Ziehen Sie die Präsidentschaftswahlen vor! Stellen Sie sich an die Spitze der Demokratiebewegung!«

Damaskus, Frühling 2012. Folgen eines Sprengstoffanschlags der Rebellen. Hauptziel sind staatliche Gebäude. Doch auch dabei sterben unzählige Zivilisten.

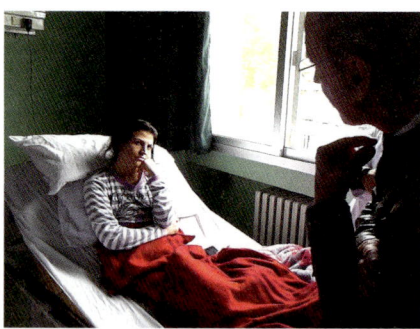

Khalisa wollte Opernsängerin werden. Eine verirrte Kugel traf sie in die Brust. Wird sie jemals wieder singen können?

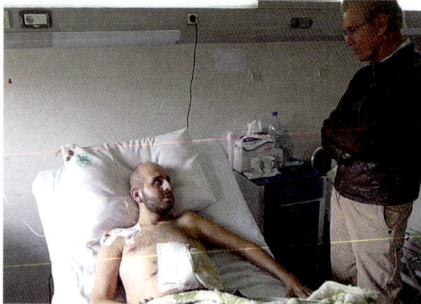

Von Rebellen verletzter Zivilist. Er ist Assad-Fan. Rebellen haben ihn beschossen, weil er ein Assad-Poster an seinem Wagen hatte.

Damaskus, Juli 2012. Nadias ältester Sohn Bassam wurde von staatlichen Sicherheitskräften erschossen. Ihre Familie ist jetzt mittellos.

Der Medizinstudent Mohammed ist Al-Qaida-Mitglied. Und Mittäter eines Sprengstoffanschlags mit 50 Toten.

Der »Emir von Damaskus« in einer Zelle des Geheimdienstgefängnisses. Der gefangene Al-Qaida-Führer will nicht mit uns sprechen.

Damaskus, Juli 2012. Interview für die ARD-Sendung »Weltspiegel« mit dem syrischen Präsidenten. »Wären Sie bereit zurückzutreten, wenn es dadurch Frieden gäbe?« (© SWR/dpa/Picture Alliance, Frankfut a.M.)

Mai 2013. Gespräch mit einem Rebellenführer der »Freien Syrischen Armee«. Er will ein islamisches Kalifat. »Wir foltern wie die andere Seite.«

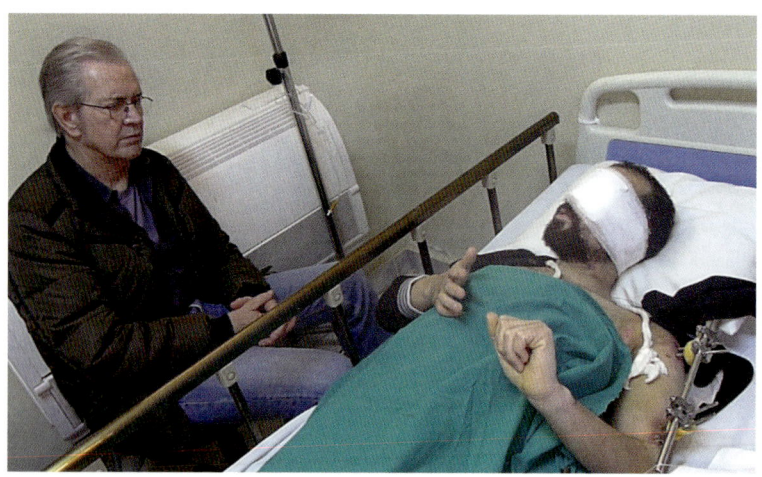

Juni 2013. Gespräch mit einem verletzten Al-Qaida-Kämpfer. Er ist von seiner Mission überzeugt. Er will Syrien »von den Heiden befreien«.

Für den nächsten Gefangenen gilt das nicht. Er ist Mitte vierzig, groß, grauhaarig und gut genährt. Beim Betreten des Raums salutiert er vor dem Bild Assads. Es wird ihm nichts nützen. Der Mann in Joggingkleidung und Sandalen soll einen Soldaten ermordet und mit einem Säbel in Stücke gehauen haben. Warum, wisse er nicht mehr genau.

Nun wartet der Familienvater auf seinen Prozess. Er wird wohl zum Tode verurteilt werden. Das weiß er. Trotzdem ist er ganz ruhig. Ich stelle ihm, anders als den beiden jungen Leuten, nur wenige Fragen. Ich weiß nicht, was ich ihn fragen soll. Nach einer knappen halben Stunde wird er abgeführt. Wieder grüßt er das Foto des Präsidenten. Dann ist der seltsame Rebell verschwunden.

Sind die Geschichten, die die drei Gefangenen mir erzählt haben, wahr? Oder haben sie mir eine Geschichte vorgespielt, die man ihnen kurz zuvor eingebläut hatte? Viel Zeit hätte der Geheimdienst allerdings nicht gehabt. Ich hatte meine Wünsche ja erst im Informationsministerium präzisiert.

Der Marxist Al-Khayyer

Am nächsten Tag treffen wir uns im Hotel mit dem alten Marxisten Abdul Aziz Al-Khayyer. Er saß neun Jahre unter Hafiz Al-Assad und fünf Jahre unter Baschar Al-Assad im Gefängnis. Er ist Arzt und eine Symbolfigur der friedlichen, demokratischen Opposition. Ein beeindruckender Mann mit großen, melancholischen Augen.

Alle Dinge, die er trägt und bei sich hat, scheinen aus der Zeit vor seiner Verhaftung zu stammen. Sein Anzug, seine Brille, seine Ledertasche. Alles erinnert an vergangene Tage. Offenbar sehnt er sich nach jenen Jahren als junger Arzt zurück, bevor sich die Gefängnistore für 14 Jahre hinter ihm schlossen.

Al-Khayyer ist ein sanfter, bescheidener Mann. Sein Lächeln ist von großer Traurigkeit. Als spiegle es die Zukunft seines zerrissenen Landes. Ich frage ihn, ob es nicht gefährlich sei, mit uns offen und kritisch zu sprechen. Nach 14 Jahren Gefängnis habe man keine Angst mehr, erwidert er leise.

Er erklärt uns, dass es letztlich drei große Oppositionsgruppierungen gebe: die seit vielen Jahren in kleinen Parteien organisierte *demokratische innersyrische Opposition.* Sie setze auf Verhandlungen mit allen. Mit den Rebellen, aber auch mit der Regierung. Ihr gehörten nationalistische, linke, liberale, aber auch islamische Parteien an. Auch er. Leider seien sie im Ausland fast unbekannt. Wahrscheinlich, weil sie nur syrische, aber keine westlichen Interessen verträten. Sie seien jahrelang verboten gewesen.

Im Westen hofiere man vor allem die *Exil-Opposition,* zum Beispiel den »Syrischen Nationalrat« mit Sitz in Istanbul. Der aber spiele in Syrien keine Rolle. Er gelte als Erfindung des Westens.

Erheblich einflussreicher seien die zahlreichen *bewaffneten Rebellengruppen* in Syrien. Sie erwarteten vom Westen Waffen. Manche auch eine militärische Intervention.

Ich frage ihn, was er von Assad halte. Eigentlich nicht viel, antwortet er. Letztlich habe er die Eskalation der Gewalt mit zu verantworten. Genauso wie die Baath-Partei, für die er noch weniger Sympathien habe.

Allerdings wisse er, dass es nur mit Assad die Chance eines friedlichen Übergangs zur Demokratie gebe. Nur mit ihm und seiner starken Anhängerschaft zusammen könne man die großen Probleme des Landes lösen. Allerdings müsse sich Assad endlich echten, international überwachten Präsidentschaftswahlen stellen. Mit vollem Risiko. Eine faire demokratische Entscheidung würden auch viele seiner Gegner akzeptieren.

Ich schaue ihn verblüfft an. Al-Khayyer hat die besten Jahre seines Lebens in den Gefängnissen des Familienregimes Assad verbracht. Trotzdem sagt er, ohne Baschar Al-Assad gebe es in Syrien weder Demokratie noch Frieden?

Al-Khayyer lächelt mich müde an. »Ich weiß, das klingt paradox. Aber es ist einfach so. Frieden muss man mit den Mächtigen machen, nicht nur mit den Ohnmächtigen. Eine friedliche Lösung gibt es nur mit Assad.«

Ich sehe, dass der alte Mann Tränen in den Augen hat. Wir schweigen sehr lange. Verlegen, fast schüchtern, nimmt Al-Khayyer seine Brille und seine altmodische Mappe und verlässt den Raum.

Kaum jemand hat mich in Syrien so beeindruckt wie dieser alte Marxist. Ich wollte ihn unbedingt wiedersehen. Und wäre gerne sein Freund geworden. Doch im September 2012 wird Al-Khayyer nach einer Chinareise auf dem Weg vom Flughafen ins Stadtzentrum von Damaskus angehalten und entführt. Er ist nie wieder aufgetaucht. Regierung und Rebellen beschuldigen sich gegenseitig der Tat. Irgendwann möchte ich seine Familie besuchen.

In Jeans zu Assad

Einige Tage später rief Scheherazad an. Ob ich bereit sei, den Präsidenten übermorgen zu treffen. Am 13. November 2011, 9 Uhr morgens. »Klar«, sagte ich, »aber einen solchen Plan hatten wir schon einmal. Vor einer Woche.« Nein, diesmal sei es ganz sicher, beharrte Scheherazad. Assad selbst habe den Termin vorgeschlagen.

Ich sagte zu. Doch ich traute dem Braten nicht. In Syrien war Krieg. Jeder Tag brachte neue Katastrophen. Eigentlich konnte man in dieser Zeit gar keine sicheren Termine verabreden.

Am nächsten Abend erfuhr ich über Internet, dass die Arabische Liga ihr Gründungsmitglied Syrien ausgeschlossen hatte. Damit war wahrscheinlich auch der Termin gestorben. Morgen früh würde eine Sondersitzung der syrischen Führung die andere jagen. Doch Scheherazad rief spätabends noch einmal an und bestätigte das Treffen. Ich fragte, ob sie ihren »väterlichen Freund« Assad bitten könne, so wie ich Jeans zu tragen. Leider hätte ich keinen Anzug dabei. Scheherazad versprach mir fest, dass auch der Präsident Jeans tragen würde. Das sei zu Hause ohnehin seine Lieblingskleidung. Der Termin finde ja nicht im Palast statt.

Am nächsten Morgen ging es um 8 Uhr los. Für mich war das mitten in der Nacht. Vor allem seit ich oft bis 2 Uhr morgens schrieb. Wir fuhren auf einen der Berge von Damaskus. Zweimal wechselten wir das Auto. An einer verdeckten Abzweigung bogen wir in eine schmale Straße. Kurz danach ging vor uns ein eiser-

nes Tor auf. Nach einer langen Einfahrt hielten wir vor einer kleinen, säulengeschmückten »Staatsvilla«.

Als wir ausstiegen, öffnete sich die Haustür. Lächelnd kam uns
Baschar Al-Assad entgegen. Der Mann, den westliche Politiker
den »Schlächter von Damaskus« nennen. »Herzlich willkommen«,
sagte er auf Englisch und führte uns ins Gästezimmer. Alles sah
recht einfach aus. Um einen rechteckigen Glastisch standen einfache schwarze Ledersofas. Julia staunte. Auch darüber, dass
wir nicht ein einziges Mal kontrolliert worden waren. Wir hatten
beide eine große Tasche dabei.

Als Erstes entschuldigte sich Assad dafür, dass er einen Anzug trage. Ihm seien hier Jeans auch lieber. Doch anschließend
habe er offizielle Termine. Ich erwiderte spaßhaft, dass er jetzt
einiges wiedergutzumachen habe. Erst hätten mich seine Leute
am Flughafen festgenommen. Dann hätte ich heute seinetwegen
um 6 Uhr aufstehen müssen. Für mich sei das kurz nach Mitternacht. Und nun habe er auch noch seine Zusage, Jeans zu tragen,
nicht eingehalten. Assad schüttelte sich vor Vergnügen. Fast wie
ein Schuljunge.

Assad ist groß, schlaksig, und die Couch, auf der er sitzt, niedrig. Immer wieder versinkt er in ihren Kissen. Er spricht offen,
selbstkritisch und leise. Vielleicht spielte er mir etwas vor. Aber
machen das nicht alle Politiker? Jedenfalls erscheint er mir bei
Weitem nicht so machohaft wie die Diktatoren, die ich in meiner
Zeit als entwicklungspolitischer Sprecher der CDU/CSU erlebt
habe. Männer wie der pakistanische Militärherrscher Mohammed Zia-ul-Haq, Chiles General Augusto Pinochet oder Soma-
lias Präsident Siad Barre.

Assad ist zumindest untypisch. Würde ich ihn nicht kennen,
würde ich auf einen Dozenten, Behördenchef oder Kinderarzt
tippen. Aber nie auf den Präsidenten eines autoritären Staates.

Das Bild des eiskalten, gnadenlosen Diktators wird seiner Persönlichkeit kaum gerecht. Selbst wenn viele Vorwürfe im Kern
stimmen sollten: Assad ist kein Dämon.[2] Eher ein Hamlet. Für
mich ist er ein Mann mit zwei Seelen in der Brust.

Geprägt von einem Vater, der ein überragender, gnadenloser

Stratege war, will er sich, seiner Familie, den Syrern und der Welt beweisen, dass er der Aufgabe gewachsen ist, Syrien durch diese Krise zu führen. Dass er seine Anhänger selbst unter massivstem Druck nicht im Stich lassen wird. Dass er ein Kämpfer ist. Obwohl man immer das Gegenteil behauptet hat.

Doch das ist offenbar nur ein Teil seiner Persönlichkeit. Eine andere, feinfühligere Stimme in ihm fragt ständig: »Was mache ich bloß hier? Das bin doch nicht ich. Ich will nicht Teil dieses Bürgerkrieges sein. Wie kann ich diesen Irrsinn beenden?« – »Sein oder nicht sein, Präsident sein oder nicht Präsident sein«, das ist seine tägliche Frage. Assad hat sich nie um das Präsidentenamt bemüht. Wäre sein Bruder Basil 1994 nicht tödlich verunglückt, wäre er wahrscheinlich heute noch Augenarzt. Vielleicht sogar in England. Wo die Familie seiner Frau noch immer lebt.

Unser Gespräch ist sehr direkt. Julia, die sich mit Scheherazad in eine ruhige Ecke des Raums zurückgezogen hat, meint später, so ungeschminkt habe wahrscheinlich noch nie jemand mit ihm gesprochen. Sie ist vor allem erstaunt, dass Assad das akzeptiert.

Fast leidenschaftlich – und an einigen Stellen auch laut – dränge ich Assad während unseres Gesprächs, sich an die Spitze der Demokratiebewegung zu stellen. Das sei noch immer möglich. Es gebe in der Geschichte manchmal für einen Augenblick ein *window of opportunity*. Lincoln habe seine historische Chance genutzt, als er die Sklaverei abschaffte. De Klerk, als er die Apartheid aufhob. Kohl, als er die Wiedervereinigung verwirklichte. König Juan Carlos, als er die spanische Demokratie rettete. Er, Assad, habe jetzt die Möglichkeit und die Pflicht, sein Land zur Demokratie zu führen. Jetzt entscheide sich, ob er nur einer von zahllosen bedeutungslosen arabischen Potentaten sei oder eine historische Gestalt.

Assad fragt, ob ich von ihm verlange, dass er seinem Land »wie ein Diktator« Demokratie verordne. Letztlich forderte ich ja einen »coup d'état«, einen Staatsstreich. »Klar«, antworte ich. »Außergewöhnliche Situationen erfordern außergewöhnliche Maßnahmen.«

Assad meint, bei 17 Volksgruppen in Syrien sei die Einführung einer funktionierenden Demokratie etwas komplizierter, als ich es darstellte. Das Chaos im Irak habe gezeigt, wohin es führe, wenn man die kulturellen, religiösen und ethnischen Besonderheiten eines Landes nicht berücksichtige.

Er wisse sehr wohl, dass Demokratie letztlich für alle arabischen Staaten »zwingend« sei. Auch für Syrien. Dafür setze er sich auch ein. Energischer als die meisten seiner arabischen Nachbarn. Aber diese Demokratie müsse mit Sorgfalt, Schritt für Schritt, von Grund auf, »from scratch«, eingeführt werden.

Ich dränge darauf, die für 2014 vorgesehene Präsidentschaftswahl vorzuziehen. Er müsse die Entscheidung über die Zukunft Syriens *jetzt* in die Hände des Volkes legen. Das sei der demokratischste Weg, den sich täglich zuspitzenden Konflikt zu lösen. Natürlich müssten die Wahlen frei sein und unter internationaler Kontrolle stattfinden.

Assad ist das nicht seriös genug. Vorgezogene Präsidentschaftswahlen seien für ihn der leichteste Weg. Die würde er zurzeit schon mangels Konkurrenten gewinnen. Das Land brauche erst einmal ernst zu nehmende Parteien und ein echtes, frei gewähltes Parlament. Das sei wichtiger als das Vorziehen der Präsidentschaftswahlen.

Der Mittlere Osten habe aus vielen Gründen jahrzehntelang keine wirkliche Freiheit gehabt. Das sei leider unbestreitbar. Daher gebe es auch in Syrien keine starken Parteien. Die jetzigen Parteien brauchten »mindestens ein Jahr«, um konkurrenzfähig zu werden. Wahrscheinlich sogar deutlich mehr. Das sei auch normal. Es habe ja nie eine Opposition gegeben. »Wir brauchen leider Zeit.«

Ich erwidere, dass er diese Zeit nicht haben werde. Er müsse jetzt handeln. Julia berichtet mir später, dass ich bei diesen Worten mehrfach auf die Couchlehne gehauen hätte. Vielleicht ist das unhöflich. Aber ich sehe die Katastrophe fast physisch auf Syrien zukommen.

Assad entgegnet, ich solle ihn nicht an seinen Worten, sondern an seinen Taten messen. In drei Monaten werde es eine neue Verfassung geben, die das Monopol der Baath-Partei aufhebe. Das sei viel schwerer, als ich mir das vorstelle. Drei Monate danach gebe es Parlamentswahlen.

Leider werde das den Westen überhaupt nicht interessieren. Der Westen wolle im Mittleren Osten doch gar keine Demokratie. Er fordere ja auch von Saudi-Arabien und Katar nie Wahlen. Selbst wenn er, Assad, eine »Westminster-Demokratie« einführe, werde der Westen weiter gegen ihn protestieren.

Außerdem müsse er die bewaffneten Aufständischen, die seine Soldaten, seine Polizisten und zunehmend auch Zivilisten ermordeten, energisch bekämpfen. Auch Merkel und Obama würden nie zulassen, dass bewaffnete Gruppen ihre jungen Polizisten und Soldaten töteten. In allen Ländern der Welt liege das Gewaltmonopol beim Staat. Das sei eine der wichtigsten zivilisatorischen Errungenschaften der letzten Jahrhunderte. Auch im Westen. Er könne, dürfe und werde gewaltsame Aktionen der Rebellen nicht hinnehmen.

Auch Lincoln habe nicht nur die Sklaven befreit, sondern in einem jahrelangen Bürgerkrieg mit äußerster Härte die Einheit seines Landes verteidigt. Gegen Teile seines eigenen Volkes. Die Einheit des Landes sei ihm stets wichtiger gewesen als die Beseitigung der Sklaverei. Das sei unstreitig.

Ich frage ihn, ob er damit gerechnet habe, dass die Arabische Liga Syrien aus ihren Reihen ausschließen würde. Er erwidert, er habe dies zwar erwartet, aber nicht schon jetzt. Noch mehr erstaune ihn allerdings, dass man im Westen Diktaturen wie Saudi-Arabien und Katar glaube, sie kämpften in Syrien für Demokratie. Dass darüber nicht homerisches Gelächter ausbreche, sei erstaunlich. Wenn Demokratie für den König von Saudi-Arabien und den Emir von Katar so wichtig sei, würden sie diese doch auch im eigenen Land einführen.

Der Konflikt mit dem Westen sei im Grunde bedauernswert. Als säkulares Land, das alle Religionen und ethnischen Gruppen respektiere, habe Syrien mit dem Westen 80 Prozent Gemeinsamkeiten. Leider konzentriere sich dieser zurzeit auf die 20 Prozent, bei denen es Meinungsverschiedenheiten gebe.

Als syrischer Präsident könne er sich nicht danach richten, was andere Länder von ihm dächten. Assad wörtlich: »Erst war ich vielen Arabern nicht syrisch genug. Ich war der Engländer, weil ich dort einige Zeit gelebt habe. Außerdem war ihnen meine

Sonnenbrille zu westlich. Als ich dann gegen den Irakkrieg war, wurde ich vom Westen zum Diktatoren- und Terroristenfreund umbenannt. 2006 beschloss man im Westen, dass ich den libanesischen Politiker Hariri ermordet hätte. Diesen Vorwurf hat man inzwischen fallen lassen müssen. An diesem Gerede soll ich mich orientieren?«

Ich frage Assad, ob Julia Bilder machen dürfe. Viel könne sie dabei nicht falsch machen. Die meisten Fotos, die von ihm im Land hingen, seien ziemlich grässlich. Assad lacht. Die habe nicht er aufhängen lassen. Das seien meist Schnappschüsse, die die Leute vervielfältigten und dann als Poster verkauften.

Wir hatten auch Scheherazad vor dem Gespräch gefragt, ob Julia fotografieren und filmen dürfe. Fotografieren sei unproblematisch, hatte sie geantwortet. Filmaufnahmen aber habe Assad weniger gerne. Doch Julia solle einfach »machen«. Und Julia macht. Sie fotografiert und filmt knapp drei Minuten lang.

Während sie mit ihrer großen Profikamera ein Bild nach dem anderen schießt, frage ich Assad, warum er das alles nur mir und nicht dem deutschen Fernsehpublikum erkläre. Er lacht. »Würden Sie das Interview führen?«, fragt er. Ich erwidere: »Ich bin kein Journalist. Ich habe noch nie ein TV-Interview geführt. Ich weiß gar nicht, wie das geht.«

»Wenn *Sie* das Interview machen, bin ich einverstanden«, sagt Assad schmunzelnd.

Vor ihm liegt eine Liste mit Interviewwünschen großer TV-Sender, Zeitungen und Zeitschriften aus aller Welt. Auch deutsche Medien sind dabei. Einige von ihnen werden später sagen, es sei eine Schande, einem solchen Mann eine Bühne zu bieten.

Ich weiß nicht recht, wie ich aus der Sache herauskommen soll. »Ich würde harte, schwierige Fragen stellen«, rudere ich zurück. Doch Assad findet die Idee mit dem Interview jetzt, wo ich mich wehre, noch besser. »Angst habe ich nur vor einfachen Fragen«, erwidert er. »Halten Sie zu Scheherazad Kontakt! Sie vertritt mich in diesen Dingen. Vielleicht ist das Interview eine gute Idee.«

Eigentlich denke ich das auch. Vor allem aus politischen, aber auch aus persönlichen Gründen. Das wäre endlich wieder eine echte Herausforderung. Doch musste es gleich der neben Ahma-dinedschad meistgehasste Mann des Westens sein?

Ursprünglich sollte unser Gespräch 45 Minuten dauern. Doch nun sind zwei Stunden daraus geworden. Auf dem Tisch liegt mein Buch *Warum tötest du, Zaid?* Auf Arabisch. Scheherazad muss es besorgt haben. Assad nimmt es in die Hand. »Das ist eine furchtbare Frage. Warum töten wir?« Für einen Augenblick ist sein Gesicht bitter. Es zeigt jene Hälfte des Hamlet Assad, die jeden Tag fragt: »Was soll ich hier? Was mache ich in diesem verdammten Krieg?«

Assad bringt uns zur Tür. Er fragt mich, welche Städte ich in Syrien besucht hätte. »Daraa, Homs, Hama«, antworte ich. »Homs«, schluckt er. »Sie waren in Homs?« Doch dann lacht er wieder wie ein großer Schuljunge. »Passen Sie auf sich auf! Und vielleicht bis bald!«

Kurz danach sitzen wir wieder in unserem Auto. »Na«, strahlt Scheherazad, »wie fandet ihr meinen Präsidenten?« Julia streicht sich über die Augen. »War er das wirklich? Wie kann von einem Menschen ein derart falsches Bild existieren?« Ich antworte: »Vielleicht ist er einfach nur ein guter Schauspieler.«

Scheherazad fährt wütend dazwischen: »Jetzt sind Sie unfair. Der Präsident ist immer so. Haben Sie gesehen, wie freundlich er seine Mitarbeiter behandelt? Daran kann man Menschen am besten erkennen. Er geht regelmäßig in Krankenhäuser. Er spricht mit den Opferfamilien beider Seiten. Er fährt sein Auto immer selber. Es hat nicht einmal kugelsichere Scheiben. Selbst Staatsgäste fährt er selbst. Nur einer hatte Angst, von ihm gefahren zu werden – Sarkozy.« Auf ihren Präsidenten lässt sie nichts kommen.

Assads Feinde, Assads Freunde

Den Abend verbringen wir in der Altstadt von Damaskus. Mit Rami, einem beleibten 30-jährigen Revolutionär. 24-mal saß er wegen Rauschgiftvergehen im Gefängnis. Angeblich immer unschuldig. Er rauche nur Haschisch. Aber auch das ist strafbar. Wir haben Rami, dem auch noch drei Vorderzähne fehlen, vor einem Geschäft für arabische Damenunterwäsche kennengelernt.

Da er panische Angst vor Geheimdiensten hat, ziehen wir durch schmale, dunkle Gassen. Er erzählt von Deserteuren, die angeblich in den Wäldern rund um die Stadt übernachten und dort auf ihre Stunde warten. Von der Brutalität der Nachrichtendienste, die ihre Gegner gnadenlos folterten. Und ihnen anschließend den Kopf abschnitten.

Im schummrigen Licht einer engen Gasse sehen wir an einer Hauswand finstere Gestalten in eleganten Anzügen. »Geheimdienstler«, raunt Rami. Julia hat zunehmend den Eindruck, dass er uns Märchen erzählt. Als er auch noch anfängt, von seinen positiven Erfahrungen mit extravaganter arabischer Damenunterwäsche zu schwärmen, hört sie nicht mehr zu. Aber ist es nicht bemerkenswert, dass mitten in der Altstadt ein armer Teufel wie Rami so unverhohlen gegen das Regime lästert? Vor einem Jahr hätte er wie alle anderen das Hohelied auf Baschar Al-Assad gesungen.

In einem eleganten Restaurant sind wir anschließend mit Kassim verabredet, einem jungen, sehr kultivierten Anhänger der Rebellen. Er ist im Kunsthandel tätig. Er unterstreicht dies mit einem braunen Samtjackett und einem Künstlerschal, den er lässig über die Schulter geworfen hat. Natürlich besitzt er ein iPhone. Demonstrativ legt er es auf den Tisch. Assad hasst er. Er sei für den Tod Tausender Menschen verantwortlich. Nie würden die Syrer ihm das verzeihen.

Assad überschätze seine Unterstützung im Volk. Auch in Rumänien hätten bis zuletzt Hunderttausende Präsident Ceaușescu umjubelt. Dann hätten sie ihn umgebracht. Kein Hahn krähe mehr nach ihm. Schon jetzt seien mindestens 70 Prozent der Bevölkerung gegen Assad.

Kassims attraktive junge Freundin kommt hinzu. Sie hat das gewagteste Dekolleté, das ich je in einem arabischen Land gesehen habe. Ihrem Freund zuliebe gibt sie sich große Mühe, ein systemkritisches Gesicht aufzusetzen. Kassim schwärmt von der Französischen Revolution und der Guillotine. Ratten dürfe man töten.

Ich frage den revolutionären Dandy, ob er einen Sieg Assads

bei freien Wahlen akzeptieren würde. Die Frage bringt ihn in große Schwierigkeiten. Demokratie könne sehr ungerecht sein, meint er. Aber wenn Assad bei einer freien Wahl gewinne, müsse er das wohl hinnehmen. Doch dann würde er sich völlig zurückziehen. Das sei ja eine schreckliche Vorstellung.

Dann müssen die beiden aufbrechen. Kassim hat wichtige Termine. Er pendelt nicht nur regelmäßig zwischen Damaskus und Homs, sondern auch zwischen Syrien, Österreich und der Türkei. Als »Emissär«, wie er sagt, als Gesandter der Rebellen. Auch seine Freundin ist froh, dass sie gehen kann. Ein bedeutsames Gesicht zu machen kann auf die Dauer ganz schön anstrengend sein. Viel lieber trägt sie ihr atemberaubendes Dekolleté spazieren.

Das genaue Gegenteil von Kassim sind die Brüder Zamar und Ali. Zamar hat angesichts der »gegen Syrien laufenden Medienkampagne« auf Facebook eine propagandistische Gegenoffensive gestartet. Sie heißt »DNN« – Damaskus News Network. Die offizielle Informationspolitik der Regierung hält er für lendenlahm.

Seine Facebook-Seite zeigt Bilder unvorstellbarer Aggressivität und Bestialität. Man sieht, wie Menschen langsam aufgeschlitzt, geschlachtet und anschließend in einen Fluss geworfen werden. Zamar, der aussieht wie der junge Fidel Castro, liebt es hart. Ich kann mir seine Bilder nicht ansehen. Sie sind zu blutig.

Zamar erfährt viel Zustimmung, aber auch Ablehnung. Und Morddrohungen. Die EU hat ihn auf ihre Sanktionsliste gesetzt. Offenbar fällt nur westliche Propaganda unter die europäische Presse- und Meinungsfreiheit. Aber das sei ihm egal, behauptet er. Er habe ohnehin nur ein paar Euro auf seinem europäischen Bankkonto.

Doch in Wirklichkeit sind ihm die Sanktionen nicht egal. Denn er darf nun nicht mehr nach Europa reisen. Und er fährt, wie die meisten wohlhabenden Syrer, gerne zu uns.

Zamar und Ali sind Zyniker geworden. Vom Westen, den sie einst liebten und bewunderten, sind sie politisch total enttäuscht. Nirgendwo werde so hoheitsvoll und scheinheilig gelogen wie im Westen. Ali lehnt inzwischen sogar Demokratie ab. Er wolle nicht, dass Syrien wie Griechenland ende.

Ali und der junge Kunstagent Kassim waren einst gute Freunde. Sie werden sich nie mehr gemeinsam an einen Tisch setzen. Obwohl beide Daniel Barenboim verehren. Pausenlos laufen auf Alis und Zamars Bildschirmen Barenboim-Konzerte.

Der Großmufti

Diese Spaltung des Landes möchte der Großmufti von Syrien, Ahmad Badreddin Hassoun, überwinden. Als oberster sunnitischer Geistlicher ist er einer der mächtigsten Männer Syriens. Er ist umstritten, weil er als Sunnit zu Assad steht und den überwiegend sunnitischen Aufstand kritisiert. Vor wenigen Tagen hatte er von meinem Besuch erfahren und mich nach Aleppo eingeladen. Da ich das zeitlich nicht einrichten konnte, hatte er sich ins Flugzeug gesetzt, um mich in Damaskus zu treffen.

Bei unserer Verabredung sind Julia und ich ausnahmsweise zu früh dran. Vor seinem Amtssitz vertreten wir uns die Beine. So sehen wir, wie er mit quietschenden Reifen ankommt. Aus einem Begleitfahrzeug springen Männer, die Maschinenpistole im Anschlag. Der Großmufti steht auf der Todesliste extremistischer Rebellengruppen. Da sie nicht an ihn herankommen, haben sie vor wenigen Wochen seinen 22-jährigen Sohn Saria erschossen.

Mit seinem weißen Turban und seinem weiten, schwarzen Umhang wirkt er imposant. Wir schätzen ihn auf Mitte vierzig. Doch er ist schon 62 Jahre alt. Er freut sich wie ein Schneekönig, als Julia ihm sagt, dass er wie 45 aussehe.

Den Mördern seines Sohnes hat er öffentlich vergeben. Sie haben seine ausgestreckte Hand zurückgewiesen. Anders als das viele Geld, das sie aus Katar erhielten. Rache lehnt er trotzdem ab. Nur wenn es gelinge, die Rache zu überwinden, werde man die Aussöhnung der Syrer erreichen. Seine Mundwinkel zucken, wenn er über seinen Sohn spricht. Er schaut zur Decke, damit man seine Trauer nicht sieht.

Obwohl er zu Assad steht, hat er einiges an ihm zu kritisieren. Das brutale Verhalten der Sicherheitskräfte in Daraa sei nicht hinnehmbar. Er habe den Präsidenten aufgefordert, die Verantwortlichen zu entlassen. Assad müsse sich dringend von einigen Mitgliedern der »alten Riege« des Regimes trennen. Das weitgehende Einreiseverbot für ausländische Journalisten hält er für kontraproduktiv.

Er unterstütze Assad, weil dieser reformfreudiger sei als die meisten Staatschefs der arabischen Welt. Und weil er – wie jeder wisse – nicht bis an sein Lebensende Präsident sein wolle.

Vor allem aber, weil er für Toleranz zwischen den Religionen stehe. Für Assad seien Christen genauso viel wert wie Alawiten oder Sunniten. In keinem arabischen Land seien die Christen geschützter und angesehener gewesen als in Syrien.

Religion und Politik müssten getrennt sein. Deshalb müsste eigentlich auch die CDU Deutschlands, wenn sie konsequent wäre, das C aus ihrem Namen nehmen. Er habe große Sorgen, dass es in Syrien zu einem Religionskrieg kommen werde. Anders als Wirtschaftskriege könnten Religionskriege 100 Jahre dauern. Christen werde es in Syrien dann keine mehr geben. Dass der christliche Westen diese Gefahren nicht sehe, mache ihn krank.

Er habe – teilweise zusammen mit dem christlichen Patriarchen – mehrfach deutsche Abgeordnete angeschrieben, nach Syrien zu kommen. Sie könnten überall hinreisen und sich ungehindert ein eigenes Bild von der Lage verschaffen. Er habe nicht einmal eine Antwort bekommen. Der Westen wolle die Wahrheit über Syrien gar nicht wissen.

Zur Freitagsdemo nach Homs

Am Donnerstagmittag fuhr ich wieder nach Homs. Julia nahm ich diesmal nicht mit. Sie hatte schon genug mitgemacht. Mein Dolmetscher und Fahrer war Tuma, ein perfekt englisch sprechender Architekt aus Homs. Er hatte dort viele Freunde. Alawiten, Sunniten, Christen – Assad-Gegner und Assad-Freunde. Früher hatte er in Homs ein Büro mit acht Mitarbeitern. Inzwischen hat er es schließen müssen. Fünf seiner Mitarbeiter waren nun Rebellen. Sie hielten trotzdem noch immer zu ihm und gaben ihm oft wichtige Hinweise. Er selbst gehört der gemäßigten Opposition an.

Wieder war der Zugang zur Stadt frei. Keine Checkpoints, keine Panzer. Die Straßen waren leer, wie in einer Geisterstadt. An manchen Häusern sahen wir Einschusslöcher von Artilleriegeschossen.

Zuerst brachte mich Tuma zu einer sunnitischen Familie. Der 40-jährige Familienvater, ein Arzt, war engagierter Anhänger Assads. Er pflegte das freimütig zu bekennen. Auch gegenüber Assad-Feinden. Wohl zu offen. Von einem benachbarten Hochhaus aus hatten Scharfschützen vor einigen Tagen das Zimmer seiner dreijährigen Tochter beschossen. Er zeigte mir die Einschusslöcher im Fenster des Kinderzimmers. Direkt neben dem Kopf des Teddybären seiner Tochter.

Anschließend fuhr mich Tuma durch das bereits dämmernde Homs zu einem 50-jährigen Ingenieur, einem der einflussreichsten Helfer der Aufständischen. Das Auffälligste an dem korpulenten Mann mit dem kurz geschnittenen, silbernen Haar waren seine kleinen, listigen Augen.

Stolz berichtete er, wie eng die Rebellen mit Al-Dschasira vernetzt seien. In Homs gebe es vier Satellitenstationen, über die man jede Nachricht direkt zur Sendezentrale des katarischen Nachrichtensenders übermitteln könne. In seinem Wohnzimmer standen mehrere TV-Geräte, über die er gleichzeitig Al-Dschasira, Al-Arabiya und CNN empfangen konnte. Gerade berichtete Al-Dschasira über eine nur 200 Meter von seinem Haus entfernt stattfindende Demonstration. Wie groß die Demo sei, fragte ich: »Nur 50 Mann, alles Freunde, aber das sieht man im Fernsehen nicht«, feixte er.

Ich erkundigte mich, wie kürzlich in der Weltpresse die Nachricht aufkommen konnte, in Homs finde eine humanitäre Katastrophe statt. Es gebe kaum noch zu essen und zu trinken und nur noch gelegentlich Strom. Zum Zeitpunkt dieser Meldung sei ich in Homs gewesen. Die Stände des Wochenmarktes seien mit Lebensmitteln prall gefüllt gewesen.

Der Rebellenfreund mit den guten Beziehungen zu Al-Dschasira schaut mich stolz, fast begeistert an. »Habe ich das nicht gut gemacht? *Ich* habe diese Meldung gestreut. Sie ist weltweit gelaufen. Anschließend sind ein Dutzend Lastwagen gekommen, um uns aus der ›humanitären Katastrophe‹ herauszuhelfen. Einen haben wir uns geschnappt. Die anderen haben wir zurückgeschickt.«

Am nächsten Morgen will er mich zu zwei Demonstrationen bringen. Sofort nach dem Freitagsgebet. »Normalerweise wird alles gut gehen. Wenn der Geheimdienst schießt, werfen Sie sich einfach zu Boden und stellen sich tot. Dann schießen sie auf andere.« Wie beruhigend, denke ich. Überschwänglich und konspirativ verabschiedet er sich von uns. Dass ich zu den Demos will, gefällt ihm. Ein Deutscher bei einer Anti-Assad-Demo – das ist gut.

Spätabends fährt mich Tuma zum Al-Safir-Hotel. Die Fünf-Sterne-Unterkunft ist dunkel. Warum soll man auch Licht einschalten, wenn es keine Gäste gibt? Tuma murmelt: »Zehn Minuten, nachdem Sie Ihren Pass an der Rezeption abgegeben haben, ist Ihr Besuch nicht mehr geheim. Die informieren als Erstes alle Geheimdienste von Homs.«

Ich gehe in die finstere Empfangshalle. Die wenigen verbliebenen Hotelangestellten starren mich an. Wie ein Wesen von einem anderen Planeten. Sie geben mir ein kleines, kaltes Zimmer. Alles ist extrem einfach. Wie in einer Jugendherberge. Es war bestimmt nicht billig, für diese Herberge fünf Sterne zu bekommen.

Am nächsten Morgen bitte ich vergeblich um ein Frühstück. So etwas gibt es hier schon lange nicht mehr. Aus reiner Nächstenliebe bringt mir eine der Angestellten drei hart gekochte Eier und eine Cola. Kurz danach holt mich Tuma ab. Auch er hat kaum gefrühstückt. Wieder geht es durch geisterhaft leere Straßen. Wir fahren ins Al-Hamra-Viertel.

Hier warten wir vor einer Moschee das Ende des Freitagsgebets ab. Wir hören, wie der Imam die Gläubigen auffordert, anschließend kräftig zu demonstrieren. Dann strömen etwa hundert Menschen, vorwiegend Jugendliche, auf die Straße. Weitere junge Männer stoßen dazu. Frauen sehe ich keine.

Auf der Straße steht ein Lieferwagen mit einer auf das Dach

montierten Lautsprecherbox. Neben der Anlage kauern ein junger Techniker sowie ein vermummter Rebell. Der Einpeitscher sitzt auf den Schultern eines Demonstranten. Mit seinem Megafon brüllt er heiser seine Parolen in die Menge, die jetzt aus 250 jungen Leuten besteht. Die antwortet vielstimmig und mit rhythmischem Klatschen.

Ich klettere auf einen Telefonkasten am Rand der Straße und filme mit meinem Handy. Immer mehr Demonstranten entdecken mich und fragen, ob sie mir helfen können. Die Nachricht über die Anwesenheit eines Ausländers ist auch zu dem Einpeitscher gelangt. Er brüllt: »Ein Fremder. Ab jetzt auf Englisch und lauter!« Die Sprechchöre werden zum Orkan. »Freedom«, schallt es durch die Straßen. »Freedom.« 250 Leute können viel Lärm machen. Sie recken ihre Fäuste in die Luft und schreien: »Iskat, iskat ya Baschar – Nieder mit Assad!« Inzwischen betrachten mich die Demonstranten als Teil ihrer Kundgebung. Obwohl ich nur fotografiere. Aber deshalb demonstrieren sie ja auch. Immer lauter werden die Sprechchöre.

Hinter mir taucht der listenreiche Rebellenfreund vom Vorabend auf. »Unglaublich!«, ruft er mir zu. »Keine Scharfschützen! Keine Schützenpanzer! Kein Geheimdienst! Das ist das erste Mal, dass die nicht da sind. Das ist Ihretwegen. Die wissen, dass ein Ausländer hier ist und filmt! Könnten Sie nicht jeden Freitag kommen?« Alle lachen. Ich muss aufpassen, dass mich nicht wieder jemand auf die Schultern nimmt.

Zur gleichen Zeit finden in Homs mehrere Dutzend derartiger Kleindemonstrationen statt. Durch Straßensperren verhindern die staatlichen Sicherheitskräfte, dass sich die Demonstranten der einzelnen Moscheen zu einer Großdemonstration zusammenschließen. Auf Umwegen fahren wir zu einer weiteren Kundgebung im Stadtteil Al-Hamra. Auch hier das gleiche Bild: 200, 300 Menschen schreien sich die Seele aus dem Leib und hoffen, dass die Welt sie hört. Al-Dschasira wird sie nicht im Stich lassen.

Die Toten von Al-Dschasira

Telefonisch erfährt Tuma von seiner Frau, dass laut Al-Dschasira bei Zusammenstößen in Homs fünf Zivilisten getötet worden seien. Sie ist beunruhigt. Ich frage Tuma, ob wir zum Al-Birr-Krankenhaus fahren könnten, in das die Demonstranten angeblich ihre Toten und Verletzten bringen. Er nickt.

Doch vorher will er mir noch einen Überblick über Homs verschaffen. Die Straßensperren der staatlichen Sicherheitskräfte und der Rebellen versucht er dabei zu umfahren. Wir kommen durch Viertel, in denen noch immer Transparente mit Assads Bild über die Straße gespannt sind. Und durch Straßen mit Anti-Assad-Plakaten. Schließlich geht es durch die engen Gassen des Souks Al-Haschisch im Zentrum der Altstadt.

Aus einer Gasse vor uns stürzen plötzlich vier junge Männer hervor. Einer trägt seine Maschinenpistole offen in der Hand, die drei anderen versuchen, die Waffen unter ihren Jacken zu verbergen. Sie fliehen offenbar vor Sicherheitskräften, die möglicherweise auch gleich auftauchen werden. Ausgerechnet auf diese Verfolger fahren wir zu.

Ich brülle Tuma zu: »Hier wird gekämpft. Wir müssen zurück.« Tuma versucht zu wenden. Doch ist das in der schmalen Gasse nicht möglich. Also rast er im Rückwärtsgang, schlingernd, schleudernd, hinter den fliehenden Männern her. Als er merkt, dass uns das nur noch mehr gefährdet, hält er resigniert an. Mitten auf der Gasse. Wir können jetzt nur noch den Kopf einziehen und warten, wie die Sache ausgeht.

Sekunden später kommen Polizisten angekeucht, ihre Pistolen in der rechten Hand. Sie hangeln sich an unserem Auto entlang und schimpfen, weil das Zeit kostet. Die Männer, die sie verfolgen, sind verschwunden. Vielleicht sind die zwei Polizisten froh darüber. Es erspart ihnen ein Gefecht.

Wir fahren zum Al-Birr-Krankenhaus im Viertel Al-Waer. Es wird von einer islamischen Wohltätigkeitsorganisation finanziert, die den sunnitischen Aufständischen nahesteht. Es ist in jener

Zeit das einzige Krankenhaus in Homs, in dem Demonstranten und Rebellen einigermaßen gefahrlos behandelt werden können. Die Rebellen nennen es »ihr Krankenhaus«. Wenn es heute Tote oder Verletzte gegeben hat, sind sie hier.

Zwar sind in der Vergangenheit mehrfach staatliche Sicherheitskräfte in das Krankenhaus eingedrungen, um nach Rebellen zu suchen. Doch das haben sie inzwischen aufgegeben. Denn nach Gefechten versammelten sich daraufhin bis zu 300 Demonstranten drohend vor dem Krankenhaus, um die dort behandelten Kämpfer zu schützen.

Beklommen gehe ich durch die Steinflure des Krankenhauses. Ein Arzt empfängt uns in seinem Büro. Ich frage nach den fünf Toten. »Es gab heute keine Toten«, antwortet er. »Und Verletzte?« »Auch nicht. Alles war ruhig.« Ich erzähle von der wiederholten Al-Dschasira-Meldung über die fünf Toten von Homs.

Verlegen schaut uns der hochgewachsene Arzt an. Plötzlich steht er auf und verlässt grußlos sein Büro. Ich denke zuerst an ein Missverständnis. Auch Tuma versteht nicht, warum der Arzt auf einmal weggelaufen ist. Etwas ratlos machen wir uns auf die Suche. Nach ihm oder einem anderen Arzt. Schließlich finden wir ihn mit einigen Kollegen und einer Krankenschwester. Flüsternd stehen sie auf dem Flur. Ich frage den Arzt, ob ich noch einige Fragen stellen dürfe. Doch erneut wendet er sich ab und eilt davon.

Mit einer Krankenschwester gehen wir dennoch ins Obergeschoss, wo die Verletzten meist kurzzeitig untergebracht werden. Durch die offenen Türen sehen wir, dass es heute keine Verletzten gibt. Die Schwester bestätigt: »Verwundete haben wir zurzeit nicht.«

Ratlos verlassen wir das Krankenhaus. Tuma wird sehr ernst. »Das ist eine dieser klassischen Falschmeldungen. Der Arzt will das nicht zugeben. Ich hoffe, dass es heute Abend nicht doch noch Tote gibt. Damit die Geschichte wieder stimmt.«

Drei Tage lang recherchieren Tuma und seine Freunde in Homs. Doch selbst seine Ex-Mitarbeiter im Lager der Rebellen wissen nichts von Toten an diesem Tag. Es gibt auch keine Trauerfeiern. Al-Dschasira hat die fünf Toten frei erfunden.

Im Kreuzfeuer

Am späten Nachmittag fahren wir durch die Viertel Al-Akrama und Al-Nozha. Ich filme mit meinem Handy. Vor uns höre ich das Rattern von Maschinengewehren. Auf der Hafiz-Al-Assad-Straße wird offenbar geschossen. Ich sage zu Tuma: »Dort ist ein Gefecht. Wollen wir da wirklich hin?« Die Szene in der Altstadt hat mir gereicht.

Doch Tuma ist irgendwie abwesend und antwortet nicht. Er biegt unbeirrt in die Hafiz-Al-Assad-Straße ein. Die Gewehrsalven werden lauter. Wir fahren direkt auf sie zu. Etwas energischer sage ich: »Das ist verdammt nah. Das ist ja direkt vor uns.« Noch immer hoffe ich, dass Tuma abbiegt. Doch er fährt mitten in die Schießerei hinein. Zu spät merkt er, dass wir in ein Kreuzfeuer geraten sind. Maschinengewehrgarben bestreichen die Straße von allen Seiten.

Links am Straßenrand erblicke ich neben einem Checkpoint ein Polizeifahrzeug und zwei im Staub liegende Polizisten. Sie werden von beiden Seiten beschossen. Und feuern zurück. Verzweifelt versuchen sie, Deckung zu finden. Doch die gibt es bei diesem Rundumangriff nicht. Auch nicht für uns. Wir fahren ohne jeden Schutz mitten durch das Maschinengewehrfeuer. Welch ein Wahnsinn!

Plötzlich kracht es unter dem Heck unseres Wagens. »Ein Treffer«, sage ich. »Nein, nur ein Stein«, wehrt Tuma ab. Doch es war kein Stein. Es war ein Treffer unterhalb des Kofferraums.

Tuma fährt nun Vollgas. Er will raus aus dieser bleihaltigen Zone. Er weiß, ein Volltreffer, und alles ist vorbei. Der Checkpoint ist offenbar systematisch eingekreist. Wir müssen noch mindestens 300 Meter durch Maschinengewehrsalven.

Alles läuft wie in Zeitlupe ab. Wir fahren und fahren, aber von links und rechts wird weitergeschossen. Vor uns sehen wir eine Wohnsiedlung. Bis dahin müssen wir kommen. Es knallt und kracht fortdauernd. Tuma ist fahl im Gesicht.

Endlich können wir mit quietschenden Reifen in die Wohnsiedlung abbiegen und anhalten. Noch immer ist der Lärm der

Gewehrsalven zu hören. Doch wir haben es geschafft – falls die Rebellen dort bleiben, wo sie sind.

Ich habe zu Tuma fast unbegrenztes Vertrauen. Dass er so einfach in ein Kreuzfeuer fahren würde, hätte ich nicht für möglich gehalten. »Warum sind Sie da reingefahren? Das war doch lebensgefährlich«, frage ich ihn atemlos. Im Hintergrund fallen weiter Schüsse. Verlegen schaut mich der stets so zuverlässige Tuma an. »Auf einem Ohr höre ich nichts mehr. Seit eine Granate neben mir explodiert ist.« Schweigend fahren wir nach Damaskus zurück.

Der Informations-GAU

Am nächsten Tag rief mich Tuma völlig aufgelöst an. Er weinte. Ein Kleinbus mit 13 unbewaffneten jungen Alawiten war auf der Rückfahrt in ihr Dorf von Rebellen gestoppt worden. Nachdem sie festgestellt hatten, dass alle Insassen Alawiten waren, wurde einer nach dem anderen durch Kopfschuss hingerichtet. Anschließend filmten die Rebellen ihre getöteten Opfer. Einen der Getöteten kannte Tuma persönlich.

Nur ein Junge überlebte. Er hatte sich tot gestellt. Er konnte den Verlauf des Überfalls genau beschreiben. Abends meldeten die Rebellen, das Massaker sei von den Schergen Assads verübt worden.

Dieser Fall war keine Ausnahme in dem von beiden Seiten kompromisslos und brutal geführten Bürgerkrieg. Die Einseitigkeit, mit der westliche Politiker und manche Medien das gegenseitige Morden beschrieben, wurde und wird der Wirklichkeit nicht gerecht. Wenn ich abends die internationalen Online-Medien überflog, war es, als läse ich Erzählungen von einem fremden Stern. Mindestens die Hälfte der Meldungen über Syrien war falsch oder irreführend.

Bei manchen Politikern wunderte mich das nicht. Sie vertraten strategische Interessen. Bei unseren Medien erstaunte es mich. Weil ich an ihr Ethos, ihre Wahrheitsliebe glaube. Sie ist ihre wichtigste Legitimation. Über zwei Jahrzehnte lang habe ich in dieser Branche gearbeitet. Und großartige, gewissenhafte Journalisten kennengelernt. Dass sie sich nach dem Lügendesaster des Irakkriegs noch einmal so täuschen lassen würden, hätte ich nicht für möglich gehalten.

Allerdings können sich viele Zeitungen heute keine Auslandskorrespondenten mehr leisten. Und die wenigen Auslandskorrespondenten, die es noch gibt, müssen meist mehrere Länder betreuen.

Mehrfach hatte ich Einzelmeldungen, die durch die Weltmedien geisterten, vor Ort überprüft. Nicht nur den Fall der fünf Toten von Homs, die es glücklicherweise nicht gab. Oder den Fall der zwölf jungen exekutierten Alawiten, die es leider gab.

Auch ganz banale Meldungen waren falsch oder grotesk übertrieben. Einmal war nach westlichen Medienberichten mitten in Damaskus das Hauptquartier der Baath-Partei durch Granaten »mutiger Rebellen« schwer beschädigt worden. Der Vorplatz war daraufhin angeblich von Polizei und Militär hermetisch abgeriegelt worden.

Trotz der Warnung von Freunden fuhr ich zum Ort des Geschehens. Wieder rieb ich mir verwundert die Augen. Der Kreisverkehr vor dem Parteigebäude war lebhaft wie immer. Vor dem Haus standen zwei freundliche Polizisten mit ihrem geparkten Motorrad. Ich fragte, wo die schweren Beschädigungen seien. Sie zeigten auf den Eingangsbereich. Dort wurden gerade Glasscheiben ausgewechselt.

Ungehindert konnte ich das Gebäude betreten. Mitarbeiter berichteten mir, dass die Täter aus einem vorbeifahrenden Auto eine »Lärmbombe« auf die Parteizentrale geworfen hätten. Der Schaden? Zwei zersplitterte Glasscheiben. Zwei Tage lang hatten Medien weltweit über diesen »kühnen« Anschlag auf das Zentrum der Macht im Herzen vom Damaskus berichtet.

Ein weiteres banales Beispiel: Während meiner Anwesenheit berichtete Al-Dschasira mehrfach von Großdemonstrationen auf bestimmten Straßen von Damaskus. Doch wenn wir hinfuhren, war weit und breit alles ruhig. Die Inhaber von Geschäften erzählten uns, sie hätten die Fernsehberichte ebenfalls gesehen und seien vorsichtig auf die Straße gegangen. Auch sie hätten nichts entdecken können. Nur bei meiner abendlichen Online-Medienlektüre fand ich die angeblichen Demonstrationen wieder. In arabischen und westlichen Medien.

Zahllos sind die falschen und gefälschten Youtube-Videos, die über westliche Bildschirme flatterten und flattern. Am 17. Mai 2011, kurz nach Beginn des Aufstands, wurde im deutschen Fernsehen sogar ein alter Film aus dem Irak als syrische Realität verkauft. Auf ABC Australia lief im Frühjahr 2011 ein Film aus dem Libanon des Jahres 2008 als Syrien-Reportage. Diese Liste lässt sich bis heute fortsetzen.

Massaker-Marketing

Berichte des Regimes schafften es nur selten in die Schlagzeilen der Medien. Das gelang in der Regel nur Meldungen der Rebellen. Vor allem, wenn sie von Massakern handelten. Oft wurden diese schamlos übertrieben. Als ob es nötig wäre, die grauenvollen Morde auch noch aufzubauschen. Mehrere Fälle dieses zynischen Massaker-Marketings, das bis heute andauert, habe ich wochenlang recherchiert. Zwei will ich hier schildern.

Das Massaker von Al-Khalidiya

Kurz vor einer wichtigen Abstimmung des Sicherheitsrats der Vereinten Nationen kam es am 3. Februar 2012 spätabends im Homser Stadtteil Al-Khalidiya zu schweren Kampfhandlungen. Die »lokalen Koordinationskomitees« (LCC) der Opposition meldeten, dass bei Bombenangriffen der Regierung »200 bis 260 Märtyrer« und bei der Erstürmung eines Krankenhauses weitere 50 Menschen umgebracht worden seien. Auf manchen Websites wurde sogar von 416 toten Zivilisten und 1300 Verwundeten berichtet.

Präsident Barack Obama erklärte gegenüber der Weltöffentlichkeit, die syrische Regierung habe »in Homs Hunderte syrische Bürger einschließlich Frauen und Kinder ermordet«.

Als die Sicherheitsratssitzung vorbei war, korrigierten die oppositionellen LCC's die Zahl der Opfer auf 55. Der amerikanische Präsident korrigierte nichts.

In Wirklichkeit hatte Folgendes stattgefunden: Am 3. Februar griffen zu später Stunde Aufständische einen Checkpoint vor Al-Khalidiya an. Dabei wurden vier Militärfahrzeuge in die Luft gesprengt. Mehrere Soldaten starben. Die Sicherheitskräfte begannen daraufhin, Wohngebiete Al-Khalidiyas, in denen sie die Rebellen vermuteten, mit Raketen und Granaten zu beschießen. Rebellen und Zivilisten wurden getötet. Im Gegenzug exekutierten die Rebellen zwölf gefangene alawitische Zivilisten, die sie einige Tage zuvor entführt hatten.

Die Toten dieses Gefechts, Soldaten, Rebellen und Zivilisten, wurden wie gewohnt gefilmt und auf Al-Dschasira und Al-Arabiya als zivile Opfer des Regimes präsentiert. Die alawitischen Familien sahen auf diese Weise erstmals ihre entführten und ermordeten Angehörigen wieder. Dann nie mehr.

Schätzungen mehrerer Homser Kontaktpersonen gehen nach intensiven Recherchen von insgesamt 35 Toten aus. Das ist noch immer eine schreckliche Zahl. Aber sie unterscheidet sich deutlich von den 200 bis 260 getöteten »Zivilisten«, die die Rebellen gemeldet hatten. Auch Barack Obama lag völlig daneben.[3]

Das Massaker von Al-Tremseh

Am 12. Juli 2012 kam es nach Pressemeldungen in Al-Tremseh bei Hama zu einem weiteren Massaker. Diesmal während einer Sitzung des UN-Sicherheitsrats zu Syrien.

Die »Freie Syrische Armee« (FSA) meldete 200 Tote. Der »Revolutionsrat« von Hama sprach von 220 Toten und Massenhinrichtungen. Der »Syrische Nationalrat« in Istanbul erhöhte die Zahl auf 350 Tote. Außenministerin Hillary Clinton erklärte am 13. Juli, »diese glaubwürdigen Berichte« seien der »unbestreitbare Beweis, dass das Regime absichtlich unschuldige Zivilisten ermordet«.

Inzwischen ist belegt, dass in Al-Tremseh kein gezieltes Massaker an Zivilisten, sondern ein schweres Gefecht zwischen Regierungstruppen und Rebellen stattgefunden hatte. Dabei waren rund 70 Soldaten, Rebellen und Zivilisten gestorben.

UN-Sprecherin Sausan Ghosheh erklärte am 14. Juli, der Angriff auf Al-Tremseh habe wohl doch »speziellen Gruppen und Häusern gegolten, in denen sich Deserteure und Aktivisten aufgehalten hätten«. Die BBC räumte ein, die neueren Erkenntnisse widersprächen früheren Berichten der Rebellen von einem Massaker an Zivilisten. Das Ganze entspreche eher der Stellungnahme der Regierung, dass es sich um einen Angriff auf »Terroristennester« und Rebellenverstecke gehandelt habe.[4]

Die »Freie Syrische Armee« korrigierte am 16. Juli ihre hohen Opferzahlen drastisch nach unten. Man habe versehentlich die Verwundeten als Tote mitgezählt. Die Weltöffentlichkeit hat hiervon nie etwas erfahren.

Mich erschütterte jedes dieser Ereignisse. Egal, wer die Toten waren. Auch 70 im Krieg getötete Menschen waren eine schreckliche Katastrophe. Mit jedem Einzelnen starb eine kleine Welt. Das Aufblähen dieser Tragödien aus Marketinggründen schändete die Opfer ein zweites Mal. Es hat im Syrienkrieg viele Massaker gegeben. Von beiden Seiten. Niemand musste Opfer hinzuerfinden.

»Osama im Laden«

Eine besondere Rolle in der einseitigen Berichterstattung über Syrien spielt die berühmte »Syrische Beobachtungsstelle für Menschenrechte« in England. Sie sitzt nicht in London, wie die meisten Medien schreiben, sondern in Coventry, rund 150 Kilometer nördlich der britischen Hauptstadt. Sie ist die am häufigsten zitierte Quelle von Berichten über Opferzahlen und Massaker in Syrien. Schon ihr Name flößt Ehrfurcht ein. »Beobachtungsstelle« oder »observatory«, wie amerikanische Medien schreiben. Das klingt wie ein wissenschaftliches Gremium voller um die Wahrheit ringender Experten.

In Wirklichkeit besteht dieses so bedeutungsvoll auftretende »Observatorium« aus einer Person mit dem Kunstnamen Rami

Abdul Rahman und dem Echtnamen Osama Ali Suleiman. Assistiert wird er mal von einer, mal von zwei Teilzeithilfen. »Direktor« Osama betreibt seine winzige Informationsklitsche nur wenige Meter entfernt vom Bekleidungsladen seiner Frau, wo er gelegentlich auch aushilft. Spötter nennen ihn deshalb »Osama im Laden«.

Keiner übertreibt und fälscht so wirkungsvoll wie Osama Ali Suleiman. Vor allem vor großen internationalen Konferenzen zu Syrien. Selbst exilsyrische Menschenrechtsorganisationen, die wie er gegen das Assad-Regime opponieren, haben sich öffentlich von dieser »Beobachtungsstelle« distanziert. Sie sagen, Osama Ali Suleiman verbreite »erfundene Zahlen« und »unwahre Geschichten«. Doch seine Kritiker haben keinen Erfolg.

Osama ist und bleibt der Star der Desinformation. Er ist der syrische »Curveball«. Curveball war jener exilirakische Agent des Bundesnachrichtendienstes, der vor dem Irakkrieg behauptete, er könne beweisen, dass Saddam Hussein biologische Waffen besitze. Und der mitschuld war am Irakkrieg.

Osama Ali Suleiman wirft nicht nur oft Zivilisten, Rebellen und Sicherheitskräfte in einen Topf. Er oder seine Zuträger multiplizieren die ohnehin schon schrecklichen Opferzahlen gelegentlich um das Fünf- und Sechsfache. Seine Informationen bezieht er telefonisch oder online von Rebellen oder Personen, die diesen nahestehen. Die Mörder sind bei Osama Ali Suleiman daher in der Regel die staatlichen Sicherheitskräfte. Doch solche Kriege gibt es nicht. Fast immer wird auf beiden Seiten gemordet. Genau das ist ja die Tragik des Krieges.

Osama Ali Suleiman kann auf spektakuläre Falschmeldungen zurückblicken. CNN spielte er am 7. August 2011 eine Meldung zu, die er selbst aus einer obskuren Quelle erhalten hatte. Sie besagte, die syrischen Sicherheitskräfte hätten in Hama den Strom der Brutkästen abgestellt. Acht Babys hätten diese Barbarei mit dem Leben bezahlt. Gleichzeitig erschien auf zahlreichen anderen Internetseiten ein Foto der beklagenswerten Babys.

Ein Aufschrei ging durch die Welt. Fast wie vor dem Ersten Irakkrieg, als Kriegsbefürworter eine frei erfundene Brutkasten-

Horrorgeschichte über irakische Soldaten in Kuwait verbreiteten. Auch Osamas Meldung war falsch. Das zum Beweis auf anderen Internetforen veröffentlichte Foto der Babys stammte aus Alexandria, Ägypten. Die angeblich ermordeten Kleinen waren nicht tot, sondern quietschlebendig. Nur ihre Krabbelstube war zu eng.

Diesem syrischen Exil-Pinocchio liegen die UNO, die EU, die meisten westlichen Politiker, Al-Dschasira, Al-Arabiya und große Teile der westlichen Medienwelt zu Füßen. Weil er ihre Arbeit erleichtert und täglich das meldet, was sie hören wollen.

Seine geringe Glaubwürdigkeit hat sich in Medienkreisen allerdings inzwischen herumgesprochen. Sie sichern sich daher mit dem an die Medikamentenwerbung erinnernden Routinesatz ab, »die Richtigkeit dieser Angaben lässt sich wie üblich nicht überprüfen«. Und sie weisen inzwischen darauf hin, dass er »der Opposition nahesteht« oder ihr sogar »angehört«.

Doch das schränkt Osamas historische Bedeutung nicht mehr ein. Er hat vor allem im Anfangsjahr des syrischen Bürgerkriegs mit seinen einseitigen Meldungen die Weltmeinung entscheidend mitgeprägt. Er trägt Mitverantwortung für die Eskalation dieses Konflikts zu einer schrecklichen Tragödie.

Neuerdings mischt er unter seine täglichen Nachrichten über die Gräueltaten des Regimes auch Berichte über die nicht mehr zu übersehenden Verbrechen der Rebellen. Das ist gut für sein Image als »objektiver Beobachter«. Aber es ändert nichts mehr an dem Zerrbild, das die westliche Öffentlichkeit mittlerweile von der syrischen Tragödie hat.

In ihrer medialen Wirkung noch bedeutsamer waren die arabischen Fernsehsender Al-Dschasira und Al-Arabiya. Kampagnenartig, reißerisch, spektakulär betrieben sie nach den Revolutionen in Tunesien, Ägypten und Libyen den »demokratischen Umsturz« in Syrien. Inzwischen haben sie an Glaubwürdigkeit verloren. Zu viele Berichte erwiesen sich nachträglich als falsch. Zu viele seriöse Journalisten haben die Sender unter Protest verlassen.

Beide TV-Stationen stammen aus autoritären, antidemokratischen Staaten, aus Katar und Saudi-Arabien. Schon das müsste jeden nachdenklich stimmen. Saudi-Arabien und Katar gehören darüber hinaus zu den engsten militärischen Verbündeten der USA im Mittleren Osten. In Katar befindet sich das Zentralkommando der amerikanischen Streitkräfte für den Mittleren Osten, Ostafrika und Vorderasien.

Könnte es sein, dass es den Eigentümern dieser Sender um etwas ganz anderes geht als um die Einführung der Demokratie in Syrien? Um geostrategische Fragen, um die Vorherrschaft im Mittleren Osten?

Audiatur et altera pars

Ein zentrales Problem der westlichen Syrien-Berichterstattung besteht darin, dass meist nur die Aufständischen und ihnen nahestehende Personen befragt und zitiert werden. Das *muss* zu einer Verzerrung der Wahrheit führen.

Ende August 2012 habe ich eine Woche lang systematisch die Syrien-Berichterstattung der wichtigsten deutschen Zeitungen ausgewertet. Das Ergebnis war erschreckend. In manchen Medien stammten 71 Prozent der Meldungen von der Opposition. In einem besonders pominenten Blatt waren es sogar 81 Prozent. Ich bin leidenschaftlicher Zeitungsleser. Zeitungen sind ein Teil unserer Kultur. Ein Tag ohne meine Zeitung ist für mich ein verlorener Tag. Die deutschen Zeitungen gehören zu den besten der Welt. Nach wie vor.

Doch welches Bild ergäbe sich, wenn unsere Medien bei Streitfragen im Bundestag nur die Opposition befragen würden? Wenn ein Richter in einem Rechtsstreit nur eine der Parteien anhören würde? Wenn eine Mutter nach einer Balgerei zweier Kinder nur eines fragen würde, wer angefangen hat? Wer nur die eine Seite zu Wort kommen lässt, erfährt selten die Wahrheit.

»Audiatur et altera pars – Höre dir immer auch die andere Seite an«, war schon im römischen Recht eine der wichtigsten Maximen. Selbst das Mittelalter kannte den Rechtsgrundsatz: »*Enes* Mannes Rede ist nur die halbe Rede. Darum soll man hören *bede*.«

Glücklicherweise halten sich wenigstens einige Medien an diese goldene Regel. Auch gibt es immer wieder Journalisten, die unter großen Gefahren vor Ort selbst recherchieren. Oft ein ganzes Leben lang. Und die das, was sie gehört und gesehen haben, zur Kontrolle auch mit der anderen Seite besprechen. Doch die tägliche Einseitigkeit der Mehrheit der Medien in manchen weltpolitischen Fragen können sie allein nicht korrigieren.

Wie tiefgreifend die Folgen dieser parteiischen Berichterstattung sind, sehe ich bei mir selbst. Wenn ich über längere Zeit nur die von den Rebellen verbreiteten Berichte über die Untaten der Regierung lese, erfassen auch mich Zorn und Entsetzen. Ich kann mich dem gar nicht entziehen. Nach der zehnten Meldung auf *Spiegel-*, *Bild-* oder *Süddeutsche Zeitung online* über die Gräueltaten der syrischen Regierung gerät mein gesamtes, mühsam recherchiertes Syrienbild ins Wanken.

Hat man mich vielleicht doch hinters Licht geführt? Irre ich mich, wenn ich sage und schreibe, dass sich *beide* Seiten völlig verrannt haben, dass *beide* Seiten erbarmungslos Gewalt anwenden? Erleben wir doch den edlen Aufstand eines ganzen Volkes gegen seinen blutrünstigen Diktator? Und nicht den von mir geschilderten grauenvollen Bürgerkrieg zwischen zwei etwa gleich starken Lagern?

Jeden Tag zweifle ich an mir. Von den Nächten ganz zu schweigen. Wenn das, was Osama Ali Suleiman, was die »Freie Syrische Armee« und was Al-Dschasira täglich berichten, stimmt, muss auch ich sagen: »Stürzt diesen Tyrannen!« Ich verstehe jeden westlichen Fernsehzuschauer, der nach den Abendnachrichten im Fernsehen und der Lektüre seiner Tageszeitung fragt: Wann stoppt der Westen endlich das mörderische Blutvergießen Baschar Al-Assads?

Die Zivilcourage eines jungen Journalisten

An einem dieser Tage des Zweifels rief mich der junge Fernsehjournalist Marcel Mettelsiefen an. Ich kannte ihn privat und schätzte ihn. Er war mehrfach heimlich in Homs gewesen und hatte darüber für ARD, ZDF, CNN und andere TV-Sender eindrucksvolle regimekritische Filme gedreht.

Er stand meiner Haltung skeptisch gegenüber. Aber auch er hatte Probleme mit dem, was er gelegentlich bei den Rebellen erlebte. Er bezweifelte zunehmend, dass die westliche Berichterstattung fair und ausgewogen war. Deshalb wollte er wenigstens einmal die andere Seite Syriens zeigen, die der Anhänger Assads. Er fragte mich, ob ich ihm einen Termin beim syrischen Staatspräsidenten vermitteln könne. Natürlich konnte ich das nicht.

Ich bat ihn, nach seiner Rückkehr aus Syrien das, was er auf der anderen Seite gesehen und erlebt hatte, auch offen zu berichten. Er versprach es und hielt Wort. Am 28. März 2012 stellte er in der NDR-Fernsehsendung *Zapp* die gängige Syrien-Berichterstattung infrage. Er sprach von einem »Medienkrieg« und einem »Ungleichgewicht in der Berichterstattung«. Davon, dass die Reportagen aus Syrien meist nur den Kampf der Rebellen zeigten. Dass nur ein Teil der Bevölkerung mit diesem Kampf einverstanden sei.

Er hatte den Mut auszusprechen, »dass bestimmte Videos gefaked, übertrieben oder gar komplett inszeniert werden«. Er zeigte einen Aktivisten aus Homs namens Khaled Abu Salah, der auf Al-Dschasira mehrfach in wechselnden Rollen auftrat: Anfang Februar angeblich bei einem Angriff schwer verwundet, ein paar Tage danach putzmunter als Reporter. Kurz darauf erneut verletzt, wenig später quietschlebendig im Zentrum von Homs.

Khaled Abu Salah war in Syrien fast jedem politisch interessierten Fernsehzuschauer als Anhänger der Rebellen und freier Mitarbeiter von Al-Dschasira bekannt. Niemand hielt diesen Till Eulenspiegel dort für eine ernst zu nehmende Informationsquelle. Und doch schaffte er es mit seinen possenhaften Auftritten immer wieder in die Hauptnachrichtensendungen der großen Fernsehanstalten der Welt.

Wie war so etwas möglich? Mettelsiefen lakonisch: In Syrien werde »momentan mit Bildern Krieg geführt. Aktivismus und Journalismus werden in einer sehr, sehr perfiden Weise vermischt«.

So stelle ich mir unabhängigen Journalismus vor. Allerdings

sind derartige Reportagen über die andere Seite Syriens bei Weitem nicht so sensationell wie Horror- und Massakerfilme. Freie Journalisten haben es nicht leicht, ausgewogene und unspektakuläre Berichte über Syrien bei großen TV-Sendern unterzubringen.

Vielleicht habe ich deshalb nie wieder einen vergleichbar mutigen Bericht Mettelsiefens über die Kehrseite der syrischen Tragödie gesehen.

Gegen den Strom

Auch für mich ist es nicht einfach, in der Syriendebatte gegen den Strom zu schwimmen. Der Strom ist mächtig. Ich nicht. Trotzdem versuche ich es. Mir geht es in Syrien um vier Ziele:

Erstens: Ich möchte mithelfen, dass der tragische Konflikt dieses sympathischen Landes durch *Verhandlungen* beendet wird. Und nicht durch »Auskämpfen« des Bürgerkrieges. Auch nicht durch verdeckte oder offene militärische Interventionen des Auslands. Ziel der Verhandlungen muss die nationale Aussöhnung aller sein. Weil ich für Verhandlungen bin, kann ich mir nicht den Luxus erlauben, mich auf eine Seite zu schlagen.

Zweitens: Ich möchte mithelfen, dass Syrien ein *demokratischer Rechtsstaat wird.* Weil ich glaube, dass nur in einem demokratischen Rechtsstaat die Würde aller Bürger garantiert ist. Die neue syrische Verfassung muss die Minderheiten machtvoll schützen. Aber auch der Mehrheit ihre Rechte geben.

Drittens: Ich möchte mithelfen, dass die arabische Welt endlich frei wird von westlicher Bevormundung. Araber haben dasselbe Recht auf Selbstbestimmung und *Unabhängigkeit* wie wir.

Viertens: Ich möchte mithelfen, einen *Flächenbrand* zu verhindern. Nicht nur der gesamte Mittlere Osten könnte bei einer Eskalation des Syrienkonflikts in Chaos und Anarchie versinken. Auch in Europa könnten die Lichter ausgehen. Der Mittlere Osten kann sehr schnell zum Zentrum einer weltpolitischen Katastrophe werden. Die Situation dort erinnert zunehmend an die

Lage auf dem Balkan vor dem Ersten Weltkrieg. Auch damals redeten patriotische Sofastrategen die Welt in einen verheerenden Konflikt hinein.

Ich glaube, dass es sich lohnt, für diese Ziele einzutreten. Dass es sogar meine Pflicht ist. Weil ich Syrien und seine Menschen seit Langem kenne und liebe. Und weil ich durch die Zufälle des Lebens zahlreiche Verbindungen zu Politik und Medien habe.

Ich weiß, dass meine Position unpopulär ist. Aber war das vor dem Afghanistankrieg und vor dem Irakkrieg anders? Oder in den 80er-Jahren in der Frage der Wiedervereinigung? Wie sang noch mal Mahatma Gandhi, wenn ihn niemand mehr verstand? »Wenn sie deinem Ruf nicht folgen, geh allein, geh allein.«

E-Mails an Scheherazad

Ich hatte nur zwei Möglichkeiten mitzuhelfen, eine friedliche Lösung des Syrienkonflikts zu finden. Ich konnte Artikel schreiben, und ich konnte versuchen, auf Assad Einfluss zu nehmen. Es gab nur eine Person, über die ich mit Assad kommunizieren konnte – Scheherazad. Doch die war gerade einmal 21 Jahre alt.

Aber gab es eine Alternative? Als ich vor dem Afghanistankrieg Kontakt zu Talibanchef Mullah Omar aufnehmen wollte, hatte ich den hochbetagten Ex-Präsidenten Afghanistans, Sibghatullah Al-Modschaddedi, um Vermittlung gebeten. Bei meinem naiven Versuch mitzuhelfen, den Irakkrieg zu vermeiden, hatte mir der frühere Koordinator des Hilfsprogramms »Öl für Nahrungsmittel« im Irak, der damals auch schon über 60-jährige Hans Graf von Sponeck, brillant geholfen. Das Alter meiner Vermittler hat mich nie interessiert. Und ob sie männlich oder weiblich waren, auch nicht.

Was sprach also dagegen, es diesmal mit einem 21-jährigen Mädchen zu versuchen? Wenn Scheherazad so alt gewesen wäre wie ich, hätte ich sie doch auch eingeschaltet.

Ihr Kontakt zu Assad war offenbar so gut, dass selbst der syrische Botschafter in Berlin mir riet, bestimmte Ideen nicht über ihn, sondern über Scheherazad an Assad heranzutragen. Sie habe täglichen Zugang zu ihm und erheblich mehr Einfluss als er. Sollte ich auf diese Möglichkeit verzichten, nur weil sie jung und hübsch war?

Irgendwann fand selbst mein Sohn Frédéric die Idee nicht mehr ganz abwegig. Vor allem, nachdem ich ihn gebeten hatte, mir gelegentlich bei der Formulierung der Mails an Scheherazad zu helfen. Auch Julia war nicht mehr völlig ablehnend. Nur warnte sie zu Recht: »Die Mails werden veröffentlicht werden, man wird dich massiv angreifen.« Aber das wusste ich. Außerdem wurde ich auch so kritisiert. Weil ich das Spiel der »Achse der Guten« nicht mitspielte.

Die Gefahr, dass jemand alle Mails mitlas und sie eines Tages veröffentlichte, war in der Tat groß. Aber sie war unwichtig. Da musste ich dann durch. Das einzige Problem war, dass Scheherazad im Stil eines jungen Twitter-Mädchens schrieb. Lustig, etwas durchgeknallt und immer ein wenig flirtend. Nicht nur mir, sondern auch jedem anderen. Ihre Mails begannen meist mit »Ich vermisse Sie« und bis zu zwanzig Ausrufezeichen.

So schrieb sie auch an Assad, an dessen Frau und an andere Menschen, die sie mochte. Auch an Medienvertreter, die sie schätzte. Denen mailte sie auch schon mal ein »I love you«. Das war ihre Art, gute Laune zu verbreiten. Mir war das sympathischer, als wenn Menschen Briefe an ihre schlimmsten Feinde »mit vorzüglicher Hochachtung« unterschreiben. Oder Unwahrheiten mit »Sincerely«, was so viel heißt wie »ehrlich« und »aufrichtig«.

Scheherazads fröhlicher Twitter-Stil war wahrscheinlich auch der Versuch eines blutjungen Mädchens, das in New York ein unbeschwertes Leben leben konnte, inmitten der Gräuel dieses Krieges nicht wahnsinnig zu werden. Welches andere junge Mädchen hätte diesen Mut?

Ich mailte und »flirtete« also mit. So wie ich selbstverständlich mit den Vorzimmerdamen Obamas, Putins oder Xi Jinpings »flirten« würde, wenn sie mir in wichtigen politischen Fragen Zugang zu ihren abgeschirmten Chefs verschaffen könnten. Einer meiner zahlreichen taktischen Fehler während meiner Abgeordnetenzeit war, dass ich Esel nie mit Helmut Kohls fröhlicher Assistentin Juliane Weber »geflirtet« hatte. Andere, Klügere brachten ihr meist als Geschenk kleine Elefantenfiguren mit. Auch wenn sie Kohl-Gegner waren. Ihr ganzer Schreibtisch war voll davon.

Es gab zwei Dinge, die ich nur über Scheherazad erreichen konnte:

1. Ich wollte bei Assad für eine zügigere Demokratisierung Syriens werben sowie für einen Dialog mit allen seinen Gegnern. Auch mit den Rebellen. Ich wollte mithelfen, das Blutvergießen in Syrien zu beenden.

2. Ich hielt das TV-Interview mit dem syrischen Präsidenten zunehmend für wichtig. Weil der Westen seine Feinde kennen sollte, bevor er Entscheidungen über Krieg und Frieden trifft.

Zwei Monate lang gingen die Mails hin und her. Manche hatte Frédéric mitformuliert. Ich lud Scheherazad sogar im Namen meiner Familie in unsere Berghütte nach Sulden in Südtirol ein, um dort alle Anliegen zu besprechen.

Irgendwann im Frühjahr 2012 wurden erwartungsgemäß Scheherazads E-Mails an Assad geknackt. Genüsslich zitierten westliche und arabische Medien aus der Fülle ihrer Mails auch eine mich betreffende Nachricht vom 29. November 2011 an den syrischen Präsidenten:

»Dear,

Dr. Tudenhufer (sic!), der deutsche Denker, hat nach seiner Rückkehr nach Deutschland einen kleinen Dokumentarfilm über Syrien produziert. Er beschrieb darin beide Seiten (die positive und die negative). Ich erhielt viele E-Mails von Exil-Syrern, die mir schrieben, wie glücklich sie seien, dass der Film in Deutschland so viele positive Kommentare erhielt. Es war das erste Mal seit Beginn der Krise, dass Syrien fair dargestellt wurde. Dr. Tudenhufer gab nach seiner Rückkehr auch mehrere Fernsehinterviews. Er sprach extrem positiv über Sie als Person und über Syrien als Land.

Das einzige Problem ist, dass er 30 Sekunden Ihres vertraulichen Gesprächs mit ihm in den Dokumentarfilm aufnahm. Allerdings waren diese 30 Sekunden übersprochen, so dass man nicht hören konnte, was Sie sagten. Ich teilte ihm meine Bedenken hierzu mit und sagte ihm, dass er dazu nicht berechtigt gewesen sei. Er entschuldigte sich und sagte, das Ganze sei ein Missverständnis. Er habe Sie gefragt, ob Bilder gemacht werden dürften, und Sie hätten Ja gesagt. Lassen Sie mich wissen, was Sie darüber denken.

Vielen Dank! Ich vermisse Sie so sehr ☹«

Schon diese Mail reichte einigen Zeitgenossen, um mir mitzuteilen, dass ich »enttarnt« sei. Auch manche Zeitungen sahen das so. Dabei kannten sie nur Bruchteile des E-Mail-Verkehrs.

Vielleicht interessiert diese Kritiker neben der Form auch der Inhalt der Mails, die ich Scheherazad schrieb – stets in der Hoffnung, dass sie Assad darüber informieren würde. Im Grunde schrieb ich immer an Assad. Scheherazad war mein Bote.

Am 16. Dezember 2011 schrieb ich unter anderem:

»Sie haben eine große Aufgabe. Wenn Ihr Präsident Ihr Land in eine echte Demokratie führt, kann er eine ›historische‹ Gestalt werden. Machen Sie ihn zu einem Sieger und nicht zu einem Verlierer wie Mubarak und Co.!«

Am 21. Dezember 2011:

»Laden Sie weiter gute Journalisten ein! Selbst wenn sie kritisch sind. Gestern las ich einige sehr kluge Erklärungen Ihres Außenministers. Er sprach von der Zukunft Syriens als ›Musterdemokratie‹. Sehr gut!«

Am 22. Dezember 2011:

»Hier einige Ideen eines Freundes:
1. Warum ernennt der Präsident nicht offiziell einen seriösen westlichen Politiker wie Genscher, Carter oder Kofi Annan als Berater für den demokratischen Übergang?
2. Warum erlässt der Präsident nicht einen schriftlichen Befehl

an seine Sicherheitskräfte, nicht auf Zivilisten zu schießen und sie stattdessen zu schützen?«

Am 23. Januar 2012 (sieben Wochen vor Kofi Annans »Sechs-Punkte-Plan«):

»Angesichts der dramatischen Lage sollte Ihr Präsident so bald wie möglich einen Friedensplan vorlegen. Hier sind sechs Punkte, die er enthalten sollte:
»*Assads* Sechs-Punkte-Friedensplan« (sic):
1. Sofortiger Waffenstillstand,
2. Dialog mit der Opposition in Damaskus, Genf oder Moskau,
3. Einbeziehung der Opposition in die Gestaltung einer neuen demokratischen Verfassung,
4. Volksabstimmung über die neue Verfassung – Beobachter: Jimmy-Carter-Stiftung,
5. Parlamentswahlen,
6. Präsidentschaftswahlen.«

Diesen Vorschlag eines Sechs-Punkte-Friedensplans *Assads* machte ich, sieben Wochen bevor Kofi *Annan* seinen Sechs-Punkte-Plan vorlegte, der nur in Details abwich. Könnte es sein, dass manche der Ideen, die ich Scheherazad vorschlug, tatsächlich dorthin gelangten, wohin sie sollten?

Ich würde heute alles wieder so machen. Als Scheherazad mich einmal einlud, mit ihr einen Abend durch die Diskos von Damaskus zu ziehen, lehnte ich schmunzelnd ab. Julia war stolz auf mich. Man darf seinen Gegnern nicht zu viele Angriffspunkte bieten. In einer Disko lässt sich schwer über Demokratisierung diskutieren. Zumindest hätte mir das niemand geglaubt.

Im Grunde ist es schade, dass Scheherazad schon lange nicht mehr an Assads Seite ist. Sie lebt seit dem Frühjahr 2012 wieder in New York. Ich hatte noch so viele Ideen, wie man diesen schrecklichen Konflikt vielleicht beenden könnte. Ist es nicht besser, mit E-Mail-Flirts für Demokratie zu werben als mit Bomben und Raketen?

Die Schreibtischstrategen schlagen zurück

Erwartungsgemäß stieg die Zahl meiner Kritiker nach dem Gespräch mit Assad weiter an. Einer von ihnen war Rafik Schami. Ich zitiere ihn, um zu zeigen, auf welchem Niveau die Auseinandersetzung stattfand und bis heute stattfindet Er war nicht einmal der schärfste Kritiker. Manche verfassten einfach Morddrohungen.

In der *taz* nannte Rafik Schami Peter Scholl-Latour und mich »reaktionäre alte Herren«. Wir »verleumdeten mit unserer von Rassismus und Falschheit getränkten Berichterstattung Tote und Lebende, um den Diktator zu decken«, und spielten »eine widerliche Rolle«.

Da ich kein Wort Arabisch spräche, sei ich ein »Lügner« wie Marco Polo, der auch kein Arabisch oder Persisch gesprochen habe. Den syrischen Marxisten Al-Khayyer, der bis 2005 in den Kerkern der Assads saß und trotzdem in Syrien blieb, um für eine friedliche demokratische Lösung einzutreten, nannte er einen »verblödeten Marxisten«.

Es schmerze ihn, dass er uns nicht »ausreichend anklagen könne – wegen »Vertuschung von Völkermord und wegen der Verachtung der syrischen Frauen und Männer«.[5]

Wie reagiert man auf einen solch vesuvischen Ausbruch von Gift und Galle? Wie antwortet man, wenn ein Mann, der seit 40 Jahren nicht mehr in Syrien war, einen Syrer, der trotz 14 Jahren Kerkerhaft weiter vor Ort für Demokratie kämpft, einen »verblödeten Marxisten« nennt?

Ich bat Rafik Schami schriftlich um ein Gespräch. Er lehnte ab. »Nach all dem, was geschehen sei, sei es zu spät.« Julia bemühte sich ebenfalls um eine Aussprache. Auch diese verweigerte er. Stattdessen teilte er ihr ein für alle Mal mit, dass er nicht ihr Onkel und sie nicht seine Nichte sei. Er habe nur die Schwester ihres Vaters geheiratet. Sie sei daher überhaupt nicht mit ihm verwandt.

Alle meine Besuche in Syrien seien »mit dem syrischen Geheimdienst abgesprochen« worden, schrieb er, »die ganzen Lügen mit Kontrollen und der Angst vor einer Verhaftung für das deutsche Publikum erfunden« worden. Ich sei »verlogen, armselig, schleimig und feige«.

Wer für Verhandlungen mit dem Feind eintritt, muss immer mit dem Vorwurf rechnen, er unterstütze ihn und verharmlose seine Schandtaten. Das wusste ich. Als Willy Brandt mit der sowjetischen Führung verhandelte, galt er bei seinen Gegnern sofort als Vaterlandsverräter und Diktatorenfreund.

Ich gestehe, dass ich manchmal ähnlich dachte. Mir wollte nicht einleuchten, dass man mit Diktatoren so freundlich umgehen konnte, wie Brandt das tat. Aber hätte er mit Unfreundlichkeit mehr erreicht? Heute weiß ich, dass Brandt recht hatte.

Mein Verhältnis zu Diktatoren war trotzdem immer distanziert. Ich habe viel mehr Zeit meines Lebens mit Rebellen verbracht. Mit den Kämpfern der algerischen FLN, den afghanischen Mudschaheddin, den Widerstandskämpfern des Irak, den Rebellen Libyens, Syriens und anderer Länder. Ich war selbst oft Rebell. Wenn auch sicher sanfter als die Rebellen unserer Zeit.

Mit Diktatoren habe ich fast nur schlechte Erfahrungen gemacht. Mit den Herrschern der Sowjetunion, die nach meinem Marsch durch Afghanistan verkünden ließen, man werde mich erschießen lassen.

Auch mit Augusto Pinochet. Monatelang griffen mich westliche Politiker an, weil ich gewagt hatte, mit dem Diktator über die Freilassung politischer Gefangener zu verhandeln. Gleichzeitig musste ich Pinochet immer drängendere Briefe schreiben, weil er die Einlösung seines Versprechens, alle Gefangenen freizulassen, ständig hinauszögerte.

Südafrikas Apartheid-Präsident Balthazar Johannes Vorster wäre nach unserem persönlichen Gespräch und meiner warnenden Stellungnahme gegen die Apartheid nie auf die Idee gekommen, ich sei sein Freund. Obwohl ich für Verhandlungen mit seiner Regierung eintrat.

Mit Gaddafi konnte ich nie sprechen. Er empfing uns mit Raketen. Trotzdem hätte ich auch gerne mit ihm gesprochen, um ihn zu Verhandlungen zu drängen. 30 000 bis 50 000 Tote in einem Land mit maximal sechs Millionen Einwohnern, welch ein Irrsinn! Doch welcher Befürworter »humanitärer Kriege« verbringt deshalb schon schlaflose Nächte?

INTERMEZZO
ZWISCHEN ZWEI REISEN

Die Jahre 2011 bis 2013 waren für mich ein wilder Reigen. Ägypten, Libyen, Syrien, Marokko, Tunesien, Afghanistan, Iran. Jedes dieser Länder habe ich nicht nur einmal, sondern mehrfach besucht. Im Rückblick verliere auch ich manchmal die Übersicht.

Allein in Syrien war ich sechsmal. Ich wollte das Land verstehen, seine Menschen, das syrische Drama, das sich ständig zuspitzte.

Doch auch das, was ich zwischen meinen Syrienreisen erlebte, hat mich teilweise tief erschüttert. Gaza etwa und die Rückkehr auf den Tahrir-Platz am ersten Jahrestag der ägyptischen Revolution. Nie werde ich diese Reisen vergessen können.

Die Fahrt nach Gaza

Ich wollte schon immer einmal nach Gaza. In das Land der Philister, von denen bereits das Alte Testament berichtet. Das Land, in dem der geblendete Riese Samson aus Verzweiflung und Rache zum ersten Selbstmordattentäter der Geschichte wurde. Mein israelischer Freund David Grossman hat diesem großen jüdischen Helden mit seinem *Löwenhonig* ein ergreifendes literarisches Denkmal gesetzt.

Die Behandlung der Menschen in Gaza ist für viele Araber der tägliche Beweis, dass die Grundwerte des Westens – »Freiheit, Gleichheit, Brüderlichkeit« – für sie nicht gelten. Gaza ist eine tiefe Wunde im Selbstbewusstsein der arabischen Welt.

Meinen ersten Versuch, nach Gaza zu gelangen, unternahm

ich 2008. Von Israel aus. Eines schönen Nachmittags stand ich am israelischen Grenzübergang Erez, etwa 18 Kilometer südlich der israelischen Stadt Ashkelon. Acht Meter hoch und drei Meter dick sind hier die Mauern, die Gaza von Israel trennen.

Ich zeigte den israelischen Grenzsoldaten meinen Pass, meinen Personalausweis, meinen Führerschein. Freundlich, aber bestimmt machten mir die Soldaten klar, dass ich in Gaza nichts zu suchen hätte. Ich wies sie genauso höflich darauf hin, dass sie das eigentlich nichts angehe. Gaza sei seit 2005 angeblich frei und nicht mehr von Israel besetzt. Der Ton verschärfte sich. »Sie haben noch zwei Minuten, dann sind Sie hier weg! Oder wir reden über Ihre Freiheit«, sagte der Grenzsoldat schroff und zog seine Maschinenpistole nach oben.

Normalerweise werde ich in Israel gut behandelt. Doch die Jungs an der Grenze zum Gazastreifen waren ungemütlich. Mein Wunsch, irgendwann nach Gaza zu reisen, wurde dadurch nur noch größer.

Im Juni 2011 ergab sich eine neue Gelegenheit. Khaled, Julia und ich fuhren gerade von Marsa Matruh Richtung Kairo, als mir plötzlich Gaza wieder in den Sinn kam. Statt nach Süden abzubiegen, müssten wir nur die Küstenstraße entlangfahren, den Suezkanal und die Sinai-Halbinsel überqueren, und schon wären wir in Gaza. Die ägyptische Revolutionsregierung hatte gerade groß verkündet, der Grenzübergang nach Gaza sei nun offen.

Julia war sofort bereit. Es gibt ohnehin kein Land, in das sie nicht schon immer einmal wollte. Am liebsten hätte sie anschließend noch einen Abstecher nach Nordkorea gemacht. Nur Khaled, mein exilsyrischer Freund und Übersetzer, zögerte. Er musste sich langsam wieder um sein Übersetzungsbüro in Deutschland kümmern. Doch als ich ihm erklärte, dass ein Besuch Gazas eigentlich der Traum aller Araber sei, fing er Feuer. Wer wusste schon, wie lange die Grenze offen blieb?

Auf der Sinai-Halbinsel fuhren wir als Erstes in eine Polizeikontrolle. Sechs Mann kontrollierten unsere Pässe. Die Papiere wanderten von Hand zu Hand. Über eine Stunde dauerte die Prozedur. Als alle Polizisten unsere Ausweise lange genug studiert hatten, war es stockfinster. Nun durften wir zwar weiterfahren, doch wegen der Dunkelheit riet man uns dringend ab. Nachts werde der Sinai von Banditen und Terroristen beherrscht. Immer wieder komme es zu Entführungen. Ein Libyer, der gerade vom Sinai zurückkam, berichtete, man habe ihn um 62 000 ägyptische Pfund erleichtert. Das entsprach 8000 Euro. Der nördliche Sinai sei eine einzige Räuberhöhle.

Ich schaute Julia und Khaled an. Es war immer die gleiche Situation. Fahren oder nicht fahren? Die nächtliche Durchquerung des Sinai war nicht ungefährlich. So wie die Besuche von Tora Bora in Afghanistan, von Peschawar in Pakistan, von Ramadi im Irak, von Homs in Syrien oder von Bengasi in Libyen.

Hätte ich bei den Reisen meines Lebens normale Maßstäbe angelegt, hätte ich überhaupt nie in Krisengebiete fahren dürfen. Die entscheidende Frage war stets. Wo war der Punkt, an dem eine Weiterfahrt tatsächlich unverantwortlich wurde? Ich hatte diese Frage meistens, nicht immer, richtig entschieden. Vor allem mithilfe Ortskundiger. Deshalb fragte ich auch hier unseren Fahrer. Hamid war aus Kairo und wollte das gute Geld, das er mit uns verdiente, unter allen Umständen sicher nach Hause bringen. Als er »Fahren!« sagte, waren alle einverstanden. Es ging los.

Khaled bat die Grenzpolizisten noch inständig, die Sinai-Banditen nicht über unser Kommen zu informieren, um danach das Lösegeld mit ihnen zu teilen. Dann fuhren wir in die Nacht hinein. Im Dunkeln tauchte ein Kontrollposten auf. Doch er wollte uns nur auffordern, ab hier unter keinen Umständen mehr anzuhalten. Auch nicht bei Polizei- oder Militärkontrollen. Jetzt kämen nur noch Banditen.

Angespannt fuhren wir durch die pechschwarze Nacht. Plötzlich sehen wir 100 Meter vor uns, mitten auf der Straße, Felsbrocken. Und dann zwei Panzer sowie mehrere bewaffnete Soldaten. Was tun? »Nie anhalten!«, hatte der Polizist gewarnt. Doch meine innere Stimme sagt: »Leg dich nicht mit Panzern an!« Es sind Sekunden, die über Leben und Tod entscheiden.

Hamid entscheidet sich für eine Vollbremsung. Gegen zwei Panzer haben wir keine Chance. Auch nicht, wenn Banditen drinsitzen. Es ist eine kluge Entscheidung. Es sind echte Soldaten. Wir werden gründlich durchsucht und dann durchgewinkt. Was wäre geschehen, wenn wir dem Rat des Polizisten gefolgt wären? Hamid schimpft ganz unislamisch vor sich hin.

Endlich sind wir in Al-Arisch, einer kleinen Touristenstadt. Die Anwesenheit zahlreicher Israelis zeigt uns, dass die Gefahr nun hinter uns liegt. Alle atmen auf. Obwohl die Grenze nicht mehr weit ist, übernachten wir hier. Für heute reicht es uns.

Am nächsten Morgen geht es weiter. Die Militärpräsenz wird dichter. Ein Kontrollposten folgt dem anderen. Überall stehen Panzer. Und plötzlich sehen wir in Rafah das Grenztor von Gaza. Dieses berühmte Tor zur Freiheit, das die ägyptische Regierung nach der Revolution angeblich geöffnet hatte.

Doch das große Gittertor ist zu. Meine Mitarbeiter in Deutschland hatten mehrfach mit der ägyptischen Botschaft in Berlin und mit dem deutschen Auswärtigen Amt telefoniert. Beide hatten ihnen bestätigt, dass wir zur Einreise nur unsere Pässe vorlegen müssten. Gaza sei frei. Doch der ägyptische Grenzbeamte winkt ab. Ich gebe ihm den Faxverkehr mit der ägyptischen Botschaft. Griesgrämig verschwindet er in seiner Grenzbaracke. Nach einer halben Stunde kommt er zurück. »Keine Einreise«, sagt er kurz.

Auch für die Einwohner von Gaza öffnet sich das Tor nur selten. Auf beiden Seiten der Grenze sitzen enttäuschte Ein- und Ausreisewillige auf ihren Koffern. Ich sehe Eselskarren mit dem gesamten Hausrat ärmlicher Familien. Doch auch sie müssen wieder umkehren. Nur wer eine außerordentliche Ein- oder Ausreisegenehmigung hat, gehört zu den Auserwählten, für die sich einmal pro Stunde das Tor kurz öffnet.

Dabei hatte die Mitteilung der ägyptischen Regierung, Gaza sei frei, so revolutionär, so positiv, so freiheitlich geklungen. »Was für ein großer Augenblick!«, hatten viele Menschen auf der Welt gedacht. Doch es waren wieder nur Worte. Unsere Enttäuschung ist riesengroß.

Wir setzen uns in ein kleines Straßencafé, von dem aus wir die Gitter des Grenztors immer im Blick haben. Am Nebentisch sitzt eine etwa 40-jährige blonde Deutsche. Seit 3 Uhr morgens wartet sie. Sie spricht perfekt Arabisch und will zu ihrer Familie in

Gaza. Ein britischer Journalist, der extra aus London gekommen ist, wirft enttäuscht das Handtuch. Er fährt zurück. »Wieder so eine Propagandalüge«, sagt er wütend.

Ein junger Palästinenser schwedischer Nationalität setzt sich zu uns. Er ist gekommen, um seine in Gaza lebende Familie zu besuchen. Es ist sein vierter Versuch. Dreimal habe er es mit dem Boot probiert. Doch die Bootsbesitzer seien im letzten Augenblick stets abgesprungen. Er gibt auf. Todtraurig wird er nach Schweden zurückfahren.

Um das Café kreisen schräge Gestalten. Man sollte Menschen grundsätzlich nicht mit Tieren vergleichen. Aber diese Leute wirken leider wie Hyänen. Einer flüstert mir ins Ohr: »100 Dollar – und ich bringe Sie durch einen Tunnel nach Gaza.« Ich frage leise zurück: »100 Dollar für alle zusammen?« »Nein, für jeden«, zischt er verächtlich und geht weiter.

Wir beraten. Ich weiß, dass die Tunnel Gazas wichtigste Lebensadern sind. Dass sie überwiegend von Schmugglern, aber auch von Kriminellen betrieben werden. Dass die Betreiber Schutzgelder an die ägyptischen Grenzbehörden, aber auch an die palästinensische Hamas bezahlen müssen. Dass die Tunnel, wenn es Ärger gibt, von der ägyptischen Grenzpolizei einfach zugeschüttet oder gewässert werden. Dass Mubarak zeitweise sogar unterirdische Eisensperren errichten ließ.

Die Tunnel sind eines der schmutzigsten und gefährlichsten Geschäfte der Welt. Israelische Kampfjets haben sie häufig bombardiert. Allein seit 2007 starben dabei über 200 Menschen. Am Tag vor unserer Ankunft wurde israelisches Gebiet aus Gaza beschossen. Jederzeit kann es zu einem Schlag der israelischen Luftwaffe gegen die Tunnel kommen.

Angesichts der hohen Kosten und Risiken beschließe ich, alleine zu fahren. Doch da habe ich die Rechnung ohne Julia und Khaled gemacht. Sie bestehen darauf mitzukommen. Die Fahrt durch den Sinai, die sie nur meinetwegen auf sich genommen hätten, sei genauso gefährlich gewesen, wie durch einen Tunnel nach Gaza zu kriechen.

Inzwischen haben wir mehrere Schleuser am Hals. Als wir

schließlich in einen abgedunkelten roten Alt-Mercedes steigen, versperren uns die anderen Ganoven den Weg. Einer droht, er werde den ägyptischen Geheimdienst informieren, wenn wir nicht mit ihm führen. Khaled gibt ihm 20 Dollar. Das ist nicht viel. Einen Teil davon muss er ohnehin dem Geheimdienst abtreten. Jeder, der den Geheimdienst übergeht, riskiert ein paar Jahre Gefängnis. Auch als Tourist.

Unser Fahrer, ein ausgemergelter, etwa 30-jähriger Mann mit seltsam glitzernden, dunklen Augen, ist nervös und aggressiv. Er schreit die ganze Zeit. Ich sage ihm, für 300 Dollar dürfe er ruhig höflicher sein. Doch nun brüllt er hysterisch los und verlangt noch mehr Geld. Noch nie habe ich einen derart tobenden, unangenehmen Araber erlebt. Ich weiß, dass ich reagieren muss.

»Anhalten«, sage ich laut. »Anhalten.« Da er weiterfährt, ziehe ich die Handbremse. Dann erkläre ich ihm sehr deutlich und sehr bestimmt, dass ich in 50 Jahren noch nie jemandem gestattet hätte, so mit mir zu reden. Und dass er das sofort zu beenden habe. »Nicht in einer Minute, sondern sofort.«

Julia und Khaled halten die Luft an. Sie haben mich noch nie so hart erlebt. Doch die Standpauke wirkt. Plötzlich wird der hysterische Schlepper leiser und singt eine Oktave tiefer.

Auf sandigen Straßen fahren wir um mehrere Häuserblocks herum. Der Fahrer will vermeiden, dass wir uns die Strecke merken können. Er lebt offenbar in ständiger Angst. Vor gierigen Grenzbeamten, konkurrierenden Banden, israelischen Bomben und ägyptischen Gefängnissen.

Wir stehen vor einem unscheinbaren Haus. Das Tor öffnet sich. Wir blicken auf einen anderthalb Meter hohen und weniger als einen Meter breiten Eingang ins Erdinnere. Da sollen wir durch? Es gibt viele Tunnel nach Gaza. Durch manche passen ganze Autos, andere sind winzig. Unserer gehört zu den ganz kleinen. Trotzdem haben die Männer angeblich ein Jahr gebraucht, um ihn zu graben und abzustützen.

Vor dem Eingang stehen vier Jugendliche. Auch sie sind hektisch und nicht sympathisch. Keiner schaut uns in die Augen. Aber wie soll man gewinnend wirken, wenn man ständig vor irgendjemandem auf der Hut sein muss?

Die Bande will, dass wir so schnell wie möglich im Tunnel verschwinden. Doch vorher benötigen sie eine Genehmigung der anderen Seite. Vor allem die Hamas muss zustimmen. Also müssen wir den Tunnelganoven unsere Papiere zeigen. Sie telefonieren mit der anderen Seite. Der Ton ist rau. Wir befinden uns in den Händen einer richtigen Mafiabande.

Endlich geht es los. Als Größter muss ich mich am meisten ducken. Auf Dauer ist das mühsam. Im Tunnel ist es heiß und dunkel. Nur alle 15 Meter hängt eine schummrige Lampe. In der Mitte des Tunnels steht rechts ein Generator. Ich bleibe an einem seiner Kabel hängen. Das Licht fällt aus. Es geht im Dunkeln weiter. Die Luft wird schlechter. Es wird noch wärmer, unheimlicher, furchteinflößender. Alles kann hier passieren. Der Stollen ist so lausig gebaut, dass man ständig befürchten muss, er könne in sich zusammenfallen.

Außerdem fängt einer der Jungs an, an Julia herumzugrapschen. Sie gibt Khaled ein Zeichen, und der explodiert. In seiner Anwesenheit eine Frau zu belästigen ist nicht nur gegenüber der Frau, sondern vor allem ihm gegenüber eine Beleidigung. Ganz Beschützer, schnappt sich Khaled den Jungen und droht ihm Prügel an. Die Situation in dem Maulwurftunnel ist explosiv. Die Nerven aller liegen blank: die Nerven Khaleds, der den Grapscher am liebsten erschlagen würde. Die Nerven der Schmugglerbande, weil Julia trotz Verbots filmt. Und die Nerven Julias, weil sie ständig an Raketen denkt, die einschlagen und uns lebend begraben könnten.

Mir aber tut der Rücken weh. Ich habe zunehmend den Eindruck, dass der verdammte Tunnel niemals endet, obwohl er angeblich nur knapp 300 Meter lang ist. Und diese ganze nervtötende Quälerei findet im Dunkeln statt, weil ich das Stromkabel abgerissen habe.

Doch irgendwann sehen wir Licht am Ende des Tunnels. Ein paar Meter noch – und wir sind in Gaza. Drei Jahre hat es gedauert, bis ich diesen Traum verwirklichen konnte. Nie hätte ich gedacht, dass ich dazu durch einen Ganoventunnel krabbeln müsste.

Auch auf der anderen Seite empfangen uns verschlagene Gaunergesichter. Wahrscheinlich wird man so, wenn man täglich um sein Leben fürchten muss. Der Tunnelausgang liegt in einer Grube und ist mit einer Zeltplane abgedeckt. Alles soll wie eine Baustelle aussehen.

Die Schmugglerbande will uns nicht gleich aus der Grube herauslassen. Erst müsse die Hamas zustimmen. Klugerweise hat Khaled vor unserem Abmarsch einen Freund in Gaza angerufen, der seinen Fahrer geschickt hat. Dieser verhandelt für uns mit zwei schwarz gekleideten Hamas-Polizisten. Sie geben unsere Daten an ihre Zentrale durch. Die aber lässt sich Zeit. Selbst hier im Hamas-Land geht nichts ohne Bürokratie. Nach 20 Minuten stimmt die Hamas gnädig zu, dass wir »ihr Land« betreten.

Gaza ist oft beschrieben worden. Als das am dichtesten besiedelte Land der Welt. Als größtes Freiluftgefängnis des Planeten. Als finsteres Terroristenland. Doch all das ist nur ein Teil der Wahrheit. Gaza ist überraschenderweise auch ein Land mit weiten landwirtschaftlichen Nutzflächen, mit einer über 40 Kilometer langen romantisch-malerischen Küste und vor allem mit fröhlichen, liebenswerten Menschen.

Die Eingeschlossenen von Gaza lassen sich durch nichts und niemanden ihre Herzlichkeit und Lebensfreude nehmen. Selbst die Sicherheitskräfte der Hamas, denen wir begegnen, sind freundlich und zuvorkommend. Alles ist anders, als wir es erwartet haben. Wie so oft.

An einer Kreisverkehrsstraße in Rafah warten wir auf Khaleds Freund Raschid. Nach der abgestandenen Luft im Tunnel genießen wir die frische Brise. Es gibt nur wenig Verkehr. Doch die Fahrer der wenigen Autos, Mopeds, Lastwagen, die uns sehen, verlangsamen alle die Fahrt, um uns zu grüßen. »Menschen von draußen, Gefängnisbesucher, toll!«, scheinen ihre Gesichter zu sagen. Am liebsten würden sie mit uns sprechen, aber sie trauen sich nicht.

Langsam bildet sich eine Traube von Kindern und Jugendlichen um mich. Und unversehens nehmen mich drei Jugendliche auf die Schultern und werfen mich freudig in die Luft. Julia filmt. Ich rufe: »Nicht schon wieder!« Doch ich spüre, dass mir diesmal Tränen in die Augen schießen. Wie tief muss man Menschen demütigen, dass sie einen Europäer, der sich einfach nur zu ihnen stellt, vor Freude hochleben lassen? Als ich endlich wieder unten bin, umarmt mich ein Junge und küsst mich auf die Wangen. Es muss salzig geschmeckt haben.

Ein Autofahrer hält an und fragt, ob er uns irgendwohin fahren kann. Wir nicken. Er chauffiert uns 50 Meter zu seinem Büro. Dessen Eingangstür führt zur Straße. Das Ganze wird schnell zum Café umfunktioniert. Männer bringen Plastikstühle und setzen sich dazu. Alle wollen diskutieren. Sie wollen wissen, wie es draußen ist, wo sie seit Jahren nicht mehr hin dürfen. »Deutschland ist wunderbar. Danke, dass Sie gekommen sind.«

Tagelang werden sie von diesem Besuch aus dem fernen Deutschland berichten. Von dieser jungen Frau und dem nicht mehr ganz so jungen grauhaarigen Herrn. Khaled hat die Szene aus der Ferne beobachtet. »Auch das wird Ihnen keiner glauben«, meint er. »Was für wunderbare Menschen!«

Durch weite Gemüse- und Obstplantagen fahren wir Richtung Gaza-Stadt. Wir überholen uralte Mercedes-Limousinen und noch ältere Eselskarren, oft von Kindern gelenkt. Dann sind wir in Gaza. Zwischen den unverputzten, heruntergekommenen Häusern hängen Bilder von Märtyrern. Viele Häuser zeigen Spuren des Krieges. Manche Fassaden sehen aus wie Schweizer Käse. Teilweise sind ganze Häuserkomplexe zerstampft und in sich zusammengefallen. Geld zum Wiederaufbau scheint niemand zu haben. Gaza lebt von seiner Substanz.

Dennoch sind Teile der Innenstadt fast idyllisch schön. Bäume mit orangefarbenen Blüten flankieren die Straße. An einer Straßenkreuzung hält ein malerischer, übermütig lärmender Hochzeitszug. Auf der Ladefläche eines Viehtransporters sitzt die Musikkapelle. Sie trommelt, was das Zeug hält. Dahinter steht das geschmückte Auto des Brautpaares.

Ich gehe zu der fröhlichen, etwa 35-jährigen Braut und wünsche ihr alles Gute. Sie lacht einladend und sagt in holprigem Englisch: »Wenn Sie wollen, können Sie mitkommen. Die Braut sitzt vorne.« »Schade«, denke ich. Ich wäre gerne mitgefahren. Doch wir müssen vor Sonnenuntergang wieder im Tunnel sein.

Auf der Rückfahrt kommen wir an der Universität vorbei. Eines ihrer Gebäude ist total zerstört. Noch immer liegen Trümmer um den tiefen Bombenkrater herum. Nicht weit entfernt steht eine prunkvoll-pompöse Villa. Sie ist der einzige hochherrschaftliche Prachtbau in dieser ärmlichen Gegend. Sie gehört dem prowestlichen Palästinenserpräsidenten Abbas. Keinen Kratzer hat sie abbekommen.

Ganz in der Nähe stand einst die Residenz des nicht ganz so prowestlichen Palästinenserpräsidenten Arafat. Nichts ist von ihr übrig geblieben. Israelische Waffen können wählerisch sein. Auf einer kleinen Anhöhe thront Arafats ehemaliger Großhubschrauber. Man hat ihm die Rotoren weggeschossen. Wie ein großer Vogel ohne Flügel steht er da. Nicht nur Arafats Hubschrauber hat man die Flügel gestutzt. Allen Menschen in Gaza.

Kilometerlang fahren wir in der untergehenden Sonne am Strand entlang. Familien picknicken oder spielen Volleyball. Junge Männer baden. Eltern führen ihre Kinder auf Kamelen durch die Gischt. Fast könnte romantische Stimmung aufkommen. Wenn da nicht am Horizont israelische Kriegsschiffe kreuzten. Sie stellen sicher, dass die palästinensischen Fischerboote nicht zu weit hinausfahren. Und dass keine fremden Schiffe den Verdammten dieser Erde zu Hilfe kommen.

Ein Ambulanzwagen rast uns mit Sirengeheul entgegen, gefolgt von Polizeiautos. Insgesamt zählen wir sieben Wagen. Alltag im Ghetto Gaza. An manchen Tagen sind alle Kranken- und Polizeifahrzeuge unterwegs. Wenn die Kassam-Brigaden wieder mal ihre sinnlosen Billigraketen nach Israel abschießen und Israel zur Vergeltung seine teuren Überschalljets schickt. Gaza der David, Israel der Goliath.

Seit Beginn der zweiten Intifada Ende September 2000 bis Ende Mai 2013 haben palästinensische Kämpfer 1104 Israelis getötet. Im gleichen Zeitraum töteten die Israelis 6827 Palästinenser.[1] Als gewalttätig gelten dennoch nur die Palästinenser.

Wir sind wieder an den Tunnelanlagen von Rafah angekommen. Alte Zelte, Baustellenvorrichtungen tarnen sie. Wir bitten Khaleds Freund, uns diesmal einen »anständigen Gauner« zu besorgen. Vor allem Julia besteht darauf. Außerdem bitten wir um einen weniger schamlosen Wucherpreis. Eine lange Diskussion beginnt. Aber die Tunnel-Mafia ist gut organisiert. Wir bekommen keinen anderen Tunnel und auch keinen anderen Preis. Wer einmal in den Händen dieser Leute ist, entkommt ihnen nicht. Ich muss wieder 300 Dollar zahlen.

Dann beginnen erneut wilde Telefonate. Die andere Seite muss schließlich informiert werden. Wahrscheinlich auch die Kumpels von der ägyptischen Grenzpolizei und vom Geheimdienst. Ein kleiner, etwa 50-jähriger Mann im Anzug kommt aus dem Tunnel gerannt. Er ist klatschnass und völlig außer Atem. In der Hand hält er eine Adidas-Sporttasche. Sie wird offenbar sehnsüchtig erwartet. Einer der Schleuser nimmt sie ihm sofort ab und packt sie hinter einer Plane aus.

Als wir endlich los dürfen, ist es dunkel. Diesmal ist alles nicht ganz so unheimlich wie beim ersten Mal. Trotzdem ist jedem klar, wie gefährlich auch dieser Marsch ist. Die Nervosität unserer Begleiter erinnert uns ständig daran. »Tempo, Tempo«, ruft unser keuchender Anführer immer wieder. Doch gebückt durch eine halb dunkle Sauna zu rennen ist anstrengend.

Die letzten Meter geht es bergauf. Dann stehen wir wieder in dem Hof, von dem aus wir vor ein paar Stunden gestartet sind. Die Jungs wollen uns jetzt schnell loswerden. Niemand soll uns sehen. Wahrscheinlich haben sie nicht alle anspruchsberechtigten Beamten bestechen können. Am Tor steht der rote Alt-Mercedes mit den abgedunkelten Scheiben. Wir steigen ein.

Ohne die Scheinwerfer einzuschalten, fährt uns sein seltsamer Besitzer zum Treffpunkt mit unserem Taxifahrer Hamid. Zügig steigen wir um. Mit durchdrehenden Reifen rast Hamid los. Er hat Angst. Erst als wir in Al-Arisch angekommen sind, fühlt er sich wieder sicher. Unter voll verschleierten Araberinnen und elegant bleichen Israelis ist ihm wohler zumute als unter Kleinhalunken in Jeans, T-Shirts und Tennisschuhen.

Die Rückfahrt nach Kairo gehört Hamid. Er hat unsere Geschichte längst zu seiner eigenen gemacht. Seine Freundin wird staunen, wenn sie hört, was er alles auf dem Sinai und in Gaza erlebt hat. Obwohl er in Gaza gar nicht dabei war.

Als wir vor Kairo im üblichen Massenstau stecken und Tausende Autofahrer gleichzeitig hupen, lässt er uns an seinen Machtfantasien teilhaben. Als ägyptischer Präsident würde er als Erstes drei Dauerhupern öffentlich die Daumen abhacken lassen. Als zweite Amtshandlung würde er drei unfähige Verkehrspolizisten standrechtlich erschießen lassen. Am nächsten Tag würden alle Ägypter »zivilisiert und verantwortungsvoll« fahren. So wie er. Hamid ist überzeugt, dass er das Chaos in Ägypten schnell beenden würde. Dann hupt er so laut, dass eine alte Dame vor ihm vor Schrecken fast in die Leitplanke fährt.

Wir lachen viel, um unseren Stress loszuwerden. Das beklemmende Gefühl, das wir im Tunnel hatten, steckt uns noch den Knochen. Der Gedanke an die Menschen in Gaza, an ihr riesiges Freiluftgefängnis, lässt uns nicht los.

Wie ist es möglich, dass das großartige Kulturvolk der Juden, das so lange in Ghettos leben musste, dieses menschenverachtende Ghetto Gaza hinnimmt? Das ihre Regierung mal mehr, mal weniger abschnürt? So wie es ihr gerade gefällt. Dass Israel sich zu einem Apartheid-Staat mit riesigen Mauern entwickelt hat? Was ist aus Theodor Herzls Traum von einem »Musterstaat« der Toleranz geworden? Der Vater des Staates Israel hatte einst geschrieben: »Und fügt es sich, dass Andersgläubige, Andersnationale unter uns wohnen, so werden wir ihnen einen ehrenvollen Schutz und Rechtsgleichheit gewähren.« Wo ist der ehrenvolle Schutz für Araber und Muslime?

Wie kommt es, dass sich die westlichen Regierungen, die ständig irgendwo im Mittleren Osten »humanitär« intervenieren wollen, so wenig für dieses zum Himmel schreiende Unrecht interessieren? Was für eine Absurdität, dass man einem Maulwurf gleich durch Tunnel kriechen muss, um ein paar Stunden mit den Menschen von Gaza verbringen zu können! In tausend Jahren wird man noch über die Schande von Gaza staunen. Und über die, die wieder einmal weggeschaut haben. Die immer wegschauen.

Der Jahrestag der ägyptischen Revolution

Januar 2012.

Julia hatte in Ägypten, Libyen und Syrien viel gefilmt. Zusammen mit Peter Puhlmann vom SWR in Stuttgart hatte sie daraus einen Dokumentarfilm von 30 Minuten Länge gemacht. Puhlmann wollte, dass ich den Film in Kairo, vor Ort, kommentierte. Ich hatte mich lange gewehrt. Ich wollte eine zu starke Personalisierung vermeiden. Neid hatte mir im Leben genug kaputtgemacht. Doch Peter Puhlmann verstand mehr vom Fernsehen als ich. Außerdem war er ein feiner Kerl. Nach langen philosophischen Diskussionen über den Neid und die Gesellschaft kam ich seiner Bitte nach.

Am 25. Januar 2012, dem ersten Jahrestag des Beginns der ägyptischen Revolution, flogen Julia und ich noch einmal nach Kairo. Es war schon 20 Uhr vorbei, als wir im Hotel ankamen. Julia gab schnell ihren Koffer ab und sprach kurz mit Puhlmann. Dann zogen wir zum Tahrir-Platz. Puhlmann wollte aktuelle Aufnahmen von diesem historischen Tag. »Der Platz war den ganzen Tag ruhig«, rief er uns noch nach. »Das habt ihr schnell hinter euch.«

Julia begann zu filmen. Doch bei gestellten Aufnahmen fühle ich mich unwohl. Julia versuchte vergeblich, mich zu dirigieren. Schließlich verlor sie die Lust. Also schlenderten wir einfach über den Platz, auf dem wir schon so häufig waren. Morgens, mittags, abends. Einmal sogar mit dem Pudel eines Freundes.

Alles war wie üblich. Die ARD hatte heute stundenlang für ihre aktuelle Berichterstattung gedreht. Wie viele Fernsehstationen der Welt. Es herrschte Volksfeststimmung. Tausende Fahnen wehten im Abendwind. Lampions erhellten den Platz. Auf zwei provisorischen Bühnen fanden lautstarke Diskussionen statt. Julia kletterte auf einen Bus und filmte den Platz von oben. Langsam stieg auch unsere Stimmung.

Doch immer häufiger kamen freundliche junge Leute und rieten uns, einen bestimmten Teil des Platzes zu meiden. Dort hätten sich *Baltagiyas* zusammengerottet. Kriminelle Schlägertruppen des gestürzten Regimes. Konterrevolutionäre. Sie ver-

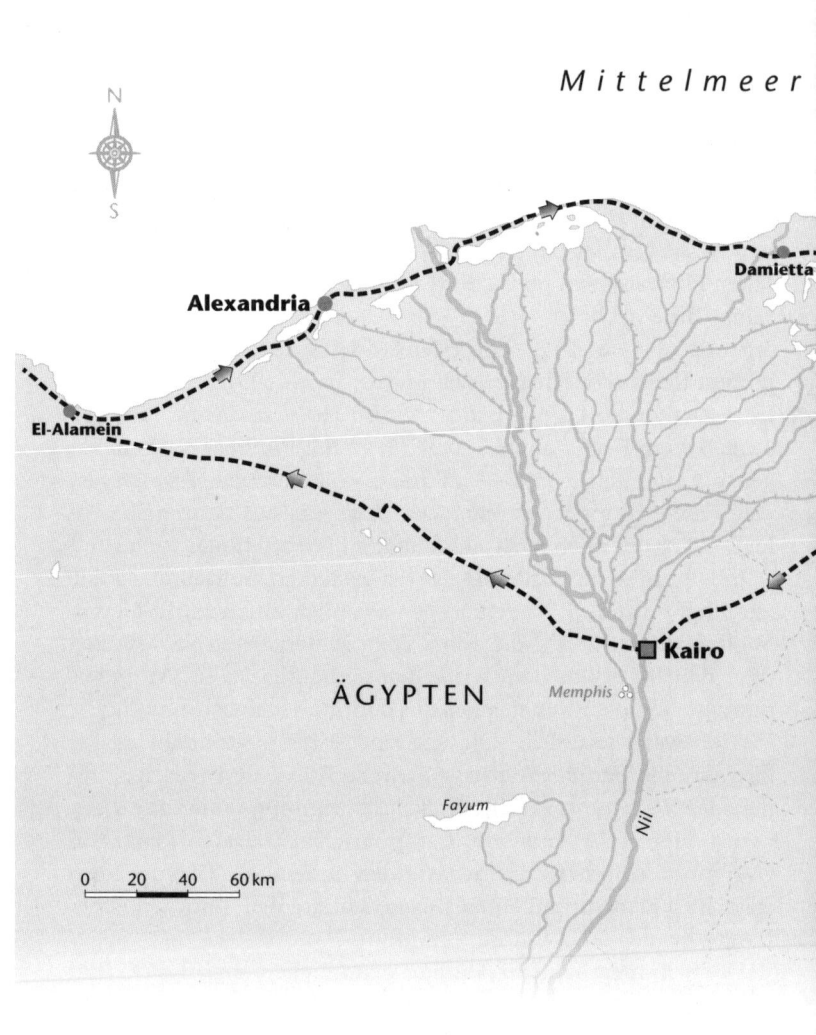

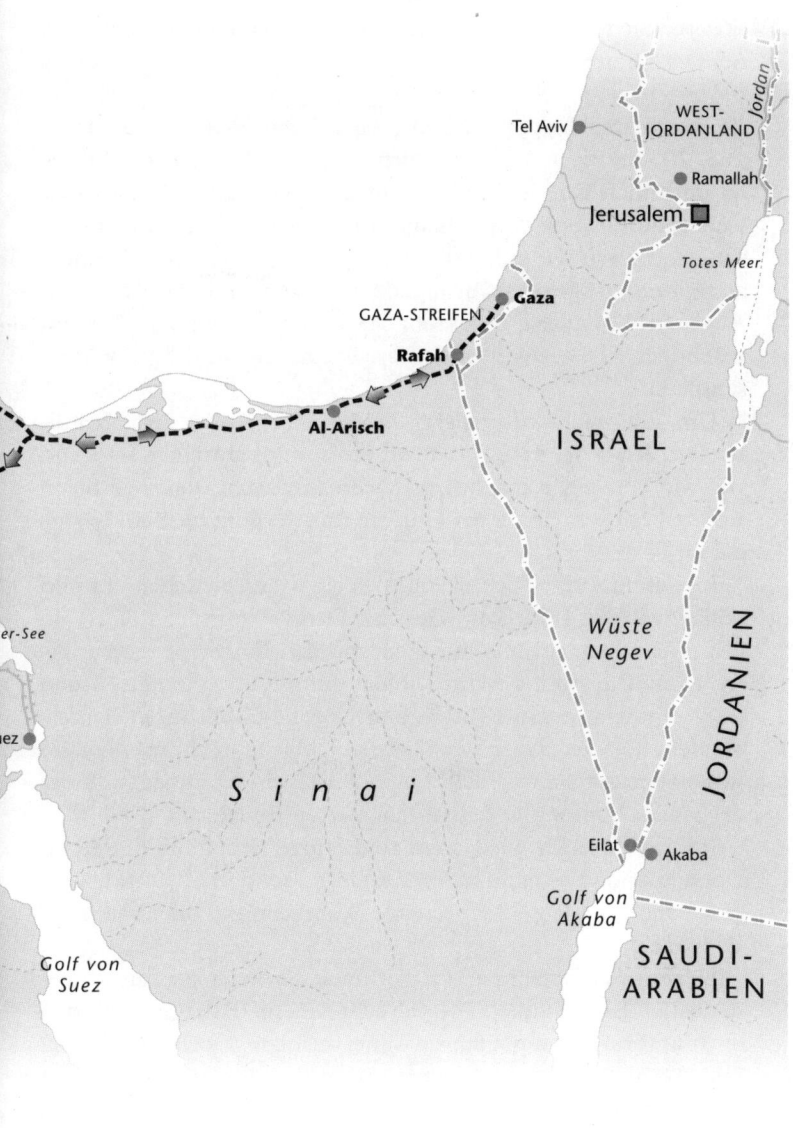

suchten, die Revolutionsfeier zu stören. Das könne für uns gefährlich werden. Zögernd folgten wir unseren Ratgebern. Zu unserer Sicherheit bildeten sie mit verschränkten Armen einen Schutzring um uns herum.

Doch plötzlich kippt die Stimmung auf dem Platz. Ein Keil von 100, 200 kräftigen Männern wirft sich auf uns und versucht, Julia und mich von den anderen zu trennen. Eine immer größer werdende Gruppe von Schlägern drängt uns von unseren Beschützern weg. Wir sind auf einmal umzingelt von schiebenden, zerrenden, prügelnden, brüllenden Männern mit aufgerissenen Augen und Mäulern. Der Mob, der uns umgibt, wird größer und mächtiger. Alle gestikulieren, schreien, grölen. Wie Tiere in Massenpanik.

Um Julia nicht zu verlieren, kralle ich mich an ihrer Schulter fest. Ich sehe, dass Hände an ihr herumgrapschen, während wir wie von einer mächtigen Meeresströmung davongetragen werden. Ich schreie ihr ins Ohr, sie müsse ruhig bleiben. Ich sei bei ihr.

In diesem Augenblick zwängt sich ein Mann zwischen uns und schlägt mir die Brille vom Gesicht. Dann stemmt er sich so gegen mich, dass ich Julia nur noch mit den Fingerspitzen berühren kann. Ein zweiter Mann schlägt mir die Faust in den Magen und rammt mir sein Knie in den Unterleib. Ich versuche verzweifelt, auf den Beinen zu bleiben. Ich sehe noch, wie jemand Julias Haarspange wegreißt. Dann entschwindet ihr sich öffnender Haarschopf in der Ferne. Ich gehe zu Boden.

Ich rapple mich wieder auf und stürze dem Pulk hinterher. Doch jetzt sind es nicht mehr Hunderte, sondern Tausende wild gewordene, entfesselt schreiende Wahnsinnige, die Julia wegschleppen.

Unsere Schutztruppe von vorhin hat wieder zu mir aufgeschlossen. Sie hält mich fest. Sie schreien, die Baltagiyas würden mich umbringen, wenn ich sie weiterverfolgte. Doch ich muss zu Julia. Während mich mindestens 50 junge Leute umringen und mit ihren Körpern hindern, der entfesselten Meute zu folgen, brülle ich immer wieder: »Ich muss ihr helfen. Ich muss zu ihr.«

Nach ein, zwei Minuten, die mir wie eine Ewigkeit vorkommen, gelingt es mir, ein Dutzend junger Leute dazu zu bewegen, mitzukommen und dem Mob hinterherzueilen. Sie halten mich zwar an Armen, Jacke und Gürtel fest, doch sie folgen mir. Aber wir sind weit von Julia entfernt.

Julia ist von der enthemmten Horde weitergeschleppt worden. Sogartig schwappt die Menschenwelle, in der sie gefangen ist, von einer Seite zur anderen. Sie wird gegen einen Zaun gedrückt und darübergeschleift. Hände zerren sie nach unten, Hände ziehen sie nach oben. Die Tasche, die um ihren Hals hängt, droht sie zu erdrosseln. Doch der Gurt platzt. Auch die Fotokamera wird ihr vom Hals gerissen. Dann verliert sie ihre Schuhe.

Julia erblickt mich einmal für Sekunden, wie ich gestikuliere und ihr etwas zurufe. Dann sieht sie, wie mich Menschen zurückreißen. Sie weiß, dass sie jetzt allein ist. Niemand kann ihr mehr helfen. Die Meute schleppt sie weiter. Sie zerrt an ihren offenen Haaren, an ihren Kleidern. Wehrlos wird sie hin und her geworfen. Die Menschen um sie herum johlen, schreien, kreischen.

Julia versucht, etwas zu rufen, doch sie bringt keinen Ton mehr heraus. Menschen stürzen auf den Boden. Die Masse trampelt über sie hinweg. Die Horde zerreißt Julias Hemd, zerfetzt ihre Hose, zerrt an ihrer Unterwäsche. Julia schlägt, beißt, tritt nach allen Seiten. Sie blutet am ganzen Körper. Halb nackt kämpft sie gegen den tobenden Mob. Nur nicht aufgeben, nur nicht ohnmächtig werden. Dann hätte sie endgültig verloren.

Inzwischen haben sich die Mutigsten meiner Gruppe zu Julia vorgekämpft. Sie liefern sich wilde Schlachten mit der entfesselten Meute. Einer von Julias Verteidigern schlägt mit einem glühenden Ast auf die Angreifer ein. Glimmende Kohle fällt vor Julia auf den Boden. Julia ergreift sie und drückt sie gegen den nackten Bauch eines ihrer keuchenden Peiniger. Doch der reagiert überhaupt nicht. Julias Kräfte schwinden. Einige unserer Helfer schaffen es gerade noch, sie in ein Zelt zu zerren. Halb ohnmächtig hüllt sich Julia in eine am Boden liegende Decke.

Nun greift der Mob das Zelt an. Es wankt und droht einzustürzen. Julia bittet einen bärtigen Mann, der bei ihrer Verteidigung verletzt wurde, um seine Jogginghose. Er zögert. Er als Mann soll einer Frau seine Hose geben? Doch dann nickt er. Er hat ja noch eine lange Unterhose darunter. Verschämt reicht er Julia die Hose. Ein anderer gibt ihr seinen Kapuzenpulli.

In der Zwischenzeit dränge ich, umringt von mittlerweile 30 jungen Männern, die niemanden in meine Nähe lassen, hinter der entfesselten Meute her. Immer wieder bitte ich meine Hilfstruppe, die Polizei und einen Krankenwagen zu rufen. Ich versuche mehrfach, meinen Beschützern zu entkommen, um irgendwie zu Julia vorzudringen. Doch sie bilden eine undurchdringliche Wand zwischen mir und dem tobenden Mob.

In der Ferne höre ich den Krankenwagen. Ich sehe nicht, wie er sich einen Weg durch die Menschenmasse kämpft. Wie seine Besatzung das Zelt aufreißt und die blutende Julia auf einer Bahre durch die gierig gaffende Menge in den Krankenwagen trägt.

Um die Ambulanz herum liefern sich Angreifer und Verteidiger Julias erneut eine wilde Schlacht. Der um seine Beute betrogene Pöbel versucht, das Sanitätsauto zu stürmen. Er bringt den Wagen zum Schaukeln und trommelt wild gegen das Gefährt. Doch der Fahrer schaltet Blaulicht und Sirenen an und fährt los.

Vom Handy eines meiner Begleiter gesteuert, fährt der Krankenwagen auf uns zu. Verfolgt von einem Teil der grölenden Bande. Meine Beschützer halten die Ambulanz für einige Augenblicke an. Mit ihren Körpern bilden sie eine Gasse zum Wagenende. Für Sekunden wird die hintere Tür aufgerissen. Ich werde durch den Korridor gestoßen und in den Wagen gezerrt. Dann schließt sich die Tür. Durch das Vorderfenster reicht einer von Julias Helfern dem Fahrer noch schnell ihre Kamera. Dann verriegelt dieser das Fenster. Wütende Hände schlagen gegen den Wagen. Doch der fährt unbeirrt los.

Drinnen wollen sich fünf Sanitäter um mich kümmern. Ich gehe an ihnen vorbei. Ich sehe nur Julia. Mit weit aufgerissenen, verzweifelten Augen, blutenden nackten Füßen, zitternden blauen Händen sitzt sie auf einer Bank. Völlig in sich zusammengefallen. Die viel zu große Hose und der weite Männerpulli sagen mehr, als sie erzählen könnte. Ich lege den Arm um ihre Schulter und drücke sie an mich. Ich will nicht, dass sie sieht, dass auch ich Tränen in den Augen habe. Tränen der Wut, der Scham und des Mitleids.

Einen Augenblick denke ich an all die Revolutionsromantiker dieser Welt. Sie wissen nicht, wovon sie reden. Sie wissen nichts von der dunklen Seite der Revolution. Aller Revolutionen und Gegenrevolutionen. Von der Explosion der Massen, wenn aus Teilen des Volkes Pöbel, aus Menschen Tiere werden. Wenn aus einigen all das hervorbricht, was uns die Zivilisation über die Jahrtausende aberzogen hat. Der Weg vom Tier zum Menschen war lang, der Weg zurück ist kurz. In allen Ländern der Welt. In Ost und West. Zu allen Zeiten. Kaum etwas hat mich mehr frustriert als die Lektüre vieler tausend Seiten über die Französische Revolution.

Der Fahrer will Julia in »sein« Krankenhaus fahren. Aber Julia will nicht mehr mit anderen Männern in einem Raum sein. Auch nicht mit Ärzten. Ich bestehe darauf, dass wir ins Hotel fahren. Ich sage es sehr hart. Ich spüre, dass Julia kurz vor dem völligen Zusammenbruch steht. Sie will das Blut, den Dreck loswerden, die an ihrem zitternden Körper kleben. Die Spuren der Hände. Der Fahrer tut uns den Gefallen, obwohl er vertraglich verpflichtet ist, Julia in das Krankenhaus zu bringen, das ihn geschickt hat.

Am Hotel angekommen, darf Julia nicht aussteigen, weil sie keinen Pass mehr hat. Fassungslos bitte ich den Hotelmanager um Unterstützung. Julia sei angemeldet, ihr Gepäck längst da. Ich biete sofortige Barzahlung an. Der Manager schüttelt den Kopf. Ohne Papiere dürfe sie das Hotel nicht betreten. Zornig schildere ich dem Mann, dass Julia am ganzen Körper verletzt sei und blute. Dass sie fast vergewaltigt worden sei. Er bleibt unerbittlich. Ich stehe kurz davor auszurasten.

Erst als ich wütend die Polizei einschalte, darf Julia nach einer halben Stunde verzweifelten Wartens ins Hotel. Auf ihrem Zimmer kann sie beginnen, ihre Wunden zu reinigen. Am ganzen

Körper hat sie offene Schlag- und Kratzwunden und überall schwere Hämatome.

Anschließend bringen wir sie zum Arzt des Hotels. Vernehmungsbeamte kommen hinzu. Durch die halb offene Tür sieht Julia einen bärtigen Mann in langen weißen Unterhosen. In Panik fragt sie, was der Mann da draußen wolle. Er warte auf die Hose, die er ihr geliehen habe, erklärt der Vernehmungsbeamte. Er wisse nicht, wie er seiner Frau erklären solle, warum er nachts ohne Hose nach Hause komme. Alle lachen. Nur Julia nicht.

Der Beamte erzählt ihr, dass er auf Al-Dschasira von dem Überfall gehört habe. Da sei sie allerdings noch eine Türkin gewesen. »Ja, Al-Dschasira«, murmelt Julia, »die sind ja immer ganz nah dran.« Dann erklärt er ihr, dass der Tahrir-Platz inzwischen eine »polizistenfreie Zone« sei. Die Polizei sei ausdrücklich unerwünscht. Deshalb komme es häufig zu Gewalttätigkeiten durch Schlägerbanden der gestürzten Regierung. Aber auch durch ganz gewöhnliche Kriminelle.

»Sie könnten jetzt tot sein, Julia«, sagt er leise. »Wissen Sie das, wissen Sie das wirklich?« Julia weiß es. Ich auch.

In der Zwischenzeit bekomme ich in der Hotelhalle Besuch von mehreren Gruppen junger Leute. Alle bitten um Verzeihung. Manche sogar schriftlich. Die Täter seien bezahlte Schläger der Konterrevolution gewesen, *Baltagiyas*, sagen sie. »Sie wollen mit ihren Angriffen auf Ausländer die Revolution in Verruf bringen.«

Ich bin mir da nicht mehr ganz so sicher. So viele tausend *Baltagiyas* kann ich mir schwer vorstellen. Da waren wohl auch andere dabei. Revolutionen sind stets auch ein Tummelplatz Krimineller. Schon Gustave Le Bon hatte das für die Französische Revolution ausführlich beschrieben.[2] Außerdem muss der, der die Polizei von öffentlichen Plätzen vertreibt, anschließend eben selbst für Sicherheit sorgen.

Julias Vernehmung dauert bis 4 Uhr morgens. Dann darf sie wieder in ihr Zimmer. Ihre physischen Wunden werden verheilen. Ihre seelischen Wunden nicht alle. Obwohl ihr all die jungen Leute guttun, die sie auch am nächsten Tag besuchen und sich bei ihr entschuldigen.

Besonders jene 15-köpfige Gruppe, die – teils verschleiert, teils in Jeans und T-Shirts – mit ihren Kindern im Hotel auftaucht. Als ihr die Kleinen schüchtern Blumensträuße überreichen, füllen sich Julias Augen wieder mit Tränen. Diesmal sind es Tränen der Freude. Das ist die helle Seite der Revolution.

Am späten Nachmittag machen wir unseren Dokumentarfilm fertig. Wir haben kaum geschlafen. Ganz in der Ferne höre ich mich mit hohler Stimme reden. Julia versucht zu lächeln. Nur jetzt nicht aufgeben. Nicht zeigen, was in uns vorgeht.

V.

Die syrische Tragödie

Syrien mit Frédéric

Syrien und seine Menschen ließen mich nicht mehr los. Auch meine Selbstzweifel wollten nicht enden. Nicht alles konnte falsch sein, was gegen das Regime geschrieben wurde. Ich beschloss, Ende März 2012 erneut nach Damaskus und Homs zu reisen. Diesmal mit meinem Sohn Frédéric. Ich wollte sehen, wie er dieses Land erlebte, das mir immer rätselhafter wurde. Und das zunehmend in seinem Bürger- und Religionskrieg versank.

Das große TV-Interview mit dem syrischen Präsidenten hatte sich offenbar erledigt. Ein Interview Assads mit dem amerikanischen Fernsehsender ABC, geführt von der berühmten US-Journalistin Barbara Walters, war für das Regime zum Desaster geworden. Statt der angeblich versprochenen 45 Minuten hatte der Sender Ende 2011 ganze viereinhalb Minuten ausgestrahlt. Die hatte er mit Schreckensbildern unterlegt. Assad wurde als törichter Zyniker dargestellt. Er beschloss, westlichen Sendern keine Interviews mehr zu geben.

Außerdem hatte die syrische Regierung fast zum gleichen Zeitpunkt gegen unseren »Weltspiegel«-Beitrag Protest eingelegt. Die ARD hatte mich sorgenvoll darüber informiert. Scheherazad, die Barbara Walters, Julia und mich betreut hatte, war angeschlagen. Wenige Monate später kehrte sie in die USA zurück. Ich habe nie mehr etwas von ihr gehört.

Mir war klar, dass die Reise dieses Mal noch gefährlicher würde. Weil sich die Lage zuspitzte. Aber auch, weil das staatliche syrische Fernsehen in seinen Abendnachrichten mehrfach über meine Einschätzung des Bürgerkrieges berichtet hatte. Mit Foto. Meine Kritik am Regime und an den syrischen Medien hatte man dabei weggelassen. Bei politisch interessierten Syrern war ich nicht mehr ganz unbekannt. Außerdem fiel dort inzwischen jeder Ausländer auf.

Meine größte Sorge galt Frédéric. Er war nicht leicht zu kontrollieren. Vor allem nachdem er festgestellt hatte, wie friedlich und normal das Leben in Damaskus auch ein Jahr nach Beginn der »Revolution« zu sein schien. Die Straßen waren sauber, viel sauberer als in den meisten Städten der arabischen Welt. Die Menschen waren freundlich und lächelten. Wie immer.

Frédéric fühlte sich schon am ersten Tag wie zu Hause. Nach 23 Uhr, sobald ich mich zum Schreiben zurückgezogen hatte, ging er im Christenviertel auf Entdeckungstour. Allein war das offenbar lustiger, als wenn ich dabei war. Im Mushroom Park sprach er drei Jungs an, die auf einer Holzbank saßen, tranken und diskutierten. Habib war aus Damaskus, Gheit aus dem Irak und John aus Südsudan.

Sie luden ihn ein, ihren syrischen Whisky zu trinken. Endlich trafen sie wieder mal jemanden aus dem Westen. Früher sei der Park stets voll junger Leute aus der ganzen Welt gewesen. Manche hätten Gitarre gespielt, und alle hätten Spaß gehabt. Jetzt traue sich wegen der Katastrophen-Berichterstattung über Damaskus niemand mehr her. »Fuck you, Al-Dschasira«, schimpfte Habib.

Sie redeten über Gott und die Welt, lachten viel und schlossen schnell Freundschaft. Gegen 1 Uhr nachts hörten sie in der Ferne »Popcorn«-Schüsse, wie Freddy Maschinenpistolenfeuer nannte. Plop, plop, plop. Zwanzig bis dreißig Mal. »Das ist weit weg«, meinte Habib. Dann redeten sie weiter, der junge Deutsche und seine syrischen, irakischen, sudanesischen Freunde. Nachts in Damaskus. Ein Jahr nach Beginn der Revolution.

Der Rebell von Baba Amr

Am nächsten Tag trafen wir im abgedunkelten Hinterzimmer eines Vororthauses von Damaskus Omar, einen Rebellen der »Freien Syrischen Armee«. Ein Verbindungsmann der Opposition hatte uns zu ihm gebracht. Auf abenteuerlichen Wegen. Mehrfach hatten wir das Taxi gewechselt, um jeden denkbaren Verfolger abzuschütteln. Omar war 27 Jahre alt, groß, stämmig.

Am 27. Februar 2012 war er zusammen mit seinen Kameraden durch einen kilometerlangen Abwassertunnel aus dem umkämpften Baba Amr geflohen. Dieser Stadtteil von Homs war monatelang Hochburg der Rebellen. Bis die Armee sie mit schwerer Artillerie zur Aufgabe zwang. Während der Flucht seien drei Franzosen bei ihnen gewesen, erzählte Omar. Sie seien als Berater und Ausbilder tätig gewesen. Es habe noch mehr Franzosen dort gegeben, auch einen Engländer und einen Amerikaner. Seine Kameraden hätten ihnen allerdings nie richtig getraut.

Insgesamt seien sie in Baba Amr etwa 2000 Mann gewesen. Zehn Prozent davon Deserteure. Die meisten Rebellen hätten mit Kalaschnikows gekämpft. Einige hätten M16-Gewehre aus dem Libanon gehabt. Einmal sei eine große Lieferung unterschiedlichster Waffen aus dem Irak angekommen. Aber das sei die Ausnahme gewesen. Normalerweise müssten sie ihre Waffen auf dem Schwarzmarkt kaufen. Früher habe eine Kalaschnikow 300 Dollar gekostet. Jetzt müsse man 1800 hinlegen. Die Waffenhändler machten gute Geschäfte.

Die Rebellen finanzierten Waffen und Munition mit Spenden. Woher das Geld komme, wisse er nicht. Da Baba Amr eingekesselt gewesen sei, hätten sie zum Schluss kein Geld und keine Munition mehr gehabt.

Er habe sich schon früh den Rebellen angeschlossen. Er habe gesehen, wie die Armee friedliche Demonstranten beschossen habe. Auch Kinder seien dabei getötet worden. Nicht gezielt, aber das sei egal.

Er werde bald wieder kämpfen. Einige seiner Freunde seien schon wieder in Homs. Dieses Regime müsse gestürzt werden. Auch Assad. Er sei Chef der Armee, die seine Freunde getötet habe. In Baba Amr werde Assad nie mehr als Präsident akzeptiert werden. Er wisse zwar, dass Assad in Syrien und auch in Homs noch starke Unterstützung habe. Aber das interessiere ihn nicht. Assad müsse für jeden toten Zivilisten bezahlen. Auch für seinen toten Bruder Nabil.

An dieser Stelle verfinsterte sich Omars Gesicht. Ich sah, dass er Schwierigkeiten hatte, die Geschichte seines Bruders zu schildern. Nach einer langen Pause erzählte er, dass der 24-jährige Nabil am Tag vor der allgemeinen Flucht einen Genickschuss erhalten habe. Er habe noch versucht, Nabil durch den Tunnel zu tragen. Doch er sei in seinen Armen gestorben. Nie werde er Assad verzeihen. Rache sei für Syrer Pflicht. Alle Familien in Homs, Hama oder Idlib, die Angehörige verloren hätten, würden diese rächen. Auch wenn es Jahre dauere.

Ich fragte Omar nach einem kürzlich erschienenen offenen Brief von »Human Rights Watch«, der den Rebellen Geiselnahme, Folter und die Tötung von Zivilisten vorwirft. Er erwiderte, sie entführten nur, um im Gegenzug gefangene Rebellen freizubekommen. Vor einigen Wochen hätten sie eine 20-Jährige entführt. Sie habe sich sofort in ihren Entführer verliebt. Sie kämpfe jetzt aufseiten der Rebellen.

Die Rebellen folterten nie. Mögliche Verräter würden lediglich »hart vernommen«. Im Grunde seien alle Alawiten Verräter, weil sie das Morden der Sicherheitskräfte unterstützten. Auch manche Sunniten seien Verräter. Sobald sie überführt seien, würden sie hingerichtet. Man schneide ihnen die Kehle durch oder erschieße sie. Von seiner Gruppe seien 20 alawitische Kollaborateure »exekutiert« worden. In ganz Baba Amr etwa 200. Ich fragte Omar, ob er uns seine Beschreibung der Hinrichtungen auch in die Kamera sprechen könne. Wir würden ihn dabei nur von hinten filmen. Omar nickte und schilderte die Exekutionen in aller Seelenruhe noch einmal kurz für Frédérics Kamera. Dann brachten wir ihn zu einer Taxistation zurück.

Es mag merkwürdig klingen, wenn ich sage, dass dieser Rebell nicht unsympathisch war. So wie die meisten syrischen Rebellen und die meisten syrischen Soldaten, die ich erlebt hatte, nicht wie Schurken wirkten. Was war mit diesen Menschen geschehen?

Revolution, Bürgerkrieg und Krieg legten im Innern der meisten Menschen offenbar einen Hebel um. Ein völlig neues »Spiel« begann. Mit ganz anderen Regeln. Plötzlich empfanden sie auch brutalste Formen des Tötens nicht mehr als etwas Böses, sondern als etwas Normales. Ja sogar als Heldentat. Selbst Kriegsverbrechen gegenüber Zivilisten, Frauen und Kindern wurden als alltäglich und angemessen empfunden. Kriege und Revolutionen deformierten selbst anständigste Menschen. Wie jene heimlich abgehörten deutschen Wehrmachtssoldaten.

Am nächsten Tag besuchten wir in der Altstadt von Damaskus Ismail, einen jungen Schmuckhändler. Er hatte bei meinem Besuch im Juni 2011 stolz bekannt, leidenschaftlicher Anhänger Assads zu sein. Er freute sich, als er mich erkannte. Als ein Kunde in seinem winzigen Geschäft auftauchte, übernahm seine Freundin Rana das Gespräch. Sie war 22, studierte Geschichte und war sehr hübsch.

Rana sagte, sie gehe zu jeder Demo in den Vorstädten von Damaskus. Assad müsse abtreten, weil das Blut ganz Syriens an seinen Händen klebe. Er sei außerdem der wichtigste Freund Israels. Diese Behauptung hörte ich von Rebellen besonders häufig.

Selbst wenn er morgen freie Wahlen abhielte und diese gewänne, müsse er weg. »Es ist aus, vorbei, basta!« Rana wünschte sich eine Militärintervention der NATO. Auch wenn das viele tote Zivilisten bedeute. Das tue ihr zwar leid, aber anders lasse sich das Drama nicht mehr lösen. Sie werde weiterdemonstrieren, auch wenn die Demos immer kleiner würden. Sie habe keine andere Wahl. Dann weinte sie.

Inzwischen war ihr Freund Ismail wieder zu uns gestoßen. Ich fragte den einst glühenden Assad-Fan, ob er die Meinung seiner Freundin teile. Er nickte. Ich war mir nicht sicher, ob aus Überzeugung oder aus Liebe.

Die Krankenhäuser von Damaskus

Am folgenden Tag wurden wir von Freunden unseres Fahrers und Dolmetschers Tuma in ein armseliges Haus im Palästinenserviertel Jarmuk gebracht. Dort, wo Tanaya zu Hause war. Hier lebten auch Schiiten. Ein etwa zwölfjähriger schiitischer Junge erzählte uns fast teilnahmslos seine Geschichte: Sein Vater sei Anhänger Assads gewesen. Vor ein paar Wochen hätten Männer die Wohnung gestürmt. Es sei zu einer Schießerei gekommen. Eine Kugel habe seine Hand durchschlagen.

Die Männer hätten seinen Vater gepackt und auf die Straße geschleppt. Dann habe er Schüsse gehört. Er sei runtergerannt. Dort habe er seinen Vater nur noch tot in einer großen Blutlache aufgefunden. Mit leeren Augen schaute der Junge an uns vorbei.

Wir wurden in ein anderes, ähnlich heruntergekommenes Haus geführt. Auf einer Wolldecke lag Ali, ein etwa 50-jähriger, schwergewichtiger Mann mit Glatze. Er erzählte, dass er auf den Straßen von Homs als Getränkeverkäufer gearbeitet habe. Er sei auf der Fahrt nach Hause gewesen, als ihn ein Auto mit fünf vermummten Männern gestoppt habe. Sein Beifahrer habe die Männer angefleht, sie zu verschonen. Er wurde einfach zusammengeschlagen.

Ali wurde aus dem Auto gezerrt und in den Wagen der Kidnapper gestoßen. Sie brachten ihn in ein altes Haus. Im Bad sah er Hemden und Hosen voller Blut. Dann begann das Verhör. Seine Entführer schlugen ihn mit schweren Knüppeln. Man warf ihm vor, Schiit und damit Kollaborateur des Regimes zu sein.

Er bot den Entführern sein Geld, sein Auto, sein Haus an. Doch sie droschen immer weiter auf ihn ein. Dann begannen sie, mit Messern auf ihn einzustechen. Auf seine Beine, seinen Oberkörper. Als er zu Boden ging, traten sie auf ihn ein. Ein Bewohner seines Viertels, den sie Scheikh nannten, kam hinzu. Ali kannte ihn. Er bettelte ihn an, ihm zu helfen. Doch der Scheikh schüttelte den Kopf. Er wisse genau, wer er sei. Dann befahl er den Entführern: »Schneidet ihn in Stücke!«

Während der massige Mann die Geschichte seiner Folter erzählte, liefen ihm unentwegt Tränen übers Gesicht. Wir machten eine lange Pause, bis er weitererzählen konnte.

Fünf Stunden dauerte die Folter. Dann hielten ihn seine Entführer für überführt. Sie fragten, ob er schon gebetet und sich gewaschen habe. Als er nickte, zogen sie ihn nackt aus. Dann legten sie einen Koran und ein langes Messer auf einen Tisch, um mit der Schlachtung zu beginnen.

In diesem Augenblick stürzte ein sunnitischer Bekannter, der ebenfalls aus dem Viertel stammte, ins Zimmer. »Wenn ihr töten wollt, dann tötet mich! Er ist mein Freund. Er ist unschuldig!« Eine wilde Schreierei begann. Immer wieder warf sich der sunnitische Freund dazwischen. »Wenn er stirbt, will auch ich sterben.« Wenn sie das Messer zückten, ging er dazwischen. Auch er wurde verletzt.

Schließlich verlangten die Entführer Alis gesamtes Geld. Für 15 000 Dollar ließen sie ihn frei. Sein sunnitischer Freund brachte ihn nach Hause. Nachdem Nachbarn seine schweren Wunden notdürftig verbunden hatten, packte er ein paar Habseligkeiten zusammen und floh nach Damaskus.

Frédéric und mir war inzwischen speiübel. Ich fragte Ali trotzdem, ob ich seine Wunden sehen könne. Er zeigte mir lange, tiefe Narben an Armen und Beinen. Der Mann hatte untertrieben. Die Schlachtung hatte längst begonnen, als sein Freund ins Zimmer stürzte.

Mich nahmen derartige Erlebnisse sehr mit. Doch ich wusste, dass ich der Realität dieses Krieges – und aller Kriege – nur näher kommen konnte, wenn ich mit möglichst vielen Opfern und Augenzeugen an möglichst vielen Orten Syriens sprach. Und wenn ich dabei immer neue Mittelsmänner einsetzte. Mitglieder der demokratischen Opposition, bewaffnete Rebellen, Vertreter der schweigenden Mehrheit, aber auch Anhänger der Regierung. Ich musste alle Seiten anhören.

Daher bat ich einen der Regierung nahestehenden jungen Mann, mir zu helfen, in ein staatliches Krankenhaus zu kommen. Ich wollte verletzte Soldaten und Zivilisten besuchen. Mir wurde allein schon bei dem Gedanken daran schlecht. Doch nachdem ich in Homs in einem Krankenhaus der Rebellen war, wollte ich in Damaskus auch ein Krankenhaus der Regierung sehen.

Ich empfand für verwundete Soldaten genauso viel Mitleid wie für verletzte Zivilisten. Zum Beispiel für den jungen sunnitischen Zugführer, der in einem stickigen Zimmer des Hospitals regungslos vor mir lag. Eine Kugel hatte ihn im Rücken getroffen. Er wird für immer gelähmt bleiben. Er starrte zur Decke. Seine Jugend, eine Familie, ein normales Leben – all das war vorbei. Er wusste nicht einmal, ob seine Eltern in der Lage waren, einen Rollstuhl zu kaufen.

Ein Zimmer weiter saß ein ins Leere lächelnder Mann. Er war Anfang fünfzig, Alawit. Zusammen mit zwei Freunden war er von Rebellen entführt worden. Seinen Freunden wurde vor seinen Augen die Kehle durchgeschnitten. Er wurde stundenlang gefoltert. Sein Kopf, den seine Peiniger zum Boxtraining als »Punchingball« benutzten, zeigte Spuren schwerer Misshandlungen. Er stammelte unverständliche Dinge. Er hatte den Verstand verloren. Seine Frau, die neben seinem Bett stand, bat verschämt um Entschuldigung.

Ich verabschiedete mich und ging schnell in ein anderes Zimmer. Auf einer Liege sah ich eine unendlich traurige junge Frau. Sie trug einen modischen, blau-weiß gestreiften Pulli. Zugedeckt war sie mit einer leuchtend roten Wolldecke. Als wir freundlich grüßten, versuchte sie zu lächeln. Doch ihr Gesicht blieb bitter. Sie hieß Khalisa und war 24 Jahre alt. Sie durchlief gerade eine Ausbildung zur Opernsängerin, als eine verirrte Kugel ihre Träume beendete.

Khalisa wohnte in Duma, einem Vorort von Damaskus. Hier kam es häufig zu Gefechten. Ihre Wohnung lag in der Nähe von Militärbaracken. Eines Tages kam es vor ihrem Haus zu einer Schießerei. Sie war in der Küche, als eine Kugel das Fenster durchschlug und sie in die Brust traf. Wer geschossen hat, wusste sie nicht. Es war ihr auch egal.

Ich erzählte ihr, dass ich Opern liebte. Und fragte sie, ob sie uns etwas vorsingen könne. Nur ein paar Takte. Schweigend schüttelte sie den Kopf. Ihre Augen wurden noch trauriger. Ich versuchte, die Stimmung aufzulockern, und sagte, dass *ich* dann eben etwas vorsingen müsse. Und so sang ich für sie mehr schlecht als recht das Lied »Zwei Märchenaugen«, aus der Operette *Die Zirkusprinzessin*.

Das ganze Krankenzimmer lachte. Endlich huschte ein Lächeln über Khalisas Gesicht. Das wollte ich erreichen. »Du wirst auch wieder singen können«, sagte ich zu ihr, »nur viel schöner.« Und wieder lächelten alle. Auch die kleine traurige Opernsängerin hatte ein winziges Leuchten in ihren Augen. Wir wurden mit großem Hallo verabschiedet. Alle strahlten. Selbst Frédéric fand meinen Gesang ausnahmsweise nicht peinlich.

Anschließend besuchten wir das Militärkrankenhaus Tischreen. Hier lagen 92 verletzte Soldaten und Zivilisten. Wir sahen Kamal, einen 24-jährigen jungen Mann mit freiem Oberkörper und schweren Verwundungen an Bauch und Schulter. Kamal war Zivilist. Er war mit dem Verteidigungsminister verwandt und verehrte Assad.

Demonstrativ hatte er an seinem Auto ein großes Foto des Präsidenten angebracht. Vor zwei Wochen wollte er gerade losfahren, als ein Wagen neben ihm anhielt. Der Fahrer fragte, wo hier die Polizeistation sei. Kamal erklärte ihm den kürzesten Weg. Dann fuhr das Auto weiter. Doch nach 50 Metern wendete es und raste auf ihn zu. Mit ihren Kalaschnikows eröffneten zwei Beifahrer das Feuer. Die Kugeln trafen ihn in Bauch und Schulter.

Trotz allem war Kamal gut gelaunt. Wenigstens tat er so. Weil wir Englisch sprachen, hielt er uns für Amerikaner. »Warum glaubt ihr Amis nicht, dass die Rebellen auch Unschuldige töten? Schickt doch eure Leute in unsere Krankenhäuser! Dann braucht ihr nicht mehr darüber zu diskutieren.« Ja, er unterstütze Assad. Er werde das auch weiter tun. Egal, wer auf ihn schieße. Dann deutete er stolz auf ein winziges Stoffbild Assads, das er mit einer Nadel an seinem Kopfkissen befestigt hatte.

Ihm gegenüber lag ein 21-jähriger sunnitischer Soldat. Er hieß Mohammad. Eine Kugel hatte ihn am Bauch, eine am Hals getroffen. Er hatte 27 Tage im Koma gelegen und war stark abgemagert. Teilnahmslos schaute er an uns vorbei. Sein Arzt sagte mir, dass er immer gelähmt sein werde – falls er überlebe.

In einem weiteren Zimmer trafen wir Reyhan, ein 25-jähriges schwer verletztes Mädchen. In Homs hatte vor zehn Tagen eine Rakete ihren Unterkiefer zertrümmert. Auch Brust und Schulter wurden verletzt. Sie war mehrfach operiert worden. Ihr Unterkiefer oder das, was von ihm übrig geblieben war, wurde durch ein Metallgestell zusammengehalten. Reyhan wird noch viele Operationen über sich ergehen lassen müssen. Sie will wieder einem Menschen ähnlich sehen. Wer die Rakete abgeschossen habe, erkundigte ich mich leise. »Die Soldaten«, sagte sie.

Ich fragte den jungen Arzt mit den erschöpften Augen, der uns begleitet hatte, ob wir jetzt gehen könnten. Ich musste hier schnell raus.

Wie war es möglich, dass kluge, liebenswerte Menschen, Politiker, Denker von humanitären Kriegen sprachen? Waren sie nie auf einem Schlachtfeld, in einem Bürgerkrieg, in einer Leichenhalle, in einem Lazarett? Was meinten sie, wenn sie von uns Deutschen verlangten, wir müssten endlich »erwachsen werden«, »Mut« zeigen und wieder »Verantwortung« übernehmen? Was verstanden sie unter Verantwortung? Krieg oder Frieden?

Vier Stunden Kriegskrankenhaus – und jeder, der Herz und Verstand hat, würde sehen, dass der Krieg das größte aller Verbrechen ist. Weil sein Hauptziel Töten und Verwunden ist. Das Zerstören eines der Geschöpfe Gottes. Wer wird denn »gereinigt, geläutert, befreit«, wenn Frauen, Kinder und Soldaten von staatlichen »Sicherheitskräften« oder von »Freiheitskämpfern« zu Krüppeln zusammengeschossen werden? Wenn Menschen vor Schmerz den Verstand verlieren?

Der Patriarch

Wir besuchten das Oberhaupt der melkitischen griechisch-katholischen Kirche, Gregorios III. Als Patriarch ist er zuständig für »Antiochien und den ganzen Orient, für Alexandrien und für Jerusalem«. Er spricht perfekt deutsch.

Er sei weder für noch gegen Assad, sagte er. Aber Syrien sei unter Baschar Al-Assad zum tolerantesten und insoweit auch demokratischsten Land des Mittleren Ostens geworden. Wer Baschar mit seinem Vater Hafiz verwechsle, zeige nur, dass er nichts von Syrien wisse. Er habe bei seiner Europareise vor einigen Monaten festgestellt, dass fast alle hochrangigen Gesprächspartner den gleichen Unsinn über Syrien erzählten. Als hätten sie eine »Schablone« im Kopf. Sie plapperten nach, was andere ihnen vorgesagt hätten – die ebenfalls noch nie in Syrien gewesen seien.

Assad habe zum Beispiel bei seinem Amtsantritt sofort die systematische Folter abgeschafft. Wo gefoltert werde, geschehe dies gegen seinen ausdrücklichen Befehl. Nicht viel anders als in manchen westlichen Staaten, zum Beispiel in den USA. Assad sei auch kein Schlächter. Diese Bezeichnung treffe seine Persönlichkeit überhaupt nicht. Mit der neuen Verfassung habe er mehr Reformbereitschaft gezeigt als die meisten anderen arabischen Herrscher. Wenn auch spät. Er sei eben ein Zauderer, ein »Cunctator«.

Allerdings könne er unternehmen, was er wolle, stets erschalle der Ruf Catos: »Ceterum censeo Carthaginem esse delendam – Im Übrigen meine ich, dass Karthago zerstört werden muss.« Syrien sei für die USA das, was für die Römer Karthago gewesen sei. Ein Hindernis, das weg müsse. Weil es nicht nach der Pfeife der amerikanischen Imperatoren tanze. Vor allem weil es sich nicht am Boykott gegen Iran beteilige.

Der leise argumentierende Kirchenführer mit der langen schwarzen Robe, dem kahlen Haupt, dem grauen Bart und dem liebenswert stillen Lächeln versteht sich als Anwalt religiöser Toleranz. Das Miteinander von Christen, Sunniten, Schiiten, Alawiten, Drusen, Ismailiten und der einigen hundert Juden sei ein hoher Wert. Auch im demokratischen Sinn. Es sei erstaunlich, dass der Westen das nicht erkenne. Durch die vom Ausland unterstützte Revolution sei dieses Miteinander in seinen Grundlagen erschüttert. Der Westen müsse aufhören, den Konflikt anzuheizen.

Als Christ plädiere er für ein baldiges Schweigen der Waffen, für einen Allparteiendialog und für weitere demokratische Reformen. Gewalt sei keine Lösung. Inzwischen töteten die Rebellen mehr Zivilisten als die staatlichen Sicherheitskräfte. Immer wieder höre ich in Syrien diese Behauptung.

Gregorios hat ein bewegendes Friedensmanifest verfasst, einen »Hilfeschrei«. Man müsse schlichten, bevor es zu spät sei. »Auf welcher moralischen Grundlage zerstört der Westen dieses Land?«, fragte er zum Abschluss verzweifelt. »Können Sie mir das sagen?«

Auch Homs wollte ich Frédéric zeigen. Diesmal mit Scharif, einem sunnitischen Ingenieur aus der umkämpften Stadt. Wir reisten mit zwei Wagen. Im zweiten Auto saßen ein Vetter Scharifs und eine Haushaltshilfe.

Die Stadt war im Frühjahr 2012 zur wichtigsten Hochburg des Aufstands geworden. Scharif meinte, die Rebellen hätten die Zurückhaltung der syrischen Sicherheitskräfte nach Bekanntgabe des Friedensplans von Kofi Annan zum Vormarsch genutzt. Dadurch habe das Regime weite Teile der Stadt verloren.

Die staatlichen Sicherheitskräfte kontrollierten nur noch 25 Prozent der Stadt. Vor allem das Alawitenviertel und Baba Amr. 50 Prozent würden von Rebellen beherrscht. 25 Prozent seien Niemandsland.

Die Mehrheit der Bevölkerung sei geflohen. Die meisten interessanterweise nicht ins Ausland, sondern in Städte wie Damaskus, die unter Kontrolle der Regierung stünden. Darüber spreche im Westen kaum jemand. Es passe nicht ins Weltbild des Westens, dass die meisten syrischen Flüchtlinge den Schutz der Truppen Assads suchten.

Scharif sagte, er sei kein Anhänger Assads. In seiner Familie sei die eine Hälfte für, die andere gegen Assad. Er sehe sich irgendwo in der Mitte. Für eine Übergangszeit werde man Assad noch brauchen. Aber nicht für immer.

Auf der Schnellstraße nach Homs gab es auch diesmal nur wenig Verkehr. Es regnete leicht. Wenige Meter vor dem Stadteingang sahen wir erstmals eine Straßensperre. Bewaffnete Soldaten kamen ans Autofenster. Unsere deutschen Pässe erregten Aufsehen. Trotzdem wurden wir schnell durchgewinkt. Offenbar machten wir einen ungefährlichen Eindruck. Agenten pflegten ohne ihre Söhne zu reisen.

In Homs harrten wir vor Scharifs Haus auf das zweite Auto. Zehn Minuten, zwanzig Minuten. Scharif wurde unruhig. Plötzlich fiel ihm ein, dass er den Pass seiner Hausangestellten in der Ablage seines Autos hatte. Ohne Papiere aber war seine Mitarbeiterin in Gefahr. Scharif warf sich buchstäblich in sein Auto. Mit heulendem Motor und quietschenden Reifen raste er zurück.

Wir warteten und warteten. Endlich tauchten in der Ferne die beiden Autos auf. Scharif war noch immer wütend auf sich. »Sie waren bereits in der Vernehmungsbaracke.«

Wir gingen ins Haus. Scharifs Wohnung war leer geräumt. Seine Hausangestellte hatte offenbar nur die Aufgabe, Strom und Wasser abzustellen und alles zu verriegeln. Scharif musste Homs aus Sicherheitsgründen vorerst aufgeben.

Vom Balkon seiner Wohnung blicken wir auf Al-Khalidiya. Der Stadtteil wird von Rebellen beherrscht. Und deshalb von Regierungstruppen beschossen. Dicke Rauchwolken verdunkeln den Himmel. Explosionen sind zu hören. Wir gehen wieder zu unserem Auto und fahren nach Al-Waer. Dort ist Niemandsland. Denken wir.

Plötzlich sehen wir hinter uns einen weißen Toyota Corolla. Er fährt dicht auf. Dann überholt er uns und blockiert die Straße. Ein junger Mann mit Lockenkopf steigt aus. Mit finsterer Miene. In seiner Hand hält er eine Pistole mit silbernem Knauf. Misstrauisch geht er auf Scharif zu. Durch die offene Tür des Corolla sehen wir die Maschinenpistole, die sein Begleiter auf den Knien hat. Und sein Walkie-Talkie, mit dem er Informationen über uns durchgibt.

Auch eine Pistole mit Silberknauf kann ungemütlich sein. Vor allem, wenn ihr Besitzer sie in den Rahmen eines Autofensters legt und demonstrativ entsichert. Was wir hier filmten, fragt der junge Mann schmallippig. »Die Zerstörungen der Stadt«, antworte ich.

Ich spüre, dass ich schnell etwas unternehmen muss, um die feindliche Stimmung abzubauen. Ich steige aus und gehe auf ihn zu: Jetzt richtet er die Pistole auf mich. »Können Sie uns helfen? Wir wollen zeigen, was mit der Stadt passiert ist«, frage ich ruhig. »Wir sind aus Deutschland.«

Araber lehnen in ihrem Land selten die Bitte eines Fremden um Hilfe ab. Auch hier ist das so. Die Atmosphäre ändert sich schlagartig. Wir sind keine Feinde oder Spione mehr, sondern

Gäste. Wir sollen hinter ihm herfahren, meint der Lockenkopf plötzlich fast freundlich.

Er heißt Sinan und kämpft für die »Freie Syrische Armee«. Als Erstes bringen er und sein Begleiter uns in ein verlassenes Hochhaus. Das silberne Schießeisen, die Maschinenpistole und das Walkie-Talkie nehmen sie mit.

Im zugigen zweiten Stock sind zwei Flüchtlingsfamilien untergebracht. Sie stammen aus dem Homser Stadtteil Al-Khalidiya. Ihre Wohnungen sind bei Kämpfen zerstört worden. Außer ihrem Leben, ein paar Decken, Blechtöpfen und einem winzigen Gaskocher konnten sie nichts retten. Sie sind Flüchtlinge in ihrer eigenen Stadt. Die Mutter weint. Die Kinder drücken sich verschüchtert in eine Ecke des Zimmers. Die kleinen Mädchen ziehen ihre Schleier vors Gesicht. Es ist kalt in der feuchten Wohnung. Alles ist trostlos. Als schließlich alle weinen, verlassen wir den Raum. Was sollen wir diesen Menschen ohne Hoffnung auch sagen?

Sinan will uns verletzte Rebellen zeigen. Wir folgen ihm gespannt. Nach einer längeren Fahrt um die Checkpoints der staatlichen Sicherheitskräfte herum stehen wir endlich vor einem Krankenhaus. Es kommt mir bekannt vor. Ob das nicht zufällig das Al-Birr-Krankenhaus sei, erkundige ich mich. »Klar«, antwortet Sinan. »Da bringen wir unsere Leute immer hin.«

Es ist tatsächlich das Krankenhaus, in dem ich im November nach den Opfern eines »Al-Dschasira-Gefechts« gesucht hatte. »Naiv und ahnungslos« hatten deutsche Syrienexperten dies nach meiner Rückkehr genannt. In Homs gebe es kein Krankenhaus für verletzte Rebellen.

Doch über die damalige Falschmeldung von Al-Dschasira möchte ich mit dem Klinikarzt nicht erneut diskutieren. Vor allem nicht im Beisein von Sinan. Als ich ihm erkläre, dass ich das Al-Birr-Krankenhaus schon kenne, schlägt er mir ein zweites Krankenhaus vor. Auch dort brächten sie gelegentlich Verletzte hin. Doch es liege in einem anderen Viertel. Um dort hinzukommen, müssten wir durch eine Gegend, in der es Scharfschützen gebe. Von wem auch immer.

Bei einem verlassenen Restaurant halten wir an. Das Krankenhaus, in das wir wollen, ist nur noch 300 Meter entfernt. Aber dazwischen liegt das Scharfschützengebiet, die *Sniper Area*. Telefonisch versucht Sinan zu erfragen, wie wir das Gefahrengebiet umfahren könnten. Dreihundert Meter können sehr weit sein, wenn auf Dächern und Balkonen Scharfschützen lauern.

Vom Dach des Restaurants sehen wir die Ruinen von Baba Amr. Aus Al-Khalidiya steigen immer mehr Rauchschwaden auf. Sie verdüstern den Himmel. Auch in unserem Viertel wird geschossen. Als neben Frédéric klatschend eine Kugel einschlägt, ziehen wir uns ins Erdgeschoss zurück.

Über uns hören wir das Brummen einer syrischen Drohne. Dann schlagen auch in unserer Gegend Granaten ein. Zwar noch ein paar hundert Meter entfernt, aber akustisch ziemlich nahe. Scharif drängt zum sofortigen Aufbruch. Sonst bräuchten wir nicht mehr weit zu fahren, um Tote zu sehen. Doch ich befinde mich gerade an einem stillen Örtchen und bin in meiner Beweglichkeit behindert. Was ich da tue, könne ich überall tun, ruft Scharif erregt. Doch das ist nicht immer richtig. Ich brauche einfach noch einige Augenblicke.

Draußen scheint sich ein Inferno zu entwickeln. Alle paar Sekunden schlagen Granaten ein. Sinan meint, die Detonationen seien noch immer einige hundert Meter entfernt. Aber hier ist alles nur einige hundert Meter entfernt. Freund, Feind, Frieden, Krieg. Wir müssen aufbrechen.

Sinan bietet Frédéric und mir an, bei ihm zu übernachten. Wir könnten sein Zimmer haben. Er werde im Zimmer seines Freundes übernachten. Ich halte den Atem an. Dieser junge Rebell hatte uns noch vor ein paar Stunden mit entsicherter Waffe mitten auf der Straße gestoppt. Wenn wir weitergefahren wären, hätte er wahrscheinlich geschossen. Doch jetzt, wo wir von der Armee bombardiert werden, bietet er uns sein Zuhause an.

Wir lehnen dankend ab. Doch was ist das für ein seltsamer Krieg! Voll liebenswerter Menschen auf beiden Seiten. Die sich leider gegenseitig umbringen, weil irgendjemand in ihrem Innern diesen verdammten Hebel umgelegt hat, der das Ermorden von »Feinden« zur Heldentat erklärt.

Auch Frédéric ist verblüfft. Er bittet Sinan um dessen Skype-Adresse und bekommt sie. Dann diskutieren die zwei wie alte Kumpels. Ich möchte am liebsten sitzen bleiben und ihr Gespräch in allen Details aufschreiben. Doch wozu? Nur wenige würden es verstehen. Sonst gäbe es ja all diese hirnrissigen Kriege nicht. Außerdem müssen wir jetzt erst einmal aus Homs raus.

Die Todesstraße nach Damaskus

Scharif fährt los. Doch Schützenpanzer und Militärjeeps sperren die Auffahrt zur Schnellstraße nach Damaskus. Die Soldaten raten den Autofahrern dringend von einer Weiterfahrt ab. Die Straße sei vor einigen Stunden von Rebellen angegriffen worden. Es habe Tote gegeben. Die Armee habe zur Zeit keine Kontrolle über die Straße. Ein Großteil der Fahrer wendet.

Scharif räumt ein, dass auf der Straße nach Damaskus in der Tat »gelegentlich« Autos in die Luft gejagt würden. Oder von »fliegenden Kontrollposten« der Rebellen angehalten und überprüft würden. »Alawitische Verräter« würden sofort exekutiert. Jede Woche komme es zu solchen Überfällen. Auch das Militär wage sich an manchen Tagen nur in Konvois auf diese Straße. Heute offenbar gar nicht mehr.

Wir sehen, dass einige Lastwagen trotz der Warnung weiterfahren. Dennoch rate ich zur Rückkehr nach Homs. Aber Scharif will unter keinen Umständen zurück. Seine Wohnung sei geräumt und versiegelt. Mehrere Nachbarn hätten seine Abreise gesehen. Er habe in Homs nicht nur Freunde. Sinans Einladung aber gelte nur für Frédéric und mich. Er habe keine Ahnung, wo wir gemeinsam übernachten könnten. Wenn wir ins Hotel führen, hätten wir sofort den Geheimdienst am Hals. Das will er offenbar auch vermeiden. Schließlich gehöre er zur Opposition, wenn auch zur demokratischen. »Wir müssen leider versuchen durchzukommen«, sagt er und fährt los.

Ich habe ein mulmiges Gefühl. Wir fahren zwar wieder in einem unauffälligen Kleinwagen. Aber wer weiß, nach welchen

Kriterien die Rebellen ihre Ziele aussuchen? Ich erkläre Scharif daher nach ein paar Minuten, dass mein Bedarf an Schießereien gedeckt sei. Ich bitte ihn umzudrehen. Wir würden schon irgendeine Unterkunft finden. Doch er fährt weiter. Als wir einen Rastplatz sehen, werde ich deutlicher. »Wir kehren jetzt um. Ich bin nicht lebensmüde!« Auch Frédéric will zurück.

Auf dem Rastplatz kommt uns ein Taxi entgegen. Scharif bespricht sich lange mit dessen Fahrer. Dann meint er, auch der Taxifahrer glaube, man könne es versuchen. Er deutet auf die Explosionswolken über Homs. Da könnten wir jetzt nicht mehr hin. Wir kämen nie mehr an den Checkpoints vorbei. Da sei ihm Damaskus lieber. Da könne er normal übernachten und wir auch. Ob die Rückfahrt nach Damaskus morgen ungefährlicher sei, wisse nur der Allmächtige. Bevor wir antworten können, fährt er los.

Scharif ist nervös. Er lehnt sich weit nach vorne. Er möchte schnell reagieren können, falls es notwendig wird. Mich bittet er, nach hinten zu rutschen. Damit ich nicht direkt am Fenster säße, wenn jemand von der Seite schieße.

Ständig fasst er an sein rechtes Ohrläppchen und murmelt: »Bismillah – Gott erbarme dich!« Frédéric ist trotz seiner Körpergröße von 1,90 Metern so tief im Rücksitz versunken, dass ich ihn kaum noch sehe. Er beschwert sich nicht. Nur von Zeit zu Zeit sagt er leise: »Yallah, yallah – los, Tempo!«

Scharif fragt mich, ob ich mich nicht hinlegen könne. Aber wie soll ich mich in diesem kleinen Auto hinlegen? Ich quetsche schon jetzt Frédérics Beine ein.

Am Straßenrand sehen wir ein in Brand geschossenes, noch immer rauchendes Fahrzeug. Frédéric fragt, was wir tun, wenn vor uns eine Straßensperre auftaucht. Wie erkennen wir, ob es sich um Soldaten oder um Aufständische handelt? Beide tragen ja meist die gleiche Uniform.

Wie sind wir bloß in diese grauenvolle Situation geraten? In Libyen ahnte ich nicht, dass unsere Straße beschossen werden könnte. Aber hier waren wir ausdrücklich gewarnt worden. Irgendwo, ganz in der Nähe, befinden sich Aufständische, die nur auf den richtigen Augenblick warten, um zuzuschlagen. Die uns vielleicht gerade jetzt, verborgen hinter Büschen und Bäumen, beobachten. Wie Jäger das Wild auf einer Waldlichtung.

Die Fahrt will und will nicht enden. 160 Kilometer sind eine große »Waldlichtung«. Vor uns fährt ein schwerer Lastwagen. Ich bitte Scharif, sich an den Laster dranzuhängen, seinen Schutz zu suchen. Doch er rast an dem Lkw vorbei. Seit dem Rastplatz fährt er nur noch Vollgas. Frédéric macht es nervös, dass Scharif sich ständig an sein Ohrläppchen fasst.

Fast unhörbar fragt er ihn, ob wir es schaffen würden. »Inschallah«, antwortet Scharif. »So Gott will.« Dann fügt er hinzu: »Bismillahi rahmani rahim – Gott ist barmherzig.« Doch die Zeit will nicht verrinnen. Wir fahren und fahren. Wann endlich kommt die Hauptstadt?

Plötzlich brüllt Frédéric von hinten: »Damaskus, da vorne ist Damaskus!« Er packt Scharif an den Schultern und schüttelt ihn. Fast zwei Stunden hatte er seine Sorgen tapfer runtergeschluckt. Jetzt bricht alles aus ihm hervor. Er lacht, schreit und klopft Scharif immer wieder auf die Schulter. »Alhamdulillah – danken Sie Gott, nicht mir!« murmelt Scharif. Er hat ein sehr schlechtes Gewissen.

Damaskus ist wieder das völlige Kontrastprogramm zum geisterhaften Homs. Die Straßen und Geschäfte sind überfüllt, die Menschen sind freundlich und lachen. Auch wenn sich das im Westen niemand vorstellen kann und die Politiker täglich das Gegenteil berichten. Der Krieg scheint weit weg zu sein.

Scharif taut langsam auf. Er habe Freunde auf beiden Seiten, sagt er. Aber überall herrschten Hass und Rache. Regierung und Rebellen hätten schwere Fehler begangen. Das sei die Tragik aller Bürgerkriege: Aus Freiheitskämpfern würden Terroristen, aus Soldaten Mörder. Im Spanischen Bürgerkrieg seien über 300 000 Menschen getötet worden, im Amerikanischen Bürgerkrieg über 600 000 – von damals 31 Millionen US-Bürgern. Aber wehe, man vergleiche den syrischen mit dem amerikanischen Bürgerkrieg. Obwohl auch der voll entsetzlicher Massaker an Frauen und Kindern war.

Vor wenigen Tagen sei er bei der Beerdigung eines jungen

Irak

Bagdad, Sommer 2009. Der Irak ist ein zerbrochenes Land. »Ärzte gegen den Atomtod« sprechen von 1,5 Millionen Toten.

Bagdad/Damaskus, Sommer 2009. Die Irakerin Manal ist nach Syrien geflohen. Sie schildert die Vergewaltigung eines irakischen Widerstandskämpfers durch GI's.

Beim jungen Schiitenscheich Dschamal in Sadr City (rechts im Bild). Er hat zwölf Familienmitglieder verloren. »Anarchie ist schlimmer als Diktatur.«

Ghom, Frühling 2012. Wissensdurst bei Jung und Alt. Manche Zeitungen kritisieren nicht nur den Westen, sondern auch die eigene Regierung. Teilweise sehr heftig.

Gespräch mit Ayatollah Abbas Ka'bi. »Die Fatwa Chameneis gegen Nuklearwaffen ist unumstößlich. Weil sie auf dem Koran beruht.«

Isfahan. Über 60 Prozent der iranischen Studenten sind weiblich. Alles ist hier anders, als der Westen denkt.

Iranischer USA-Fan. Er findet amerikanische Pop-Musik cool. US-T-Shirts auch.

Teheran, Frühling 2012. Straßenszene. Das schnellste Transportmittel ist das Motorrad-Taxi. Und das billigste. Für Deutsche oft kostenlos.

Teheran, Herbst 2012. Im nuklearen Forschungsreaktor. Die USA bauten ihn für den Schah. Und lieferten ihm auf 93 Prozent angereichertes Uran.

Junge Iranerinnen sind nicht schüchtern. »Respekt vor dem Alter« nennt Frédéric das.

Jüdische Hochzeit. 25 000 Juden leben in Iran. Seit Urzeiten. Sie haben einen eigenen Abgeordneten und lieben ihr Land.

Afghanistan

Kunduz, September 2009. Ein deutscher Oberst lässt zwei Tanklastwagen bombardieren. Über 100 afghanische Zivilisten sterben. (© AFP/Getty Images)

Waisenkinder. Ibrahim (links) mit seinen Geschwistern. Nach dem Bombentod seines Vaters sorgt er für sie. »Ich werde es schaffen«, sagt er.

Kunduz, Dezember 2010. Abdul Hannan besucht das Grab seiner zwei Kinder. Sie wurden bei dem Luftschlag getötet.

Kabul, Herbst 2012. US-Militärfahrzeuge prägen noch immer das Straßenbild. Nach zwölf Jahren sinnlosen Krieges.

Treffen mit Präsident Karsai. Rechts Julia Leeb, links Frédéric Todenhöfer. Ich kenne Karsai seit 33 Jahren.

Gegrilltes Lamm Kebab. Nirgendwo ist es köstlicher.

Einweihung unseres Waisenhauses für die Kinder von Kunduz. Danach gibt es ein zünftiges Fußballspiel. Meine Mannschaft verliert 1:5.

Treue Weggefährten. Durch dick und dünn. Mein Freund Belal El-Mogaddedi (links) und Frédéric.

Berlin, 2010. Regierungsviertel. »Unsinnige Aktionen gegen unsinnige Kriege«. Notfalls klebe ich Plakate. »Der Afghanistankrieg ist vorbei – wenn ihr es wollt.«

Soldaten gewesen. Auch dieser Soldat sei ein Kind Syriens. Ein Drittel der Toten seien Soldaten, ein Drittel Rebellen, ein Drittel Zivilisten. »Wir Syrer bringen uns gegenseitig um. Und keiner weiß einen Ausweg.«

In unserem Hotel gibt es, anders als heute morgen, wieder Internetempfang. Eine als »wichtig und dringend« gekennzeichnete E-Mail springt mir ins Auge. Sie stammt von einem Freund, der uns Scharif als Fahrer empfohlen hatte. Um 8 Uhr morgens hatte er gemailt: »Bitte überlegen Sie sich Ihre Fahrt nach Homs genau! Sie wurden gestern Abend im syrischen Fernsehen gezeigt. Sie haben die Bewaffnung der Rebellen durch das Ausland kritisiert. Auch Homser Rebellen sehen fern!«
Frédéric starrt ungläubig auf die E-Mail. Er ist fast wieder so still wie auf der Rückfahrt. Zum ersten Mal, seit wir in Syrien sind, bestellen wir eine ganze Flasche Rotwein.

»Gebt einander ein Zeichen des Friedens!«

Am nächsten Tag gehen wir noch einmal zum Freitagsgebet in die Umayyaden-Moschee. Diesmal werden wir sofort eingelassen. Prediger ist wieder der über die Landesgrenzen hinaus berühmte, greise Gelehrte Al-Buti. Wie in unseren Kirchen endet der Gottesdienst mit der Aufforderung: »Gebt einander ein Zeichen des Friedens.« Alle reichen sich die Hand. Es ist, als spürten wir den Atem Gottes: »Gebt einander ein Zeichen des Friedens!« Wie kommt es, dass Muslime, Christen und Juden vergessen haben, dass sie ein und denselben Gott anbeten? Manchmal mit denselben Worten.
Al-Butis Predigten werden wir nie mehr hören. Ein Jahr später, am 21. März 2013, wird der zerbrechliche 84-jährige Greis bei einem Anschlag in einer Moschee ermordet. Mit ihm sterben über 40 Gläubige einschließlich seines Enkels.
Am Abend besuchen wir in Bab Tuma die kleine St.-Theresa-Kirche. Fast unwirklich schöner Chorgesang, der bis auf die Straße klingt, hat uns angelockt. Auf der Empore proben junge

irakische Christen Kirchenlieder von betörender Schönheit. Auf Arabisch. Selten habe ich einen so harmonischen Chor gehört. Schweigend lauschen wir.

Anschließend erzählen die irakischen Mädchen und Jungen von ihrer Heimat. Von Bagdad, Mossul, Ramadi, Falludscha, Babylon. Als ich sage, dass ich all diese Städte kenne, herrscht Begeisterung. Doch die jungen Iraker wollen nie mehr zurück. Mit Hunderttausenden ihrer Glaubensbrüder sind sie vor dem Chaos in ihrem Land nach Syrien geflohen. Um endlich in Frieden leben zu können. Doch wohin sollen sie fliehen, wenn nun auch Syrien im Chaos versinkt?

Das Interview mit Assad

Drei Monate später, Ende Juni 2012, wollte ich erneut nach Syrien. Ich wollte die Familie des ersten Todesopfers von Homs treffen. Angeblich war es kein Demonstrant, sondern ein Sicherheitsbeamter. Außerdem wollte ich mit Familien sprechen, deren Söhne bei Demonstrationen von staatlichen Sicherheitskräften erschossen wurden.

Zweieinhalb Wochen vor der Abreise erhielt ich sonntagabends den Anruf eines Bekannten des syrischen Präsidenten. Er fragte, ob mein Angebot, für die ARD ein Interview mit Assad zu führen, noch stehe.

Ich war sprachlos. War das nicht längst erledigt? Gegen meinen Beitrag über Assad im »Weltspiegel« hatte die syrische Regierung doch protestiert! Trotzdem schickte ich dem Chefredakteur der ARD, Thomas Baumann, eine kurze Nachricht. Ich wollte wissen, ob die ARD noch an dem Interview interessiert sei. Eine Stunde später – es war später Sonntagabend – kam die Antwort: »Ja.« Auch beim Deutschen Fernsehen gibt es bemerkenswert schnelle und helle Leute.

Es begannen zwei Wochen mühsamer Verhandlungen zwischen der ARD und der syrischen Regierung, die so tat, als wäre nie etwas gewesen. Da es keine direkten Kontakte gab, musste ich beide Seiten vertreten. Eine Aufgabe, die von Tag zu Tag schwieriger wurde. Die ARD hatte klare Vorstellungen von einem professionellen Interview. Die syrische Seite auch. Manchmal fühlte ich mich wie zwischen zwei Mühlsteinen. Mehrfach standen die Verhandlungen vor dem Scheitern. Nach zahllosen Telefonaten und Mails einigte man sich schließlich schriftlich auf ein ungekürztes Zwanzig-Minuten-Interview auf Englisch. Unter Live-Bedingungen.

Als alles geregelt war, verlangte die syrische Seite plötzlich, dass das Interview von syrischen Kameraleuten aufgenommen werden müsse. Ausländer dürften den Raum während des Interviews nicht betreten. Meine Forderung, wenigstens einen Redakteur der ARD und Frédéric in meiner Nähe zu haben, wurde abgelehnt. Die Sicherheitslage erlaube das nicht.

Ich war verärgert. Alleine dem syrischen Präsidenten und einem Dutzend syrischen Kameraleuten, Ton- und Beleuchtungstechnikern gegenübersitzen zu müssen war für mich ein Albtraum. Ich hatte mich fest darauf verlassen, dass irgendwo hinter Assad Frédéric stehen würde, um mir Zeichen zu geben: »Thema wechseln, nachfassen, ernster sein, unterbrechen, attackieren usw.!« Ich fing an, die Lust an dem Interview zu verlieren.

Mir war ohnehin klar, dass ich nur Kritik ernten würde. Man würde sagen, ich hätte Assad eine Bühne geboten. Außerdem hätte ich keine Ahnung, wie man TV-Interviews mit Staatspräsidenten führe. Ganz falsch war das ja alles nicht.

Ich begann deshalb, mich besonders intensiv vorzubereiten. Ich las alle Interviews und Stellungnahmen Assads der letzten zehn Jahre. Dann kam Frédérics, Belals und Julias großer Auftritt. Jeder musste einmal Präsident spielen. Ich wollte auf alle Überraschungen vorbereitet sein.

Frédéric zerriss genüsslich jede meiner Fragen in der Luft. In 20 Minuten brachte ich nur drei meiner 20 Fragen durch. Ich geriet ständig in die Defensive. Julia schied als syrischer Präsident aus. Bei jeder zweiten Frage antwortete sie, auf derart dumme Fragen könne sie nichts Gescheites antworten. Der Assad-Skeptiker Belal aber war der geborene Präsident. Majestätisch herablassend beantwortete er jede Frage so brillant, als hätte er nie etwas anderes getan.

Wenige Tage vor unserer Abreise kam mir die syrische Seite wenigstens in einem Punkt entgegen. Der »Weltspiegel«-Redakteur Stefan Rocker und Frédéric durften zwar nicht in den Interviewraum. Aber sie konnten von einem gegenüber liegenden Kontrollraum durch eine große Glasscheibe zuschauen. Ich würde allerdings keinen Blickkontakt zu ihnen haben. Aber immerhin hatte ich Zeugen und einen absoluten Profi an meiner Seite.

Das Interview sollte am Donnerstag, dem 5. Juli 2012, stattfinden. Die syrische Seite wollte wissen, wann ich anreisen würde. »Rechtzeitig«, sagte ich. Alle glaubten, dass wir am Montag kämen. Wie Stefan Rocker, der dies der syrischen Seite offiziell mitgeteilt hatte. Doch Frédéric und ich flogen schon am Samstag. Ich wollte vermeiden, dass mir die Geheimdienste oder andere staatliche Stellen die geplanten Recherchen über die Entstehung des Aufstands vermasselten.

Der schroffe Empfang

Die frühe Anreise hatte auch Nachteile. Am Flughafen in Damaskus verfinsterte sich erneut das Gesicht des kontrollierenden Beamten. »Sind Sie Journalist?«, fragte er nach längeren Nachforschungen auf seinem Computer. Als ich erklärte, dass ich lediglich Buchautor sei, durfte ich mit Frédéric wieder zur Sonderbehandlung in die Räume des Geheimdienstes.

Dort wurde ich erneut wie ein Kleinkrimineller behandelt. Weil in den Mammutbürokratien autoritärer Staaten die eine Hand nicht weiß, was die andere tut. Ich sagte den Beamten nicht, dass ich eine Verabredung mit ihrem Präsidenten hatte. Aus diesem Schlamassel sollten die Grenz- und Geheimpolizisten selbst herausfinden. Die Szene war zu absurd.

Nur einen Tipp gab ich den Vernehmungsbeamten. Ich sagte: »Genau das Gleiche hatten wir schon einmal. Am Schluss werden Sie sich entschuldigen. Können wir diesen umständlichen Vorgang nicht etwas abkürzen?« Doch die Grenzkontrolleure und

Geheimdienstler verstanden erneut keinen Spaß. Sie wurden nur noch strenger.

Ich schlug ihnen vor, mich einfach wieder zurückzuschicken. Dann bekämen sie vielleicht sogar Schlagzeilen in der Weltpresse. Jetzt wurden sie noch misstrauischer.

Nach anderthalb Stunden rief ich dann doch den syrischen Verbindungsmann an, der das Assad-Interview vermittelt hatte. Um ihn zu ärgern, sagte ich, ich würde gerade in Handschellen nach Deutschland abgeschoben. Er bekam fast einen Herzanfall. Nachdem er sich wieder erholt hatte, verlangte er nach einem der strengen Beamten.

Das Gespräch war sehr kurz. Wir durften sofort einreisen. Wie beim letzten Mal entschuldigten sich die Beamten. Ob wir einen Tee wollten, fragten sie. Nein, ich wolle nur ins Bett, antwortete ich. Alles wie gehabt.

Fußball-Europameisterschaft in Damaskus

Den nächsten Tag verbummelten wir in Bab Tuma. Am Abend wollten Frédéric und ich in unserem Lieblingslokal »Haretna« das Endspiel der Fußball-Europameisterschaft zwischen Spanien und Italien anschauen. Obwohl ich dort fast schon Stammgast war, bekamen wir keinen Platz. Wegen des Endspiels war alles ausgebucht. So schlenderten wir ziellos durch die Gassen. Überall in den Cafés und Geschäften sahen wir TV-Geräte, die die Vorbereitungen des in wenigen Minuten beginnenden Spiels zeigten. Der Krieg schien vergessen. Es herrschte König Fußball.

In einem Hinterhof fanden wir Platz vor einem Fernsehgerät. Unter 60 meist jungen Syrern. Frédéric murmelte: »Das glaubt uns zu Hause wieder niemand. Dass wir in Damaskus das Endspiel um die Europameisterschaft angesehen haben. Umgeben von Syrern. Mitten im Krieg. Was für eine verrückte Welt!«

Als Spanien in der 41. Minute das vorentscheidende 2:0 erzielte, rissen die meisten Syrer jubelnd die Arme hoch. Manche umarmten sich. Wie Millionen von Syrern. Die syrische Mehrheit war für kurze Zeit einmal nicht für oder gegen Assad, sondern für Spanien.

Der Jubel war kaum verebbt, als wir ein lautes »Womm« hörten. Eine dumpfe Explosion, einige Kilometer entfernt. Doch keiner der Zuschauer beachtete sie. Kurz danach, in der 42. Minute, erneut: »Womm«. Wieder reagierte niemand. Vielleicht war es ja gar keine Explosion. Vielleicht hatte nur jemand ganz in der Nähe eine Tür laut zugeschlagen. Doch das folgende Maschinengewehrfeuer in der Ferne wies eindeutig auf ein Gefecht hin. Für einen Augenblick drehten sich einige Zuschauer um. Doch dann nahm sie wieder das Fußballfest gefangen. Das Feuerwerk, das die Spanier bei ihrem 4:0 gegen Italien abbrannten, fanden sie viel spannender als die Knallerei in der Stadt.

Als ich mich um Mitternacht ins Bett fallen ließ, ging Frédéric aufs Dach unseres Hotels. Er konnte bei der Schießerei, die nicht enden wollte, nicht schlafen. Über Google erfuhr er, dass an einer Polizeistation im Stadtzentrum mehrere Sprengsätze und eine Autobombe explodiert seien. Dann sei die Armee gekommen. Mit Hubschraubern. Es habe sechs Tote gegeben. Frédéric blieb lange auf dem Hoteldach. Schlaflos in Bab Tuma.

Die Scharfschützen des Regimes

Am nächsten Mittag waren wir mit Hanna verabredet. Hanna war Mitglied der demokratischen innersyrischen Opposition, der »Koalition für den friedlichen Wandel«. Wir erwarteten ihn im Konferenzsaal unseres Hotels. Es war sehr heiß. 35 Grad im Schatten. Wir tranken Unmengen von Wasser.

Er kam mit einer vierköpfigen sunnitischen Familie aus Homs. Mit Nadia, der 40-jährigen Mutter, der 23-jährigen Sabrin, dem achtjährigen Ibtasam und dem fünfjährigen Mohammad. Nadias Mann war seit einem Autounfall vor vielen Jahren gelähmt. Die Familie hatte seither von dem gelebt, was Bassam, der älteste Sohn, als Maurer verdiente. Doch Bassam war im April 2012 von Scharfschützen des Regimes erschossen worden. Auf einer Demonstration in Homs. Er war sofort tot.

Da inzwischen auch ihr Haus bei Kämpfen zerstört wurde, war die Familie mittellos. Sie lebte in Homs in einem geräumten Schulgebäude. Wie andere ausgebombte Familien. Dort erhielt sie Essensrationen. Sonst nichts. Es gab Abertausende solcher Schicksale in Syrien.

Frédéric fragt Hanna, wie es mit der Familie weitergehen werde. Hanna schaut Frédéric lange an. Er weiß nicht, wie offen er sein soll. Dann sagt er ernst: »Da auch die Verwandten nichts besitzen, wird Nadia ihre Tochter schnell verheiraten müssen. Oder verkaufen. Vielleicht an einen Ausländer. Für ein paar hundert Dollar.«

Frédéric ist fassungslos. »Verkaufen, richtig verkaufen?«, fragt er und sinkt in seinem Stuhl zusammen. »Nein, offiziell wird es eine Heirat sein. Mit allen Dokumenten. Für ein paar Ferienwochen. Dann wird man sie nach Hause schicken. Geschieden. Wieder mit allen Papieren. Doch dann ist sie wertlos. Zumindest für einen syrischen Mann.«

Frédéric schaut mich an. »Kannst du nicht helfen? Stell dir vor, wir müssten Valérie oder Nathalie verkaufen!«

Doch was soll ich tun? Ich unterstütze schon Kinder in Afghanistan, Pakistan, im Irak, im Kongo und anderen Krisenländern. Für einige Kinder und ihre Familien bin ich die einzige Einkommensquelle. Das bringt auch Verantwortung mit sich. Von den endlosen Schwierigkeiten mit Überweisungen in Krisenländer ganz abgesehen. Um Waisenkindern in Pakistan den Besuch einer guten Schule zu ermöglichen, mussten Belal und ich mehrfach nach Peschawar reisen. In die gefährlichste Stadt Pakistans.

Wer Geld nach Syrien überweist, läuft Gefahr, sich auf irgendwelchen Sanktionslisten wiederzufinden. Mit schlimmen, unter Umständen strafrechtlichen Folgen. Wie sollten wir sicherstellen, dass Sabrin am Ende nicht doch »notverheiratet« würde? Hanna meint, dass er das garantieren könne. Ich verspreche nachzudenken.

Während wir weiter Wasser in uns hineingießen, verabschiedet sich Nadia mit ihrer Familie. Wie schön wäre es, wenn alle, die sich für eine »humanitäre Militärintervention« in Syrien einsetzen, jeden Monat 50 Dollar für eine ausgebombte syrische Familie spendeten! Aber beim eigenen Portemonnaie hört die humanitäre Begeisterung oft auf.

Frédéric und ich beschließen, Nadias Familie monatlich mit 200 Euro zu unterstützen. Das ist etwas weniger als das syrische Durchschnittseinkommen, aber das Doppelte des Vorschlags von Hanna. Es wird der Familie aus dem Gröbsten heraushelfen. Notfalls bis zur Volljährigkeit von Mohammad. Frédéric hat sich durchgesetzt.

Wenn Demonstranten töten

Kurz danach bringt Hanna den nächsten Gesprächspartner. Es ist Ibrahim, der Bruder des ersten Todesopfers von Homs. Er lebt mit seiner Familie in einem Dorf, 30 Kilometer westlich von Homs. Ibrahim ist ein kleiner Mann mit kühnem, elegant nach unten gezogenem Oberlippenbart. Er könnte Mitte vierzig sein.

Sein Bruder Ali Suleiman war 38, als er Mitglied der Wachmannschaft des Offiziersklubs von Homs wurde. Wenige Wochen später, am 25. März 2011, kam es in Homs zur zweiten größeren Demonstration. Eine mit Schlagstöcken und Steinen bewaffnete gewalttätige Gruppe spaltete sich von den friedlichen Demonstranten ab und griff den Offiziersklub an. Sie zündete zwei Autos an, schlug Fensterscheiben ein und riss Bilder Assads herunter.

Ali stellte sich den Demonstranten entgegen. Das war seine Pflicht. Doch gegen ihre Übermacht hatte er keine Chance. Einige würgten ihn. Dann schlug ihm einer mit einem Backstein von hinten den Schädel ein.

Über seinen Tod gab es in den internationalen Medien keine Berichte. Er war nur ein Wachmann der syrischen Armee. Doch das Ereignis hatte schwerwiegende Folgen. Die staatlichen Sicherheitskräfte reagierten hart. Nur wenige Stunden später fielen in Homs die ersten Schüsse.

Zu Alis Beerdigung am nächsten Tag kam das ganze Dorf. Feierlich gelobten alle, Ali nie zu vergessen und gemeinsam für Assad zu kämpfen. Das war vor über 14 Monaten.

Ich bringe Ibrahim zur Tür. Er ist grau im Gesicht.

Ahmad aus Hula

Der nächste Besucher wartet bereits im Hof unseres Hotels. Er kommt aus Hula. Dort hat vor wenigen Wochen, am 25. Mai 2012, eines der bestialischsten Massaker des Bürgerkriegs stattgefunden. Der etwa 30-jährige Mann ist auf komplizierten Umwegen nach Damaskus gekommen. Um sein Leben und das seiner Familie nicht zu gefährden, nenne ich ihn Ahmad. Er steht noch immer unter Schock. Stockend, mit langen Pausen berichtet er, wie er jenen Maitag erlebt hat.

Nach seiner Darstellung griffen am frühen Nachmittag in der Nähe von Hula Hunderte von Rebellen einen Kontrollposten der Armee an. Die Soldaten riefen eine nicht weit entfernt stehende Armeeeinheit zu Hilfe. Es kam zu schweren Gefechten. Ahmad konnte sie vom Dach seines Hauses aus beobachten. Sie dauerten fast zwei Stunden. Auf beiden Seiten gab es zahlreiche Tote.

Gegen Ende der Kämpfe machten sich mehrere Dutzend Rebellen zu einer Kommandoaktion nach Hula auf. Als Erstes stürmten sie Ahmads Haus. Sie warfen ihm vor, zum schiitischen Glauben übergetreten zu sein. Sie wollten ihn und seine Familie deshalb ermorden. Ahmad redete verzweifelt auf sie ein. Einige von ihnen kannte er persönlich. Ibrahim Al-Khalid und Dschalil Al-Youssuf zum Beispiel stammten aus Nachbardörfern und hatten mit ihm vor einiger Zeit noch gegen Assad demonstriert. Sie waren politische Freunde.

Ahmad weinte und flehte, seine Familie zu verschonen. Er sei doch ebenfalls Sunnit und für einen Wechsel im Land. Mithilfe eines Rebellen, der mit ihm demonstriert hatte, gelang es ihm schließlich, die Eindringlinge zu überzeugen, dass er noch immer Sunnit war. Widerwillig ließen sie von ihm ab. Als sie sein Haus verließen, drohten sie, falls er auspacke, seien auch seine Tage gezählt.

Dann drangen sie in das Nachbarhaus ein, in dem sein Bruder wohnte. Der war 2006 tatsächlich zum schiitischen Glauben übergetreten. Mit Messern wurden er, seine Frau und seine sieben- und zwölfjährigen Kinder ermordet. Ahmad wusste und hörte, was im Haus seines Bruders geschah. Doch er konnte nicht helfen. Sie waren zu viele und alle bewaffnet.

Anschließend wurden drei weitere Familien mit ihren Kindern tierisch niedergemetzelt. Alle waren Schiiten oder Anhänger des Regimes. Fast 40 Minuten dauerte das mörderische Schlachten.

In dieser Zeit riefen Einwohner Hulas die Armee zu Hilfe. Die eröffnete das Feuer auf die Eindringlinge. Dabei wurden zahlreiche Rebellen, aber auch zehn Zivilisten getötet. Dann musste sich die Armee zurückziehen.

Nach dem Abzug der Armee legten die Rebellen die Leichen der vier ermordeten Familien neben die entkleideten toten Soldaten und neben die getöteten Rebellen und Zivilisten. Alle wurden in weiße Tücher gehüllt. Dann wurden die Leichname gefilmt. Als Ahmad später im Fernsehen sah, dass die Morde an den vier regimetreuen Familien als Regierungsmassaker dargestellt wurden, brach alles in ihm zusammen.

Die meisten Einwohner Hulas wüssten, was geschehen sei, berichtet er. Aber da der Ort von Rebellen kontrolliert werde, wage niemand, die Wahrheit auszusprechen. Es wäre sein Todesurteil. Die Welt bekomme daher vorerst nur die Schilderung der Rebellen zu hören. Etwas anderes zu erwarten sei lebensfremd.

Ich frage Ahmad, ob er jetzt Anhänger Assads sei. Er zögert. Das wisse er nicht. Er sehe die Dinge nun zwar anders als früher. Aber Assad-Anhänger sei er deshalb noch nicht. Er würde Hula am liebsten so bald wie möglich verlassen. Doch er wisse nicht, wie er dann seine Familie ernähren solle.

Ich hatte viele Berichte über Hula gelesen. Fast die gesamte westliche Welt hatte empört aufgeschrien und Assad scharf verurteilt. Westliche Regierungen einschließlich der deutschen Bundesregierung hatten kurzerhand die Botschafter Syriens des Landes verwiesen.

Lediglich zwei deutsche Journalisten hatten sich nach Recherchen in Syrien gegen den Strom gestellt. Der *FAZ*-Korrespondent Rainer Hermann und der *Welt*-Reporter Alfred Hackensberger. Für mich ist Hermann international einer der souveränsten Kenner des Mittleren Ostens. Doch gegen seine Hula-Berichterstattung erhob sich ein Sturm der Entrüstung. Hermann hatte sich der Weltmeinung entgegengestellt. Und seine Position auch noch mit zahllosen Fakten und Details belegt. Das konnte man nicht so einfach durchgehen lassen.

Sollte ich mir nun das, was Hermann in den Wochen zuvor widerfahren war, auch antun? Was war, wenn Ahmad ein von der Regierung bezahlter Lügner war? In Syrien war Krieg. Warum sollte die Regierung wahrheitsliebender sein als die Rebellen? Jeden Tag ging es um Leben und Tod. Wie viel Platz blieb da für die Wahrheit?

Für Ahmads Darstellung sprach allerdings, dass das Regime und seine Schabiha-Hilfstruppen keinen Grund hatten, ausgerechnet vier regierungsfreundliche Familien zu ermorden. Man musste schon um viele Ecken herum denken, wenn man in der Ermordung schiitischer oder regierungsnaher Familien durch das Regime irgendeinen Sinn erkennen wollte.

Gegen die Version der Rebellen sprach ferner, dass sie anschließend auch die getöteten Soldaten und ihre eigenen gefallenen Kameraden als Zivilisten ausgaben. Das war zwar das übliche Massaker-Marketing. Doch wer schon bei der Beschreibung der Opfer lügt, kann nicht erwarten, dass man ihm bei der Beschreibung der Täter glaubt.

Die UNO kam in ihrem Untersuchungsbericht zu einem anderen Ergebnis als ich. Ihr Bericht ist allerdings in vielen Punkten nicht überzeugend. Da sich die Gutachter angeblich nicht selbst nach Hula begeben konnten, interviewten sie sechs Bewohner Hulas telefonisch. Über Skype. Zur Organisation dieser Skype-Interviews bedienten sie sich der Rebellen von Hula. Konnte man da erwarten, dass die ausgewählten Zeugen die Rebellen als Mörder enttarnten? Und dadurch ihr Leben riskierten? Kein rechtsstaatliches Gericht der Welt würde einer solchen Zeugenvernehmung auch nur die geringste Aufmerksamkeit schenken.

Außerdem bestand die »Unabhängige Untersuchungskommission« der UNO nicht gerade aus »unabhängigen« Persönlichkeiten. Mitverfasserin des Untersuchungsberichts war Karen Koning Abu Zayd. Sie war gleichzeitig Vorsitzende des Middle East

Policy Council, einer Washingtoner Denkfabrik für den Mittleren Osten. Dem Vorstand dieser Organisation gehörten an:

- zwei pensionierte CIA-Mitarbeiter,
- hochrangige Vertreter von ExxonMobil Saudi-Arabien,
- der Präsident des US-Katarischen Wirtschaftsrats, zu dessen Gründungsmitgliedern auch Al-Dschasira gehörte,
- ein hochrangiger Vertreter der saudiarabischen Saudi Binladin Group,
- der frühere Chef des Zentralkommandos der US-Streitkräfte für den Mittleren Osten usw.

»Honni soit qui mal y pense – ein Schelm, wer Böses dabei denkt!« Ahmad hingegen machte auf mich einen glaubwürdigen Eindruck. Sein Pass wies ihn als Mitglied einer der ermordeten Familien aus.

Frédéric und ich diskutierten lange über Hula. Wir kamen zu dem Ergebnis, dass ich Ahmads Schilderung weitergeben musste. Auch wenn ich dafür – wie Rainer Hermann – nur wütende Kritik ernten würde. Ahmad hatte einen Anspruch darauf, dass die Menschen seine Geschichte erfuhren. Jeder konnte sich dann selbst eine Meinung bilden.

Einige Wochen später ließ ich noch einmal Bewohner Hulas nach Damaskus bringen und von einem Freund anhand von Filmberichten über das Massaker befragen. Sie bestätigten Ahmads Darstellung in allen wesentlichen Punkten.

Vorgespräch mit Assad

Erst am Abend dieses Tages der vielen Begegnungen informierte ich die syrische Regierung über unsere Anwesenheit. Der syrische Geheimdienst wusste sicher längst, dass wir hier waren. Ob es allerdings eine Kommunikation zur Staatsspitze gab, war nach meinen bisherigen Erfahrungen fraglich. Sonst wären wir am Flughafen vielleicht doch etwas freundlicher empfangen worden.

Am nächsten Tag fanden erste Vorgespräche zum Interview statt. Baschur, ein junger Mitarbeiter Assads, teilte mir überraschend mit, dass der Präsident meine Fragen nicht auf Englisch, sondern auf Arabisch beantworten werde. Der frühere syrische Botschafter in Deutschland, Dr. Hussein Omran, werde simultan übersetzen. Er spreche brillant deutsch.

Ich hielt den Atem an. Was das nun wieder solle, fragte ich wütend. Es gebe doch eine Vereinbarung, dass das Interview auf Englisch geführt werde. Baschur, ein an sich gescheiter, offener junger Mann, antwortete, das sei vielleicht richtig. Aber nirgendwo stehe ausdrücklich *geschrieben*, dass der Präsident englisch sprechen müsse.

Seine Argumentation war reine Wortklauberei. Ich sagte ihm das sehr deutlich. Verlegen antwortete er, ich könne ja beim morgigen Vorgespräch mit Assad versuchen, diesen zu einem englischen Interview zu überreden. Doch dazu hatte ich nicht die geringste Lust. Offenbar hatte Assad kurzfristig entschieden, auf Arabisch zu antworten. Jetzt wagte keiner, ihm zu widersprechen. Mut vor Fürstenthronen war schon immer selten.

Ich war nicht nur verärgert, sondern auch falsch vorbereitet. Stefan Rocker von der ARD rief mich an und fragte, was ich über die neue Situation dächte. Ich sagte, dass ich dazu neigte abzusagen. Lieber kein Interview als ein schlechtes Interview. Doch der weise Rocker bat mich, in aller Ruhe darüber nachzudenken, wie ich der Öffentlichkeit erklären wolle, dass ich einem arabischen Staatspräsidenten nicht »gestatten« wolle, arabisch zu sprechen.

Am nächsten Morgen fand das Vorgespräch mit Assad statt. Aus Sicherheitsgründen fuhren wir diesmal noch größere Umwege und setzten drei unterschiedliche Wagen ein. Erst nach über einer Stunde trafen wir im Palast ein. Dort ging es ohne Kontrolle durch eine weitläufige Eingangshalle direkt zu Assads Büro. Auf inständiges Bitten von Assads Pressedame Luna trug ich eine Krawatte. Mein Besuch im November in Jeans und offenem Hemd war der Presseabteilung und dem Protokoll offenbar noch in lebhafter Erinnerung.

Assad stand wieder freundlich in der Tür. Als Erstes unterhielt er sich ausführlich mit Frédéric über dessen Pläne, eine Musikproduktionsfirma zu gründen. Als die beiden beim Electro-Pop angekommen waren und keine Anstalten machten, ihr Experten-gespräch zu beenden, unterbrach ich ihr interessantes Gespräch. Ich fragte Assad, ob er zur westlichen Welt wirklich auf Arabisch sprechen wolle. »Was raten Sie mir?«, gab er sich unschuldig.

Nicht ganz selbstlos sagte ich, selbstverständlich müsse er englisch sprechen. Die meisten Deutschen verstünden Englisch, aber nur wenige Arabisch. Er wolle ja mit seinem Auftritt die Menschen im Westen erreichen. »Einverstanden«, meinte er. Aber manchmal seien englische Fachausdrücke auch für ihn ein Problem. Als Präsident könne er es sich nicht leisten, in komplizierten Sachfragen versehentlich die zweitbeste Formulierung zu wählen. Aber er sei einverstanden.

Dann begann ein eineinhalbstündiger Meinungsaustausch, den ich hier nur teilweise wiedergeben kann. Ich eröffnete Assad, dass ich beim morgigen Interview einige recht unfreundliche Fragen stellen würde. Und dass ich dankbar wäre, wenn er das Interview trotzdem nicht abbräche. Ich müsse ihn nach Rück-trittsforderungen, nach den vielen getöteten Zivilisten und nach dem Massaker von Hula fragen.

Assad dachte einen Augenblick nach. Dann sagte er sehr ernst: »Danke für die Ansage. Notfalls muss ich halt zurückschlagen.«

Dann erzählt er über sein Land und die fast aussichtslose Situation, in der es sich befindet. Er weiß, dass Syrien dringend Reformen braucht. Assad ist auch klar, dass er mit allen Oppositionsgruppen des Landes sprechen muss. Mit den Rebellen und mit der Exil-Opposition. Das ist Frédérics Hauptpunkt. Frédéric, der sich ansonsten zurückhält, plädiert leidenschaftlich für Dialog und nationale Aussöhnung. Mit allen.

Assad stimmt ihm zu. Bedingung sei allerdings, dass die Rebellen ihre Waffen niederlegten. Nur mit ausländischen Kämpfern werde er nicht verhandeln. Allerdings müsse sich die Opposition auf bevollmächtigte Sprecher einigen. Zurzeit seien die Inlandsrebellen und die Auslandsopposition zersplittert und zerstritten. Es gebe keinen von allen anerkannten Gesprächspartner.

Die USA verstehe er überhaupt nicht. Die regierenden Demokraten dächten offenbar, die einst guten Beziehungen zu säkularen Staaten wie Ägypten oder Tunesien sowie der Kampf gegen Al-Qaida hätten nichts gebracht. Jetzt versuche man es daher mit den Islamisten. Selbst bei Terroristen unterscheide die US-Regierung mittlerweile zwischen einer guten und einer schlechten Al-Qaida. Gut sei Al-Qaida anscheinend dann, wenn sie in Syrien für die Interessen der USA kämpfe.

Im Verhältnis zu den USA gebe es nur vier Probleme. Sie beträfen Iran, den Libanon, Israel und Palästina. Sie seien alle fair lösbar. Wenn die USA die Interessen Syriens respektierten, werde sein Land auch die Interessen der USA anerkennen. Man könne allerdings nicht von ihm verlangen, dass er Freunde und Verbündete fallen lasse. Assad macht an dieser Stelle konkrete Lösungsvorschläge, über die ich später in Umrissen auch die amerikanische Regierung informiere.

Assad bezweifelt allerdings, dass die USA zu Gesprächen bereit seien. Sie glaubten, dass sie ihre Ziele mit Gewalt leichter durchsetzen könnten. Er sei skeptisch, ob ihnen überhaupt klar sei, was sie in der Region anrichteten.

Ich kritisiere den Einsatz schwerer Waffen der Regierungstruppen gegen Wohngebiete, in denen sich Rebellen aufhielten. Assad zeigt Verständnis für diese Kritik. Aber es sei völkerrechtswidrig, dass Rebellen sich hinter Zivilisten versteckten und sie als Schutzschilde benutzen.

Er schildert sein Dilemma als Präsident. Jeden Tag stürben Dutzende seiner Soldaten und Polizisten. Wenn er seine Soldaten noch häufiger zum Nahkampf in die Häuser schicke, würden noch mehr sterben. Er habe nicht das Recht, das Risiko seiner Soldaten weiter zu erhöhen. Er müsse jeden Tag den Familien der getöteten Soldaten und Polizisten in die Augen sehen.

Für Straßen- und Häuserkämpfe sei seine Armee auch gar nicht ausgebildet. Seine Soldaten hätten gelernt, Grenzen zu verteidigen. Jetzt müssten sie in ihren eigenen Städten gegen frühere Freunde kämpfen – und sterben.

Im Übrigen verließen die meisten Zivilisten in der Regel sehr schnell die umkämpften Wohngebiete. Sie würden dazu von seinen Truppen über Lautsprecher auch ausdrücklich aufgefordert. Doch es komme in der Tat zu tragischen Zwischenfällen, bei denen auch unschuldige Zivilisten getötet würden. Er beklage dies sehr. Doch er bezweifle, dass sich ein amerikanischer Präsident bei bewaffneten Aufständen in seinem Land anders verhalten würde und könnte. Das Gewaltmonopol liege nun mal beim Staat und nicht bei den Aufständischen.

Ich frage ihn, wie lange er sich das Präsidentenamt noch antun wolle. Diese Frage habe ich anderen Staatschefs nie stellen müssen. Weil sie alle äußerst gerne die Nummer eins waren. Bei Assad habe ich Zweifel, ob er seinen Beruf als Pflicht oder als Kür sieht.

Er antwortet, dass er diese Frage mit seiner Frau häufig bespreche. Er wisse nicht, ob er nach einer Beendigung der Krise noch einmal kandidieren werde. Vor einer Lösung des Konflikts werde er allerdings in keinem Fall abtreten. Er habe nicht das Recht, in der Krise davonzulaufen. Seine Kinder sagten ihm trotzdem fast täglich: »Wir wollen nicht, dass du Präsident bist!«

Was er machen werde, wenn er nicht mehr Präsident sei? Zuerst wolle er viel Zeit mit seiner Familie verbringen. Er habe ihr als Familienvater nie das geben können, worauf sie Anspruch habe. Und dann? Arzt könne er, 17 Jahre nachdem er den Beruf aufgegeben habe, nicht mehr werden. Aber vielleicht könne er Vorlesungen halten oder etwas Ähnliches. Zum ersten Mal leuchten seine Augen ein wenig. Dieser Mann, der so gerne lacht, ist in seinem Inneren tieftraurig.

Ich frage Assad, ob nicht auch viele andere syrische Familien von einem friedlichen Leben träumten. »Nicht nur viele«, antwortet er. »Alle.«

Ich weiß, dass Assads Feinde diese Beschreibung seiner Persönlichkeit nicht akzeptieren werden. Aber ich kann nur meine Eindrücke schildern, nicht ihre. Und versuchen, die Wahrheit zu sagen. Ich glaube, dass Assad eine tragische Figur ist.

Das Interview

Am nächsten Morgen gehe ich mit Frédéric noch einmal das Interview durch. Es enthält auch drei Fragen der Exil-Opposition. Ich habe einen syrischen Freund, der Assad von Europa aus politisch bekämpft, um seine wichtigsten Fragen gebeten. Er hatte mich seinerzeit bei meinem Buch *Warum tötest du, Zaid?* wissenschaftlich beraten.

Dann werden wir von unserem Hotel abgeholt. Mit zwei großen Wagen, einem schwarzen BMW-Kombi und einem silbernen Hyundai. Sowie einem Motorradfahrer in weiß-blauer Galauniform. Das soll wohl die Gegenleistung dafür sein, dass ich versprochen habe, erneut eine Krawatte zu tragen.

Die auffällige Abholung gefällt uns gar nicht. Unsere relative Anonymität in unserem kleinen Hotel ist damit ein für alle Mal dahin. Außerdem ist die Fahrt mit zwei repräsentativen Autos quer durch die Stadt ein Sicherheitsrisiko. Wenigstens lotst uns der auffällige Motorradfahrer nur bis zum Ausgang des Christenviertels Bab Tuma.

Dennoch machen auch danach die meisten Autos unseren zwei Wagen sofort Platz. Fast jeder erkennt, dass es Regierungsfahrzeuge sind. Um mich abzulenken, gibt mir Frédéric Bilder Prominenter, die in den letzten Jahren Assad besucht haben. Das Spektrum reicht von Guido Westerwelle bis zu Nicolas Sarkozy mit Carla Bruni. Sarkozy lächelt Assad schwärmerisch verträumt an. Er wird nur noch übertroffen von John Kerry, der Assad mehrmals in Begleitung seiner Ehefrau besucht hat.

»Du bist in guter Gesellschaft«, grinst Frédéric spöttisch. Aber er weiß auch, dass die meisten Berühmtheiten, die Assad noch vor zwei Jahren um ein Gespräch baten, längst auf Tauchstation gegangen sind. Oder das Lager gewechselt haben. Wie Sarkozy, der Assad gerne bombardieren möchte. Aber diese Lust überkommt Sarkozy häufiger.

Im Palast sind Dutzende Techniker am Werkeln. Allein in dem Raum, in dem das Interview stattfinden soll, sehe ich zehn Personen. Im danebenliegenden Regieraum fünfzehn. Alle sind freundlich. Vor allem nachdem ich jeden mit Handschlag begrüßt habe. Auch Stefan Rocker und Frau Luna sind äußerst hilfsbereit. Letztere bedankt sich ausdrücklich für meine Krawatte.

Nach zwanzig Minuten wird der Präsident angekündigt. Von nun an läuft alles nach Protokoll. Frau Luna zeigt mir, von wo er kommen werde und wo ich bitte stehen solle. Für die Fotografen, sagt sie entschuldigend. Frédéric raunt mir noch einmal zu, was er mir schon seit Tagen eintrichtert: »Wehe, du lächelst!« Als unparteiischer Fragesteller müsse ich auch unparteiisch blicken.

Assad kommt über einen langen Gang. Schon von Weitem strahlt er. Doch ich blicke ihn, Frédérics Anweisungen folgend, ernst an. Assad schüttelt mir trotzdem herzlich die Hand. Wieder verziehe ich keine Miene. Wenn schon, denn schon. Mehrere Kameras sind auf uns gerichtet. Assad ist über den kühlen Empfang irritiert.

Als wir uns schließlich gegenübersitzen und die Mikrofone überprüft werden, fragt er etwas verunsichert, ob es Probleme gebe. Ich schüttle den Kopf: »Alles okay. Das wird ein gutes Interview.« Er scheint beruhigt. Dann kommt das Zeichen zum Start.

Meine erste Frage lautet: »Herr Präsident, Anhänger der Opposition und westliche Politiker sind der Auffassung, dass Sie das größte Hindernis für Frieden in Ihrem Land sind. Wären Sie bereit zurückzutreten, wenn ein solcher Schritt Frieden bringen und das Blutvergießen beenden würde?«

Für arabische Verhältnisse ist das eine respektlose Frage. Doch Assad bleibt ruhig. »Ein Präsident sollte vor nationalen Herausforderungen nicht davonlaufen. Ob ich gehe oder nicht gehe, soll das syrische Volk entscheiden.«

Neunundvierzig Fragen und Zusatzfragen stelle ich, die er alle ruhig beantwortet. Auch die Frage, ob er nicht Angst um seine Frau und seine drei kleinen Kinder habe, wenn er an Gaddafi und Mubarak denke. Er antwortet, das Wichtigste im Leben sei, dass man von dem, was man tue, überzeugt sei. Wer sich für sein Land einsetze und die Bevölkerung schütze, brauche keine Angst haben.

Ich hätte gerne noch viel mehr Fragen gestellt. Doch die große Leuchtuhr vor uns ist unerbittlich. Assad scheint nicht ganz zufrieden zu sein. Er konnte zwar seine Position erläutern. Aber 20 Minuten sind im Orient sehr kurz. Er verabschiedet sich trotzdem betont freundlich. Ich sehe Frédéric und dessen mahnendes Gesicht. Also erwidere ich Assads Lächeln wieder nicht. Frédéric hatte gesagt: »Die Kameras sind lange an.«

Dann sehe ich, wie Assad sich auch von Frédéric verabschiedet. Und mein Herr Sohn lächelt von einem Ohr bis zum anderen. Sein breitestes Grinsen. Obwohl überall Kameras laufen und Fotoapparate klicken. Wie schön es doch ist, anderen Ratschläge zu erteilen und sich selbst nicht daran halten zu müssen!

Der ehrliche Stefan Rocker meint, das Interview sei nur am Anfang richtig gut gewesen. Ich hätte viel aggressiver weiterfragen müssen. Frau Luna hingegen findet das Interview zwar fair, aber für arabische Verhältnisse am Rande einer Provokation. Obwohl ich den Präsidenten vorgewarnt hätte. In Syrien könne man es so nicht ausstrahlen. Ich hätte den Präsidenten zu Beginn ja geradezu überfallen. Das sei keine normale Frage nach einem Rücktritt gewesen. Außerdem hätte ich die Beine übereinandergeschlagen. In der arabischen Welt sei das unhöflich.

Das stimmt alles. Menschen machen Fehler. Ich auch. Aber besser kann ich es nicht. Es ist schließlich das erste Interview meines Lebens. Ich verabschiede mich von allen Technikern und Kameraleuten persönlich. Dann geht es zurück ins Hotel. Endlich in einem ganz normalen Auto.

Der Abend mit Al-Qaida

Der Tag des Interviews mit Assad war unser letzter Tag in Syrien. Gerne wären Frédéric und ich noch einmal durch Bab Tuma gebummelt. Doch ich wollte unter allen Umständen noch einen Al-Qaida-Gefangenen treffen. Gab es in Syrien überhaupt Al-Qaida-Kämpfer und -Gefangene? In Deutschland war ich stets ausgelacht worden, wenn ich über die wachsende Rolle Al-Qaidas in Syrien berichtete.

Assad hatte mir im ARD-Interview versprochen, dass ich festgenommene Al-Nusra-Kämpfer sehen könne. Und in der Tat klingelte nachmittags das Telefon. Wir könnten in der Geheimdienstzentrale der Luftwaffe in Harasta bei Damaskus mit gefangenen »Terroristen« sprechen. Ex-Botschafter Hussein Omran werde uns abholen.

Eine Stunde später ist Omran da. Er ist ein würdiger, hochgewachsener älterer Herr, ausgezeichnet mit dem Großen Verdienstkreuz der Bundesrepublik Deutschland. Er spricht ein derart erlesenes Deutsch, dass ich froh bin, dass das Interview auf Englisch stattgefunden hatte. Wir hätten durch seine gewählte Sprache viel Zeit verloren. Er ist Alawit, verheiratet mit einer Sunnitin. Der Hausarzt seines Sohnes ist Jude. Den sektiererischen Bürgerkrieg findet er absurd.

Die Gegend, in die wir fahren, gilt als gefährlich. Geheimdienste sind beliebte Ziele für Bombenanschläge der Rebellen. Überall sehen wir Kontrollposten, Polizei, Soldaten. Wie eine Festung ist das Geheimdienstgelände verschanzt. Im Slalom umfahren wir die zahlreichen Barrikaden. Im Zentralgebäude werden wir sofort ins Büro des diensthabenden Generals gebracht.

Wenige Minuten später wird ein schüchterner junger Mann hereingeführt. Man hat ihn offenbar noch schnell ordentlich angezogen. Seine dunkelblauen Hosen und sein hellblau gestreiftes Hemd sind sorgfältig gebügelt. Er heißt Mohammed Amir Ali Abdullah, ist 26 Jahre alt und Medizinstudent im vierten Studienjahr. Unsicher, leise, mit vielen Pausen beginnt er zu erzählen. Hussein Omran übersetzt.

Frédéric glaubt Mohammed anfangs kein Wort. Alles ähnelt zu sehr deutschen Gerichtsverhandlungen: Ein junger, psychisch labiler Mann gerät in die Hände salafistischer Anwerber. Sie verpassen ihm eine Gehirnwäsche. Für Frédéric ist das alles zu glatt. Außerdem fühlt er sich in der düsteren Geheimdienstfestung unwohl. Draußen hört man Schüsse.

Doch plötzlich klickt es bei Frédéric. Er merkt, dass die Erzählung Mohammeds schlüssig ist. Dass dieser mit sich ringt, sich selbst belastet, das Regime kritisiert. Frédéric fängt an mitzuschreiben. Mohammed erzählt, dass er der Jabhat Al-Nusra angehöre. Der »syrischen Ausgabe von Al-Qaida«, wie er sagt. Aber erst seit sieben Monaten. Er sei ganz langsam in die Sache hineingeraten.

Er komme aus einem Dorf in der Nähe von Deir ez-Zor, einer Stadt 450 Kilometer nordöstlich von Damaskus. Die Muslime seines Dorfes seien nicht radikal. Auch er sei nie Extremist gewesen. Er habe davon geträumt, Medizin zu studieren. Dazu habe er ein gutes Abitur gebraucht. Er habe viel gearbeitet. Und es geschafft.

Im zweiten Studienjahr habe er psychische Schwierigkeiten bekommen. Er habe kaum noch schlafen können und Konzentrationsprobleme gehabt. Er habe nicht mehr weitergewusst. Selbst ein Psychologe habe ihm nicht helfen können.

Er lernte einen Studenten kennen, der ihm riet, bestimmte Stellen des Koran zu lesen. Das würde ihm helfen. Es half und baute ihn auf. Später gab ihm der Student Videos über den Salafismus, die er von saudiarabischen Scheichs erhalten hatte. Aber dann wurde sein Freund verhaftet und landete im Gefängnis. Als er wieder freikam, erzählte er erstmals von Al-Qaida. Von den großartigen Dingen, die sie in vielen Ländern unternähmen. Zwei Jahre lang schwärmte er ihm davon vor.

Dann begann der Aufstand in Syrien. Nach zwei Monaten lud ihn sein Freund zu sich nach Hause ein. Zusammen mit anderen Bekannten. Alle waren der Auffassung, man müsse etwas tun, um die Revolution zu unterstützen. Einer schlug vor, fünf Mann sollten in eine Moschee gehen und sich dort verteilen. Nach dem Gebet solle einer nach dem anderen aufstehen und rufen: »Allahu Akbar, nieder mit dem Regime!« Das werde auch die anderen Moscheebesucher ermutigen. Sie hätten das dann auch gemacht. Leider habe er nicht mitkommen können, da er in jenem Monat viel zu tun gehabt habe.

Nach ein paar Wochen habe ihm sein Freund gesagt, jetzt sei die Zeit für den Dschihad, den Krieg gegen das Regime, gekommen. Jeden Tag habe er auf ihn eingeredet mitzumachen. Einige Freunde seien extra aus dem Irak gekommen, um mitzuhelfen. Sie seien Al-Qaida-Kämpfer. So wie er selbst.

Bis dahin habe er nicht gewusst, dass sein Freund Mitglied von Al-Qaida oder Al-Nusra war. Sein Freund habe ihn gebeten, es auch in Zukunft geheim zu halten. Al-Qaida sei in Syrien nicht beliebt. Daher sei es besser, sich vorerst anders zu nennen. Die Videos im Internet seien jedoch Lügen. Al-Qaida massakriere nicht und schlachte keine Menschen.

Mohammed sagt, er habe lange gezögert. Doch dann habe er

sich bereit erklärt mitzumachen. Allerdings nur, soweit es sich um Aktionen im Namen und im Dienste Gottes handle. Sein Freund habe ihm das fest versprochen. Er brauche keine Waffe in die Hand zu nehmen. Das, was er tun solle, sei für Gott.

Kurz danach wurde ihm sein irakischer »Emir« vorgestellt. Sein Freund sagte, nach altem Brauch müsse er ihm die Hand geben und Treue schwören. Bis in den Tod. Mohammed dachte lange nach. Dann schwor er seinem Emir die Treue.

Der übertrug ihm die Führung einer Gruppe von zehn Irakern. Sie hatten die Aufgabe, pulverförmigen Sprengstoff mit einem Bindemittel zu mischen und zu fünf Tonnen plastischem Sprengstoff zu kneten. Als sie fertig waren, wurde der Sprengstoff in zwei Fahrzeuge gepackt.

Am 10. Mai 2012 fuhren ein palästinensischer und ein jordanischer Kämpfer mit den Fahrzeugen ins belebte Al-Qazzaz-Viertel von Damaskus. Dort sprengten sie sich in die Luft. Über 50 Menschen starben, mehr als 300 wurden verletzt.

Mohammed spricht mit gesenktem Haupt. Er blickt fast nur auf seine Hände. Kraftlos und deprimiert.

»Warum hast du das getan?«, frage ich. Mohammed antwortet mit kaum vernehmbarer Stimme. Er habe aus mehreren Gründen mitgemacht. Zum einen wegen der Unterdrückung der Menschen in Syrien. Zum anderen, weil das Land von Heiden regiert werde. Dass er Zivilisten getötet habe, mache ihn tieftraurig. Er habe das vorher nicht gewusst.

Noch am Tag des Anschlags sei er festgenommen worden. Seither sitze er allein in einer kleinen Zelle. Er habe viel nachgedacht. Er wisse, dass er Schreckliches getan habe und dafür bestraft werde. Er bereue seine Tat. Er habe das Leben anderer vernichtet. Auch seines.

Frédéric und ich schauen uns schweigend an. Wie ist es möglich, dass sich dieser nachdenkliche junge Mann so manipulieren ließ, dass er zum Massenmörder wurde? Was geht in den Köpfen derer vor, die ihn dazu machten?

Ich sehe, dass Mohammed auf dem Rücken seiner Hand und an den Gelenken Narben hat, die von ausgedrückten Zigaretten stammen könnten. Ich frage ihn, ob er gefoltert worden sei. Er schüttelt den Kopf. Die Narben am Handgelenk stammten von den Handschellen.

Ich frage den General und Mohammed, ob wir Mohammeds Oberkörper sehen könnten. Beide stimmen zu. Der Al-Qaida-Kämpfer zieht Hemd und Unterhemd aus. Nirgendwo sehe ich Narben. Vielleicht, weil er sofort alles zugegeben und mit der Polizei zusammengearbeitet hat. Im syrischen Fernsehen hat er sogar ein öffentliches Geständnis abgelegt. Warum sollte man ihn foltern?

Das Gespräch ist zu Ende. Mohammed wird abgeführt. Den Kopf hält er wieder tief gesenkt.

Der General glaubt nicht, dass Mohammed hingerichtet wird. Er werde vermutlich eine sehr lange Gefängnisstrafe bekommen. Ich habe da Zweifel. Ich frage, ob ich Mohammeds Zelle sehen könne. Der General stutzt, dann nickt er. Er weiß, dass sein Präsident mir zu Al-Qaida irgendwelche Zusagen gemacht hat. Welche genau, ist ihm nicht bekannt. Also erträgt er unsere Neugier vorsichtshalber mit Geduld.

Wir müssen nicht lange fahren. Das Gelände, auf dem das Gefängnis liegt, ist trostlos. Wir sehen unvollendete Rohbauten und überall bewaffnete Sicherheitsleute, die meisten in Zivil. Alles wirkt gespenstisch, gruselig. Wie in einem Horrorfilm. Inzwischen ist es auch dunkel geworden. Frédéric fühlt sich noch unwohler als zuvor.

Wir gehen in eines der halb fertigen Gebäude. Zelle liegt an Zelle. Jede einen Meter breit und zwei Meter lang. Der General öffnet eines der winzigen schwarzen Schiebefenster. Durch die Luke sehen wir ein kahles, weiß getünchtes Verlies. Mohammed sitzt auf einer dünnen Decke. Neben ihm liegt sein T-Shirt. Es riecht durchdringend nach Schweiß. Heute Abend wird man ihm das schöne gebügelte Hemd wieder wegnehmen. Dann muss er wohl wieder ein T-Shirt tragen.

Als Mohammed uns erkennt, bittet er, herauskommen zu dürfen. Er will uns noch einmal sagen, wie leid ihm alles tue. Dass er versuchen werde, ein völlig anderes Leben zu führen. Frédéric gibt ihm einen Kaugummi. Ein scheues Lächeln huscht über sein Gesicht. Dann muss er zurück in die Trostlosigkeit seiner Zelle.

In der Nachbarzelle sitzt angeblich der »Emir von Damaskus«, ein etwa 25-jähriger Al-Qaida-Kämpfer. Auch seine Zwei-Quadratmeter-Zelle ist bis auf eine dünne Decke völlig leer. Der »Emir« trägt Jeans und ein weißes T-Shirt. Gereizt blickt er zu Boden. Er will nicht mit uns sprechen.

Der General erzählt, dass Mohammed viel weine. Sein irakischer Emir sei bei einem Anschlag in Aleppo ums Leben gekommen. Ich frage ihn, ob er auch ausländische Gefangene habe. »Selbstverständlich«, sagt er. Es gebe gefangene Franzosen, Libyer, Tunesier usw. Ich will den Franzosen sehen.

Eine halbe Stunde später sitzt er uns gegenüber. Auch er trägt ein ordentlich gebügeltes Hemd. Blauviolett ist es. Dschamal, so heißt er, ist 48 Jahre alt und stammt aus Marseille. Geboren ist er in Algerien. Doch er lebt seit Jahrzehnten im Süden Frankreichs und ist inzwischen ein richtiger Franzose. Dschamal sieht nicht aus wie ein Krieger, sondern eher wie ein Ostermarschierer oder ein Umweltaktivist. Mit seiner Glatze und seinem sorgfältig gestutzten grauen Bart wirkt er sehr gepflegt.

Wir unterhalten uns auf Französisch, damit die Wächter nicht alles mitbekommen. In Frankreich hat Dschamal auf Al-Dschasira jeden Tag Berichte über den syrischen Aufstand gesehen. Und über das Leid der Menschen hier. Er habe beschlossen, »den Kindern Syriens« zu helfen. Kurzerhand habe er sich ins Flugzeug gesetzt und sei in die Türkei geflogen. Dort habe er drei Monate lang Schieß- und Ausdauertraining erhalten. Es sei mühsam gewesen. Er sei ja schon 48. Schließlich sei er mit zehn Kampfgenossen nach Syrien aufgebrochen. In langen Nachtmärschen.

In Syrien wollten er und seine Kameraden gegen die Truppen Assads zu Felde ziehen. Doch sie hätten keine Truppen gefunden. Manchmal hätten sie auf Bäumen übernachtet. Das sei besonders anstrengend gewesen. Mit seiner Kalaschnikow habe er ein paar Mal nachts auf Steine geschossen. Um sicherzugehen, dass er nichts verlernt habe.

Nach zehn Tagen sei er gefangen genommen worden. Seine Waffe habe er kampflos abgeben müssen. Jetzt sitze er seit über einem Monat im Gefängnis und warte auf seinen Prozess. Er wisse nicht, ob das, was er gemacht habe, gut oder böse sei. Er habe nur mithelfen wollen, das Blutvergießen in Syrien zu beenden.

Die Behandlung im Gefängnis sei in Ordnung. Auch die sechs Mitgefangenen in seiner Zelle würden einigermaßen anständig behandelt. »Alhamdulillah! Gott sei Dank!« Wir bieten Dschamal an, seine Familie in Marseille anzurufen. Seine Frau und seine sechs Kinder haben angeblich keine Ahnung, wo er ist. Aufgeregt kritzelt er seine Telefonnummer auf einen kleinen Zettel. Doch unter der Nummer, die ich eine Woche später anrufen werde, meldet sich niemand.

Spielt Dschamal uns etwas vor? Einen Abenteuerausflug nach Syrien im Stil der Bremer Stadtmusikanten, die auch nie angekommen sind? Dschamal weiß, dass er gute Chancen hat, nach Hause geschickt zu werden, wenn man ihm keine Kampfhandlungen nachweisen kann. Und wenn er weiter glaubwürdig behaupten kann, keine Kontakte zu Al-Qaida zu haben.

Frédéric bietet ihm seine Limonade an. Wie ein Verdurstender trinkt er sie aus. Dann blickt er auf mein Glas. Ich nicke. Auch dieses Glas leert er mit hastigen Zügen.

In der Zwischenzeit hat mehrfach Stefan Rocker angerufen. Er hat den ganzen Nachmittag am Film gearbeitet. Jetzt will er noch Details der Ausstrahlung besprechen. Wir brechen auf.

Vier bis an die Zähne bewaffnete Antiterrorspezialisten begleiten uns durch das düstere Gelände des Luftwaffen-Geheimdienstes. Frédérics mulmiges Gefühl war nicht unbegründet. Drei Monate später verüben Mohammeds Ex-Freunde von Al-Nusra spätabends mehrere Sprengstoffanschläge auf das Gebäude. Zehn Menschen sterben.

Es wird ein langer Abend in Bab Tuma. Wir trinken mehr als ein Bier, um unseren Stress abzubauen. Assad, Al-Qaida und der Krieg, der immer näher rückt. Alles ist bedrückend. Meine Skepsis gegenüber gewaltsamen Revolutionen und Bürgerkriegen ist durch meine Syrienbesuche noch größer geworden. Weil die Ungerechtigkeiten, die sie schaffen, größer sind als die, die sie beseitigen wollen.

Gewaltsame Revolutionen sind genauso ein Elend wie der Krieg. Wie viele Kinder, Frauen und Männer darf man töten, um einen Diktator zu vertreiben? In Libyen waren es zwischen 30000 und 50000, in Syrien sind es über 100000. Jeden Tag kommen neue Opfer dazu. Im Irak waren es angeblich über eine Million. Stets waren die meisten Opfer Zivilisten. Revolutionsromantik ist genauso eine Lüge wie Kriegsromantik. »Scheißrevolutionen, Scheißkriege«, sagt Frédéric.

Drei Tage später, am Sonntag, dem 8. Juli 2012, strahlt die ARD das Assad-Interview im »Weltspiegel« aus. Die weltweiten Reaktionen sind gemischt. Die *New York Times* findet es »überraschend«, dass ein derartiges Interview nach dem Barbara-Walters-Debakel überhaupt noch möglich war. Sie widmet den Aussagen des syrischen Präsidenten breiten Raum. Die *Welt* hingegen schreibt, Assad habe mich »vorgeführt«. Das Interview erinnere an Gespräche mancher Publizisten mit Stalin und Hitler. Ich gestehe, dass ich schlucken muss. Ging es nicht auch etwas kleiner?

Für das Interview habe ich mir von der ARD kein Honorar bezahlen lassen. Auch die Reisekosten habe ich selbst getragen. Meine Unabhängigkeit ist mir wichtig.

Skypen mit Rebellen aus Homs

Ein paar Wochen später, im August 2012, ruft Frédéric über Skype Sinan, den Rebellen aus Homs, an. Den Jungen, der uns die Pistole mit dem Silberknauf unter die Nase gehalten hatte. Sinan sitzt, während er aus Homs skypt, lässig auf einer Couch. Er raucht eine Schischa-Pfeife. Neben ihm hockt ein perfekt englisch sprechender zweiter junger Rebell. Er übersetzt.

Ich veröffentliche das leicht gekürzte Gespräch trotz vieler Banalitäten, weil ich auch Assads Ausführungen breiten Raum gegeben habe.

Sinan: Hey, wie geht's?

Frédéric: Danke, gut. Erinnerst du dich noch an mich?

Sinan: Klar, herzlich willkommen!

Frédéric: Verrückt, deine Stimme zu hören. Kann ich unser Gespräch aufnehmen?

Sinan: Natürlich *[hält seine Kalaschnikow hoch und zeigt sie Frédéric]*. Siehst du die? Eine russische Waffe. Sie kommt zwar von unseren russischen Gegnern, aber wir benutzen sie trotzdem gerne.

Frédéric: Als ich dich das letzte Mal traf, war deine Waffe noch kleiner.

Sinan: Ich habe viele Waffen. Was treibst du so jetzt?

Frédéric: Ich warte gerade darauf, dass meine Schwester ihr Baby bekommt. Ich muss wahrscheinlich gleich zu ihr ins Krankenhaus.

Sinan: Oh, ein Junge oder ein Mädchen?

Frédéric: Ein Junge.

Sinan: Gut, haha, sehr gut! *[Sinan und seine Freunde klatschen und jubeln]* Was hast du mit den Videos aus Homs gemacht? Konntest du sie veröffentlichen?

Frédéric: Ich durfte doch gar nicht filmen. Du hast es ja nicht erlaubt.

Sinan: O ja, stimmt. Aber du kannst ja noch mal kommen. Du bist willkommen.

Frédéric: Na ja! Das letzte Mal, als wir uns in Homs trafen, dachte ich, du willst uns erschießen.

Sinan: Stimmt. Ihr habt richtig Glück gehabt, dass ihr lebend aus Homs herausgekommen seid.

Frédéric: Warum hast du uns eigentlich gestoppt?

Sinan: Um mich zu schützen. Ich habe gesehen, dass du eine Kamera hattest. Ich dachte, du kommst von den staatlichen Medien oder vom Geheimdienst. Als ich gemerkt habe, dass ihr Deutsche seid, war alles okay.

Frédéric: Du hast uns bestimmt für verrückt gehalten, dass wir einfach so nach Homs gefahren sind.

Sinan: Nein, ich habe Respekt davor. Das ist ja gefährlich. Und ihr versucht ja herauszubekommen, was die Wahrheit ist.

Frédéric: Wir haben auf beiden Seiten sympathische Leute getroffen.

Sinan: Also, dann müsst ihr wiederkommen.

Frédéric: Das ist schwierig. Es ist schwer, jetzt nach Syrien zu kommen. Was treibst du so? Bist du in die Kämpfe verwickelt?

Sinan: Ja, aber vor Kämpfen habe ich keine Angst. Wie ist die Lage in Deutschland? Wie hier in Homs?

Frédéric: In Deutschland?

Sinan: Ja, gibt es auch bei euch demnächst eine Revolution?

Frédéric: Nein, nicht in Deutschland.

Sinan: Wie geht es deinem Vater? Bestell ihm unsere Grüße!

Frédéric: Mach ich.

Sinan: Wenn ich dann noch lebe, würde ich gerne einmal Deutschland besuchen. Und ein Spiel von Bayern München sehen.

Hier bricht die Internetverbindung kurz ab. Nach einer Weile funktioniert sie wieder.

Sinan: Das ist eine richtige Scheißverbindung. Genau wie unser Präsident. Wenn wir ihn auswechseln, wird auch das Netz besser.

Frédéric: Bist du sicher?

Sinan: Klar, den Präsidenten wechseln wir auf jeden Fall aus.

Frédéric: Hm.

Sinan: Hast du Kontakte zur Exil-Opposition? Kannst du die fragen, ob sie uns nicht endlich helfen können?

Frédéric: Ich habe so meine Probleme mit der Exil-Opposition. Ich glaube, manchen geht es mehr um ihre eigenen Interessen und weniger um euch.

Sinan: Genauso ist es. Die wollen erst kommen, wenn alles weitgehend erledigt ist. Und gut vorbereitet für sie.

Frédéric: Sie sitzen auf ihrem Hintern und sagen euch, ihr sollt kämpfen und sterben.

Sinan: Frédéric, wenn du wüsstest, wie wahr das ist. Jedes Wort. Ich sage dir das aus vollem Herzen. Wir sind denen egal. Ob wir leben oder sterben. Das sind Arschlöcher. Sie kümmern sich nur um die Macht. Für sich selbst.

Frédéric: Es sind schon zu viele Unschuldige gestorben.

Sinan: Sie reden und reden, dass sie uns unterstützen. Mit Geld und Waffen. Aber die Leute hier bekommen nichts von ihnen. Sie unterstützen uns nur in ihren Fernsehreden. Die Leute hier trauen ihnen nicht mehr.

Frédéric: Aber woher hast du deine Kalaschnikow?

Sinan: Auf dem Schwarzmarkt gibt es alles. Amerikanische Waffen, französische, russische. Alles.

Frédéric: Was machst du den ganzen Tag? Kämpfen, arbeiten?

Sinan: Kämpfen und Spezialaufträge. Wir bauen so etwas wie Raketen. Kurzstreckenraketen. Die fliegen sechs Kilometer weit. Das ist nicht schlecht für den Anfang. Aber wir wollen noch bessere Raketen bauen. Von außen kommt ja doch nichts. Wir können alle Waffen nachbauen. Wir werden alles tun, um diesen Krieg zu gewinnen.

Frédéric: Kämpfen deine Freunde auch?

Sinan: Um ehrlich zu sein, nicht alle. Einige gehen ins Ausland, einige machen nichts, einige kämpfen.

Frédéric: Warum kämpfst du?

Sinan: Wegen des täglichen Tötens. Jeden Tag werden Frauen und Kinder getötet. Das Regime setzt alle Waffen ein, die es hat. Da kann ich nicht zuschauen. Sie kontrollieren die meisten Krankenhäuser und holen die Verwundeten raus. Sogar die Toten schleppen sie aus den Krankenhäusern. Dann lassen sie die Leichen filmen und sagen: »Schaut, was die Terroristen tun. Wir müssen Syrien von diesen Terroristen säubern.«

Frédéric: Aber ist nicht auch Al-Qaida in Syrien tätig?

Sinan: Ja. Aber nicht bei uns. Nicht in Homs.

Hier wird das Skype-Gespräch zwischen München und Homs endgültig unterbrochen. Frédéric hat Sinan trotz zahlloser Versuche nie mehr erreicht. Wir wissen nicht, ob er noch lebt. Oder gefangen genommen wurde.

Wer hat recht, Sinan der Rebell oder Baschar der Präsident?

Könnte es sein, dass beide recht haben? Oder beide unrecht? Es gibt nur eine Möglichkeit, dieses Dilemma zu lösen – Verhandlungen. Die beiden könnten sich blendend verstehen. Wenn sie oder ihre Vertreter miteinander sprächen. Aber das tun sie nicht. Stattdessen versinken sie immer tiefer in der Tragödie eines immer unsinnigeren Krieges. Den beide Seiten verlieren werden.

Der syrische Knoten

Für jeden, auch für mich, ist schwer zu durchschauen, was in Syrien wirklich gespielt wird. Die syrische Tragödie spielt sich auf mehreren Ebenen ab. Sie haben sich inzwischen zu einem fast unentwirrbaren Knoten verwoben.

Auf der ersten Ebene tobt der Stellvertreterkrieg der USA, Saudi-Arabiens und Katars gegen die aus ihrer Sicht zu starke Stellung Irans im Mittleren Osten. Imperien und Hegemonialmächte dulden keine Störenfriede in strategisch wichtigen Regionen.

Ausgerechnet George W. Bush hat Iran mit dem Irakkrieg vor zehn Jahren in eine Vormachtstellung gebombt. Nachdem er Teherans Hauptfeind in der Region, Saddam Hussein, aus dem Weg geräumt hat, erstreckt sich der iranische Einfluss über den Irak, Syrien und die Hisbollah im Libanon bis tief in die schiitischen Gebiete Saudi-Arabiens hinein.

Die USA, Saudi-Arabien und Katar sehen im syrischen Bürgerkrieg die Chance, mit Assad einen wichtigen Verbündeten Irans auszuschalten. Auch die proiranische libanesische Hisbollah würde dadurch geschwächt. Zwei wichtige Akteure des Mittleren Ostens, die nicht nach der Pfeife des amerikanischen Imperiums tanzen, würden auf Linie gebracht. Die Folgen des strategischen Eigentors von George W. Bush wären nicht mehr ganz so dramatisch.

Die USA unterstützten die syrischen Rebellen von Anfang an »aus der zweiten Reihe«. Vor allem durch die stillschweigend abgenickten Waffenlieferungen ihrer Verbündeten Katar und Saudi-

Arabien. Obwohl die USA lange im Hintergrund blieben, waren sie stets der bedeutsamste »Spieler«. Sie ziehen die Fäden in diesem Krieg gegen die »Achse der Ungehorsamen«, ihre »Achse des Bösen«.

Auf der zweiten Ebene setzen die USA und Russland auf dem Rücken der Syrer den Ost-West-Konflikt fort. Die USA wollen Russland, das im syrischen Tartus seinen einzigen Marinestützpunkt im Mittelmeer hat, aus dem Mittleren Osten verdrängen. Die russische Regierung will eine weitere Verringerung ihres einst globalen Einflusses nicht hinnehmen.

Auf der dritten Ebene kämpfen salafistische und wahhabitische Extremisten den uralten Kampf radikaler Sunniten gegen Alawiten und Schiiten. Sie sehen in ihnen islamische Ketzer, Abtrünnige. Innerhalb der Extremisten, die längst die Führung des Aufstands übernommen haben, nimmt das Gewicht der zu Al-Qaida gehörenden Al-Nusra-Front zu. Viel schneller, dramatischer, als die USA erwartet hatten.

Auf der vierten Ebene kämpfen Regierung und Aufständische schlicht und ergreifend um die Macht in Syrien. Hemmungslos und brutal. Um edle Ziele wie Demokratie geht es dabei schon lange nicht mehr.

Die meisten Rebellen sehen nicht, dass sie nur Teil eines viel größeren Machtspiels sind. Dass man sie wieder betrügen wird. Wie zu Zeiten von Lawrence von Arabien. Sie erkennen nicht, dass die USA, assistiert von den früheren Kolonialisten Großbritannien und Frankreich, sie nicht befreien, sondern beherrschen wollen. Ihr Motto lautet: »Divide et impera – teile und herrsche! Muslime aller Länder, bringt euch gegenseitig um!«

Das Kidnapping einer Revolution

Der vielschichtige Konflikt hat seit Beginn des Aufstands mehrfach sein Gesicht verändert. Vereinfacht dargestellt gab es vier Phasen:

Die erste Phase dauerte von März bis Ende April 2011. Es war die Zeit überwiegend friedlicher Demonstrationen der

Opposition. Anders als in Tunesien, Ägypten und Libyen vertraten sie allerdings nicht die erdrückende Mehrheit des Volkes. Sie repräsentierten eine starke Minderheit gegen eine relativ stabile Regierungsmehrheit.

Es gab vieles, dem man als Demokrat nur zustimmen konnte. Angesteckt vom arabischen Demokratievirus, forderten vor allem Studenten und Jugendliche aus den vernachlässigten sunnitischen Vorstädten Freiheit, Demokratie und soziale Gerechtigkeit. Jede dieser Forderungen war legitim. Selbst der Ruf nach einem Rücktritt des Staatspräsidenten. Westliche Oppositionelle pflegen das auch zu fordern.

Nicht ganz so legitim waren die Provokationen, die Steinwürfe und das Anzünden von Autos. Doch auch das gibt es in westlichen Demokratien. Gut ausgebildete Polizisten wissen damit umzugehen. Die syrischen Sicherheitskräfte leider nicht. Als Mitte März in Daraa zornige Väter zu Recht gegen die Festnahme ihrer minderjährigen Söhne aufbegehrten, schossen Beamte des Geheimdienstes auf sie. Es gab zwölf Tote. Bei gewaltsamen Protesten in der Folgewoche wurden 17 Polizisten zum Teil schwer verletzt. Der Konflikt eskalierte.

Als Staatspräsident trägt Assad hierfür die politische Verantwortung. Zwar bekundete er öffentlich seine Trauer über die schrecklichen Ereignisse und den Verlust von Menschenleben. Er versuchte erkennbar, den Konflikt zu beruhigen. Doch es gab Kräfte, die an einer Beruhigung der aufgeheizten Lage nicht interessiert waren. Auch im Westen. Sie wollten den gewaltsamen Machtwechsel – egal, was Assad tat oder nicht tat. Die Chance, sich wie in Libyen eines Störenfrieds des Imperiums zu entledigen, schien zu verlockend.

Schon im April – erheblich früher als in der westlichen Öffentlichkeit angenommen – waren plötzlich Waffen und viel Geld da. Hauptsponsoren und Organisatoren waren das kleine Katar sowie Saudi-Arabien. Die beiden begannen, den demokratischen Aufstand in Syrien in Abstimmung mit den USA systematisch zu kidnappen und für eigene politische Ziele einzusetzen. Die Rebellen wurden zunehmend von außen gesteuert.

In Phase zwei von Mai bis August 2011 traten immer mehr

bewaffnete Kämpfer auf. Manche von ihnen waren Scharfschützen, die merkwürdigerweise auf beide Seiten schossen. Auf Demonstranten und auf Sicherheitskräfte. Sie heizten die Lage dramatisch auf. Dass es diese perversen, schießenden Provokateure in Syrien gab und gibt, ist unter Experten unstrittig.

Auch historisch sind derartige *agents provocateurs* ein bekanntes Phänomen. Ein Beispiel unter vielen ist der algerische Bürgerkrieg in den 90er-Jahren des letzten Jahrhunderts. Für wen diese Mehrzweck-Scharfschützen ihr schmutziges Handwerk verrichteten, ist umstritten. Für die Regierung, für die Rebellen, für ausländische Geheimdienste? Besonders häufig werden Katar und Saudi-Arabien genannt. Jeder im Land vertritt eine andere Theorie.

Außerdem waren die Demonstrationen der ersten Monate leider nicht immer und überall so friedlich, wie häufig behauptet wird. Allein in den ersten vier Monaten des Aufstands starben über 400 namentlich registrierte Polizisten und Soldaten.[1] Auch ungezählte Rebellen und Zivilisten verloren ihr Leben. Schon Jean Cocteau hatte erkannt: »Die Sauberkeit einer Revolution dauert höchstens 14 Tage.« Goethe sah das ähnlich: Erst geht es nur um die »Abstellung von Missbräuchen. Aber ehe man sich versieht, steckt man tief in Blutvergießen und Gräueln.«[2]

Obwohl Demonstrieren immer gefährlicher wurde, wuchsen die Kundgebungen weiter an. Nicht nur Anhänger der Opposition, auch Regierungsanhänger gingen auf die Straße. Die Sympathisanten Assads veranstalteten mit staatlicher Unterstützung Großdemonstrationen, an denen teilweise über eine Million Menschen teilnahmen. Auch sie forderten Demokratie, aber *mit* Assad. Teilnehmer waren vor allem Alawiten, Christen und Mitglieder der sunnitischen Mittel- und Oberschicht. Sie wollten der Welt zeigen, dass Assads Rückhalt in der Bevölkerung größer war als der der Assad-Gegner.

Zu größeren Gefechten kam es in dieser Zeit selten. Die Rebellen waren den staatlichen Sicherheitskräften militärisch noch zu sehr unterlegen.

In der dritten Phase, die von August bis Ende 2011 dauerte, präsentierten sich die bewaffneten Rebellen als »Schutztruppen« der friedlichen Demonstranten. Doch sie spielten diese Rolle nie wirklich. Wo sie tatsächlich mit Demonstranten auftraten, suchten sie gezielt die bewaffnete Auseinandersetzung mit den staatlichen Sicherheitskräften. Es kam zu immer schwereren Gefechten.

Beide Seiten gingen dabei äußerst brutal vor. Immer mehr Rebellen, Zivilisten, Soldaten und Polizisten starben. Die bewaffneten Rebellen griffen häufig alawitische Zivilisten an, die sie pauschal als Vertreter des Regimes betrachten. Und als Ketzer. Die Kämpfe wurden sektiererisch. Religiöse Motive wurden immer bedeutsamer. Die Armee schlug gnadenlos zurück.

In der vierten Phase, die Anfang 2012 begann und bis heute andauert, wurde das Land mit Geld und Waffen überschwemmt. Ab März 2012 auch mit schweren Waffen. Dahinter stehen als Financiers und Organisatoren weiterhin Katar und Saudi-Arabien und zunehmend auch westliche Staaten.

Die USA geben politische Schützenhilfe. Nichts geschieht ohne ihre Billigung. Offiziell sprechen sie sich gegen »militärische Interventionen« des Westens aus, obwohl sie über ihre Stellvertreter seit Langem intervenieren.

Es herrscht offener Krieg. Große Demonstrationen werden seltener. Die Demokratiebewegung in Syrien hat ausgespielt.

Stattdessen haben sich die Rebellen in atemberaubender Geschwindigkeit radikalisiert. Nach Angaben innersyrischer demokratischer Oppositioneller – und anderer in der Vergangenheit stets zuverlässiger Quellen – stellt sich die Widerstandsfront Mitte 2013 wie folgt dar:

- Es gibt etwa 100 000 bewaffnete Rebellen.
- Über 80 Prozent davon sind inzwischen religiös motivierte Extremisten unterschiedlicher Richtungen.
- Unter ihnen befinden sich mehrere tausend ausländische »Dschihadisten« aus Libyen, Tunesien, Jordanien, dem Irak, aber auch aus Europa. Vorsichtige Schätzungen gehen von 5000 Ausländern aus. Ihre Zahl wächst täglich.
- Mindestens 15 000 der extremistischen Rebellen bekennen sich zur Jabhat Al-Nusra, die mittlerweile Al-Qaida-Chef Aiman

Al-Zawahiri direkt untersteht. Al-Nusra gilt seit Oktober 2012 aufgrund der Kampfkraft und des Todesmutes ihrer Mitglieder als schlagkräftigste und mächtigste Rebellengruppe. Aufseiten der Rebellen dominiert sie das Gefechtsfeld. Sie wird vor allem von Saudi-Arabien mit Geld und Waffen unterstützt. Katar fördert auch die übrigen Extremisten.

- Die »Freie Syrische Armee«, der viele Deserteure angehören, hat höchstens noch 20 000 Kämpfer. Obwohl auch sie sich weiter radikalisiert und ihre Methoden und Ziele Al-Nusra anpasst, verliert sie ständig Kämpfer an diese. Al-Nusra alias Al-Qaida kämpft und zahlt besser.
- Kaum Ansehen genießt in Syrien die vom Westen finanzierte, völlig zerstrittene »Exil-Opposition«.

Daneben gibt es in Syrien eine in kleinen Parteien organisierte »demokratische Inlandsopposition«. Sie gehört nicht zur militärischen Widerstandsfront. Sie setzt auf gewaltfreien, friedlichen Wandel durch Verhandlungen mit allen Gruppen der Gesellschaft. Sie war lange Zeit verboten. Sie vertritt etwa zehn Prozent der Bevölkerung. Bei einer Beendigung der Kämpfe könnte ihre Bedeutung steigen.

Die USA sind über ihre saudisch-katarischen Verbündeten inzwischen de facto zu Al-Qaida-Unterstützern geworden. Allerdings wurden sie von der Dynamik des Siegeszugs von Al-Qaida überrascht. Aber sie haben auch nie wirksam gegengesteuert. Al-Qaida steht mithilfe der USA möglicherweise vor dem größten Triumph ihrer Geschichte.

Jeder, der derzeit syrischen Rebellen Waffen liefert, muss damit rechnen, dass sie in die Hände von Al-Qaida gelangen. Die Behauptung amerikanischer, britischer und französischer Politiker, sie könnten durch Kontrollen an der türkischen Grenze sicherstellen, dass nur »gemäßigte« Rebellen ihre Waffen erhielten, ist fast schon komisch. Sie zeugt von einer völligen Unkenntnis der Gefechtslage in Syrien.

Al-Nusra hat aufgrund ihrer dominanten Position bei Lieferungen von Kriegsgerät an andere Rebellengruppen jederzeit die Möglichkeit, an die Waffen heranzukommen, die sie benötigt. Außerdem gibt es gar keine relevanten »gemäßigten Rebellengruppen« mehr, von denen westliche Politiker in ihren Salons schwadronieren.

Bei einem Sieg der extremistischen Rebellen winkt kein demokratischer Musterstaat mehr, sondern eine Diktatur religiöser Fanatiker unter Beteiligung von Al-Qaida. In Unkenntnis der arabischen Geschichte nennen die extremistischen Rebellen den angestrebten Gottesstaat »islamisches Kalifat«.

Aus dem legitimen demokratischen Protest eines Teils der Bevölkerung gegen einen Diktator ist mittlerweile eine blutige Mischung aus Religionskrieg und antiiranischem Stellvertreterkrieg geworden. Die heutigen Rebellen haben mit den legitimen demokratischen Demonstranten der ersten Stunden nichts mehr gemein.

Die Gnadenlosigkeit beider Seiten

Der Krieg wird von *beiden* Seiten erbarmungslos geführt. Die Regierungstruppen bombardieren fast täglich zivile Wohngebiete, in denen sich Rebellen verbergen. Mit schwerer Artillerie. Sie töten dabei nicht nur Aufständische, sondern auch Zivilisten.

Aber auch die extremistischen Rebellen töten nicht nur Soldaten. Sie exekutieren gezielt alawitische und zunehmend auch christliche Zivilisten. Der westliche Slogan »Assad tötet sein eigenes Volk« beschreibt nur die eine Hälfte der Wahrheit. Beide Seiten töten das eigene Volk. Beide Seiten töten Zivilisten. Wie in allen Bürgerkriegen. Auch für Syrien gilt: Es gibt keine anständigen Kriege.

Ich habe unzählige Mitglieder der sogenannten schweigenden Mehrheit Syriens gefragt, wer in diesem Bürgerkrieg die meisten Todesopfer zu verantworten habe. Ich fragte Menschen, die das tägliche Sterben seit über zwei Jahren hautnah miterlebten, und bekam fast immer die gleiche Antwort: Etwa ein Drittel der Toten seien Soldaten und Polizisten, ein Drittel Rebellen und ein Drittel Zivilisten. Wie üblich.

Nicht nur der griechisch-katholische Patriarch von Syrien, Gregorios III., und der Großmufti von Syrien, Ahmad Badreddin Hassoun, sind der Überzeugung, dass die meisten Zivilisten inzwischen von Rebellen getötet werden. Al-Qaida habe noch nie Rücksicht auf Zivilisten genommen.

Auch Mitglieder der demokratischen Inlandsopposition, Männer, die oft mehr als ein Jahrzehnt unter dem Assad-Regime im Gefängnis saßen, vertreten ausdrücklich diese Meinung. Ich kann ihre Aussagen nicht überprüfen. In jedem Fall ist der Bürgerkrieg komplexer, als er im Westen dargestellt wird. Schwarz-Weiß-Malerei wird den syrischen Realitäten nicht gerecht.

Dass man die Verhältnisse autoritärer Staaten auch gewaltlos ändern kann, haben die Tunesier und Ägypter im Jahr 2011 bewiesen. Hunderte friedlicher Demonstranten starben dort für Demokratie und Freiheit. Sie waren bereit, für ihre Ziele zu sterben, aber nicht, für sie zu töten.

Es ist ein mühsamer Weg, die Welt gewaltlos zu verändern. Freiheitskämpfer, die dies trotzdem wagen, sind für André Glucksmann »Helden«.[3] Für mich auch.

Assad kann den Krieg noch lange führen. Auch weil er nach Schätzung vieler Syrer mit etwa 40 Prozent noch immer mehr Anhänger in der Bevölkerung haben dürfte als die Rebellen. Die haben angeblich allenfalls ein Drittel der Bevölkerung hinter sich. Wenn diese Zahlen auch nur annähernd richtig sind, würden sie erklären, warum alle westlichen Politiker, die Assads Sturz seit zwei Jahren »für übermorgen« ankündigen, immer danebenlagen.

Das schließt nicht aus, dass schon morgen ein Attentat Assads Leben ein Ende bereiten könnte. Er selbst hält dies jederzeit für möglich. Trotzdem sind die Maßnahmen zu seinem persönlichen Schutz erheblich bescheidener als die der meisten westlichen Staatschefs. Vielleicht ist er in diesem Punkt einfach nur gelassener als die meisten seiner mächtigen Feinde im Westen. Vielleicht aber auch mutiger.

Auch die Rebellen können noch lange kämpfen – wenn weiter Geld und Waffen aus Saudi-Arabien, Katar und dem Westen nach Syrien fließen. Die Kampfmoral vor allem der Al-Nusra-Front ist hoch. Immerhin streitet sie für einen »Gottesstaat«.

Dass in diesem Krieg ein multiethnischer und multireligiöser Staat mit einer der liebenswertesten Bevölkerungen Arabiens zerbricht, scheint nur wenige zu interessieren. Unsere westlichen »Weltstrategen« schon gar nicht. Auch nicht, dass bei einem Sieg von Extremisten wie Jabhat Al-Nusra zwei Millionen Christen ihre Heimat verlieren könnten.

Die Unwahrheiten des Westens in einer Nussschale

Die Weltöffentlichkeit wird im Syrienkonflikt vor allem durch folgende »Unwahrheiten« des Westens manipuliert:

- Durch die Behauptung, in Syrien kämpfe wie in Tunesien, Ägypten und Libyen ein ganzes Volk gegen seinen Diktator. In Wirklichkeit kämpft lediglich eine oppositionelle Minderheit gegen eine zahlenmäßig mindestens ebenso große Anhängerschaft der Regierung. Während die »schweigende Mehrheit« entsetzt zuschaut.
- Durch die Behauptung, die Rebellen kämpften für Demokratie. In Wirklichkeit kämpft die überwältigende Mehrheit der Rebellen für ein radikales islamistisches Kalifat.
- Durch die Behauptung, die geschätzten 100 000 Toten des Krieges seien Opfer der staatlichen Sicherheitskräfte. In Wirklichkeit sind grob gerechnet ein Drittel der Toten Soldaten und Polizisten, ein Drittel Rebellen und ein Drittel Zivilisten. Für den Tod der Zivilisten könnten beide Seiten in etwa gleichem Maße Verantwortung tragen.

Viele Anhänger der »schweigenden Mehrheit« sehen den Rückhalt und die Ziele der Rebellen noch kritischer, als ich sie hier darstelle.

Die Legende vom Kampf um Demokratie

Dass die USA und große Teile des Westens in Syrien inzwischen an der Seite von Al-Qaida kämpfen, können sie öffentlich schlecht zugeben. Die Wähler würden dieses zynische Spiel nicht mitmachen. Die Mär von der Unterstützung des demokratischen Aufstands eines geknechteten Volkes gegen seinen Tyrannen lässt sich besser verkaufen. Da werden die edelsten Instinkte des Menschen geweckt.

Doch Demokratie ist leider das Letzte, was die USA und ihre Verbündeten im Mittleren Osten anstreben.[4] Demokratie in diesen Ländern ist ihnen viel zu gefährlich. Da stünde ja alle vier, fünf Jahre die westliche Erdölversorgung auf dem Spiel. Es könnten Leute an die Macht kommen, die arabisches Öl lieber selbst behalten oder an China verkaufen würden. Nie wird der Westen in der arabischen Welt freie Demokratien anstreben. Das entspricht nicht seinen imperialen Interessen.

Assad ist in der Tat ein Diktator. Aber wann immer er zu vorsichtigen demokratischen Reformen ansetzte, gab es wütende Kritik des Westens. Als er eine Volksabstimmung über eine neue Mehrparteien-Verfassung sowie freie Parlamentswahlen ankündigte, empörte sich selbst der im Syrienkonflikt meist maßvolle deutsche Außenminister. Das sei eine bösartige »Finte«, ein »taktisches Manöver«. Demokratische Anstrengungen Assads sind dem Westen ein großes Ärgernis. Sie gefährden den demokratischen Vorwand, unter dem er seinen antiiranischen Stellvertreterkrieg gegen Assad führt.

Wie ist es möglich, dass unsere aufgeklärte Öffentlichkeit ihren Politikern die Legende vom Kampf um Demokratie in der arabischen Welt abnimmt? Obwohl westliche Politiker von ihren diktatorischen Verbündeten Saudi-Arabien, Katar oder Bahrain nie demokratische, rechtsstaatliche Reformen gefordert haben. Wenn ich als junger Abgeordneter in den 70er-Jahren bei meinem Treffen mit dem saudi-arabischen König Faisal demokratische Reformen angemahnt hätte, wäre ich von meiner Partei sofort aller Ämter enthoben worden.

Deutsche Politiker nennen Saudi-Arabien, das demokratische Demonstranten ins Gefängnis wirft, das öffentlich enthauptet, steinigt und auspeitscht, das seine Frauen nicht Auto fahren lässt und das die Finanzierung des internationalen Terrorismus durch saudische Wohltätigkeitsorganisationen nicht wirklich bekämpft, »Stabilitätsanker« und »Sicherheitspartner«. Ohne rot zu werden. Sie liefern diesen bekennenden Diktaturen modernste Waffensysteme und Panzer. Obwohl sie wissen, dass diese Panzer eines Tages gegen das eigene Volk eingesetzt werden sollen. Und dennoch behaupten sie, sie kämpften in der arabischen Welt für Demokratie. Welche Scheinheiligkeit!

Die Aufgabe der USA

Die USA als Imperialmacht sowie als Schutzmacht Katars und Saudi-Arabiens könnten den syrischen Knoten noch immer lösen. Sie müssten allerdings bereit sein, mit Assad direkt zu verhandeln. Wie einst mit den Führern der Sowjetunion. Ronald Reagan war nie so naiv, von diesen zu verlangen, vor Friedensverhandlungen erst einmal zurückzutreten.

Wer Frieden will, muss mit den Mächtigen verhandeln und nicht nur mit den Ohnmächtigen. Dass Assad als Präsident »Blut an den Händen hat«, kann die USA nicht wirklich stören. Auch Obama hat als Präsident Blut an den Händen. Das Blut unschuldiger Afghanen, Pakistaner, Somalis, Jemeniten und auch Syrer.

Obwohl Assad nach unseren Kriterien – und auch für mich – ein Diktator ist, gehörte er immer zu den »gemäßigten« autoritären Herrschern der arabischen Welt. Assad war nie vergleichbar mit Saddam Hussein oder Gaddafi. Zumindest nach Auffassung führender westlicher Politiker.

Der ehemalige US-Präsident Jimmy Carter berichtete voller Respekt von seinen »nützlichen Gesprächen« mit der Assad-Familie und bezeichnete Baschar Al-Assad 2009 als »sehr intelligent, sehr kraftvoll und sehr populär«.[5] Hillary Clinton sah in ihm noch zu Beginn der Unruhen im März 2011 unter Verweis auf »viele Kongressmitglieder« einen »Reformer«.[6]

All diese Lobeshymnen mögen Fehleinschätzungen gewesen sein. Aber in jedem Fall ist Assad nicht Hitler oder Pol Pot, deren Beseitigung automatisch ein Fortschritt für die Menschheit gewesen wäre. Auch kein Stalin. Vielleicht ein Putin.

Nur die USA könnten die vom syrischen Volk so heiß ersehnte Waffenruhe noch durchsetzen. Nur sie haben die Macht, für einen bestimmten Zeitraum die Geld- und Waffenlieferungen Saudi-Arabiens und Katars zu stoppen. Russland und Iran würden sich diesem Beispiel mit großer Wahrscheinlichkeit anschließen.

Die Waffenpause müsste für Verhandlungen Assads mit allen gesellschaftlichen Gruppen genutzt werden. Einschließlich der Exil-Opposition und der syrischen Rebellen, die ihre Waffen niederlegen. Ziel wären die Bildung einer paritätischen Übergangsregierung von Regierung und Opposition, die Erarbeitung einer demokratischen, rechtsstaatlichen Verfassung und die Vorbereitung international überwachter freier Wahlen.

Eine entschlossene Verhandlungsoffensive der USA wäre die erste wirkliche Friedenstat des Friedensnobelpreisträgers Barack Obama. Sie läge langfristig auch im Interesse der USA.

Aber vielleicht will Barack Obama im Mittleren Osten gar kein Friedensstifter sein. Vielleicht ist es für das amerikanische Imperium strategisch verlockender, mit Syrien einen wichtigen Verbündeten Irans im Chaos versinken zu lassen und damit die »Achse der Ungehorsamen« zu schwächen. Immerhin geht es um eine Region, in der 70 Prozent der nachgewiesenen Ölreserven[7] und 40 Prozent der Gasreserven der Welt liegen. Wir leben in einer gnadenlosen Welt.

Assad oder Al-Qaida

Meine Reise im Juli 2012 sollte eigentlich meine letzte nach Syrien sein. Ich hatte alles gesagt und geschrieben, was ich erlebt hatte. Ich hatte, wie mit Assad vereinbart, die deutsche und die amerikanische Regierung über meine Gespräche informiert. Das Weiße Haus blieb bei seiner Haltung, mit Assad nicht zu sprechen. Stattdessen lieferte es seinen Feinden Waffen. Die Bundesregierung hingegen hatte zu meiner positiven Überraschung zunehmend eine wohltuend unkriegerische Haltung eingenommen.

Doch Anfang des Jahres 2013 erhielt ich einen erneuten Anruf aus Damaskus. Aus der Umgebung Assads wurde ich gefragt, ob ich bereit sei, noch einmal zu kommen. Vielleicht gäbe es doch noch Wege zu einer friedlichen Lösung. Ich blieb skeptisch, da sich die USA auf Rückfrage nach wie vor kategorisch weigerten, mit Assad zu sprechen.

Nach wochenlangem Hin und Her beschloss ich Mitte April 2013, noch einmal nach Syrien zu reisen. Frédéric bestand darauf mitzukommen. Er hatte offenbar den Familienauftrag, die Risiken meiner Reise niedrig zu halten. Aus Sicherheitsgründen flogen wir zuerst nach Beirut. Von dort ging es mit dem Auto eines Freundes über die libanesisch-syrische Grenze nach Damaskus.

Der Siegeszug Al-Nusras

Wieder begann ein hektisches Programm, das nicht immer den Vorstellungen der syrischen Regierung entsprochen haben dürfte. Denn schon kurz nach unserer Ankunft saßen wir in einer heruntergekommenen Damaszener Wohnung mit Salem, einem 27-jährigen Rebellenführer, zusammen. Er gehörte der »Freien Syrischen Armee« an, die im Westen seltsamerweise noch immer als gemäßigt gilt. Den Termin hatten sunnitische Freunde aus Duma vermittelt.

Salem hatte seine Mütze tief ins Gesicht gezogen. Im Minutentakt schlugen im benachbarten Vorort Dschobar Granaten ein. Für Salem und die Menschen von Damaskus war das Alltag. Seit Monaten tobte die Schlacht um die Vororte der Hauptstadt. Die Lage im Land hatte sich dramatisch zugespitzt. Alles war anders als bei unserem letzten Besuch im Juli 2012. Selbst das Lächeln war aus den Gesichtern der Menschen verschwunden.

Salem spricht mit bedeckter Stimme: »Wir kämpfen, bis das Regime fällt. Notfalls noch Jahre. Wir wollen ein islamisches Kalifat. Ähnlich wie Saudi-Arabien. Nur radikaler. Und nicht nur für die Reichen, sondern auch für die Armen. Für eure Demokratie sterben wir nicht.«

Er berichtet, dass viele seiner Kämpfer zur Al-Qaida-Filiale Al-Nusra überliefen. Die zahle ihren Leuten mit über 300 Dollar pro Monat das Doppelte dessen, was er und seine Kämpfer erhielten. Al-Nusra habe auch die besseren Waffen. Als »Speerspitze der Revolution« könne sie sich bei allen Waffenlieferungen aus dem Ausland frei bedienen. Al-Nusra sei stark und erfolgreich. Al-Nusra habe »einen phänomenalen Lauf«.

Ihn störe das nicht. Man kämpfe schließlich für denselben Gottesstaat. Allerdings verfolge Al-Qaida weltweite Ziele, die »Freie Syrische Armee« nur nationale. Dass sich die sogenannte Exil-Opposition gelegentlich vorsichtig von Al-Qaida distanziere, sei bedeutungslos. Sie spiele in Syrien keine Rolle.

Dann schildert mir Salem seelenruhig, wie er und seine Kampfgefährten Verräter und Soldaten foltern und hinrichten. »Wir machen es wie die andere Seite.« Zurzeit hätten sie in Duma und anderen Vororten von Damaskus über 2300 gefangene Soldaten. Er schätze, dass man mindestens die Hälfte von ihnen hinrichten müsse.

Die wichtigsten seiner Aussagen spricht Salem anschließend in unsere Kamera. Allerdings dürfen wir auch ihn nur von hinten filmen.

In einem Gefängnis treffen wir auf meinen kurzfristigen und sehr nachdrücklichen Wunsch drei Al-Qaida-Kämpfer. Einen Iraker, einen Türken und einen Palästinenser. Der etwa 30-jährige Palästinenser aus Haifa, der lange als Flüchtling in Syrien lebte, trägt als Einziger einen Bart. Er bekennt sich geradezu leidenschaftlich zu Al-Qaida. Die anderen versuchen sich herauszureden. Bin Laden nennt er seinen Scheich, Al-Zawahiri seinen Emir. Die palästinensische Fatah und Hamas bezeichnet er als gottlose Verräter und Versager. Er sei glücklich, dass Al-Nusra nun auch offiziell zu Al-Qaida gehöre und von Al-Zawahiri geführt werde.

Nach Syrien werde Al-Qaida selbstverständlich Europa und die USA angreifen. Seine Augen leuchten bei dem Gedanken, sich »mit einer Sprengstoffweste in New York in die Luft zu sprengen«. Am liebsten im neuen World Trade Center. Dass Unschuldige dabei sterben würden, stört ihn nicht. Dass der Koran die Tötung Unschuldiger verbietet, auch nicht. Auch die Amerikaner töteten ständig unschuldige Muslime. Auf der ganzen Welt. Viel mehr als Al-Qaida.

Wie dem FSA-Rebellen Salem ist ihm »die Errichtung eines Kalifats wichtiger als das Leben von zehn Millionen Syrern«. Staunend blicke ich in sein verklärtes Gesicht. Er ist unglaublich stolz, Al-Qaida anzugehören. Dann wird er abgeführt. Durch ein Fenster zum Hof sehe ich, dass man ihm die Augen verbunden hat. Die Hände sind hinter dem Rücken gefesselt.

Der Siegeszug von Al-Qaida, den in Syrien niemand mehr ernsthaft bestreitet, ist verblüffend. Ich habe Al-Qaida in Afghanistan, Pakistan und im Irak erlebt und mit ihren Kämpfern zahllose Gespräche geführt. Gegenüber der syrischen Al-Qaida waren das Zwerge. Zum Riesen wurde Al-Qaida erst in Syrien.

Mit jedem Kriegstag wird Al-Qaida in Syrien mächtiger, attraktiver, ja sogar respektierter. Al-Dschasira und Al-Arabiya berichten regelmäßig über die Heldentaten der einstigen Schmuddelkinder des islamistischen Extremismus. Peter Bergen, Amerikas Al-Qaida-Experte Nummer eins, nennt Al-Nusra die »effektivste und disziplinierteste« Kampftruppe gegen Assad. »Fähig, eines Tages auch den Westen anzugreifen.«[8]

Verhandlungen mit den USA?

Das Gespräch mit dem syrischen Präsidenten Baschar Al-Assad findet im Palast statt. Der Krieg hat Spuren in Assads Gesicht hinterlassen. Der 1,90 Meter große Mann wirkt noch schmaler als früher. Aber auch konzentrierter, sicherer, entschlossener.

Es ist unser viertes Treffen. Lange sitzen wir uns schweigend gegenüber. Dann frage ich ihn nach seinen Zielen nach diesen zwei schrecklichen Kriegsjahren. Er nennt »die Befreiung Syriens

von Al-Qaida«. Und dann, mit großem Nachdruck, »die Wieder-
herstellung einer säkularen Gesellschaft, in der alle Ethnien und
alle Religionen einen Platz haben: Muslime, Christen, Juden,
alle. Für dieses Miteinander sei Syrien einst berühmt gewesen«.
Fast verzweifelt hält er an diesem multikulturellen Gesellschafts-
modell fest, das gerade mithilfe des Westens zerstört wird.

Für einen »fairen Frieden« sei er zu großen Zugeständnissen
bereit. Doch wer wolle schon Frieden in Syrien? Er könne das
Land nicht dem Chaos überlassen. Deshalb werde er bei der Präsidentschaftswahl 2014 erneut kandidieren. Und weiterkämpfen.
Er habe gar keine andere Wahl.

Ich frage ihn, ob er konkrete Vorschläge für den Westen habe.
Deshalb hätten wir uns ja getroffen. Doch Assads Misstrauen gegenüber der amerikanischen Politik ist größer geworden. Dass
die USA inzwischen ernsthaft über direkte Waffenlieferungen an
»gemäßigte« Rebellen diskutieren, hat seine Skepsis verstärkt.

Auch dass sie ihm den Einsatz chemischer Massenvernichtungswaffen unterstellen, erstaunt ihn. Es verletzt ihn auch in-
tellektuell. So dumm könne die syrische Politik doch gar nicht
sein, dass sie ihren Gegnern die gewünschten Vorwände für eine
weitere Militärintervention freiwillig liefere. Das Land leide
doch jetzt schon unter den Interventionen von Katar und Saudi-
Arabien.

Verwundert fragt er, ob dem Westen nach dem Irak-Debakel
nichts anderes einfalle als der Vorwurf, seine Armee setze Massenvernichtungswaffen ein. Kriege würden zwar immer mit Lügen begonnen. Doch es hätte bestimmt auch originellere Lügen
gegeben.

»Wir haben den Russen sofort Proben aus Aleppo zuge-
schickt«, sagt er. »Wir sind selbst daran interessiert herauszufinden, was genau Al-Nusra in ihren Kassam-artigen Geschossen verwendet hat. Außerdem haben wir UNO-Inspektoren nach
Aleppo eingeladen. Sie können die Ereignisse dort eingehend
untersuchen. Sie sind höchst willkommen. Aber nicht zum Besuch anderer militärischer Einrichtungen in Syrien. Wir sind ein
souveränes Land.«

Dann macht er eine lange Pause. »Ist es nicht seltsam, dass wir uns vor einem Land rechtfertigen sollen, das völkerrechtswidrig Drohnen und uranverseuchte Munition gegen Zivilisten einsetzt? Stellt sich niemand im Westen diese Fragen?«

Nachdenklich, so als spräche er nicht zu mir, sagt er: »Eigentlich hätten wir kein Problem, mit den Amerikanern zu reden. Auch ich hätte letztlich kein Problem, sie um sinnvolle Schritte zu bitten. Ich würde ja nicht für mich bitten, sondern für mein Land.« Dann folgt eine lange Pause. »Ich wusste immer, und ich weiß, dass sie mich nicht mögen. Trotzdem standen wir kurz vor Ausbruch der Unruhen vor guten Lösungen. Für beide Seiten.«

Doch wenn er den USA jetzt öffentliche Angebote mache, stehe er als Bittsteller da. Das würde von seinen Gegnern als Zeichen der Schwäche ausgelegt und seinem Land schaden. »Reicht es nicht, wenn die amerikanische Regierung weiß, dass wir jedem konstruktiven Vorschlag aufgeschlossen gegenüberstehen? Das könnten doch *Sie* Ihren amerikanischen Freunden übermitteln.«

Gedanken zum Frieden ...

Dennoch ergeben sich in unserem Gespräch mehrere Ansatzpunkte, auf denen man eine faire Friedenslösung aufbauen könnte. »Falls alle ausländischen Waffenlieferungen nach Syrien für eine bestimmte Zeit gestoppt würden«: Das ist seine Hauptbedingung.

- Assad wäre im Kampf gegen Al-Qaida zu einer konkreten »nachrichtendienstlichen Zusammenarbeit« mit den USA bereit. Falls auch die USA ihre Erkenntnisse zur Verfügung stellten. *Ich* hatte ihn danach gefragt. Assad legt Wert darauf, dass ich das auch so kommuniziere.
- Assad könnte sich – nach meiner Einschätzung – Friedensverträge mit allen Nachbarstaaten vorstellen. Mit dem Ziel einer »völligen Normalisierung«. Selbst mit Israel, falls Syrien die Golanhöhen zurückerhalte.
- Assad ist zu einer transparenten, säkularen Demokratie bereit. Mit international überwachten Wahlen und Garantien für alle

Bevölkerungsgruppen. Selbstverständlich auch für die Christen. Die Religion dürfe bei der Verteilung der Macht letztlich keine Rolle spielen. Er könne sich sehr wohl eines Tages einen Sunniten als Nachfolger vorstellen.

- Nach Abschluss eines »fairen nationalen und internationalen Friedensvertrages« sei er bereit, das syrische Volk in einem Referendum über seine politische Zukunft abstimmen zu lassen. Unter internationaler Kontrolle. Mit allen Konsequenzen.

Über den letzten Punkt diskutieren wir besonders lange. Und sehr persönlich. Nach zwei Stunden vertagen wir uns auf ein weiteres Treffen. Auf Freitag, den islamischen Feiertag.

... zum Tod

Dieses fünfte Treffen, das über dreieinhalb Stunden dauert, findet in seinem Privathaus statt. Assad wohnt mit seiner Familie nicht, wie oft berichtet, in irgendwelchen Bunkern oder in einem seiner Paläste, sondern mitten in Damaskus. In der umgebauten früheren westdeutschen Botschaft. Seine Kinder gehen in eine nahe gelegene Schule.

Natürlich ist die Gegend durch Polizei weiträumig abgesichert. Aber das war sie schon immer. Schließlich ist die zurzeit verwaiste US-Botschaft nicht weit entfernt.

Die Inneneinrichtung seines Hauses ist elegant. Wir sind es nicht. Assad trägt eine dunkle Freizeithose und einen blauen Sportpullover, Frédéric und ich Jeans und Sportjacketts.

Aus den oberen Stockwerken hören wir Kinderlachen. Durch die Außenfenster hingegen dringt der Lärm schweren Geschützfeuers. Ich frage Assad, ob er nicht jeden Tag befürchten müsse, in diesem Haus mitten in der Stadt oder in seinem Palast auf dem Berg angegriffen und getötet zu werden.

Er denkt lange nach. Dann sagt er, während der Lärm, den seine Kinder machen, stärker wird: »Man hat mehrfach versucht, mich zu töten. Damit muss ich zurechtkommen. Warum sollte es mir anders ergehen als anderen Syrern? Aber die letzten neun Monate waren heftig. Sie haben uns aus allen Richtungen be-

319

schossen. Die Gefechte waren ganz nahe bei meinen Diensträumen. Ich habe jeden Einschlag gehört.«

Dann schaut er uns etwas schuldbewusst an: »Als Sie letztes Jahr im Juli mit Frédéric zur Vorbesprechung des Fernsehinterviews im Palast waren, wurden wir übrigens auch beschossen. Eine Stunde nach unserem Gespräch schlugen schwere Mörsergranaten im Garten ein. Ich wollte Sie beim Interview am nächsten Tag nicht beunruhigen. Deswegen habe ich den Zwischenfall nicht angesprochen. Für mich ist das Alltag. Obwohl die Einschläge damals sehr nah waren.«

Ich frage ihn, wie er seine Unterstützung in der Bevölkerung einschätze. Er antwortet: »Ich habe Anhänger verloren, aber auch frühere Feinde als Anhänger gewonnen.«

...und zum Rücktritt

Dann sprechen wir dreieinhalb Stunden lang über unser heutiges Hauptthema: Ob er, um dem Westen eine Brücke zu bauen, bereit sei, sich nach Erreichen einer fairen Friedenslösung aus der Politik zurückzuziehen. Ich sage: »Warum erklären Sie nicht öffentlich, dass Sie zurücktreten, wenn Al-Qaida besiegt ist, Syrien ein tolerantes, multireligiöses, demokratisches Land ist und das Problem der Golanhöhen gelöst ist. Sie haben dann doch alles erreicht, wofür Sie nach Ihren eigenen Aussagen kämpfen.«

Das Gespräch ist dramatisch. Lange streiten wir, ringen wir. Auch seine junge Frau schaltet sich mehrfach ein. Doch am Ende ist Assad Politiker, der nicht alle Trümpfe am Anfang ausspielen will. Er besteht auf einer Volksabstimmung über sein politisches Schicksal. »Als Demokrat können Sie eine Volksabstimmung eigentlich nicht ablehnen«, sagt er schmunzelnd zu mir.

Doch ich kenne ihn inzwischen. Er will unter allen Umständen den Eindruck vermeiden, er werde irgendwann vor den Problemen seines Landes davonlaufen. Aber wenn es eines Tages zu einem »fairen Frieden« kommen sollte, wird er sich von niemandem aufhalten lassen, seinen Traum von einem normalen

Leben zu verwirklichen. Nach einem fairen Frieden wird er gehen. Keinen Tag früher, keinen Tag später.

»Ich will nicht Präsident auf Lebenszeit sein«, sagt er. »Das bin ich nicht. Das wäre für mich ein Horror.« »Für mich und für die Kinder auch«, fügt seine Frau kaum vernehmbar hinzu.

Durch die Fenster seines Arbeitszimmers hören wir das dumpfe Grollen schwerer Explosionen. Sie übertönen das Kinderlachen in den oberen Stockwerken des Hauses nun völlig. Leise sagt Assad: »Manchmal sind es ihre, manchmal unsere Granaten. Meine Offiziere sagen mir, dass wir auf der Siegerstraße seien. Doch jede Granate verwundet oder tötet einen Menschen. Oder sie zerstört ein Haus. Unser Volk leidet. Es zerbricht. Wir brauchen eine Lösung.«

VI.

Eine andere Sicht auf Iran

Iran, Israel und die Juden

Ich war in den letzten Jahren mehrfach in Iran. Ich mag dieses Land und seine herzlichen, vornehmen Menschen. Ich war mit meiner Tochter Valérie dort, mit Freunden, Freundinnen, Journalisten und mit meinem Sohn Frédéric.

Mehrfach habe ich jüdische Freunde in München gefragt, ob sie nicht wenigstens einmal mit mir nach Teheran, Isfahan oder Schiraz kommen wollten. Sie wurden stets blass um die Nase. Sie glaubten, sie würden dort umgebracht. Kein Land ist vom Westen schlimmer dämonisiert worden als Iran. Nicht einmal Syrien, Libyen, Irak, Afghanistan oder Nordkorea können da mithalten. Iran ist in der westlichen Wahrnehmung das finsterste unter allen »Reichen der Finsternis«.

Israels Premierminister Benjamin Netanjahu fasste die Meinung vieler Westler im April 2012 mit den Worten zusammen: »Das ist ein düsteres, mittelalterliches Regime, das sein eigenes Volk tyrannisiert, es auf der Straße totschießt, in die Häuser eindringt, das Internet zensiert, Menschen bei Nacht verschwinden lässt.«[1] Iran sei »der weltgrößte Terrorstaat«.[2]

Iran ist an diesem verheerenden Image mitschuldig. Sein Präsident Mahmud Ahmadinedschad beispielsweise hat jahrelang keine Gelegenheit ausgelassen, genussvoll die Rolle des Finsterlings zu spielen. Seine Amtszeit war eine Aneinanderreihung unmissverständlicher und missverständlicher Provokationen. Er liebte es, den Westen bis zur Weißglut zu reizen. Er gab den Feinden Irans genau die Stichworte, die sie brauchten.

Dabei ist nicht einmal entscheidend, dass er den berüchtigten Satz »Iran wird Israel von der Landkarte tilgen« nie gesagt hat. In Wahrheit hatte er 2005 gesagt, genauso wie die *Regimes* des Schah, der Sowjetunion und Saddam Husseins untergegangen seien, müsse auch »das *Regime*, das Jerusalem besetzt hält, aus den Annalen der Geschichte getilgt werden«. So die amtliche Übersetzung des Sprachendienstes des Deutschen Bundestags.[3]

Nie hat Ahmadinedschad gesagt, dass Iran beim Untergang des *Regimes* irgendeine Rolle spielen werde. Das iranische Außenministerium und selbst Ahmadinedschad haben im Gegenteil immer wieder ausdrücklich erklärt, Iran werde Israel nicht militärisch angreifen.[4]

Der Westen pflegt – wie die imperialen Mächte aller Zeiten – Länder, die sich seinen strategischen Zielen nicht unterwerfen, als Parias, als Aussätzige der Weltgemeinschaft darzustellen, sie zu barbarisieren und zu dämonisieren. Der Gefahr, sein Urteil irgendwann korrigieren zu müssen, geht er dadurch aus dem Weg, dass er sich weigert, mit ihnen zu sprechen. Er hat, wie Jimmy Carter resigniert festgestellt hat, vor allem seit George W. Bush eine »fundamentalistische Abneigung gegen Verhandlungen mit Gegnern«.

Das gilt nicht nur für Iran. Als etwa Jimmy Carter 2005 auf einer Reise durch den Mittleren Osten auch Baschar Al-Assad besuchen wollte, zwang ihn die Bush-Administration, den Besuch wieder abzusagen. Assad sei beim Irakkrieg »nicht kooperativ« gewesen. Man landet schnell auf der »Achse des Bösen«, der »Achse der Ungehorsamen«. Wieder von ihr herunterzukommen ist schwerer.

Nach einer Weile beginnt der Westen in der Regel selbst an die Berechtigung seiner Dämonisierungskampagnen zu glauben. Das führt oft zu absurder Ignoranz.

Wer weiß im Westen denn noch, dass es in Iran Dutzende christliche Kirchen gibt, zehn jüdische Synagogen, ein großes jüdisches Krankenhaus und eine jüdische Gemeinde mit fast 25 000 Mitgliedern? Dass die Christen und Juden Irans ihr iranisches Vaterland genauso lieben wie schiitische Iraner?

Ignoranz ist der Zwillingsbruder der Aggression. Einen Gegner, den man nicht kennt, den man sich jahrelang »zurechtdämonisiert« hat, überfällt man leichter. Die Unbefangenheit und Lässigkeit, mit der im Westen seit Jahren über einen Militärschlag gegen Iran diskutiert wird, lebt von dieser Ignoranz. Das Böse auf der Welt wird man ja wohl noch bekämpfen dürfen.

Da vergisst man schon einmal, dass Krieg nur ein anderes Wort für das »Erschlagen von Nachbarn« ist. Dass dabei immer auch Unschuldige getötet werden. Auch Kinder. Dass die »Entfesselung von Angriffskriegen« laut Robert Jackson, des Chefanklägers der Nürnberger Prozesse, »das größte internationale Verbrechen ist, das sich von anderen Kriegsverbrechen nur dadurch unterscheidet, dass es alle Verbrechen in sich vereinigt und anhäuft«.[5] Nach Artikel 26 des deutschen Grundgesetzes ist jede Unterstützung eines Angriffskriegs strafbar. Selbst seine Vorbereitung ist nach § 80 StGB unter Strafe gestellt.

Wie viele Deutsche empfinde ich Scham, dass wir jahrhundertelang – nicht erst mit dem Holocaust – die Würde der Juden mit Füßen getreten haben. Aber ich schäme mich auch dafür, wie wir mit der Würde der Muslime in der Welt umgehen. Und auch mit der Würde des iranischen Volkes. Das bedeutet nicht, dass ich die Politik der iranischen Regierung richtig finde.

Im Jahr 2007 hielt Präsident Ahmadinedschad an der Columbia University von New York eine Rede. Es gab lautstarke Proteste und Störmanöver. Ahmadinedschad lud daraufhin seine westlichen Zuhörer ein, die Universitäten seines Landes zu besuchen. Dort würden sie ganz anders behandelt. Er sagte: »Wir werden Ihnen die Plattform bieten. Wir werden Sie zu 100 Prozent respektieren.«

Ich dachte, was für amerikanische Studenten und Professoren gilt, könnte eigentlich auch für mich gelten. Ich bat den iranischen Botschafter in Deutschland, Ali Reza Sheikh Attar, um die Möglichkeit einer Vorlesung an einer Teheraner Universität. Er fragte mich, ob ich auch die Diplomatenschule von Teheran für angemessen hielte. Die sei zwar klein, aber elitär. »Selbstverständlich«, antwortete ich. Für einen politischen Vortrag gab es keine bessere Adresse als die staatliche Diplomatenschule.

Die Holocaust-Rede in Teheran

So stand ich am 18. November 2008 in Teheran vor 50 zukünftigen iranischen Botschaftern und Diplomaten. Begleitet wurde ich von der damaligen *FAZ*-Journalistin Christiane Hoffmann und dem *Spiegel*-Redakteur Dieter Bednarz. Die einstündige Rede war kritisch gegenüber dem Westen, aber auch gegenüber der iranischen Regierung. Im Nachbargebäude hatte zwei Jahre zuvor die berüchtigte Holocaust-Konferenz stattgefunden. Dort war die Shoah, der Massenmord an den Juden, infrage gestellt worden. Deshalb ging ich auf dieses Thema ausführlich ein.

Im Vorlesungssaal wird es mucksmäuschenstill. Ich spreche über den »schändlichen Mord an sechs Millionen Mitbürgern, Freunden und Nachbarn«. Darüber, dass niemand das Recht habe, diese geschichtliche Tatsache infrage zu stellen. Weder in Deutschland noch in Iran. Ich frage meine jungen Zuhörer: »Was würden Sie sagen, wenn ein westliches Land eine Konferenz darüber abhalten würde, ob der Tod Hunderttausender Iraner im Krieg mit dem Irak vielleicht doch nur ein Mythos sei? Würden Sie diese Konferenz nicht auch als Schande bezeichnen? Würden Sie nicht auch die Forderung erheben, mit Ihrem Leid nicht zu spielen?«

Direktheit gilt nicht gerade als diplomatische Tugend. *Spiegel*-Redakteur Dieter Bednarz registriert »wachsendes Unbehagen« im Saal und fügt auf *Spiegel online* hinzu: »T. muss aufpassen, dass ihn seine Zuhörer nicht zerfleischen.« Doch die bleiben ganz still. Man hätte eine Stecknadel fallen hören.

Ich fahre fort: »Es gibt in der Tat jene unnötigen und bösartigen antizionistischen, antiisraelischen Äußerungen Präsident Ahmadinedschads, die im Westen leider auch noch falsch übersetzt wurden. Diese aggressive Position, die aus meiner Sicht reich an politischer Torheit und arm an geschichtlicher Einsicht ist, hat jedoch bei der überwiegenden Mehrheit der Iraner, die ich in diesem wunderbaren Land getroffen habe, keinen Rückhalt. Selbst die geistliche Führung Irans hat Präsident Ahmadinedschad mehrfach dafür gerügt.«

Das konservative iranische Blatt *Jomhuri-ye Eslami* habe Präsident Ahmadinedschad im Februar 2007 zu Recht vorgeworfen, sein Ton sei so »widerwärtig, dass die internationale Öffentlichkeit völlig unnötig den Eindruck von Feindseligkeit« gewinne. Er solle »endlich mit seiner Phrasendrescherei und seinen Pöbeleien aufhören«.

Der Leiter der Diplomatenschule wird unruhig. Um wenigstens etwas zu tun, blättert er in Dokumenten, die vor ihm liegen. Muss er nicht einschreiten? Eine derart regierungskritische Rede eines Westlers hatte es an seiner Diplomatenschule noch nie gegeben. Zumindest nicht in den letzten 30 Jahren. Selbst einige Studenten blicken von Zeit zu Zeit verstohlen zu ihren Nachbarn, um zu prüfen, ob sie sich vielleicht im falschen Film befinden. Doch da müssen sie jetzt durch: »100 Prozent Respekt« hatte Ahmadinedschad an der Columbia University westlichen Besuchern iranischer Universitäten versprochen. Mir reichen 90 Prozent, notfalls auch weniger.

Um es meinen Zuhörern nicht gar zu schwer zu machen, sage ich: »Ich spreche über die westlichen Regierungen genauso offen wie über die iranische Regierung. Ich halte nichts von doppelter Moral. Ich finde, dass Iran eine weltoffenere, tolerantere Regierung verdient hat. Eine Regierung, die die Menschenrechte ohne jede Ausnahme respektiert.«

Dann plädiere ich für »Sicherheitsgarantien für Israel und sein Existenzrecht, aber auch für den Aufbau eines lebensfähigen palästinensischen Staates«. Im Nuklearstreit mit dem Iran setze ich mich für direkte Verhandlungen der US-Regierung mit der iranischen Führung ein. Und für eine Regionalkonferenz im Stil jener KSZE, die einst mitgeholfen hatte, den Ost-West-Konflikt zu entschärfen.

Ich schließe mit den Worten: »Ich appelliere an die religiöse Führung Irans mit den Worten aus Schillers *Don Karlos*: ›Sire, geben Sie Gedankenfreiheit.‹ Geben Sie Ihrem großartigen Land die Freiheit des Denkens und des Glaubens zurück!«

Dann ist die Rede zu Ende. Es wäre übertrieben, von echtem Beifall zu sprechen. Von den meisten Zuhörern gibt es im Gegenteil recht kritische Anmerkungen. Der Leiter der Diplomatenschule und einige seiner Studenten distanzieren sich zwar höflich, doch bestimmt. Am deutlichsten wird ein Student aus den hinteren Reihen. Nicht die »Holocaust-Konferenz« sei eine Schande, sondern »meine Rede als Gast dieses Landes«. Der Westen solle erst einmal die Art seines Umgangs mit Iran ändern. Dann fände man auch Lösungen für die anderen Fragen.

Doch es gibt auch positive Stellungnahmen. Wenn auch mit der gebotenen diplomatischen Zurückhaltung. Einige Studenten kommen nach dem Vortrag zu mir, um leise zu sagen: »Danke. Sie haben getan, was Sie konnten. Mehr ging nicht.« Insgesamt war die Reaktion respektvoll – und als der offizielle Teil beendet war, fast herzlich.

Bei den Ayatollahs von Ghom

Meine anschließenden Gespräche in Ghom, dem geistlichen Zentrum Irans, waren ähnlich direkt. Professoren der Bagher-Al-Olum-Universität erzählten mir ganz offen, dass die Mehrheit der iranischen Mullahs dagegen sei, dass das Land politisch von Geistlichen geführt werde.

Dem 85-jährigen Nasser Makarem Schirazi, der laut Bednarz zur »Kaiserklasse« der Großayatollahs gehört, versuchte ich zu erklären, dass die iranische Führung an dem weltweiten Misstrauen gegen das Land kräftig mitschuld sei. Er schaute mich nachdenklich an und nickte. »Das stimmt leider. Ich werde mit Religionsführer Chamenei darüber sprechen.« Schirazi war aufmerksam und verständnisvoll.

Schwieriger gestaltete sich die Diskussion mit Großayatollah Abdullah Javadi Amoli. Er hatte in seinem Empfangssaal mehrere Fernsehkameras aufbauen lassen und traf mit großem Gefolge ein. Als ich ihm einleitend meine Sorge mitteilte, dass Ahmadinedschads aggressive Provokationen den Islam ähnlich beschädigten wie Bin Ladens Terrorismus, schaut er mich wie vom Donner gerührt an. Dann gab er den Technikern ein Zeichen, Scheinwerfer, Kameras und Mikrofone auszuschalten, und stand auf. Er habe nicht vor, sich auf diese Diskussion einzulassen, ließ er mir mitteilen und verließ den Raum. Das »Gespräch« dauerte keine zwei Minuten.

Zwar eilten enge Vertraute des Großayatollahs sofort herbei und versuchten, den Eklat als Missverständnis herunterzuspielen. Aber ich hatte diesen harten Vergleich bewusst gewählt. Ich wollte klarmachen, welch verheerende Auswirkungen Ahmadinedschads verbale Provokationen weltweit hatten. Manche Sätze sind explosiver als Sprengladungen.

Ich schildere dies, um zu zeigen, dass ich sehr wohl Vorbehalte gegen die iranische Politik habe. Aber auch meine Vorbehalte gegenüber der westlichen Iranpolitik sind groß. Vor allem in der Nuklearfrage.

Der nukleare Wahnsinn

Jimmy Carter schreibt in seinem Buch *Our Endangered Values* 2005: »Weltweit gibt es fast 30 000 Nuklearwaffen. Die USA besitzen etwa 12 000, Russland 16 000, China 400, Frankreich 350, Israel 200, Großbritannien 185 und Indien sowie Pakistan je 40.«[6] Das Stockholmer Friedensforschungsinstitut SIPRI geht 2013 »nur« noch von insgesamt 17 270 Atomsprengköpfen aus.[7] Doch auch mit ihnen könnte man die Menschheit rein rechnerisch mehr als zehnmal vernichten.

Ich halte inzwischen, wie Ronald Reagan, *alle* Nuklearwaffen für »völlig irrational, völlig inhuman, zu nichts zu gebrauchen außer für das Töten und für eine Gefahr für unsere Zivilisation«.[8] Der 2009 verstorbene Ex-US-Verteidigungsminister Robert McNamara nannte die amerikanische Nuklearwaffenpolitik »unmoralisch, illegal, militärisch nutzlos und lebensgefährlich«.[9]

Als ich mich als junger Abgeordneter mit McNamara in New York traf, sagte er mir: »Wenn Sie Ihre Kinder lieben, müssen Sie mithelfen, dass dieses unkontrollierbare Teufelszeug aus den Waffenarsenalen aller Länder verschwindet. Nuklearwaffen sind die größte Gefahr für das Überleben der Menschheit.« Und nicht, wie Churchill 1945 nach dem ersten Atombombenabwurf meinte, »ein barmherziges Mittel zur Abkürzung eines Blutbads«.[10]

Im Grunde ist es fast unverfroren, wenn die USA und Israel mit ihren Tausenden »unmoralischen« Atomwaffen Iran einen Militärschlag androhen, falls dieses Land sich möglicherweise ebenfalls eine, zwei oder drei dieser Waffen anschaffen sollte. Waffen, die Iran nie einsetzen könnte, ohne einen alles vernichtenden Gegenschlag zu provozieren. Wenn Atomwaffen – wie ich glaube – tatsächlich eine Gefahr für die Menschheit sind, darf man sie nicht nur einem Land untersagen. Man muss sie allen verbieten.

Helmut Schmidt, Michel Rocard, James Callaghan, Pierre Trudeau und Michail Gorbatschow, die ehemaligen Regierungs- und Staatschefs von Deutschland, Frankreich, Großbritannien, Kanada und der Sowjetunion, haben dies bereits 1998 gefordert.[11] Schon der »Nichtverbreitungsvertrag« von 1970 verlangt die schrittweise totale Abrüstung aller. Die Atommächte befinden sich, soweit sie diesen Vertrag unterschrieben haben, im Zustand permanenten Vertragsbruchs.

Auch die Art, wie diese Kriegsdrohungen ausgesprochen werden, erinnert an Mafiamethoden. Die bekannte konservative amerikanische Fernsehkommentatorin Anne Coulter forderte: »Wir sollten in ihre Länder einmarschieren, ihre Führer totschlagen und die Bevölkerung zum Christentum bekehren.«[12] Und: »Wir sollten unseren nationalen Arschkriecherwettbewerb beenden, Syrien ins Steinzeitalter zurückbomben und danach den Iran dauerhaft entwaffnen.«[13]

Barack Obamas ehemaliger Gegenkandidat John McCain ging das Iranproblem 2007 auf einer Parteiveranstaltung in South Carolina musikalisch an. Unter dem nicht endenden Jubel seiner Anhänger sang er nach der Melodie des Beach-Boys-Oldies »Barbara Ann« lautstark das selbstgetextete Lied »Bomb, bomb, bomb, bomb, bomb Iran« – »Lasst uns endlich Iran bombardieren!«.[14] Wer ist da zynischer und menschenverachtender – McCain oder Ahmadinedschad? Wer ist der schlimmere Kriegstreiber?

Amerikanisch-iranische Sprachlosigkeit

Nach meiner Rückkehr aus Teheran Ende 2008 stattete ich dem iranischen Botschafter in Berlin, Ali Reza Sheikh Attar, einen Besuch ab. Er hatte nach meinen kritischen Äußerungen in Iran Anspruch darauf. Vielleicht hatte er ja sogar Schwierigkeiten bekommen. »Sie haben Staub aufgewirbelt«, sagte er trocken. »Sind Sie zufrieden?«

Ich erwiderte, dass ich es bemerkenswert fand, dass ich selbst nach dem Zusammenprall mit Großayatollah Amoli alle erbetenen politischen Gesprächspartner treffen konnte. »Das war Ihr Wunsch!«, antwortete Sheikh Attar, ohne eine Miene zu verziehen.

Ich fragte, ob ich in absehbarer Zeit eine ähnliche Rede vor Studenten der Teheraner Universität halten könne. Vor einer größeren Zuhörerschaft und im Beisein von iranischen und internationalen Journalisten. »Selbstverständlich«, nickte er. »Wir sind Ärger gewöhnt.«

Ich hatte in meinem Leben schon oft feststellen können, dass Offenheit Vertrauen schafft. Mehr als Schmeicheleien und Unterwürfigkeit. Dennoch hatten mich die Nehmerqualitäten Sheikh Attars beeindruckt. Der Mann war souverän. Ich besuchte ihn daher auch nach 2008 von Zeit zu Zeit, um auf dem Laufenden zu bleiben.

Dabei erfuhr ich, dass es zwischen Iran und den USA auf Regierungsebene seit 30 Jahren keine offiziellen oder inoffiziellen Gespräche mehr gab. Mit Ausnahme eines unverbindlichen Briefwechsels zwischen Obama und Chamenei und eines heimlichen Kontakts vor dem Afghanistankrieg. Nicht einmal Botschaften gab es. Lediglich auf Beamtenebene gab es »multilaterale« Kontakte. Das heißt, es saßen fast immer Chinesen, Russen, Engländer, Franzosen und Deutsche dabei.

Das klang unglaublich, war aber wahr. Der Irankonflikt war ein Weltkonflikt. Aber die beteiligten Regierungen leisteten sich den kindischen Luxus, jahrzehntelang nicht miteinander zu reden.

2009 schilderte mir ein hochrangiger Besucher aus Teheran, dass Iran sehr konkrete Vorstellungen habe, wie sich die Probleme zwischen den USA und Iran beheben ließen. Man wolle den Konflikt umfassend lösen. Nicht nur das Nuklearproblem.

Ich wusste, dass mein Gesprächspartner sowohl zu Chamenei als auch zu Ahmadinedschad enge Kontakte hatte. Also notierte ich die wichtigsten Punkte und fragte, ob ich sie mit der deutschen Bundesregierung besprechen könne. »Wenn Sie vorerst Vertraulichkeit gewährleisten können, jederzeit. Allerdings wollen wir zuerst den Konflikt mit den USA lösen. Deutschland ist nicht ganz so problematisch.«

Die Reise zum US-Geheimdienst

Ich sprach daraufhin mehrfach mit der deutschen Bundesregierung über Irans angebliche Bereitschaft, das Verhältnis zu den USA umfassend zu bereinigen. Die Bundesregierung vereinbarte für mich in den USA einen Termin mit dem Chefkoordinator der amerikanischen Geheimdienste, Admiral Dennis Blair. Dem Mann, der die unlösbare Aufgabe hatte, die Aktivitäten der 16 US-Geheimdienste von der CIA bis zum FBI aufeinander abzustimmen.

Blair war von Berufs wegen misstrauisch. Er wollte wissen, was da auf ihn zukam. So hatte ich ihn eines Nachmittags plötzlich in München am Telefon. »Sie äußern ja schlimme Sachen über unser Land«, sagte eine sympathische Stimme aus 6800 Kilometer Entfernung. Ich musste lachen. »Sie machen ja auch eine schlimme Außenpolitik«, antwortete ich. »Eigentlich schade für so ein großartiges Land. Ich habe sogar meine Kinder dort studieren lassen. Allerdings nicht Außenpolitik.« Nun musste er lachen. Wir wussten, dass wir uns verstehen würden.

Am 26. April 2010 saß ich ihm in McLean, Virginia, gegenüber. Sein Dienstsitz war wenige Kilometer von Washington entfernt. Und so geheim, dass das Gelände auf Stadt-, Land- und Straßenkarten keinen Namen hat. Der drahtige, blendend aussehende Blair war einer jener amerikanischen Offiziere, deren Offenheit, Direktheit und Herzlichkeit mir auch in meiner Zeit als rüstungskontrollpolitischer Sprecher der CDU/CSU immer gefallen hatte.

Ich erläuterte Blair, dass ich weder Vermittler noch Verhandler, sondern nur Überbringer von Vorschlägen der iranischen Führung sei. Offiziell gebe es weder mich noch die Vorschläge. Obwohl Chamenei und Ahmadinedschad über meine Reise informiert seien. Falls etwas durchsickere, werde mein »Auftrag«, der kein Auftrag sei, möglicherweise sofort dementiert.

Iran sei bereit, Präsident Obamas Politik der »ausgestreckten Hand« erkennbar zum Erfolg zu verhelfen. Allerdings erwarte Iran von den USA, dass sie bei Zugeständnissen auf das übliche »Triumphgeheul« verzichteten. Das sei kontraproduktiv und würde lediglich den antiamerikanischen Kräften in Iran in die Hände spielen. Es gebe auch dort Politiker, die gegen jeden Kompromiss mit den USA seien.

Lösungen seien unter anderem in folgenden Bereichen denkbar:

1. Im Nuklearbereich könne man sich zur Vertrauensbildung vorstellen, den USA niedrig angereichertes Uran zu übergeben. Im Gegenzug würden diese Iran auf 20 Prozent angereichertes Uran zur Verfügung stellen. Ausschließlich für medizinische Zwecke. Die heftig umstrittene Anreicherung auf 20 Prozent könnte somit in den USA stattfinden (sogenannter fuel exchange). Nicht ausgeschlossen sei sogar ein bilateraler, unter Umständen vertraulicher Vertrag mit den USA über einen ausdrücklichen Verzicht Irans auf Nuklearwaffen – falls Irans Recht auf zivile Nutzung der Nuklearenergie unzweideutig anerkannt werde. Diese Möglichkeit hatte *ich* angeregt.

2. Iran erwarte, dass die USA Iran als Regionalmacht anerkennen würden. Iran sei bereit, seinen Einfluss in der Region mit den USA in sinnvoller Weise zu teilen.

3. Iran sei bereit, bei der Lösung des Afghanistan- und des Irakkonflikts konstruktiv mitzuhelfen.

4. Auch bei der Terrorismusbekämpfung könne Iran die USA unterstützen. Die gemeinsame Ausschaltung Bin Ladens sei ein lösbares Problem.

Um diese Ziele zu erreichen, sei Iran zu offiziellen, aber auch zu vertraulichen Verhandlungen auf höchster Ebene bereit. »Iran will Frieden mit den USA.«

Die Verhandlungen müssten allerdings gut vorbereitet sein. Man wolle keine Showveranstaltung. Wenn die USA in der Anfangsphase nicht persönlich verhandeln wollten, könne man sich auch einen Vermittler, einen »Facilitator« (»Erleichterer«) wie den deutschen Bundesfinanzminister Wolfgang Schäuble vorstellen. Schäuble sei als besonders enger Freund der USA sicher unverdächtig. Allerdings wisse Schäuble nichts von diesem mit der iranischen Führung ausdrücklich abgestimmten Vorschlag.

Blair ließ mich die iranischen Vorschläge ohne Unterbrechung vortragen. Er schien interessiert. Dann fragte er: »Glauben Sie den Iranern? Oder will Teheran nur Zeit gewinnen?« Ich erwiderte, dass ein hochentwickeltes Volk wie die Iraner ein logisches Interesse daran hätte, aus der Isolation der letzten 30 Jahre herauszukommen. Iran sei nicht Nordkorea. Aus meiner Sicht seien die Vorschläge plausibel.

»Glauben Sie, die wissen wirklich, wie man an Bin Laden herankommt?«, fragte Blair. »Vielleicht wissen sie, wer die Leute sind, die das wissen«, antwortete ich.

An dieser Stelle schaltete sich Blairs bulliger Mitarbeiter ein: »Die Iraner sind Lügner«, sagte er. »Sie töten unsere Landsleute. In Afghanistan und im Irak.« – »Aber vielleicht kann man das verhindern, indem man sie zu Verbündeten macht«, versuchte ich ihn zu überzeugen. Doch er blieb dabei. »Das sind Lügner.«

Ich blickte auf Blair und dann auf meine Notizen. »Die werde ich jetzt hier vergessen«, sagte ich. »Kann ich mich darauf verlassen, dass der Präsident oder zumindest sein Sicherheitsberater über die Vorschläge informiert wird?«

Ich wusste, dass Blair jederzeit Zugang zum Präsidenten hatte. Daher hoffte ich, dass er diesen mündlich unterrichten oder seinem Sicherheitsberater eine Kopie meiner Notizen übergeben würde. »Sie können davon ausgehen«, lächelte Blair und verabschiedete sich.

Beim Hinausgehen fragte er noch: »Warum machen Sie das alles? Sie haben ja, wie ich gelesen habe, eine kritische Haltung

Libyen

Saloum, Frühjahr 2011. Afrikanische Flüchtlinge an der ägyptisch-libyschen Grenze. Keiner will sie. Strandgut der Revolution. Es ist kalt und regnet.

Derna. Auf dem Weg nach Bengasi. Alle paar Kilometer provisorische Checkpoints. Und finster blickende Gestalten.

Al-Baida, Frühling 2011. Geheimtreffen mit Rebellenchef Abd Al-Dschalil. Der muss erst mal eine Lesung Abdul Latifs aus dem »Zaid« über sich ergehen lassen.

Bengasi. Unterirdisches Gefängnis. Hier, unter einem Kasernenhof, hatte Gaddafi Gefangene eingekerkert. Manche seit Jahren.

Die Stadt im Osten Libyens ist frei. Am meisten jubeln die Kinder. Wie überall!

Mein »Büro« in Bengasi. Die Rebellen haben es mir zum Schreiben zur Verfügung gestellt. Es ist ausgebrannt.

Östlich von Brega, 14. März 2011. Angeblich ist die Ölstadt frei. Bewaffnete Pick-ups fahren auf uns zu. Rebellen oder Gaddafi-Soldaten? Was tun?

Noch dreißig Minuten bis zum tödlichen Angriff auf uns. Abdul Latif liest auch den Rebellen aus dem »Zaid« vor. Wie ein Wüstenprediger.

Das letzte Bild von Abdul Latif. Gleich wird er in sein Auto steigen. Und der Schütze wird seine Boden-Boden-Rakete abfeuern.

Abdul Latifs Auto brennt. Um uns herum Artillerie- und Maschinengewehrfeuer. Wo ist Abdul Latif? Yussuf schreit: »Er ist tot.«

Auf dem Weg zur Düne. Meine Beine sind schwer. Yussufs Worte wollen mir nicht in den Kopf. Wo ist Abdul Latif?

Rückblende: Wenige Tage vor dem Angriff auf uns. Mutassim Gaddafi besucht seine Truppen. Sie marschieren auf Brega zu (aus einem uns zugespielten Film eines getöteten Gaddafi-Soldaten).

Der Film zeigt Szenen aus Ras Lanuf. Gaddafis Soldaten nehmen einen jungen Mann fest. Er blutet. Ein Erschießungskommando führt ihn ab.

Bengasi, August 2011.
So endete Gadda-
fis Vormarsch. Nach
dem NATO-Bombar-
dement am 19. März
2011 hat er keine
Panzerarmee mehr.

Sawia. Die NATO
zerstört nicht nur
Panzer. Hunderte
Zivilisten sterben.
Versehentlich, sagt
die NATO.

Tripolis, August 2011. Die Hauptstadt ist frei. Doch noch immer steigt im Zentrum
Rauch auf. Zerstören scheint Spaß zu machen.

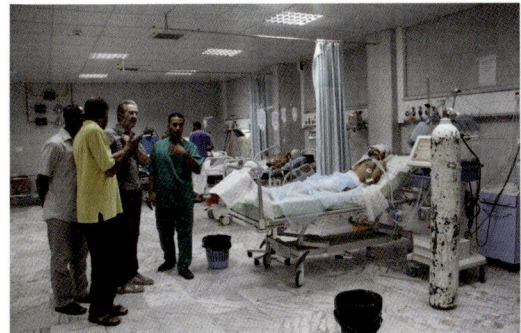

Scharfschützen zielen auf die Köpfe. Die Krankenhäuser sind überfüllt. Mit Opfern des Regimes und der Rebellen.

Eine der zerstörten Maschinen Gaddafis. Von den Symbolen seiner Macht ist nicht viel geblieben.

Im ehemaligen Hauptquartier Gaddafis hängen Raketen. Abgefeuert von den USA in den 80er-Jahren. Kinder haben sie bemalt.

Plünderer im Arbeitszimmer Aischa Gaddafis. Was nicht mitgenommen wird, wird zerstört.

31. August 2011. Fest der Befreiung nach 40 Jahren Gaddafi-Herrschaft. Junge Frauen jubeln in der Morgensonne von Tripolis.

Vor der Befreiungsfeier befestige ich an einem staatlichen Gebäude ein Bild Abdul Latifs. Er hatte so oft von diesem Tag gesprochen.

Bengasi, Winter 2011. Nachwuchs in Abdul Latifs Familie. Mehrere Kinder wurden nach ihm benannt. Abdul Latif wird nie vergessen werden.

gegenüber der iranischen Regierung.« – »Weil ich zu viele Kriege gesehen habe. Und weil ich glaube, dass der Zeitpunkt gekommen ist, das Verhältnis zwischen Teheran und Washington in Ordnung zu bringen«, erwiderte ich.

Meine wie immer aus der eigenen Tasche bezahlte Reise nach Virginia war offenbar vergeblich. Die amerikanische Regierung ließ das Verhandlungsangebot unbeantwortet. Frieden ist ein mühsames Geschäft. Vor allem, wenn die eine Seite gar keinen Frieden will. Sondern allenfalls eine Kapitulation.

Wenige Wochen vor der UN-Vollversammlung im September 2011 wandte sich mein Gesprächspartner aus Teheran noch einmal telefonisch an mich. Ahmadinedschad werde sich mehrere Tage in New York aufhalten. Er sei bereit, mit Vertretern der amerikanischen Regierung zu sprechen. Notfalls vertraulich. Wieder informierte ich die Bundesregierung. Diese unterrichtete Washington. Doch auch dieses Mal gab es kein einziges Gespräch. Was für ein kindisches, verantwortungsloses Spiel!

Selbstverständlich können westliche Spitzenpolitiker nicht mit jedem Politiker der Welt sprechen. Aber wenn es um Krieg oder Frieden geht, haben sie die verdammte Pflicht und Schuldigkeit, jede Verhandlungschance zu nutzen und auch mit ungeliebten Feinden zu reden. Vor allem, wenn diese das ausdrücklich anbieten. Mein hochrangiger iranischer Gesprächspartner hat sich nie wieder mit einer Bitte an mich gewandt.

Die starken Nerven des Botschafters

Auch Botschafter Ali Reza Sheikh Attar hatte nie Grund, mit mir zufrieden zu sein. Ich hatte ihm nicht nur mit meiner Anti-Ahmadinedschad-Rede im Jahr 2008 Schwierigkeiten bereitet. Ich hatte ihm auch berichtet, dass ich bei einer früheren Reise nach Isfahan mit einem Taxi zu den Nuklearanlagen gefahren war. Sie befinden sich neben mächtigen Felsmassiven – und inzwischen wahrscheinlich längst darunter. Trotz zahlreicher Verbotstafeln hatte ich die Anlagen fotografiert. Dass das mit Gefängnis bestraft werden kann, war mir damals egal.

Besonders gelungen war das Foto eines iranischen Wachsoldaten an einem der Eingänge zum Nukleargelände. Er saß auf einer uralten Flak und schlief den Schlaf des Gerechten. Wie die Iraner mit derart veralteten Waffen amerikanische oder israelische Hightech-Flugzeuge oder Marschflugkörper abwehren wollten, war mir schleierhaft.

Als die iranische Regierung die unterlegenen Präsidentschaftskandidaten Mussawi und Karroubi im Februar 2011 nach Aufrufen zu Massenprotesten unter Hausarrest stellte, schrieb ich Sheikh Attar einen bitteren Protestbrief. Ich bat ausdrücklich um Weiterleitung des Schreibens an seine Regierung, was er, reichlich vergrätzt, wohl auch tat.

Als im Herbst 2010 in Täbris zwei *Bild*-Reporter festgenommen wurden, ersuchte ich ihn kurzfristig um einen Termin. Ich bat ihn mitzuhelfen, die beiden Deutschen möglichst schnell wieder freizubekommen. Er erläuterte mir, dass sich der Fall längst in den Händen der iranischen Justiz befinde. Es liege ein klarer Verstoß gegen iranische Gesetze vor. Die *Bild*-Journalisten hätten Interviews geführt, ohne ein Journalistenvisum zu besitzen. Aber machte ich das nicht ständig auch?

Das Interview sei ferner auf Vermittlung einer in Iran verbotenen »terroristischen Vereinigung« zustande gekommen, die selbst in Deutschland vom Verfassungsschutz beobachtet werde. Auch die deutsche Bundesregierung könne die Gerichte nicht einfach anweisen, Gefangene freizulassen.

Es müsse doch Wege geben, den Journalisten zu helfen, erwiderte ich. Deutschland habe ja auch schon Gefangene aus politischen Gründen freigelassen. Erich Honecker zum Beispiel. Mir war klar, dass das kein besonders guter Vergleich war.

Nach zahlreichen Telefonaten und einem weiteren Besuch erklärte mir Sheikh Attar, wie man die *Bild*-Reporter möglicherweise freibekommen könne. Der deutsche Außenminister müsse dabei allerdings sehr beweglich sein. Man habe zwar offizielle Kontakte zu seinem »exzellenten« Staatssekretär. Protokollarisch müsse man jedoch in diesem heiklen Fall eine Stufe höher gehen.

Da ich Westerwelle nicht gut genug kannte, fragte ich, ob

ich Genscher einschalten könne. »Selbstverständlich«, erklärte Sheikh Attar. Dann notierte ich die wichtigsten Punkte, die zu beachten seien. Sie hatten erwartungsgemäß viel mit Gesichtswahrung und politischen Gesten zu tun.

Wenige Tage später saß ich bei Hans-Dietrich Genscher. Er bat mich um schriftliche Unterlagen und versprach, Westerwelle zu informieren. Noch in der Nacht schrieb ich für ihn eine Aktennotiz. Mitte Februar flog Westerwelle nach Teheran und traf dort den iranischen Außenminister Salehi. Kurz danach waren die beiden deutschen Journalisten wieder zu Hause.

Ich weiß, dass sich noch viele andere, bedeutendere Personen für die Freilassung der *Bild*-Reporter eingesetzt hatten. Und dass das äußerst wichtig war. Aber ohne Sheikh Attars, Genschers und Westerwelles Flexibilität hätte nichts funktioniert. Westerwelle hatte vor allem die Klugheit, nach Täbris zu reisen. Er fand dort auch die richtigen Worte.

Wenn es aber klug ist, nach Täbris zu reisen, um deutsche Journalisten aus iranischen Gefängnissen herauszuholen, wäre es dann nicht auch klug, nach Iran zu reisen, um den lebensgefährlichen Konflikt zwischen dem Westen und Iran zu beenden? Um Frieden zu schaffen?

Mein jüdischer Freund in Teheran

April 2012. Bei meinen Internetrecherchen zu Iran war ich mehrfach auf den iranischen Juden Ciamak Moresadegh gestoßen. Er war Parlamentsabgeordneter, Arzt und Direktor des berühmten jüdischen Sapir-Hospitals in Teheran. Sein Satz »Antisemitismus ist kein islamisches, sondern ein europäisches Problem« hatte sich bei mir tief eingeprägt. Ich musste diesen Mann kennenlernen. Vielleicht gab es ihn ja gar nicht. Ein jüdischer Iraner, der sein iranisches Vaterland liebte – eigentlich konnte das gar nicht wahr sein. Vielleicht war er eine Erfindung des iranischen Geheimdienstes.

Doch dann sitzt dieser erst 48-jährige freundliche, kräftige Mann mit der hohen Stirn im Frühjahr 2012 vor uns. Er lächelt

Frédéric und mich an und schenkt uns Tee ein. »Ist das nicht ein großartiges Krankenhaus?«, fragt er.

Mit Ciamak Moresadegh beginnt 2012 eine zauberhafte Reise durch Iran. Moresadegh ist auf vieles stolz. Darauf, dass 80 Prozent seiner Patienten Muslime sind. Dass sie für ihre Behandlung nur wenig, oft gar nichts bezahlen müssen. Und dass er Iraner ist, jüdischer Iraner. Wie etwa 25 000 Juden, deren Familien teilweise schon seit 2500 Jahren hier leben. Seit der persische König Kyros der Große sie um 530 vor Christi Geburt aus der Babylonischen Gefangenschaft befreit hatte.

Moresadegh würde mit westlichen Besuchern gerne über die vier jüdischen Schulen in Teheran sprechen, über die jüdischen Kindergärten, die koscheren Restaurants und Metzgereien. Darüber, dass der iranische Staat auf Anweisung Ahmadinedschads sein jüdisches Krankenhaus jährlich mit einer Million Dollar unterstützt. Und dass in Iran nicht alles, aber vieles anders ist, als es im Westen geschildert wird. Von Politikern, die noch nie hier waren.

Moresadegh hat sich wie alle Iraner an die Heftigkeit gewöhnt, mit welcher der internationale Streit über die angeblichen Nuklearwaffenpläne seines Landes geführt wird. An den westlichen Alarmismus, mit dem das Thema Iran immer wieder in die Schlagzeilen der Weltpresse gepeitscht wird. Er fragt mich, ob es manchen westlichen Politikern nicht peinlich sei, dass ihre Voraussagen im Nuklearkonflikt nie eingetreten seien. Schon vor 20 Jahren hätten westliche Politiker und Publizisten angekündigt, dass Iran in Kürze Atomwaffen besitzen werde.

Außerdem glaube in Iran kaum jemand, dass es dem Westen um Demokratie gehe. »Hier hat niemand vergessen, dass die USA und Großbritannien 1953 unseren ersten demokratischen Ministerpräsidenten, Mohamed Mossadegh, weggeputscht haben. Weil er die westlichen Ölfirmen verstaatlichen wollte. Stattdessen hat man uns einen Kaiser, den Schah, vor die Nase gesetzt. Sie müssen sich das vorstellen: Anstelle eines demokratischen Regierungschefs bekamen wir vom Westen einen Kaiser! Das sollen die Iraner aus ihrem Gedächtnis löschen? Damit fing doch die ganze Misere an!«

Ich frage Moresadegh nach den Rechten der Juden in Iran. Er antwortet, wer 2500 Jahre in einem Land bleibe, müsse es sehr lieben. Juden könnten – ähnlich wie Christen – zwar nicht Präsident oder Minister werden. Aber sie hätten ein Anrecht auf einen Parlamentssitz, obwohl sie nur 25 000 Staatsbürger seien. Ansonsten seien sie völlig gleichberechtigt. Im Westen lese man häufig von der »Dschizya«, einer Sondersteuer für Nicht-Muslime für die Freistellung vom Militärdienst. Doch die gebe es schon seit Ewigkeiten nicht mehr.

Iran sei in der Tat antizionistisch, aber nicht antisemitisch. Dass führende Politiker diese zwei Dinge verwechselten, sei peinlich. Natürlich habe es den Holocaust gegeben. Aber nicht in Iran, sondern in Europa. Auch Ahmadinedschad leugne das nicht wirklich. Aber er stelle unbequeme Fragen, zum Beispiel, warum die Palästinenser dafür bezahlen müssten. Und warum man zu diesem Thema keine Fragen stellen dürfe.

Nuklearwaffen nennt er »töricht und dumm«. Iran brauche sie nicht. Es sei auch ohne diese Waffen eine Regionalmacht. Aber sein Land habe wie alle Länder das Recht auf zivile Nutzung der Kernenergie. Zum Beispiel für medizinische Zwecke.

Moresadegh ist ein warmherziger Mensch. Als wir uns nach anderthalb Stunden verabschieden, ist es wie die Trennung von einem Freund. »Schade, dass wir ständig vergessen, dass wir alle den gleichen Gott haben«, sage ich. Moresadegh lacht. »Nicht nur das. Wir vergessen auch, dass wir alle Menschen sind. Und gleich viel wert.«

Dann fragt er, ob wir am Ende unserer Iranreise mit ihm zusammen in einer Synagoge das Schabbat-Fest feiern wollten. Wir würden ihm damit eine große Freude machen. Selbstverständlich wollen wir.

Im »Großen Basar«

Nachmittags schlenderten Frédéric und ich über den »Großen Basar«. Hier gab es angeblich 200 000 Läden und eine Million Händler. Aber das war es nicht, was Frédéric am meisten beeindruckte. Ihn faszinierten die bezaubernden, fröhlichen Mädchen und Frauen, die ihn mit unbeschreibbarem Charme anflirteten. Junge Frauen in engen Jeans und taillierten Kurzmänteln. Ihre Kopftücher waren nur angedeutet und ganz weit hinten am Dutt befestigt. Kopftuchzwang hatte sich Frédéric ganz anders vorgestellt. Junge Pärchen liefen Hand in Hand durch den Basar inmitten würdiger Damen im traditionellen Tschador.

Wo war nur die Sittenpolizei, von der man bei uns so oft las? Vieles hatte sich in Iran in dieser Beziehung in den letzten sieben, acht Jahren geändert. Damals hatte uns ein junges Mädchen noch erzählt, wie ihre Mutter ihren Regenschirm und ihre laute Stimme sehr zielgerichtet einsetzen musste, um sie nach einem Rendezvous aus den Fängen eines Sittenwächters zu befreien. Der habe dann allerdings schnell die Flucht angetreten.

Frédéric rieb sich die Augen. Das war der »größte Terrorstaat der Welt«, der »sein eigenes Volk tyrannisiert und es auf der Straße totschießt«? Das Bild des Westens von Iran war Lichtjahre von der Realität entfernt. Der einzige »Extremismus«, dem wir auf den Straßen begegneten, war die extreme Herzlichkeit und Hilfsbereitschaft der Iraner.

Natürlich wusste ich, dass, wenn gefoltert wird, dies nicht auf den Straßen und in den Basaren geschieht. Das gilt allerdings für die gesamte Welt. Auch für die USA. Und dass Iran – wie der lange Hausarrest von Mussawi und Karroubi zeigte – kein Leuchtturm politischer Freiheit war, wusste ich auch. Aber war der Überwachungsstaat USA noch ein Leuchtturm der Freiheit?

Iran hat einen enormen Nachholbedarf an Demokratie und Rechtsstaatlichkeit. Das konnte und musste man ansprechen. Bei meiner Rede in Teheran im Jahr 2008 hatte ich das auch getan. Aber musste man dabei alles so maßlos übertreiben wie einige westliche Scharfmacher? Etwa wie Mitt Romney, Obamas Herausforderer, der 2012 Iran eine »zum Völkermord neigende Nation«[15] nannte, die »größte Bedrohung seit den Nazis und den Sowjets«.[16] Welch eine Verharmlosung der Nazis und der Sowjets!

Da ich bei der Flughafenkontrolle in Deutschland meinen Gürtel liegengelassen hatte, machte ich mich im Basar auf die Suche nach

einem preiswerten Ersatz. Beim Handeln kam ich mit dem Ladenbesitzer ins Gespräch. Die Basaris sind mächtige Leute. Iran-
kenner sagen, dass sie seinerzeit den Schah gestürzt hätten. Mein
Basari Ali sagte: »In allen Ländern gibt es wunderbare Menschen.
Auch in den USA. Aber die Regierungen sind verrückt. In Iran
und in den USA. Das ist das Trauerspiel.« Vor einem Angriff der
USA oder Israels habe er keine Angst. »Wir sind stark und Tausende Jahre alt. Nicht erst ein paar Jahrhunderte wie die USA.«

Alis Geschäft lag am Rande des Großen Basars. Draußen auf
dem Gehweg sahen wir einen kleinen Iraner auf Rollschuhen.
Er trug einen Pulli in den amerikanischen Nationalfarben. Aufschrift »USA«. In der Hand hielt er ein kleines Radiogerät. Er
lauschte amerikanischer Popmusik und tanzte zu ihren Klängen.
Teheran 2012. Unsere Politiker haben wirklich keine Ahnung
von diesem Land.

Reza, ein 28-jähriger Inhaber eines kleinen Elektronikladens,
führte uns durch den Basar. Er half uns beim Handeln und erklärte uns die Kunst, den »fairen Preis« herauszufinden. Wenn
man den unterschreite, beende jeder Händler das Geschäft.
Selbst in diesen schweren Zeiten.

Reza hatte Angst vor der Zukunft. Er mochte das Regime
nicht. Er wollte nicht, dass Geistliche Politik machten. Doch er
liebte sein Land. »Warum glaubt der Westen eigentlich, dass er
das Recht hat, alle Probleme dieser Welt mit Bomben zu lösen?«,
fragte er plötzlich. »Iran braucht Freiheit, keine Bomben.« Reza
war auf einmal sehr mutlos.

Er lotste uns in eine Imbissstube, die rappelvoll war. Wir mussten lange anstehen. Dann gab es köstliches Schisch Kebab. Reza
aß kaum. »Würden Sie an meiner Stelle das Land verlassen?«,
fragte er mich leise.

Spätabends fuhren wir zum »Wasser-und-Feuerpark«. Hier hatte
nach alter Überlieferung Urvater Ibrahim aus Feuer Blumen gemacht. Junge Leute spielten Federball, andere gingen spazieren,
andere aßen Softeis. Es war kurz nach Mitternacht. Teheran lebte
auf. Im Dunkeln wurden die kleinen Freiheiten des Tages größer.

Autoflirten heißt eine der Lieblingssportarten zu dieser Nachtzeit. Autos mit Jungs oder Mädchen überholen sich mehrmals, prüfen, entscheiden, fahren weiter – oder auch nicht. Die Nacht ist ein wichtiges Ventil für die lebensfrohen jungen Iraner. Die Partys in Teheran gehören zu den wildesten der Welt. Die Berichte darüber sind enthusiastisch. Trotz zahlreicher Einladungen bin ich bewusst nie zu einem dieser Feste gegangen. Ich wollte nie erpressbar sein.

Reza zeigte auf den gegenüberliegenden Wald. Dort wurde er als junger Soldat oft hingeschickt, um nach Pärchen zu suchen, »die miteinander spielten«. Aber er habe nie welche zurückgebracht. Das sei ihm »zu blöd« gewesen. Inzwischen habe man diese Liebespatrouillen eingestellt. »Khudara hazaar baar schuker ast – Gott sei tausendmal gedankt«, lachte Reza.

Die Heimat Khomeinis

In Ghom, dem geistigen Zentrum des Schiitentums, trafen wir diesmal Ayatollah Abbas Ka'bi Nasab. Er ist Mitglied des »Wächterrats« und des Expertenrats, das den »Supreme Leader«, den »Religionsführer« des Landes, wählt und überwacht. Er gilt als eine der einflussreichsten Persönlichkeiten Irans. Ka'bi war dafür bekannt, dass er keinem Streit aus dem Weg ging. Auch nicht mit dem obersten Führer des Landes, Ali Chamenei.

Ursprünglich sollte das Treffen mit großem Aufwand für die iranischen Medien gefilmt werden. Da ich das nicht wollte, verzichteten meine Gastgeber sofort. Frédéric jedoch durfte filmen. Das nenne ich Gastfreundschaft. Der Ayatollah sah nicht nur gut aus, er war auch gut gelaunt. Selbst von den heikelsten Fragen ließ er sich die Laune nicht verderben. Ich fragte ihn, wie er das mache. »Sadness in your heart, smile in your face«, antwortete er. «Wenn dein Herz traurig ist, musst du lächeln.«

Wir diskutieren über die Voraussetzungen, die der oberste religiöse Führer des Landes erfüllen müsse. Laut Abbas Ka'bi muss er kein Geistlicher, kein Ayatollah sein, sondern lediglich Jurist, Politiker und »Religionsexperte«. Auch ein Theologieprofessor könne »Supreme Leader« werden. Ich will wissen, ab wann man Religionsexperte sei. Jurist und ehemaliger Politiker sei ich ja schon. Ich könne fragen, solange ich wolle, lacht Ka'bi. Als »Supreme Leader« fehle mir die dritte Qualifikation. Ich sei nun mal kein echter Theologe. Auch wenn ich Bibel und Koran gelesen hätte. Zwei von drei Punkten reichten nicht. Frédéric ist äußerst erleichtert.

Dann wird Abbas Ka'bi wieder ernst. Nuklearwaffen dürfe Iran selbst dann nicht besitzen, wenn seine Politiker sie wollten. Diese Frage sei durch eine Fatwa, ein islamisches Rechtsgutachten Chameneis, theologisch abschließend entschieden. Atomwaffen seien Waffen des Völkermords, da sie unterschiedslos Menschen und Natur zerstörten. Der Koran verbiete das.

Frédéric will wissen, ob die Behauptung von Irangegnern stimme, dass diese Fatwa auch wieder aufgehoben werden könne, wenn die Verhältnisse dies sinnvoll erscheinen ließen. Abbas Ka'bi antwortet freundlich, aber bestimmt: »Menschen, die behaupten, ein religiöser Führer könne Fatwas zur Täuschung der Menschen erlassen und dann einfach wieder korrigieren, zeigen nur, dass sie vom Islam nichts verstehen.«

Niemand könne die Fatwa Chameneis überstimmen oder zurücknehmen. Selbst Chamenei nicht. Das wäre sein Ende. Weil niemand den Koran überstimmen oder zurücknehmen könne. Das wäre ein Frontalangriff auf die Glaubwürdigkeit des Koran. Doch diese Feststellung sei hypothetisch, da niemand entschlossener hinter dem Religionsgutachten stehe als Chamenei selbst. Iran sei bereit, diese Fatwa bei den Vereinten Nationen zu hinterlegen und dadurch zu »säkularisieren«.

Abbas Ka'bi wundert sich über die Unterstellung des Westens, sein Land habe Kriegsabsichten gegenüber Israel oder anderen Ländern. Die jetzige iranische Führung sei zwar ein politischer Gegner des »Regimes« in Israel. Das habe sie immer wieder erklärt. So wie sie Gegner des Schah-Regimes gewesen sei. Aber sie habe auch mehrfach betont, dass Iran Israel nie angreifen werde. Das könne man doch nicht einfach unterschlagen.

Iran habe seit 150 Jahren kein einziges Land angegriffen, während die USA allein seit dem Zweiten Weltkrieg über 20 Länder bombardiert hätten. Dann zählt er auf: Afghanistan, Pakistan,

Korea, Grenada, Irak, Nicaragua, Panama, Somalia, Sudan, Vietnam, Jemen, Jugoslawien und so weiter. Die Liste der von den USA angegriffenen Staaten sei lang. Iran hingegen sei mehrfach überfallen worden. Zuletzt von Saddam Hussein mit massiver Unterstützung des Westens und vor allem der USA.

Dass nun Iran gegenüber den USA und Israel, die ständig mit Militärschlägen drohten, seine Friedfertigkeit beweisen solle, stelle die Dinge auf den Kopf. Die Nuklearfrage sei nur ein Vorwand, um Iran in die Knie zu zwingen. Für das amerikanische Imperium scheine es wichtig zu sein, in strategisch wichtigen Regionen jede eigenständige Politik zu verhindern. Gegen die Nuklearwaffen befreundeter Staaten wie Indien, Pakistan und Israel hätten die USA nie protestiert. Wieso eigentlich nicht? Die ganze Nukleardiskussion sei unredlich. Es gehe um ganz andere Dinge. Vor allem um die uneingeschränkte Vorherrschaft im Mittleren Osten.

Wir verabschieden uns. Beim Hinausgehen sagt uns einer der Gesprächsteilnehmer: »Es ist schon seltsam. Unser Land, unsere Geografie, unsere gesamte Geschichte werden auf eine einzige Person reduziert, auf Ahmadinedschad. Und der wird auf einen Satz reduziert. Und dieser eine Satz wird auch noch bewusst falsch übersetzt. Im Westen nennt man das ›Reduktion von Komplexität‹. Im Grunde ist es einfach nur unfair.«

Wir machen einen Abstecher zum Haus des Revolutionsführers Khomeini. Von außen ist es unscheinbar. Doch der Innenhof ist geschmackvoll, warm, gemütlich. Hier hat Khomeini nach der Revolution eine Zeit lang gelebt. Bemerkenswerterweise wird der Revolutionsführer selbst von jugendlichen Regimegegnern respektiert. Aber hat er sein Land in die richtige Richtung geführt? Oder in eine Sackgasse?

Traumstadt Isfahan

Spätabends sind wir in Isfahan. Die einstige Hauptstadt der Safawiden ist eine orientalische Märchenstadt. Voll mittelalterlicher Prachtbauten, Basare und herrlicher Parkanlagen. Nach einem kurzen Stadtbummel fallen wir todmüde ins Bett. Ich träume von Ayatollahs und Frédéric von den koketten verschleierten Mädchen von Ghom.

Am nächsten Morgen zieht es uns zum Meidan-e Emam, einem der spektakulärsten Plätze der Welt. Hier habe ich bei meinen früheren Iranreisen unzählige Stunden verbracht. Ich kenne jeden Winkel. Mit Ali, einem 22-jährigen Geschichtsstudenten, trinken wir heißen Minztee. »Wie viele Terroristen sind euch heute schon begegnet?«, fragt er lachend. Das ist der *Running Gag*, der Lieblingswitz der Iraner gegenüber Ausländern. »Wir wissen alle, was im Westen über uns geschrieben wird.«

Ali bekennt sich offen zur grünen Protestbewegung. Das iranische System hält er für unzeitgemäß und repressiv. Wegen umstürzlerischer Umtriebe während der Großdemonstrationen 2011 hatte man ihn zwei Wochen ins Gefängnis gesteckt.

Nur in einem Punkt gibt Ali dem Regime recht. In der Nuklearfrage. Niemand in Iran wolle Atomwaffen. Die taugten zu nichts. Das Land sei umgeben von Staaten mit Tausenden Atomwaffen. Von Russland, China, Indien, Pakistan, Israel und den USA. Vor allem die USA hätten zahllose Stützpunkte rund um Iran. Was solle Iran da mit ein paar Gefechtsköpfen?

Aber Iran habe wie alle Länder der Welt ein Recht auf die friedliche Nutzung der Nuklearenergie. Das sei die Meinung aller seiner Freunde. Der Westen betreibe die Diskriminierung Irans so demonstrativ, dass das Regime gar nicht mehr nachgeben könne. Er verlange Sonderkontrollen, die er bei keinem anderen Land der Welt fordere. Israel sei überhaupt noch nie kontrolliert worden.

Ob das Regime die Absicht habe, Atomwaffen herzustellen, lasse sich physikalisch gar nicht nachweisen. Absichten seien nicht messbar. Auch das Gegenteil nicht. So könne der Westen ständig behaupten, Iran wolle in seinem tiefsten Innern die Bombe. Iran habe gar keine Chance, das Gegenteil zu beweisen.

Die westliche Strategie sei so unfair, dass sich auch oppositionelle Iraner in ihrem Stolz verletzt fühlten. Das sei der Grund, warum »so ein Parolenschreier wie Ahmadinedschad« Wahlen gewinnen konnte. Weil er sich diesen Demütigungen wenigstens verbal widersetzte. Der Westen mache der Opposition die Arbeit richtig schwer. Wenn jetzt noch ein Militärschlag komme, habe die Opposition gar keine Chance mehr.

Dann ziehen wir mit Ali und seinen Freunden los. Durch Basare, alte Moscheen und armenische Kathedralen. Schließlich landen wir auf der berühmten 33-Bogen-Brücke über dem Zayandeh-Fluss. Tausende Menschen treffen sich hier jeden Abend. Mehrfach werden wir von jungen Iranerinnen und Iranern angesprochen und meist zu irgendetwas eingeladen.

Frédéric lebt auf. In keiner Stadt der Welt wird so ausgelassen, übermütig geflirtet wie in Isfahan. Die Mädchen hier sind besonders charmant, wie Frédéric mit Kennerblick feststellt. Nur wenn ausnahmsweise eine mich anlacht, runzelt er kritisch die Stirn.

Wenn wir sagen, dass wir Deutsche sind, leuchten alle Augen noch mehr. Die Iraner mögen die Deutschen ganz besonders. Wir verbringen unvergessliche Stunden unter den Bögen der alten steinernen Brücke.

Am späten Abend holt uns Ali im Hotel ab. Draußen wartet schon eine lustige kleine Truppe: Alis Freundin mit ihrer 50-jährigen Tante sowie eine 35-jährige Bekannte mit ihrer zwölfjährigen Tochter Suheila. Sie sitzen in einem klapprigen Minibus und haben schon mächtig Spaß. Wir fahren los. Als die Stadt hinter uns liegt, dreht Ali das Radio voll auf. Es gibt iranische Tanzmusik, zu der bis auf Ali alle im Sitzen wippen und tanzen. Wir fahren durch kleine Wäldchen und abgelegene Parks. Überall kommen uns »Party-Autos« mit lauter Musik entgegen.

Unter einer Baumgruppe halten wir an. Alle steigen aus. Türen und Kofferraum werden geöffnet, damit die Musik auch richtig dröhnt. Dann wird getanzt. Frédéric, Ali, seine Freundin, die würdige Tante, die kleine Suheila und eine weitere Gruppe junger Leute, die dazugestoßen ist, rocken ab.

Ich bekomme von Frédéric den ehrenvollen Auftrag zu filmen. Tanzende Väter findet er fehl am Platz. Dafür schwingen die Tante und die junge Suheila umso wilder das Tanzbein. Wenn in der Ferne Autolichter aufleuchten, wird schnell das Radio ausgeschaltet und das Tanzen eingestellt. Öffentliche Partys sind angeblich verboten. Jedes Auto könnte ein Polizeifahrzeug sein.

Zwar lachen alle darüber. Doch es gibt eine diffuse, undefinierbare Angst. Keiner weiß genau, was geschähe, wenn die Polizei tatsächlich käme. Ich sage, dass man wahrscheinlich nur mich mitnehmen würde, weil das Filmen öffentlicher Partys bestimmt besonders streng verboten sei. Doch Frédéric durchschaut meine Argumentation. Die Rollenverteilung wird nicht verändert. Ich bleibe Kameramann.

So geht das anderthalb Stunden. Dann fahren wir zu einem gemütlichen Plätzchen in der Nähe eines Waldes. Decken werden ausgebreitet, Wassermelonen aufgeschnitten. Die Feier nimmt ein familiäres Ende. Picknick im »größten Terrorstaat der Welt«.

Will Iran die Bombe?

Am nächsten Tag geht es mit dem Taxi zurück nach Teheran. Fünf Stunden fahren wir durch eine faszinierende Wüstenlandschaft. Hinter Natanz taucht die weltbekannte Urananreicherungsanlage auf. Frédéric filmt. Eine lange Diskussion über den Nuklearkonflikt mit Iran beginnt.

Wie die meisten Menschen der Welt bin ich dagegen, dass sich weitere Staaten die »Bombe« beschaffen. Das gilt auch für Iran. Neun Atomwaffenstaaten mit über 17 000 taktischen und strategischen Atomwaffen sind schon heute neun Atomwaffenstaaten zu viel. Wenn die Welt überleben will, muss sie nuklear abrüsten, nicht aufrüsten. Aber dazu müssten die Großmächte mit erheblich mutigeren Abrüstungsschritten vorangehen. Die bisherige Rüstungskontrollkosmetik, die die Fähigkeit der gegenseitigen Vernichtung nicht antastet, reicht nicht. Es ist naiv zu glauben, das nukleare Damoklesschwert werde jahrhundertelang nie auf uns herabfallen.

Noch immer können die USA mit ihren Atomwaffen die gesamte Weltbevölkerung mehrfach vernichten. Ihre 7500 Atomsprengköpfe haben durchschnittlich die zwanzigfache Hiroshima-Sprengkraft. In Hiroshima gab es 200 000 Tote. Atomwaffen sind die verrückteste Erfindung der Menschheit. Von Albert Einstein stammt die Feststellung: »Der Mensch erfand die Atombombe. Keine Maus der Welt würde eine Mausefalle konstruieren.«

Aber will Iran überhaupt die Bombe? Jene, die das seit Jahrzehnten behaupten, haben ihre Glaubwürdigkeit seit Langem verspielt. Netanjahu sagte die iranische Bombe bereits 1995 für 1998 voraus.[17] 1998 erklärte Donald Rumsfeld vor dem US-Kongress, Iran könne die USA 2003 mit interkontinentalen Nuklearraketen erreichen.[18] Der *Spiegel* berichtete 2003, Iran stehe »offenbar kurz vor dem Bau einer Atombombe«.[19]

Seit zwei Jahrzehnten wird die iranische Atombombe alle paar Monate für morgen angekündigt.[20] Ab der wievielten falschen Ankündigung erkennt ein normal begabter Durchschnittsbürger, dass er systematisch belogen wird?

Selbst wenn Iran eines Tages die Bombe besäße – wogegen ich entschieden bin: Würde das die internationale Sicherheit oder die Sicherheit Israels wirklich gefährden? Für Iran gälte das kleine Einmaleins der Nuklearstrategie ganz besonders: »Wer zuerst schießt, stirbt als Zweiter.« Allein die USA könnten rein rechnerisch mit ihren Atomwaffen jeden der 75 Millionen Iraner mehr als hundertmal zu Asche verbrennen.

Ein Militärschlag gegen Iran wäre in jedem der denkbaren Fälle die unintelligenteste aller Lösungen. Ex-Mossad-Chef Meir Dagan, ein ausgesprochener Hardliner, nannte die Idee, Iran anzugreifen, schon 2011 das Dümmste, was er je gehört habe. »Das sind die Sachen, von denen wir wissen, wie sie anfangen, aber nicht, wie sie enden.«[21] Der frühere US-Verteidigungsminister Robert Gates erklärte 2012: »Ein Angriff auf Iran wäre eine Katastrophe.«[22]

Der frühere Stabschef von Außenminister Colin Powell, Lawrence Wilkerson, stellte lakonisch fest, im Pentagon könne er nicht eine einzige Stimme finden, die einen Militärschlag befürworte.[23] Die USA würden dadurch in einen »endlosen Krieg« hineingezogen, von dem sie sich möglicherweise ein halbes Jahrhundert nicht erholen würden.

Auch die iranische Regimegegnerin und Friedensnobelpreisträgerin Schirin Ebadi warnt seit Jahren vor Militäraktionen gegen ihr Land. Diese würden »nahezu alle Anstrengungen gefährden, die demokratisch gesinnte Iraner in den letzten Jahren unternommen haben«.[24]

Die Führung der USA sollte stattdessen mit der Führung Irans endlich auf Augenhöhe verhandeln. Solange Iran wie ein Aussätziger behandelt wird, kann seine Regierung gar nicht nachgeben. Das lernt ein Psychologiestudent im ersten Semester. Erst wenn die USA die große Kulturnation Iran mit Respekt behandeln, wird es eine vernünftige Lösung geben.

Im Konflikt mit der Sowjetunion war das ganz ähnlich. Präsident Reagan hatte das richtig erkannt. Er war sich nicht zu schade, mit den Herrschern des damaligen »Reichs des Bösen« in Verhandlungen einzutreten. Als er 1986 in Reykjavik stundenlang mit Michail Gorbatschow persönlich verhandelte, waren beide so voneinander angetan, dass sie sich vornahmen, *alle* Atomwaffen abzuschaffen. Nur mit Mühe schafften es ihre »Experten« anschließend, das Rad wieder zurückzudrehen. Leider. Obwohl Reykjavik am Ende kein formelles Ergebnis brachte, erklärte Gorbatschow später: »Das war das Ende des Kalten Krieges.«[25]

Die jetzige amerikanische Regierung hingegen hielt es – wie mir ein hochrangiger Vertreter 2012 gestand – für »politischen Selbstmord«, mit Ahmadinedschad zu verhandeln. Seine Briefe wurden deshalb einfach nicht beantwortet. Es war schon ein bemerkenswertes »Kunststück«, einen Gegner so zu dämonisieren, dass man am Ende nicht mehr mit ihm reden konnte. Die USA bringen dieses Kunststück allerdings häufig fertig.

Der ägyptische Präsident Sadat hatte da mehr Zivilcourage. Er setzte sich 1977 ins Flugzeug und flog zum damaligen israelischen Regierungschef Menachem Begin – dem früheren Führer der antibritischen und antiarabischen Terrororganisation Irgun. Ihm war egal, was die Falken in seinem Lager darüber dachten. Und dass er damit sein Leben riskierte. Die beiden großen Männer schafften einen historischen Frieden zwischen Ägypten und Israel, der bis heute hält.

Müsste nicht gerade Benjamin Netanjahu den Mut zu einem derartigen Schritt haben? Er könnte militärisch aus einer Position der Stärke verhandeln. Niemand könnte ihm vorwerfen, ein

»Weichei« zu sein. Vielleicht können nur Hardliner einen solchen *Big Deal*, eine große Lösung, schaffen. Welch ein Raunen und Staunen ginge durch die Welt, wenn Netanjahu diesen Schritt wagte! Welch eine Welle der Begeisterung und der Bereitschaft würde einsetzen, ihm und seinen iranischen Gesprächspartnern bei der Lösung des Konflikts zu helfen!

Ich merke, dass ich anfange zu träumen. Doch es gab immer wieder Politiker, die den Mut zu derart außergewöhnlichen Schritten hatten. Kissinger, Genscher, Bahr! Warum gibt es keine mutigen Politiker mehr?

Schabbat in Teheran

Es dämmert schon, als wir in Teheran ankommen. Wir können gerade noch unser Gepäck im Hotel abgeben, da holt uns schon Ciamak Moresadegh zur Schabbat-Feier ab. Schweigend fahren wir durch das regengraue Teheran.

Ciamak deutet auf einige Häuser. Sie zeigen meterhohe Wandporträts junger Iraner, die im Krieg gegen den Irak gefallen sind. Dieser zehn Jahre dauernde Krieg hat Hunderttausende Iraner das Leben gekostet. Noch heute gibt es in Iran unzählige Opfer der chemischen Waffen Saddam Husseins. Auch Deutschland hatte ihm Bestandteile dieser Waffen geliefert. Die Menschen in Iran wissen, was Krieg bedeutet. Anders als mancher westliche Politiker. Niemand hier will Krieg.

Als wir die unscheinbare Yusef-Abad-Synagoge betreten, ist sie schon brechend voll. Alle stehen auf, als wir durch die Reihen nach vorne gehen. Moresadegh genießt offenbar hohes Ansehen. Und Gäste aus Deutschland auch. Dann feiern wir zusammen mit 400 jüdischen Iranern das Schabbat-Fest. Während des gesamten Gottesdienstes habe ich Gänsehaut.

Tosend, donnernd singen die Männer mit den markanten Gesichtern ihre hebräischen Lieder. Die Stimmen der links und auf der Empore sitzenden Frauen bilden einen hinreißenden klanglichen Gegenpart. Es ist ein ergreifendes Erlebnis – Gottesdienst in Teheran mit jüdischen Iranern!

Moresadegh fährt uns zurück ins Hotel. Er hofft, dass die Nukleargespräche doch noch zu friedlichen Ergebnissen führen. Wenn Iran allerdings angegriffen werde, werde auch er seine iranische Heimat verteidigen. Gegen jeden Feind, egal, woher er komme. Auch gegen Israel.

Im Uralt-Reaktor von Teheran

November 2012. Schon auf dem Rückflug von meiner letzten Reise wusste ich, dass ich noch einmal zurückmusste. Wie bei vielen meiner Reisen. Ich wollte eine dieser Atomanlagen besichtigen, vor denen die Welt zittert. Und mit der Familie eines ermordeten Nuklearwissenschaftlers sprechen.

Kurz vor meinem Abflug tauchte in der *New York Times* das Gerücht auf, zwischen den USA und Iran habe es heimlich direkte Gespräche gegeben. Beide Seiten dementierten sofort. Nach intensiven Recherchen erfuhr ich, dass es in Mascat, der Hauptstadt des Sultanats Oman, tatsächlich eine amerikanisch-iranische Begegnung gegeben hatte. Beide Seiten hatten versucht herauszufinden, ob es sich lohne, miteinander zu sprechen.

Die amerikanische Delegation war allerdings protokollarisch so schlecht besetzt, dass der iranische Delegationsleiter, ein Vizeaußenminister, resigniert in seinem Hotel blieb. Der erste Anlauf war gescheitert.

Wenig später bat mich ein Mitglied der deutschen Bundesregierung um ein Gespräch. Die amerikanische Seite wollte wissen, wer der richtige Ansprechpartner in Teheran sei. Ob ich das über meine Irankontakte in Erfahrung bringen könne. Die Frage war beispielhaft für das vor mehr als drei Jahrzehnten zerbrochene Verhältnis zu Iran. Natürlich versprach ich, die Frage zu klären.

Am Tag nach der Wiederwahl Barack Obamas im November 2012 brachen Julia, Frédéric und ich nach Teheran auf. Wir flogen in einem alten Klappervogel, der von einer Turbulenz in die andere rauschte.

Um 2 Uhr morgens landeten wir erschöpft in der iranischen Hauptstadt. Julia, die sich auf meinen Wunsch hin äußerst diskret gekleidet hatte, stellte beim Aussteigen fest, dass sie ihr Kopftuch vergessen hatte. Hektisch schlang sie ihren Pullover um ihre dezent dunkel gefärbten Haare. In ihrem langen Kleid, ihrem kaum kürzeren Mantel und ihrer hellen Haut sah sie wie eine europäische Nonne aus. Dadurch fiel sie leider noch mehr auf. Viele junge Iranerinnen waren ziemlich »aufgebrezelt«, wie Julia vorwurfsvoll feststellte. Frédéric und ich lobten ihren vornehm zurückhaltenden Auftritt dennoch ausdrücklich. Misstrauisch blickte uns Julia an.

Wir hatten bei der Gestaltung unseres Aufenthalts in Teheran auch diesmal freie Hand. Zwar tauchte beim Frühstück ein Regierungsbeamter auf und bot uns seine ständige Begleitung an. Als wir ihm jedoch vorschlugen, nur zu offiziellen Terminen mitzukommen, zog er sich widerspruchslos zurück. Das verhalf uns erneut zu vielen offenen Gesprächen mit den Menschen seines Landes.

Alles war anders, als Julia erwartet hatte. Als wir auf den berühmten Tochal-Berg, das »Klein-Tibet Teherans«, stiegen, kamen uns wieder händchenhaltende Pärchen entgegen. Ein Junge küsste seine Freundin vor unseren Augen. Sittenpolizei? Auch hier Fehlanzeige.

Das Land lag auch nicht am Boden, wie viele westliche Politiker meinten. Es zeigte trotz der »Schwitzkasten-Diplomatie« des Westens eine ungebrochene Vitalität und Lebensfreude. Auch herrschte ein erstaunlicher Bauboom. Mit Wirtschaftssanktionen wird man Iran nicht in die Knie zwingen. Das Land hatte offenbar noch viele Reserven. Auch wenn die Sanktionen vor allem den Armen äußerst wehtaten.

Vielleicht wirkte manches auf uns auch deshalb so vibrierend, weil das Herbstwetter zauberhaft sonnig und mild war – »Iranian Summer«. Und weil die vornehme Herzlichkeit der Menschen so ansteckend war. Kaum jemand war laut. Selbst die Autos hupten nur selten. Wenn wir kein Taxi nahmen, benutzen wir für umgerechnet zehn Cent die moderne U-Bahn. Oder wir fuhren per Anhalter. Jeder nahm uns mit. Manchmal setzten wir uns auch auf ein Motorradtaxi. Das kostete nur wenige Cent, und wenn der Fahrer erfuhr, dass wir aus Deutschland waren, oft gar nichts.

Wir zogen durch einen Park im wohlhabenden Norden der Stadt. In seinem Zentrum stand ein idyllischer Glaspavillon. Hier saßen vor allem verliebte Pärchen. Am Eingang informierte uns ein Glasschild, dass wir uns in einem »Apple Center« befanden. Im Hintergrund lief »Back to black« von Amy Winehouse. Die Stimmung war nicht anders als in Berlin oder New York. Das Regime war zwar den alten religiösen Traditionen fest verbunden, schien aber trotzdem gegenüber modernen Technologien äußerst aufgeschlossen. Auch wenn es leider gelegentlich Internetseiten sperrte.

Wenige Tage vor Reisebeginn hatte ich von Deutschland aus um eine Besichtigung des weltweit umstrittenen Teheraner Forschungsreaktors gebeten. Und zu meiner Überraschung eine Zusage erhalten. Allerdings hätten wir die Besichtigung fast verpasst. In den Basaren, Moscheen und Parks Teherans war die Zeit wie im Flug vergangen. Unsere Rettung waren drei Motorrad-Taxis. Kurz entschlossen schwangen wir uns auf die Knatterkisten und entschwanden in kühnen Kurven im Verkehr. Es war eine Harakirifahrt. Das Schild »Einbahnstraße« schien unsere Fahrer nicht zu interessieren.

In der Nähe des »nuklearen Albtraums der westlichen Welt« treffen wir unseren offiziellen Begleiter wieder. Er ist froh, dass wir ihn nicht ganz vergessen haben. Gemeinsam fahren wir zu dem »Teufelsreaktor«, um den sich in der Nukleardiskussion so vieles dreht. Vor einer mit Kameras überwachten hohen Mauer tauchen bewaffnete Wachmänner auf. Sie tragen graue Tarnhosen, Springerstiefel, dunkelgrüne Parkas und beschriftete Schirmmützen.

Der Reaktor ist etwa 15 Meter hoch und 30 Meter breit. Daneben steht ein 60 Meter hoher Kühlturm. Sein oberer Rand ist in den Nationalfarben Irans bemalt. Auf dem Gelände arbeiten rund 2000 Mitarbeiter, in der Mehrzahl Frauen. Wenn es zu Militärschlägen kommt, werden sie alle in die Luft fliegen. Und nicht nur sie. Der Reaktor ist nur zehn Minuten von der Innenstadt entfernt.

Wir müssen unsere Handys und Taschen abgeben. Dann werden uns Messgeräte für Gammastrahlen angesteckt. Langsam öffnet sich eine riesige Stahlwand. Wir treten in eine blau bemalte Zwischenschleuse. Kurz darauf geht eine zweite massive Stahltür auf. Mein Geigerzähler schlägt zweimal an, die ersten Gammastrahlen haben mich getroffen. Auch Julias und Frédérics Messgeräte piepsen los. Der hochgewachsene Leiter des Reaktors lächelt beruhigend: »Alles im grünen Bereich.«

Das Herzstück des Reaktors ist ein großes rundes Becken mit leuchtend dunkelblauem Wasser. Ein *Open Pool Lightwater Reactor*, ein Leichtwasserreaktor, mit einer Leistung von 15 Megawatt. Auf einer Brücke arbeitet ein Wissenschaftler im weißen Kittel an langen Metallstäben, die ins dunkle Wasser ragen. Die Szene erinnert an den James-Bond-Film *Der Mann mit dem goldenen Colt*. Nur dass unser Bond bleierne Stäbe benutzt.

Für den Forschungsreaktor wird in Natanz Uran auf 20 Prozent angereichert. Für die Bombe würde man eine Anreicherung auf über 90 Prozent benötigen. Nach Angaben der iranischen Regierung werden hier vor allem Isotope zur Krebsbekämpfung gewonnen.

Der Reaktor ist vor 45 Jahren von den USA gebaut worden. Er ist fast schon ein nuklearer Methusalem. An allen Ecken und Enden sieht man ihm sein Alter an. Zu jener Zeit herrschte in Persien noch Schah Mohammed Reza Pahlavi. Die USA vertraten damals die ehrenwerte Auffassung, man müsse bei der Krebsbekämpfung selbstverständlich auch Iran mit Nukleartechnologie helfen.

Vertragsgemäß lieferten sie für den Reaktor in den ersten Jahren sogar auf 93 Prozent angereichertes Uran. Amerikanische Politiker wie Kissinger, Cheney, Rumsfeld und Wolfowitz argumentierten auch später, Iran brauche dringend moderne Nukleartechnologie.[26] Seine Ölvorräte seien begrenzt. Genau diese Argumentation Irans bekämpft die US-Administration heute als unredlich.

Der Rundgang durch den Uralt-Reaktor dauert über eine Stunde. Das also ist das Zentrum des »Reichs des Bösen«, vor dem sich der mächtige Westen angeblich so sehr fürchtet. Nachdenklich sitzen wir mit dem diensthabenden Leiter des fast schrottreifen Reaktors zusammen. Der hochgewachsene Wissenschaftler ist voller Bitterkeit. Er glaubt nicht, dass der Westen fair spiele. Die Nuklearfrage sei nur ein Vorwand, sagt er nach einem langen Gespräch. Wenn dieses Problem gelöst sei, werde das nächste erfunden. Es sei denn, Iran unterwerfe sich dem großen Hegemon USA. Dann schließen sich die Tore des Reaktors hinter uns.

Im vertraulichen Gedankenaustausch sagt mir wenig später ein hochrangiger iranischer Politiker: »Es ist doch stets das gleiche Spiel. Die amerikanischen Cowboys wollen die Welt nach ihren Vorstellungen gestalten. Wir werden dafür bestraft, dass wir nicht mitspielen.« Immer wenn Iran weitreichende Zugeständnisse mache, werde das Land mit lächerlichen Zugeständnissen, mit »Candies«, abgespeist. Kürzlich hätten die USA angeboten, wenn Iran alle Forderungen akzeptiere, werde man mithelfen, dass das Land eines Tages in die Welthandelsorganisation aufgenommen werde, besseren Internetzugang und Agrarhilfe bekomme. Iran sei doch kein Entwicklungsland.

Er räumt ein, dass Iran, wie andere Länder, in der Nuklearfrage auch Fehler gemacht habe. Aber man habe diese Fehler stets korrigiert. Die Internationale Atomenergiebehörde habe dies ausdrücklich anerkannt. Die iranische Regierung sei bereit, eine »faktische und vertragliche Totalgarantie gegen den Bau der Bombe« zu geben. Im Gegenzug müsse der Westen jedoch klarmachen, dass Iran die gleichen Rechte habe wie andere Staaten, und die Sanktionen aufheben. Die Respektierung der »nationalen Würde« sei für viele Iraner ein wichtiger, vielleicht sogar der wichtigste Punkt. Das sei nach 33 Jahren gezielter Demütigung eigentlich verständlich.

Dann erinnert mich mein Gesprächspartner an eine Rede Barack Obamas aus dem Jahr 2008. Obama hatte damals als Präsidentschaftskandidat erklärt: »Starke Präsidenten sprechen auch mit ihren Gegnern.« Kennedy habe mit Chruschtschow gesprochen, Nixon mit Mao und Reagan mit Gorbatschow. Iran sei keine Bedrohung wie einst die Sowjetunion. So Obama 2008.

Man habe diese Rede in Teheran ernst genommen und

den USA – wie ich genau wisse – konkrete und weitreichende Vorschläge gemacht. »Das Ergebnis kennen Sie«, fährt mein Gesprächspartner fort: »Unsere Nuklearanlagen wurden mit Computerviren angegriffen, alle paar Wochen werden uns Militärschläge angedroht, und die Sanktionen wurden derart verschärft, dass heute selbst Krebs- und Multiple-Sklerose-Medikamente nicht mehr ausreichend zur Verfügung stehen. Außerdem wurden fünf unserer Nuklearwissenschaftler ermordet. Glauben Sie, dass man auf dieser Basis Frieden schaffen kann?«

Ich erwidere, dass die Provokationen Ahmadinedschads leider auch nicht hilfreich gewesen seien. Doch mein iranischer Gesprächspartner schüttelt den Kopf. Vor Ahmadinedschad habe man mit Chatami einen äußerst versöhnlichen Präsidenten gehabt. Er glaube nicht an faire Verhandlungen.

Etwas ungeduldig sage ich: »Sie müssen diese Chance einfach ergreifen. Ihr Land ist doch nicht Nordkorea. Wie lange soll dieser lebensgefährliche kalte Krieg denn noch dauern?« Mein Gesprächspartner schaut mich nachdenklich an. »Sie haben wahrscheinlich recht. Aber wir wollen auch nicht Südkorea sein. Wir wollen kein Vasall der USA werden. Amerika hat schon genug Vasallen.«

Die Witwe des Atomforschers

Mansoureh Karami lebt in einem gepflegten Haus. Die Böden sind mit wertvollen Perserteppichen ausgelegt. Überall stehen Fotos ihres verstorbenen Mannes. Er sah gut aus, mit seiner hohen Denkerstirn, seinen langen, dunklen Haaren und seinem kurz geschnittenen, leicht angegrauten Oberlippenbart. Ein wenig wie ein Künstler. Ein Mann im besten Alter.

Fast lautlos betritt Mansoureh den Raum. Sie reicht jedem von uns einen Früchteteller mit einer Grapefruit, einer Banane und einer Persimone, einer tomatenähnlichen Frucht. Leise beginnt sie, die Geschichte ihres Mannes zu erzählen.

Massoud Ali Mohammadi war ihre große Liebe. Und ein Spaßvogel. Er machte so gerne Scherze, dass manche sich nicht richtig vorstellen konnten, dass er Nuklearwissenschaftler und Professor für Elementarphysik war. Außerdem war er ein Familienmensch. Immer wenn er einen wissenschaftlichen Artikel veröffentlicht hatte, feierte er das Ereignis mit der ganzen Familie und führte sie zum Essen aus. Fünfundfünfzig wissenschaftliche Beiträge habe er geschrieben. Die Familie hatte viel zu feiern.

Während der letzten vier Jahre vor seinem Tod bekam er oft seltsame Anrufe und Schreiben. Einer seiner Kollegen wurde in Großbritannien 24 Stunden lang festgenommen und nach Mohammadis Aktivitäten befragt. Auf einer Mekka-Reise bekam er Hinweise, dass er überwacht werde. Nach seiner Rückkehr stellten ihm Unbekannte am Telefon erstaunlich präzise Fragen zu seiner Arbeit. Die Botschaft lautete im Grunde stets: Sieh dich vor, wir beobachten dich.

Seine Frau glaubt, dass die meisten Anrufe und E-Mails von den Mudschaheddin Al-Khalq (MEK) kamen, die von der EU bis 2009 als Terrororganisation eingestuft wurden. Die MEK operierten vom Norden des Irak aus. Durch Anschläge versuchten sie, Iran zu destabilisieren.

Zehn Tage vor dem Anschlag erhielt Massoud Ali Mohammadi eine E-Mail zur Nuklearproblematik. Die Verfasser forderten ihn auf, zu allen Punkten konkret Stellung zu nehmen. Mit stockender Stimme fährt Mansoureh fort:

»Am 12. Januar 2010 sind wir wie immer um 6 Uhr aufgestanden und haben das Morgengebet verrichtet. Dann habe ich sein Frühstück zubereitet: Tee, Käse und Nüsse. Normalerweise frühstückten wir zusammen. Doch an diesem Tag, ich weiß nicht, warum, habe ich mich noch mal ins Bett gelegt. Ich bin sofort eingeschlafen. Mein Mann frühstückte alleine und las Nachrichten im Internet. Danach packte er seine Aktentasche und kam zu mir ins Schlafzimmer. Schmunzelnd fragte er, ob er heute kein Mittagessen bekomme. Ich bin sofort aufgesprungen und habe sein Essen fertig gemacht. Etwas Fleisch und Brot. Dann habe ich ihn in den Hof begleitet.

Da das Fahrzeug meiner Schwester draußen direkt vor der Ausfahrt stand, musste Massoud erst auf die Straße, um ihren Wagen wegzufahren. Dann kam er zurück, um sein eigenes Auto zu holen. Er verstaute die Aktentasche und das Essen im Wagen und verabschiedete sich. Doch irgendetwas hielt ihn zurück. Er machte noch eine Runde im Garten und schaute sich dieses und jenes an. Dann verabschiedete er sich ein zweites Mal. Vorsichtig fuhr er den Wagen auf die Straße und schloss langsam das Tor. Er wollte niemanden wecken. Dabei sah er, dass ich noch immer in der Haustür stand. So verabschiedete er sich lächelnd ein drittes Mal.

Sekunden später gab es eine gewaltige Explosion. Es war wie ein Erdbeben. Dichter Rauch stieg auf. Ich stand noch in der Haustür. Glassplitter regneten auf mich herab.

Ich rannte sofort raus. Er saß vor seinem Auto. Still und vornübergebeugt. Den Kopf hatte er in seine Hände gelegt. Ich dachte, dass er vielleicht nur einen Schock hätte und ansonsten unverletzt sei. Doch als ich seinen Kopf in die Arme nahm, sah ich, dass ein Teil seines Gesichts weggerissen war. Ich begriff, dass er tot war. Der dritte Abschied war ein Lebewohl für immer. Ich habe laut aufgeschrien.«

Mansoureh kämpft lange mit ihren Gefühlen. Dann erzählt sie weiter:

»Meine damals 20-jährige Tochter war durch die Explosion und das zersplitternde Glas aufgewacht. Weinend lief sie auf die Straße. Plötzlich stand sie hinter mir. Ich drückte den Kopf Massouds sanft gegen mich. Ich wollte nicht, dass meine Tochter ihn so sieht.

Auch mein 25-jähriger Sohn kam angerannt. Er war kurz vor meinem Mann aus dem Haus gegangen und nur ein paar Straßen weiter. Er hatte die Explosion gehört und war zurückgeeilt. Als er den zerstörten Wagen sah, hoffte er, es habe nur einen Unfall gegeben. Doch dann sah er den leblosen Körper seines Vaters und dass ein Teil des Kopfes weggerissen war. Schluchzend rief er die Polizei an. Kurz darauf kam ein Krankenwagen. Sie konnten nur noch feststellen, dass die Explosion Massoud sofort getötet hatte.

Die Bombe war an einem Motorrad befestigt, das neben dem Tor stand. Der Täter hatte sie per Fernbedienung gezündet.«

Mansoureh schaut hilflos an uns vorbei. Minutenlang sagt niemand ein Wort. Um das schreckliche Schweigen zu brechen, frage ich, wer ihrer Meinung nach hinter der Tat stehe. Mansoureh nennt Großbritannien, die USA und Israel. Der Täter, ein junger iranischer Berufssportler, habe gestanden, dass er von Israel eingewiesen worden sei. Er habe sich in Thailand mit einem Mossad-Agenten getroffen und 40 000 Dollar erhalten.

Ich frage, ob dieses »Mossad-Geständnis« nicht durch Folter erzwungen sein könne. Es passe politisch so perfekt in den Streit zwischen Israel und Iran. Mansoureh schüttelt den Kopf. Das Geständnis des Täters sei präzise. Er habe es im Fernsehen mit großer Ruhe wiederholt. Man habe seine Angaben anhand von Flugbuchungen nachprüfen können. Er habe sich nicht nur einmal, sondern mehrfach mit dem Mossad getroffen. Auch in anderen Ländern.

Außerdem habe sie im Gefängnis mit ihm gesprochen. Eigentlich habe sie ihn zur Rede stellen wollen. Doch dann habe sie vor einem gebrochenen jungen Mann gestanden. Sie habe seinem Gesicht angesehen, dass ihm die Tat leidtue. Weinend habe er um Verzeihung gebeten. Man habe ihm erzählt, Massoud sei »eine Gefahr für die Menschheit«. Wie der gesamte Iran.

Wieder herrscht Totenstille. Als wir aufstehen, um uns zu verabschieden, will uns Mansoureh noch etwas sagen. Es scheint ihr wichtig zu sein:

»Manche Länder glauben, nur sie hätten ein Recht auf Fortschritt und ein glückliches Leben. Aber unsere Menschen haben das gleiche Recht. Während des langen Krieges mit dem Irak fühlten wir uns von vielen Staaten betrogen. Auch vom Westen, der Saddam Hussein unterstützt hat.

Hunderttausende Iraner starben in diesem Krieg. Als er endlich vorbei war, haben viele junge Iraner beschlossen, ihr Leben der Entwicklung ihres zerstörten Landes zu widmen. Mein Mann war einer dieser jungen Leute. Er wollte, dass es der nächsten Generation Irans besser geht. Doch es gibt Länder, die das nicht wollen.«

Ich frage sie, ob sie für die iranische Bombe sei. Sie schüttelt den Kopf: »Wir sind ein starkes Land. Wir sind ein entwickeltes Land. Wir brauchen und wollen die Bombe nicht.«

Hochzeiten in Teheran

Es gibt auch fröhliche Stunden in der iranischen Hauptstadt. Die Menschen hier lassen sich ihre Lebensfreude von niemandem nehmen. Weder von ihrer sittenstrengen Regierung noch vom Westen. Freunde laden uns zu einer Hochzeit ein. Sie findet spätabends in einer kleinen Tiefgarage im Zentrum Teherans statt. Die Stimmung ist ausgelassen. Die Iranerinnen haben ihre Kopftücher abgenommen. Alle Gäste tanzen zu orientalischer Popmusik. Kleinkinder, Großeltern, junge Frauen, junge Männer.

Am leidenschaftlichsten tanzt das junge Brautpaar. Es scheint sich blind zu verstehen. »Sie sind blind«, sagt Frédéric kaum hörbar. Trotzdem sind sie offenbar sehr glücklich. Liebevoll führen sie sich gegenseitig durchs Leben. Iraner lassen sich nicht unterkriegen.

In den frühen Morgenstunden wird die Musik abgestellt. Der Tanzsaal leert sich. Nach einer halben Stunde sieht er wieder aus wie eine ganz normale Garage. Nur das Parfüm der Iranerinnen erinnert noch an das heitere Fest.

Wir sind nicht zum Hochzeitenfeiern nach Teheran geflogen. Doch am nächsten Tag werden wir erneut zu einer Eheschließung eingeladen. Von Ciamak Moresadegh, meinem neuen jüdischen Freund. Er ist heute besonders gut gelaunt. Die Regierung hat ihm gerade Geld für sein Krankenhaus übergeben. Es war ins Minus gerutscht. Jetzt kann er endlich auch die restlichen Gehälter zahlen. »Manchmal ist es nicht schlecht, als Jude im iranischen Parlament zu sitzen«, schmunzelt er.

Während wir Erinnerungen austauschen, betritt ein alter,

schneidiger jüdischer General das Krankenhaus. Mit seinem eng geschnittenen 30er-Jahre Anzug sieht er aus wie ein Filmstar der Stummfilmzeit. Er war einst persönlicher Chirurg des Schah. Im Irakkrieg war er als Arzt ganz vorne an der Front. Seine Operationen waren legendär. Oft begann er schon im Hubschrauber. Bei der Landung war der Patient manchmal bereits operiert und verbunden. Wenn die USA sein Land angriffen, würde er es wieder verteidigen. An vorderster Front. Wie alle iranischen Juden.

Doch heute geht es nicht um Krieg, sondern um eine standesamtliche jüdische Hochzeit. Sie findet im Büro des Rabbiners, im zweiten Stock eines alten Hauses statt. Anwesend sind fünfzehn feierlich gekleidete Freunde und Angehörige sowie das religiöse Oberhaupt der iranischen Juden. Wir werden herzlich mit »Schalom« begrüßt.

Der Rabbiner, ein rundlicher kleiner Mann, hält eine kurze Ansprache. Dann erteilt er den beiden Brautleuten seinen Segen. Er ermahnt sie, sich unverzüglich ans Kinderkriegen zu machen. Nachkommen seien für die jüdische Gemeinschaft wichtig. Der 27-jährige Bräutigam lächelt selbstbewusst, seine 21-jährige Braut errötet leicht. Beide versprechen dem Rabbiner, seine Erwartungen nicht zu enttäuschen. Die Gäste freuen sich. Das jüdische Leben in Iran wird weitergehen.

Unsere Reise ist zu Ende. In Deutschland informiere ich die Bundesregierung, wer auf iranischer Seite der richtige Ansprechpartner der USA sei. Aber bestimmt hatte die US-Regierung das inzwischen auch so herausbekommen. Es war letztlich auch egal. Solange Ahmadinedschad Präsident war, würde ohnehin nicht viel geschehen.

Doch mit dem frisch gewählten, gemäßigten Präsidenten Hassan Rohani könnte ein spannendes neues Kapitel beginnen. Wenn die USA einen fairen Frieden mit Iran wollen, können sie ihn bekommen. Obama weiß das. Eine Lösung des Konflikts Iran – USA wäre ein Segen für den gesamten Mittleren Osten. Auch für Syrien. Ja sogar für Israel.

Epilog

Das libysche Drama

Die Flucht

Ich würde die Ereignisse des 14. März 2011 gerne verdrängen. Aber sie werden mich mein ganzes Leben lang begleiten. So widme ich ihnen dieses letzte, bittere Kapitel.

Der massive Beschuss hatte nachgelassen. Die Erde bebte nur noch alle zwei, drei Minuten. Doch die Einschläge waren oft sehr nah. Als wollte der Schütze uns erst psychisch vernichten, bevor er uns samt der Düne in die Luft sprengte.

Es war noch kälter geworden. Wir lagen eng nebeneinander, um uns gegenseitig Wärme zu geben. Julia, die nur zwei dünne Baumwollpullis anhatte, war fast starr. Yussuf, der einen billigen weißen Pullover trug, schlotterte vor Kälte. Hatten wir drei oder vier Grad Celsius? Der nicht nachlassende Wüstenwind war eisig.

Wie gerne hätte ich jetzt Abdul Latif um Rat gefragt. Um Julia Mut zu machen, raunte ich ihr zu: »In einer Stunde wird es dunkel. Wenn die jetzt keine Flugzeuge schicken, haben wir eine Chance.«

Genau in diesem Augenblick hörten wir über uns das Dröhnen eines Flugzeugs. Die Maschine flog in 200 Meter Höhe vor Brega die Front ab. Es war ein Motorflugzeug, wahrscheinlich ein Aufklärer. Wie jener »Eiserne Gustav« über Hanau, der die Stadt vermessen hatte, bevor seine Kameraden sie auslöschten. »Verdammtes Flugzeug«, dachte ich. Jetzt entschwanden auch noch die letzten fünf Prozent Überlebenschancen. Wir drückten uns noch fester in den Wüstensand.

»Sieht er uns?«, flüsterte Julia. Ich wusste, dass ich ihr nicht die ganze Wahrheit sagen konnte, und antwortete: »Ich hoffe nicht.« Julia schien etwas in den Sand zu murmeln. Doch dann merkte ich, dass sie betete. Vielleicht sahen wir ja von oben wie Wüstensträucher aus. Julia mit ihren dunklen Pullis, ich mit meiner schlammgrauen Windjacke und Yussuf mit seinem etwas zu weißen Pullover. Doch aus 200 Meter Höhe sieht man als Pilot leider alles. Mit einer Wärmebildkamera entgeht dem Aufklärer schon gar nichts. Gegen Suchflugzeuge hatten wir keine Chance.

Nach 20 langen Minuten drehte das Flugzeug nach Brega ab. Was hatte der Aufklärer mit seinen Geräten gesehen? Was hatte er den Schützen am Boden berichtet?

Bis auf eine Fläche von 40 Meter Durchmesser hatte Gaddafis Artillerie die gesamte Umgebung umgegraben. Nur unsere Düne nicht. Es war, als hielte jemand seine schützende Hand genau über diesen Sandhügel. Um uns herum tanzte der Teufel seinen wilden Tanz immer weiter. Alles zerstampfend, zertrümmernd, was er in seinem Zerstörungsrausch erreichen konnte.

»Vielleicht hat das Flugzeug uns nicht gesehen«, flüsterte ich Julia und Yussuf zu. Doch meine Sorge, dass jeden Augenblick ein Militärjeep auf dem Kamm unserer Düne auftauchen könnte, wurde immer größer. Dann wäre alles zu Ende. Langsam wurde es dunkel, und der Beschuss ließ weiter nach. Nur noch alle zehn Minuten krachte es. Ein Funke Hoffnung kam auf.

Als die Dunkelheit herabsinkt, beschließen wir zu fliehen. Es ist zu kalt, um liegen zu bleiben. Um zu hoffen, dass uns morgen früh jemand hier herausholt. Viel wahrscheinlicher ist, dass wir doch noch getroffen werden. Oder ein Jeep auftaucht. Oder dass wir im Morgengrauen von den Truppen Gaddafis überrollt werden, falls sie tatsächlich Adschdabiya angreifen. Wir müssen weg.

Doch die Vorstellung, jetzt über 40 Kilometer durch die möglicherweise verminte Wüste laufen zu müssen, ist nicht verlockend. Ich erkläre Yussuf, dass er seinen leuchtend weißen Pullover gegen mein schwarzblaues Hemd tauschen müsse. Ich kann seinen dünnen weißen Pullover unter meiner Windjacke verbergen. Auch seine weißen Turnschuhe mit Leuchtstrahlern sind zu auffällig. Julia hat die erlösende Idee. Yussuf stülpt meine dunklen Socken über seine Schuhe.

Wir beschließen, mit weitem seitlichen Abstand zu laufen, um kein einheitliches Ziel zu bieten. Dann umarmen wir uns und verabschieden uns. Ich wünsche beiden Glück und sage: »Wir schaffen es.«

Der Marsch durch die Wüste

Laufen ist ein dehnbares Wort. Yussuf rennt, Julia trabt, und ich gehe. Nach ein paar Minuten ist Yussuf schon 100 Meter und Julia 50 Meter vor mir. Nur noch schemenhaft kann ich Yussuf in der Ferne erkennen. Dunkel gekleidet ist er schon aus der Nähe fast unsichtbar. Ich brülle: »Stopp, Yussuf! Zusammenbleiben!« Mir ist klar, dass er sich jetzt am liebsten davonmachen möchte. Sein Instinkt muss ihm sagen, dass das seine Überlebenschancen erhöhen würde. Die Wüste ist seine Welt. Hier ist er als Einheimischer uns allen überlegen. Zögernd bleibt Yussuf stehen.

Ich erkläre ihm, dass wir nach allem, was wir erlebt hätten, jetzt zusammenhalten müssten. Doch ich spüre, dass ihn das nicht überzeugt. Also füge ich hinzu, dass die Rebellen von Adschdabiya ihn ohne Julia und mich wegen seiner Hautfarbe für einen Gaddafi-Söldner halten würden. Auch das stimmt ihn nicht um. Da hakt sich Julia kameradschaftlich bei ihm ein. Das gibt den Ausschlag. Er bleibt erst einmal bei uns und stellt sein Sprinttempo auf zügiges Gehen um.

In der Ferne sehen wir ein schwaches Leuchten. Das könnte Adschdabiya sein. Bei unserem ständigen Zickzackkurs, den die Dünen erzwingen, könnten wir vielleicht in zehn Stunden dort sein. Kann man so lange laufen, ohne Wasser, ohne Essen, ohne Pause? Weit hinter uns schlägt mit dumpfer Wucht wieder eine Granate ein. Wir drehen uns um und sehen, dass große Teile von Brega lichterloh brennen. Es ist, als blickten wir in den lodernden Schlund der Hölle. Julia traut sich nicht mehr zurückzuschauen.

Yussuf beginnt angesichts des gespenstischen Flammenmeeres hinter uns wieder zu sprinten, Julia auch. Ich brülle, bis ich alle wieder zusammenhabe. Erneut schlägt krachend eine Granate ein. Diesmal weit rechts von uns. Julia und Yussuf blicken immer wieder zum Himmel. Ist da nicht doch ein Flugzeug mit Nacht-sichtgeräten? Auch ich schaue immer wieder hoch.

Nach meinem Sahara-Ritt 2008 hatte ich mir fest vorgenommen, in diesem Leben noch einmal in die Wüste zurückzukehren. Wieder mit einem Reitkamel. Zwar wollte ich nie mehr so frieren wie damals. Aber ich wollte erneut das grandiose Bild des nächtlichen Wüstenhimmels betrachten, den ich damals wie ein Kind bewundert hatte. Die Milchstraße, die wie eine Dunstwolke über der Wüste schwebte. Die endlose Zahl flimmernder, funkelnder, wie Diamanten strahlender Sterne.

Zwar blinken auch jetzt Tausende Sterne über uns. Doch dazwischen leuchten immer wieder rote Punkte auf, die schnell wieder verschwinden. Wie verglühende Feuerwerkskörper. »Sternschnuppen«, sage ich. »Leuchtraketen«, erwidert Julia. Angstvoll blickt sie nach oben.

»Ein Flugzeug, das ist ein Flugzeug!«, schreit sie plötzlich verzweifelt und wirft sich zu Boden. Yussuf und ich schmeißen uns ebenfalls in den Wüstensand. Robbend suchen wir Deckung. Aber es gibt wieder nur niedriges, dürres Strauchwerk, das keinen Schutz bietet. Deutlich erkennbar bewegt sich ein großer, rot leuchtender Gegenstand in unsere Richtung. Er wird immer größer. Hundert Meter über uns blitzt er auf, als explodiere er. Eine Rakete, eine Bombe, ein Leuchtsignal?

Julia versucht tapfer, nicht zu weinen. Ich spüre, sie kann dieses Höllenspektakel nicht mehr lange ertragen. Wir rappeln uns auf und laufen weiter. Manche Dünen übersteigen wir, manche umlaufen wir. Mehrfach frage ich Julia nach Abdul Latif. Ich würde so gerne mit ihm sprechen. Julia meint, das hätte ich jetzt schon zehnmal gesagt. Ich kann nicht weiterreden, weil es hinter uns erneut kracht. Und weil ich einen Kloß im Hals habe, wenn ich von Abdul Latif spreche. Ich versuche, Julia zu erklären, dass wir einen Menschen wie Abdul Latif nie mehr finden würden. Unseren libyschen Gandhi.

Nach zwei Stunden frage ich Yussuf, wie weit es noch bis Adschdabiya sei. »Drei Kilometer«, antwortet er. Nach einer weiteren Stunde frage ich wieder. Ich bekomme die gleiche Antwort: »Drei

Kilometer.« Ich gebe es auf. Für Libyer scheinen »drei Kilometer« etwas anderes zu bedeuten als für Europäer. Mein europäischer Verstand sagt mir, dass wir bei unserem Tempo erst morgen früh gegen 11 Uhr in Adschdabiya sein werden.

Ich kann mit Julia und Yussuf nicht über meine Sorgen sprechen. Vor uns liegen die Stellungen der Rebellen. Wenn wir Pech haben und Yussuf zu weit vor uns herläuft, werden sie uns für Gaddafi-Söldner halten. Die Gefahr, dass wir ins Feuer der Rebellen laufen, ist mindestens so groß wie die, von den Truppen Gaddafis überrollt zu werden.

Mit Grauen denke ich an jene afghanische Nacht im Sommer 1980, als wir plötzlich in die Läufe von einem halben Dutzend Kalaschnikows blickten. Wir waren in eine Stellung konkurrierender Mudschaheddin geraten. Im Dunkel der Nacht hatten sie uns für Agenten gehalten. Genau in dieser Situation befinden wir uns wieder. Nirgendwo ist es gefährlicher als zwischen den Fronten.

Ich lege mich hin, um auszuruhen. Am liebsten würde ich jetzt schlafen. Julia und Yussuf lassen sich ebenfalls nieder. Auch sie finden das Liegen angenehmer. In der Ferne hören wir Hunde bellen. Wie verteidigt man sich in der Wüste gegen angreifende Hunde? Fast verzweifelt suche ich nach einem Stock. Aber so etwas gibt es hier nicht. Plötzlich sehen wir dort, wo das Bellen herkommt, ein schwaches Feuer. Wo Feuer ist, sind auch Menschen, gibt es Wasser. Doch wer sind diese Menschen?

Wir pirschen uns an das kleine Feuer heran und erkennen ein winziges rundes, dunkelbraunes Zelt. Ich versuche, Yussuf zu erklären, dass das auch ein Vorposten der Rebellen sein könne. Doch Yussuf hat Durst und folgt nur noch seinen Instinkten. Wie ein Panther schleicht er sich seitlich an das Zelt heran. Dann gibt er Entwarnung. »Wasser«, ruft er halblaut.

Ein schüchterner 15-jähriger Hirte aus dem Tschad empfängt uns. Er hütet die Ziegen eines Mannes aus Brega. Sein Lager ist winzig und armselig. Neben einer alten Matratze steht ein kleiner Hocker. Daneben ein Blechtopf und eine Blechdose. Aus einem schmuddeligen Eimer gießt er Wasser in die Dose. Auch brackiges Wasser aus einer rostigen Dose kann köstlich sein. Langsam trinkt jeder von uns ein paar Schlucke. Immer wieder gießt der kleine Hirte nach.

Der Junge erzählt von einem Dorf ganz in der Nähe. Dort könne man telefonieren. Wir können es kaum glauben. Auch weil der Junge sich weigert mitzugehen. Obwohl ich ihm 20 Dollar gebe, begleitet er uns nur 100 Meter. Dann verabschiedet er sich hastig. Er zeigt auf den Himmel. Er hat Angst, beschossen zu werden.

Ich erkläre Yussuf, dass er jetzt wieder die SIM-Karte in sein Handy einlegen könne. Im Schutz der Dunkelheit könnten wir telefonisch um Hilfe bitten. Wir seien zwar höchstens 20 Kilometer vom Flammental entfernt. Doch für ein paar Minuten könne man das Risiko eines Telefonats eingehen.

Yussuf lächelt verlegen. Die Batterie sei leer, zeigt er mit seinen Händen an. Zu oft hat er Julia und den Sandsturm fotografiert. Es ist zum Heulen. Zum ersten Mal in meinem Leben brauche ich ein Mobiltelefon wirklich. Doch Yussuf hat zu viel damit herumgespielt. Julias Handy und meines aber sind in Abdul Latifs Wagen verbrannt. Missmutig stapfen wir weiter durch die Wüste.

Yussuf friert inzwischen noch mehr. Der Wind ist schneidend. Julia gibt Yussuf ihren Schal. Am Straßenrand findet sie eine Plastikplane. Einen Teil der kalten Plane legt sie sich um Hals und Schultern. Dann geht es weiter.

Ich lege Yussuf und Julia die Arme um die Schultern. Fest umschlungen gehen wir durch die Wüste. Wie drei Freunde nach einem Sommerfest. Keiner spricht ein Wort. Alles ist gesagt. Wir werden hier gemeinsam herauskommen oder gemeinsam umkommen. Wahrscheinlich geben wir ein romantisches Bild ab. Aber hier ist nichts mehr romantisch. Hinter uns explodieren Granaten. Vor uns in Adschdabiya werden Raketen in den Himmel geschossen. Leuchtend verglühen sie in der Nacht. Zwei Stunden marschieren wir so schweigend vor uns hin. Jeder stützt und trägt den anderen.

Rettung?

Plötzlich reißt sich Yussuf los. »Ein Auto!«, schreit er. »Ein Auto!« Auf der Straße, die links neben uns auf einer hohen Böschung verläuft, sehen wir auf- und abblendende Scheinwerfer. Sie scheinen die Straße abzusuchen.

Wie eine Gämse stürmt Yussuf die Böschung hoch. »Pass auf *friendly fire* auf!«, schreie ich. Da stürmt mitten in der Kampfzone nachts ein Schwarzer auf ein Suchfahrzeug zu. Das muss die Insassen des Autos doch misstrauisch machen. Aber Yussuf ist nicht zu halten. Gestikulierend rennt er auf das Auto zu. Das blendet voll auf, umkurvt ihn und fährt weiter.

Nach 50 Metern hält der Wagen an. Dann wendet er und fährt ganz langsam auf Yussuf zu. Direkt vor ihm stoppt er. Ich höre, wie sich der Fahrer und Yussuf erregt anschreien.

Julia und ich müssen eingreifen. Wir versuchen, immer wieder abrutschend, die sandige Böschung hochzukommen. Wir müssen uns zeigen. Als hellhäutige Europäer wirken wir vielleicht weniger gefährlich als Yussuf, den die Fahrer möglicherweise für einen Gaddafi-Söldner halten.

Die Autofenster gehen runter. Wir sehen vier junge Libyer mit Kalaschnikows in den Händen. Julia beginnt ein wirres Gespräch auf Arabisch. Ich mische Englisch bei. Nach einigen hektischen Minuten sind die aufgeregten jungen Männer bereit, uns mitzunehmen.

Dankbar gießen wir im Innern des Wagens eine große Flasche Wasser in uns hinein. Doch ist das wirklich die Rettung? Die vier Jungs stehen unter Drogen. Sie sind völlig zu. »Das ist nicht erstaunlich«, versuche ich Julia zu beruhigen. »Wären sie sonst nachts in der Kampfzone unterwegs?«

Yussuf und ich sitzen hinten im Wagen auf dem Schoß von zwei etwa 20-jährigen Libyern. Julia vorne auf den Knien des 25-jährigen Beifahrers. Der Fahrer hingegen scheint Julia als persönliche Beute zu betrachten. Julia raunt mir mehrfach zu, ich müsse unbedingt verhindern, dass er in der Wüste anhalte. Ihre Lage werde immer bedrohlicher. Fahrer und Beifahrer unterhalten sich offenbar sehr konkret über Julia. Und sie versteht genau, was der Fahrer will.

Ich versuche, mit den beiden Jungs, auf deren Schoß Yussuf und ich sitzen, Freundschaft zu schließen. Ich lege den Arm auf ihre Schultern, klatsche sie ab und signalisiere ihnen, dass ich sie als Freunde und Retter ansehe. Ich brauche Verbündete, wenn es ernst wird. Und ich brauche notfalls die Kalaschnikow meines Nachbarn. Ohne Scheinwerfer rasen wir auf Adschdabiya zu.

In der Ferne taucht endlich der grüne Stadtbogen Adschdabiyas auf. Rebellen stehen auf der Straße und erzwingen eine Vollbremsung. Bewaffnete, übernächtigte Männer leuchten mit ihren Taschenlampen ins Fahrzeuginnere. Unser Fahrer und sein Beifahrer weigern sich auszusteigen. Befragt nach Julia, sagt der Fahrer, sie sei seine Frau. Die Rebellen glauben ihm nicht. Vielleicht hat Yussuf ihnen ein Zeichen gegeben. Sie umstellen das Fahrzeug.

Unser Fahrer steigt zornig aus. Es kommt zu einem Handgemenge. Der Fahrer reißt sich los. Schimpfend setzt er sich wieder ans Steuer und rast los. Doch die Rebellen nehmen die Verfolgung auf. Nach einigen Minuten erreichen sie unseren Wagen und drängen ihn von der Straße. Unser Fahrer stürzt mit seiner Kalaschnikow auf die Rebellen zu. Die entreißen ihm die Waffe. Ihr Anführer, ein besonnener junger Mann, versucht ihn zu beruhigen. Ohne Erfolg.

Ein Halbkreis bildet sich um die beiden. Unser zugedröhnter Fahrer wird immer aggressiver. Und sagt offenbar etwas besonders Unkluges. Denn der junge Rebellenführer bricht die Diskussion ab. Mit beiden Händen hebt er langsam seine Pistole. Dann drückt er ab. Millimeter fliegt die Kugel über den Kopf unseres Fahrers.

Der ist urplötzlich ganz nüchtern. Schweigend setzt er sich ans Steuer. Begleitet von zwei Pickups der Rebellen, die ihre Maschinengewehre jetzt direkt auf unser Auto richten, fährt er uns ins Hauptquartier der Rebellen.

Wir sind jetzt wieder dort, wo wir gestern Nachmittag gestartet sind. Es ist 1 Uhr nachts. Vier Stunden gezielter Beschuss und sechs Stunden Flucht durch die Wüste liegen hinter uns. Zehn

Stunden am Rande des Lebens. In denen wir das Wichtigste verloren haben, was ein Mensch verlieren kann. Den Freund.

Dreißig Minuten lang müssen wir dem alten, stoppelbärtigen Stellvertreter des Rebellengenerals Bericht erstatten. Der Raum füllt sich mit Kämpfern. Alle hören gespannt zu. Doch am Ende bittet uns der alte Rebell, alles noch einmal zu erzählen. Er könne leider nicht schreiben und auch nicht richtig Englisch. Sein erst jetzt hinzugekommener Adjutant, der perfekt Englisch spreche, werde das Verhör übernehmen.

Ich bekomme auf einmal einen Anfall von Schüttelfrost und zittere wie Espenlaub. Ich brauche mehrere Decken und zwei Gläser heißen Tees, bis ich aufhöre, mit den Zähnen zu klappern. Heldenhaft sieht das nicht aus. Der Adjutant sagt kameradschaftlich, nach überstandener Gefahr und Dauerunterkühlung komme das häufig vor. Doch Julia und Yussuf schlottern nicht.

Die Rebellen schaffen alles herbei, was sie an Ess- und Trinkbarem auftreiben können. Der Adjutant des Stellvertreters kramt aus seiner Umhängetasche sogar seine eigene Ration hervor. Gegen 2 Uhr nachts ist die Befragung beendet. Die Bombardierung der sieben Autos war im Rebellenzentrum von Adschdabiya nicht bekannt. Das Beschießen von Autos gehört zum Alltag des Bürgerkriegs.

Unser Adjutant lädt uns zur Übernachtung im Rebellenzentrum ein. Yussuf findet die Idee großartig. Aber Julia und ich wollen sofort nach Bengasi. Doch wer soll uns um diese Uhrzeit dorthin fahren? Die Rebellen sind total übernächtigt.

Am müdesten erscheint der junge Adjutant, der inzwischen wie selbstverständlich das Kommando übernommen hat. Als er sieht, dass seine Kameraden zögern, bietet er an, uns zu fahren. Er habe zwar schon eine Weile nicht mehr geschlafen. Aber er werde sicherstellen, dass wir heil nach Bengasi kommen.

Wenig später sitzen wir in seinem kleinen Auto. Ich will zuerst zur Familie Abdul Latifs fahren. Doch unser Adjutant rät dringend, mit der Überbringung der Todesnachricht bis morgen früh zu warten.

Dann erzählt er von der Revolution. Vom täglichen Sterben auf beiden Seiten. Ich frage ihn, was geschähe, wenn die NATO nicht interveniere. »Auch dann werden wir gewinnen. Aber es wird länger dauern«, antwortet er. Ob es ohne die NATO zu einem Massaker in Bengasi komme, erkundige ich mich. Das wisse er nicht, meint er nachdenklich. Im Grunde glaube er nicht daran. Wenn es zu einem Massaker komme, habe Gaddafi endgültig verloren. Das wisse dieser genau. Außerdem würden die meisten Menschen bei einem Angriff aus den Außenbezirken fliehen. In der Innenstadt aber nützten Panzer wenig.

Ich bin für jede Minute dankbar, die er spricht. Es hilft mir, über den vergangenen Tag nicht nachdenken zu müssen.

Um 4 Uhr morgens nimmt uns am Stadteingang von Bengasi der kommandierende General der Stadt in Empfang. Er hat darauf bestanden, uns persönlich abzuholen. Die Rebellen wollen verhindern, dass jetzt noch etwas passiert.

Wir verabschieden uns herzlich von unserem todmüden Fahrer. Wenn er in Adschdabiya ankommt, kann er vielleicht noch eine Stunde schlafen. Dann muss er mithelfen, die Verteidigung der Stadt zu organisieren.

Kurz nach 4 Uhr stehe ich im Ouzu-Hotel vor dem Zimmer meines Freundes Belal El-Mogaddedi und unseres Übersetzers Khaled al-Zayed. Zuerst wecke ich Khaled. Er ist ein tapferer Mann. Er reagiert wie ein Schwergewichtsboxer, der plötzlich einen unerwarteten Schlag wegstecken muss. Er schüttelt sein mächtiges Haupt. Als wollte er sagen: Das kann nicht wahr sein. So hart kann das Schicksal nicht zuschlagen. Mehrmals fragt er, ob Abdul Latif wirklich tot sei. Aber die Todesnachricht lässt sich nicht abschütteln wie ein überraschender Faustschlag. Als Khaled hinter mir Julias verweintes Gesicht sieht, sagt er leise: »Lasst uns zu Belal gehen.«

Dort muss ich lange an die Tür hämmern, bis er aufmacht. Ich warte, bis er zu sich gekommen ist. Dann sage ich langsam: »Abdul Latif ist tot.« Belal schaut mich fassungslos an. Ich wiederhole: »Abdul Latif ist tot«, und nehme ihn in die Arme. Doch Belal ist völlig erstarrt. Jeder Muskel seines Körpers ist angespannt. Versteinert schaut er mich an. Kein Wort kommt über seine Lippen.

Er ist grau im Gesicht. Ich versuche zu erklären, was passiert ist. Doch Belal kommt aus seiner Schockstarre nicht heraus.

Als ich eine halbe Stunde später sein Zimmer verlasse, schaut er noch immer ausdruckslos ins Leere. Irgendetwas in ihm ist zerbrochen – wahrscheinlich die größte Freundschaft seines Lebens. Und vielleicht auch das Vertrauen zu mir.

Als ich um 5 Uhr ins Bett falle, spüre ich, dass auch in mir vieles zerstört ist. Doch ich weiß, dass ich kein Recht habe, mich jetzt Gefühlen hinzugeben. Ich denke an Abdul Latifs Familie. Was ist meine Trauer gegen ihren Schmerz?

Mein Nachtgebet besteht heute nur aus einem verzweifelten Satz: »Warum hast du mich da rausgeholt?«

Der Tag danach

Als ich am nächsten Morgen gegen 9.30 Uhr in der Lobby des Hotels auftauche, scheint bereits alles bekannt zu sein. Julia und Khaled ziehen mich in eine Ecke. Sie schirmen mich vor den Journalisten ab, die jetzt Interviews haben wollen. Wilde Gerüchte machen die Runde. Ein Angriff von Gaddafis Truppen auf zwei Deutsche scheint eine gute Geschichte zu sein. Das Interesse legt sich etwas, als sich herumspricht, dass die beiden Deutschen überlebt haben. Ein toter Deutscher wäre spannender gewesen, meint die Londoner Redaktion der BBC-Korrespondentin.

Trotzdem dringen die meisten Journalisten auf eine Pressekonferenz. Bis auf einen libyschen Bekannten, der für die Sicherheit des schon mehrfach angegriffenen Ouzu-Hotels zuständig ist. Er warnt mich, Gaddafi offen anzugreifen. In Bengasi gebe es Hunderte Agenten Gaddafis. Fast der gesamte Geheimdienst sei noch in der Stadt. Seine Mitarbeiter seien nur beurlaubt worden. Einige seien noch sehr aktiv, wie der Tod des Kameramanns von Al-Dschasira zeige.

Belal, der noch immer kein Wort mit mir gesprochen hat, bringt mich zu zwei Brüdern Abdul Latifs. Mit gesenkten Köpfen stehen sie in der Lobby des Hotels. Weinend umarmen sie mich. »Danke, dass Sie sein Freund waren«, sagen beide. »Und entschuldigen Sie, dass Sie all das mitmachen mussten!«

Ich kann es nicht fassen: Ihr Bruder ist gestorben, und sie entschuldigen sich für meine Unannehmlichkeiten? »Seien Sie nicht traurig«, sagen sie, »er hat jeden Tag von Ihnen erzählt.« Dann verabschieden sie sich. Es gibt eine Art der Gastfreundschaft in der arabischen Welt, die all unsere Vorstellungen von menschlicher Größe übersteigt.

Verloren stehe ich in der Hotelhalle. Bis mich Julia zur Pressekonferenz zerrt. Sie hat gar nicht geschlafen. Sondern Fotomaterial sortiert, Filme geschnitten und Protokoll geschrieben. Das professionelle Aufarbeiten jedes Tages war zwar zu Beginn unserer Reise fest vereinbart worden. Dennoch bewundere ich Julias Konsequenz. Staunend sehe ich die Aufnahmen, die sie unter Lebensgefahr während des Beschusses auf der Todesstraße und während ihrer Flucht zur Düne gemacht hat. Immer wieder hatte sie ihre Kamera hochgerissen, um festzuhalten, was Abdul Latif das Leben kostete und unser Leben in jeder Sekunde bedrohte. Die kleine Julia war im Angesicht des Todes die Tapferste von uns gewesen.

Nach der Pressekonferenz spricht mich Belal zum ersten Mal wieder an. Fast regungslos sagt er: »Wir müssen aufbrechen. Die Gruppe ist durch Ihre Pressekonferenz in Gefahr. Sie haben Gaddafi frontal angegriffen. Das war zwar richtig. Aber hier wimmelt es von Agenten. Gaddafis Truppen marschieren jetzt Richtung Bengasi. Heute Morgen haben sie Adschdabiya eingenommen. In wenigen Tagen können sie hier sein. Wir müssen weg!«

Es folgt eine heftige Diskussion. Ich möchte so lange wie möglich bleiben. Um mit Abdul Latifs Familie zu sprechen. Und um Krankenhäuser zu besuchen. Doch mir ist klar, dass ich meinen Freunden jetzt entgegenkommen muss. Die Truppen Gaddafis rücken in der Tat immer näher. Wir verständigen uns, in der Nacht loszufahren.

Dann bringen uns Bekannte ins Zentralkrankenhaus von Bengasi. Dort will uns erst niemand durchlassen. Dann schaltet sich ein Arzt ein. Er will, dass wir das wahre Antlitz des Krieges sehen. Die ersten Verwundeten aus Adschdabiya sind bereits hier. Wir treffen den jungen Rebellen, der uns im Hauptquartier das erste Glas Wasser gereicht hatte. Seine Hand ist durchschossen. Er lächelt, so wie er gestern gelächelt hatte. »Nicht der Rede wert«, meint er, obwohl Blut aus seinem Verband tropft.

Wir werden in den Operationssaal gebracht, in dem ein halbes Dutzend Ärzte um das Leben der 22-jährigen Fadya kämpft. Sie hat heute Morgen in Adschdabiya mehrere Schüsse in die Brust erhalten. Die Kommandos der operierenden Ärzte werden lauter, erregter, verzweifelter. Die Stimme des Chefarztes überschlägt sich – dann wird es still. Fadya und die Ärzte haben den Kampf verloren.

Leise verlassen wir den Raum. Der uns begleitende Arzt setzt sich müde auf eine kleine Bank im Flur: »Sie ist tot«, sagt er. »Zwanzig Jahre und einfach tot.« Als er spürt, dass Tränen über sein Gesicht laufen, steht er auf und geht zu seinen Kollegen zurück.

In einem japanischen Kleinbus starten wir nachts Richtung Kairo. Wir fahren die über 1200 Kilometer an einem Stück durch. Vorbei an jubelnden Menschen in Al-Baida, die mit Autokorsos den angeblichen Tod eines Gaddafi-Sohnes feiern. Vorbei an den Flüchtlingen aus Ghana, dem Sudan, Sri Lanka und Bangladesch, die im Niemandsland zwischen Libyen und Ägypten noch immer darauf warten, dass sich jemand ihrer erbarmt.

Nach über 20 Stunden Fahrt kommen wir am Abend des 16. März in Kairo an. Die Strapazen der Fahrt waren diesmal nicht das Schlimmste. Bedrückender war die unendliche Trauer, die Belal ergriffen hatte. Und sein Schweigen.

Passlos in Kairo

Gegen 22 Uhr bin ich im Ramses-Hotel in Kairo. Hier war ich eine Woche zuvor gestartet. Jetzt will ich nur noch schlafen.

Doch der Rezeptionschef, der aussieht wie der französische Komiker Louis de Funès, will erst meinen Pass sehen. Aber der ist wie alle meine Papiere vor Brega den Flammen zum Opfer gefallen. »Ohne Pass kein Bett«, entscheidet Louis de Funès. »Das ist Gesetz.« Ich erkläre ihm, dass mein Pass bei einem Raketenangriff in Libyen verbrannt sei. Dass ich todmüde sei und ins Bett wolle. Doch ich habe keine Chance. Er besteht auf einem Ausweis. Ich erkläre ihm, dass das Hotel von meinen früheren Aufenthalten mindestens zwei Kopien meines Passes haben müsse. Hoheitsvoll erklärt er mir, nach den Gesetzen Ägyptens seien Passkopien kein Passersatz. Meine Geduld schwindet.

Nach langen Diskussionen macht sich der strenge Rezeptionschef auf die Suche nach meinen Passkopien. Nach einer halben Stunde findet er eine. Gnädig verkündet er, wenn ich ihm jetzt noch meine Kreditkarte zeigen könne, werde er beginnen, darüber nachzudenken, mir ein Zimmer zu geben. »Verbrannt«, sage ich und versuche, die Kontrolle nicht zu verlieren. »Mit dem gesamten Auto in Feuer aufgegangen.« Ich habe das alles bereits dreimal erklärt. Trotzdem fragt er, ob ich die Sache mit dem Raketenangriff noch einmal erzählen könne. Völlig genervt beginne ich von vorne.

»Sind Sie sicher, dass es Ihnen gut geht?«, unterbricht mich der Rezeptionschef mit milder Stimme. Ich stehe nun seit über einer Stunde am Empfang. Viermal habe ich meine Geschichte erzählt – mit dem Ergebnis, dass mich dieser Komiker jetzt für verrückt hält. Ich erkläre mit letzter Kraft, dass es mir gut gehe. Allerdings nur, wenn ich jetzt endlich ein Bett bekäme. Es ist wie in einem schlechten Slapstick-Film.

»Einen Augenblick bitte«, sagt er wieder mit dieser irritierenden Nachsicht, mit der man Irrsinnige anspricht. »Ich werde jetzt mit der Hotelchefin sprechen.« Es folgt ein langes Telefonat. Immer, wenn er meinen Namen erwähnt, verdreht er die Augen. »Sie dürfen bei uns übernachten«, erklärt er huldvoll, nachdem er den Hörer aufgelegt hat. »Ich brauche jetzt nur noch Ihre Kreditkarte. Sie müssen wie jeder Gast zwei Tage im Voraus bezahlen.«

»Aber die Kreditkarte ist doch verbrannt«, brülle ich los. Ich haue mit der flachen Hand so laut auf den Empfangstisch, dass die Louis-de-Funès-Kopie zusammenzuckt, die Bleistifte zu tanzen beginnen und seine Mitarbeiter herbeieilen. Doch er bleibt hart. »Ohne Anzahlung kein Zimmer.«

Aus einer kleinen eingenähten Tasche meiner Jacke nestle ich einen 500-Euro-Schein, den ich für extreme Notfälle dabeihabe. Für Entführungen, Bestechungsforderungen und ähnliche Katastrophen. Der Rezeptionschef nimmt den Schein mit spitzen Fingern und erklärt mir, dass das Hotel keine 500-Euro-Scheine akzeptiere. Ich muss ihn wirklich gestört anschauen, denn er fragt nun sehr besorgt, ob es mir gut gehe.

So geht das weiter bis Mitternacht. Dann endlich ist der 500-Euro-Schein akzeptiert. Zu einem rekordverdächtig räuberischen Wechselkurs. Müde gehe ich zum Aufzug. Ob ich sicher sei, dass es mir gut gehe, ruft mir Luis de Funès nach. Ich drehe mich nicht mehr um. Ich lasse mich auf mein Bett fallen und schlafe sofort ein.

Die Heimreise

Den kommenden Tag verbrachten wir damit, einen Ersatzpass und ein Einreisevisum zu bekommen. Ohne Pass und *Einreisevisum* gibt es in Ägypten nicht nur keine Hotelzimmer, sondern auch keine Ausreise. Ohne Papiere ist man in Ägypten verloren.

Weder die deutsche Botschaft noch die ägyptische Zentralverwaltungsbehörde Mogamma waren bei der Beschaffung neuer Pässe besonders hilfreich. In der Mogamma arbeiten auf 14 Stockwerken dicht gedrängt 18 000 Staatsbedienstete. Unter diesen geschäftig hin und her wuselnden Staatsameisen fühlten wir uns selbst wie Ameisen. Vor allem nachdem wir die Geschichte des Raketenbeschusses wieder und wieder erzählen mussten. Und stets diesen fragenden Blick ernteten: »Sind Sie sicher, dass es Ihnen gut geht?« Stunden verbrachten wir in der Ameisenhochburg.

Als wir tags darauf endlich in einer Swiss-Maschine saßen, bat ich um die *Neue Zürcher Zeitung*. Ich wollte endlich etwas anderes lesen als immer nur Revolutionsberichte. Als ich das Blatt aufschlug, stockte mir der Atem. Auf Seite drei sprang mir ein »Reuter«-Foto unseres ausgebrannten Wagens und der übrigen Autowracks förmlich ins Gesicht. Zum ersten Mal sah ich, was von unserem Auto übrig geblieben war. Hinter der Düne hatten wir keine Sicht auf die über 100 Meter lange Todeszone gehabt.

Gaddafis Propagandateam hatte ausgewählte Journalisten, darunter einen »Reuter«-Journalisten ins »Tal der Flammen« geschickt. Anhand der sieben zerstörten Fahrzeuge hatte es dargelegt, dass seine Truppen die Lage zwischen Brega und Adschdabiya militärisch im Griff hätten.

Es war, als wollte mir das Schicksal immer wieder dieses schreckliche Ereignis vor Augen halten. Reichten meine Albträume denn nicht? Es gab Tausende Kriegsbilder aus Libyen. Warum hatte die *NZZ* ausgerechnet dieses Bild ins Blatt gehoben? War vielleicht doch alles nur ein böser Traum? Kommentarlos gab ich die Zeitung an Julia weiter.

In München angekommen, las ich die *Süddeutsche Zeitung*. Erneut riss mich ein Foto ins »Tal der Flammen« zurück. Diesmal war es eine Großaufnahme des über 30 Meter langen russischen Mehrfachraketenwerfers, der am 14. März unzählige Geschosse auf uns geschleudert hatte. Was wollte mir das Schicksal damit sagen, dass es jetzt auch noch das Bild der auf uns gerichteten Todesmaschine nachlieferte? Hatte ich diese Apokalypse wirklich erlebt, oder war ich in einem Science-Fiction-Film? Ich hatte Gänsehaut am ganzen Körper. Das alles sollte Zufall sein?

Die Rückkehr zur Familie des Freundes

Seit jenen Märztagen 2011 verging kein Tag, ohne dass ich an Abdul Latif dachte. Mit ihm sprach. Grübelte, warum ich leben durfte und er nicht. Warum hatte ich den tödlichen Wunsch geäußert, nach Brega zu fahren?

Fast schmerzhaft empfand ich den Frühling. Jener April 2011 war der prachtvollste Frühlingsmonat, an den ich mich erinnern konnte. Fast explosionsartig blühte und grünte alles auf. Apfel- und Kirschbäume entfalteten zur gleichen Zeit ihre duftende Blütenpracht. Als wollte der April dem Mai wenigstens einmal den Rang des schönsten Monats streitig machen.

Ich ging in jenen Wochen täglich an die Isar. Vorbei am Wohntempel Saif Al-Arab Gaddafis, der sich in diesen Tagen angeblich im Palast seines Vaters in Tripolis aufhielt.

Auf einem schattigen Trampelpfad entlang der Isar entfloh ich für ein paar Stunden dem Lärm der Großstadt. Alles war von paradiesischer Schönheit. Der moosgrüne Fluss funkelte und blitzte wie ein großer Diamant. Der Rausch des machtvoll ausgebrochenen Frühlings hatte auch die Isar-Enten erfasst. Wie in Ekstase tauchten und tanzten sie. Flügelschlagend drehten sie fröhliche Pirouetten und Kapriolen auf dem Wasser.

Je idyllischer sich die Natur präsentierte, desto heftiger wurde mir die Tragödie Abdul Latifs bewusst. Gehörte dieser Lenz mit all seiner Pracht und Fröhlichkeit nicht auch ihm? Könnten wir jetzt nicht gemeinsam durch den Frühling von Bengasi oder München streifen?

Nachts fiel ich in einen bleiernen Schlaf. Von Julia wusste ich, dass sie nachts kaum schlief und Panikattacken hatte. Erst im Morgengrauen nickte sie für ein paar Stunden ein. Auch sie war in diesen Wochen allein. Sie arbeitete jeden Tag an einem kleinen Film für die Familie von Abdul Latif, den wir möglichst bald überbringen wollten.

Mein Plan, irgendwann einmal mit meinem Fast-Nachbarn Saif Al-Arab Gaddafi über die Ereignisse in Libyen zu sprechen, würde sich wohl nicht erfüllen. Nach Presseberichten wurde er am 30. April 2011 bei einem der »Zivilistenschutz-Angriffe« der NATO auf die Residenz seines Vaters getötet.

Unsere Versuche, Abdul Latifs Familie telefonisch zu erreichen, scheiterten lange. Gaddafi hatte das Internet und die internationalen Telefonverbindungen konsequent lahmgelegt. Erst Ende Mai gelang es Khaled, mit Bengasi Kontakt aufzunehmen. Kurz danach, Mitte Juni 2011, flogen wir nach Kairo.

Die 1200 Kilometer von Kairo nach Bengasi in einem einfachen Taxi waren beschwerlich wie immer. In der ägyptischen Küstenstadt Marsa Matruh machten wir Zwischenstation. Wohlhabende ägyptische Familien verbrachten hier Badeferien. Die Männer trugen lange, gepflegte Bärte. Die Frauen waren total verschleiert. Nur frühmorgens trauten sie sich ins kühle Nass. Geschützt durch mehrere Kleidungsschichten und Gesichtsschleier. Sie badeten höchstens zwei Minuten lang. Dann nahm sie eine ebenfalls verschleierte Begleiterin mit einem großen Badetuch in Empfang. Niemand sollte ihre Körperformen erraten können.

Das leicht ironische Schmunzeln auf unseren Gesichtern verschwand, als sich anschließend christliche Nonnen in vollem Gewand in die Fluten stürzten. Auch sie wären nie auf die Idee gekommen, im Badeanzug oder Bikini schwimmen zu gehen. Etwas beschämt gingen Julia und ich zum Frühstückstisch. Khaled lächelte wortlos, aber vielsagend.

Nach zwei Tagen waren wir spätabends im Ouzo-Hotel in Bengasi. Am nächsten Morgen stand Abdul Latifs ältester Sohn Khaldoun in der Hotelhalle vor uns. Staunend, ungläubig. »Sie haben uns nicht vergessen? Niemand kommt freiwillig nach Bengasi zurück.« Dann begann er, aufgeregt mit seiner Familie zu telefonieren. Nachmittags sollten wir sie besuchen.

Ahmad, Abdul Latifs Bruder, holte uns ab. Schweigend fuhren wir durch die Stadt. In Bengasi war fast Normalität eingekehrt. Statt Fahnen zu schwingen, gingen die Menschen wieder ihrer Arbeit nach. Nur die in den Farben der Revolution bemalten Bäume am Straßenrand erinnerten an den kollektiven Rausch der ersten Wochen.

Inzwischen waren auch die letzten Wandbilder Gaddafis überklebt. Nur auf 1- und 50-Dinar-Noten prangte noch sein Porträt als »Revolutionsführer«. Viele Libyer weigerten sich, diese Scheine auch nur in die Hand zu nehmen. Manche strichen sein Bild einfach durch.

Klopfenden Herzens betraten wir Abdul Latifs einfaches, aber blitzsauberes Haus. Wir wurden in den Gästeraum geführt. Dort übergab uns Ahmad feierlich zwei große Plakate mit dem Bild seines Bruders. Ich legte sie sorgfältig vor mich hin. Langsam füllte sich der Raum. Mit Brüdern, Söhnen und Freunden Abdul Latifs. Alle schwiegen.

Dann begann ich, von den letzten Tagen Abdul Latifs zu berichten. Jeder Satz tat weh. Seiner Familie und mir. Alles war wieder gegenwärtig. Ich spürte das Leid der Familie fast physisch. Ihre Schultern hingen tief nach unten, die Köpfe waren zu Boden geneigt. Über ihre Gesichter rannen unablässig Tränen.

Doch ich schuldete ihnen diesen Bericht. Ich erzählte von der Freude, die er verbreitete, von den Liedern, die wir sangen, von seinen Zukunftsplänen und von seiner fröhlichen Standardantwort auf alle unsere Bitten: »Why not – warum nicht?«

Als ich ende, herrscht Totenstille. Abdul Latifs engster Freund, jener Mann, den wir in Brega besuchen wollten, bricht das Schweigen. Er dankt uns, dass wir wiedergekommen seien. Abdul Latif habe uns tief ins Herz geschlossen. Alle wünschten, dass *er* uns heute begrüßen könnte. Abdul Latif habe ihn am Tag vor unserer Fahrt nach Brega mehrfach angerufen. Er wollte uns dort mit ihm zusammenbringen.

Aber ausgerechnet an jenem Tag habe er überraschend nach Bengasi gemusst, um einem Freund zu kondolieren. Seine Bekannten in Brega hätten geglaubt, der Weg sei frei, weil sich die Truppen Gaddafis kurz zuvor zurückgezogen hätten. Offenbar habe es sich jedoch nur um einen Teilabzug oder um eine Truppenverlegung gehandelt.

Er wisse um den unendlichen Schmerz der gesamten Familie. Abdul Latif sei ihre Seele, ihr Mittelpunkt gewesen. Doch heute seien alle stolz, dass wir Abdul Latif mit unserer Rückkehr die Ehre erwiesen hätten. Dann hält er sich die Hände vors Gesicht. Später erfahren wir, dass sein Sohn vor einer Woche getötet worden war.

Julia legt ihren Film ein. Er zeigt Abdul Latif während unserer gemeinsamen Reise. Von Tobruk bis Brega. Während der Vorführung ist es mucksmäuschenstill. Schultern und Köpfe fallen noch tiefer nach unten. Ein Sohn Abdul Latifs stürzt aus dem Raum und läuft schluchzend nach oben. Die Familie erlebt die Katastrophe noch einmal. Wie Abdul Latif zu seinem Wagen zurückkehrt, die Rakete einschlägt, der Wagen explodiert. Als der Film zu Ende ist, herrscht wieder Grabesstille. Abdul Latifs Freund öffnet die Vorhänge. Nur langsam kommt die Familie zu sich.

Der Bericht des Bruders

Ahmad ergreift das Wort. Er bedankt sich im Namen seines Bruders für die Tage, die wir mit ihm verbracht haben. Dafür, dass wir zurückgekommen sind. Und für Julias Film. Allerdings sei alles noch dramatischer gewesen. Abdul Latif sei aus dem explodierenden Auto geschleudert worden. Tödlich verwundet, aber nicht tot.

Eine Rebellengruppe habe den Angriff aus der Ferne beobachtet und den Feuerball des Autos gesehen. Sie habe trotz eines nicht endenden Kugelhagels eine Stunde lang versucht, sich zu uns vorzukämpfen. Dabei seien mindestens zwei, möglicherweise auch vier Rebellen verletzt worden. Schließlich hätten sie den tödlich verwundeten Abdul Latif gefunden und ins Krankenhaus von Adschdabiya transportiert. Dort sei er morgens gegen 4 Uhr verstorben.

Bei dem Toten habe es sich mit großer Sicherheit um Abdul Latif gehandelt. In der Aufbewahrungskammer des Krankenhauses habe man seinen Ring und seine Casio-Armbanduhr gefunden. Am Morgen sei Abdul Latif unter dem Beschuss der herannahenden Truppen Gaddafis begraben worden. An einem anonymen Ort. Namenlos. Damit er in Frieden ruhen könne.

Ich habe Mühe, Luft zu bekommen. Es ist, als fiele mir ganz langsam die Decke auf den Kopf und erdrückte mich. Ich blicke auf Julia. Sie ist wie vom Donner gerührt. Ahmads Geschichte kann nicht wahr sein. Julia erwartet, dass ich protestiere. Dass ich alles noch einmal detailliert darlege. Doch ich sehe die tiefe Trauer und Verzweiflung der Familie. Ich kann jetzt nicht widersprechen. Nach einer langen Pause sage ich: »Wir haben nun zwei Versionen des Anschlags. Ich schließe nicht aus, dass Ihre Darstellung die richtige ist. Nur Allah weiß die volle Wahrheit.«

Fast erleichtert atmet die Familie auf. Sie hatte sich bei ihren Recherchen so viel Mühe gegeben. Und ihre Erkenntnisse so oft weitererzählt. Ein Streit mit den Freunden Abdul Latifs wäre schrecklich gewesen. Julia schaut mich entgeistert an.

Nur äußerlich ruhig, frage ich die Brüder Abdul Latifs, was wir falsch gemacht hätten. Sie reagieren ganz aufgeregt, fast entsetzt. Wie wir darauf kämen? Wir hätten uns genau richtig verhalten. Unbewaffnet habe niemand gegen die Raketen Gaddafis eine Chance gehabt. Genau wie Abdul Latif. Die Familie sei glücklich, dass wir überlebt hätten. Alles andere wäre für sie unerträglich gewesen.

Ein junger Arzt betritt den Raum. Er ist Nachbar und enger Freund der Familie. Abdul Latif nennt er »seinen Bruder«. Er habe als Anästhesist an den Wiederbelebungsversuchen Abdul Latifs mitgewirkt. Doch er habe ihn nicht erkannt. Er sei an jenem Tag an über 20 Operationen beteiligt gewesen. Er erinnere sich noch, dass er die ausgetretene Hirnmasse abgeschnitten habe. Nach einem Luftröhrenschnitt sei Abdul Latif künstlich beatmet worden.

Julia wird immer fahler im Gesicht. Ich frage, wie es möglich sei, dass Abdul Latif mit derart schweren Verletzungen noch zwölf Stunden gelebt habe. Der Arzt zuckt mit den Schultern. Er habe dafür keine Erklärung. Etwas Vergleichbares habe er noch nie erlebt.

Dann zeigt er uns das Video, das routinemäßig bei Operationen aufgenommen wird. Es sind Bilder des Grauens. Wir sehen einen rot, rosa, schwarz verbrannten Körper, einen zur Operation geöffneten blutenden Hals – und einen nahezu völlig verbundenen Kopf. Nur die Nase ragt, geschwollen und dunkelblau, aus dem Verband heraus. Ich versuche, Abdul Latif zu erkennen – vergeblich. Ich kann einen Menschen nicht anhand seiner geschwollenen, verfärbten Nase identifizieren. Ich kann nur hoffen, dass dieser Mensch, wer immer es gewesen sein mag, keine Schmerzen mehr hatte.

Der junge Arzt nickt verständnisvoll. Er habe Abdul Latif auch nicht erkannt. Obwohl sie sich mehrmals die Woche gesehen hätten. Als allerdings am nächsten Mittag die Familie angerufen habe, habe er sich den Verstorbenen noch einmal genau angesehen. An den Augen habe er seinen Freund schließlich wiedererkannt.

»Hatte er Schmerzen?«, frage ich kaum hörbar. »Nein, nicht eine Sekunde. Wahrscheinlich hat er bereits durch die Druckwelle der Rakete das Bewusstsein verloren. Wenn nicht, haben ihm die schweren Kopfverletzungen sofort das Bewusstsein geraubt. Er hat nicht gelitten. Er war tödlich verwundet, auch wenn sich sein Körper zwölf Stunden lang weigerte zu sterben.«

Julia schaut mich immer wieder an. Ahmads Geschichte kann doch gar nicht wahr sein. Schließlich stellte sie selbst ihre Fragen an Ahmad und den Arzt. Sorgfältig drauf bedacht, niemanden zu verletzen.

Wie komme es, dass Yussuf kurz nach dem Anschlag und auch am nächsten Tag beteuert habe, er habe genau gesehen, wie Abdul Latif im brennenden Auto saß? Er war doch nur wenige Meter entfernt, als die Rakete einschlug. Wie komme es, dass wir von den eine Stunde lang dauernden Kämpfen zu unserer Rettung nichts gehört hatten? Wir waren doch nur 1000 Meter entfernt. Wie komme es, dass im Hauptquartier der Rebellen von Adschdabiya nachts um 1 Uhr noch immer niemand von diesen Kämpfen wusste? Wie komme es, dass der Arzt seinen Freund stundenlang operiert habe, ohne ihn zu erkennen? Abdul Latif sei doch bestimmt erst später verbunden worden. Und warum sei Abdul Latif auf den Fotos, die Julia nach dem Anschlag von unserem brennenden Auto gemacht hatte, nirgendwo zu sehen?

Julia ist völlig verzweifelt. Vor allem, als ich ihr noch einmal sage: »Wir sollten die Geschichte der Familie so stehen lassen. Vielleicht stimmt sie tatsächlich.« Ahmad nimmt mich wie einen Bruder in den Arm. Ich war gekommen, um ihn und seine Familie zu trösten. Jetzt tröstet er mich. Er ahnt, was in mir vorgeht.

Die libysche Mama

Ich gehe zu Abdul Latifs Mutter. Sie ist 72 Jahre alt und eine echte südländische Mama. Würdig trägt sie einen stilvollen schwarzen Ganzkörperschleier mit langen silberweißen Streifen. Sie residiert auf einer kleinen verzierten Decke im Flur. Von hier aus hat sie alle Zimmer und die ganze Familie im Blick. Alles dreht sich um sie, alle verehren und lieben sie. Ahmad nennt sie seine »Königin«.

Ich setze mich neben sie und nehme ihre Hände. Ich weiß,

dass sich das nicht gehört. Aber das ist mir in diesem Augenblick egal. Ich muss die Hände der Mutter Abdul Latifs ergreifen, um ihr für ihren Sohn zu danken. Um ihr zu sagen, welch wunderbarer Mensch er war. Abdul Latifs Mutter weint und weint. Doch dann dankt sie mir. Dafür dass ich sein Freund war und ihn nicht vergessen hätte. Mit ihrer dunklen, melodisch warmen Stimme sagt sie: »Ich wünschte, er hätte noch viel mehr für Sie und Julia getan. Aber Sie beide leben, das ist viel wert. Gott segne Sie.«

Sie macht eine lange Pause. »Mein Sohn hat würdig gelebt, und so ist er gestorben. Ich wünschte, ich wäre an seiner Stelle abberufen worden. Doch der Wille Gottes war anders. Er wird mir helfen, diese Prüfung zu bestehen. Ich hoffe, dass jetzt niemand mehr getötet wird. Auch keine Feinde mehr. Auch sie sind unsere Brüder.«

Inzwischen stehen Abdul Latifs Brüder und auch Khaldoun um uns herum. Sie freuen sich, dass ich neben ihrer Mutter sitze. Ahmad streicht ihr liebevoll die Tränen aus dem Gesicht. Ich frage die »Königin«, ob ich Abdul Latifs Frau, Tochter und Schwestern in den Frauengemächern begrüßen dürfe. Abdul Latifs Mutter nickt. Es gibt Augenblicke, in denen alle Traditionen aufgehoben sind.

Gegen Abend verlassen wir das Haus. Wir fahren ans Meer. Eine frische Brise weht uns entgegen. Ich fürchte, dass Ahmads Geschichte stimmt. Vielleicht nicht in allen Einzelheiten, aber im Kern. Der Wüstenwind und der Lärm der Granaten könnten das Gefecht zwischen den Rebellen und den Gaddafi-Kämpfern übertönt haben.

Doch alles ist so unerwartet. Ich hatte Abdul Latif fast um seinen schnellen, plötzlichen Tod beneidet. In Wirklichkeit war er offenbar schwer verletzt ganz langsam gestorben. Die erste Stunde lang nur 1000 Meter von mir entfernt. Hatte ich mir nicht geschworen, nie einen Freund in Not allein zu lassen?

Julia kann anscheinend Gedanken lesen. Noch immer zornig sagt sie: »Ich weiß, was du jetzt denkst. Dass du die Pflicht gehabt hättest, ihn zu suchen. Du wärst auch losgezogen. Aber das hätte niemandem genützt. Nicht einmal Abdul Latif. Nur die

Raketenschützen hätten sich gefreut, dass sie endlich gewusst hätten, wo wir sind. Sie hätten uns alle umgebracht. Du denkst, für dich wäre das auch vielleicht das Beste gewesen. Aber ich habe keine Lust zu sterben. Was du denkst, ist reiner Egoismus.«

Tief betroffen schweigen wir uns an. Es ist, als erlebten wir den 14. März, den Todestag Abdul Latifs, noch einmal. Mit ungeahnter Wucht.

Das Kriegsvideo des Gaddafi-Kämpfers

Alles ist merkwürdig. Auch dass Julia am selben Abend von einem Bekannten einen Videofilm erhält, der den Vormarsch der Gaddafi-Truppen auf Brega zeigt. Kurz vor dem 14. März. Ein Gaddafi-Kämpfer hatte ihn mit seiner Kamera aufgenommen. Sie wurde bei seiner Leiche gefunden. Der Film zeigt die Ereignisse des März von der anderen Seite.

Gaddafis Soldaten tragen auf dem Video keine Uniformen. Sie haben Parkas, Jeans oder Tarnhosen an. Sowie alte Stiefel oder Turnschuhe. Und dicke Wollmützen. Es scheint feuchtkalt zu sein. Der filmende Soldat ist etwa 22 Jahre alt und stets gut gelaunt. Er kämpft ja angeblich, wie seine Kameraden, für eine gute Sache. Gegen ausländische Eroberer und Al-Qaida. Auf allen Sendern der Welt hatte er gehört, dass man Al-Qaida bekämpfen müsse. Auch Gaddafi hatte das gesagt. Und Barack Obama. Bei den Rebellen aber gab es auch Al-Qaida-Kämpfer.

Frühmorgens geht seine Reise los. Richtung Ras Lanuf, der letzten größeren Stadt vor Brega. Verschlafen, verfroren sitzen die jungen Soldaten in ihren Jeeps und Toyotas. Man sieht, wie Ras Lanuf gestürmt und durchsucht wird. Die Rebellen haben die Stadt am Mittelmeer offenbar kurz zuvor verlassen.

Ein gut aussehender großer Junge in modischer Windjacke wird von Gaddafis Kämpfern aus einem Haus gezerrt. Drei Soldaten packen ihn am Kragen und führen ihn ab. Er blutet im Gesicht. Seine Jacke wird heruntergerissen. Hilfesuchend schaut er zu dem Hobbyfilmer. Doch niemand wird ihm helfen. Die Straßen sind leer. Im Hintergrund hört man Schüsse.

Die Kamera führt zu einem eilig ausgehobenen Grab am Straßenrand. In dem Erdloch sieht man einen jungen Mann mit halb geöffneten Augen. Daneben, im Wüstensand, zwei Leichen. Eine trägt Adidas-Turnschuhe. In Kürze wird man auch sie in das Loch werfen.

Auf der Straße liegt ein etwa vierzig Jahre alter Mann. Auf dem Rücken, mit ausgebreiteten Armen. Aus Bauch und Knien quillt Blut. Die Augen sind weit aufgerissen. Durch Fußtritte versuchen die Soldaten herauszufinden, ob er noch lebt. Mühsam schnappt er nach Luft. »Schmeiß den Hund ins Meer«, sagt eine Stimme. Der Krieg kennt keine Zwischentöne.

Bei einem Stopp präsentiert sich der Hobbyfilmer in Siegerpose. Mit hoch erhobenen Fäusten. Zur dunkelgrünen Jacke trägt er jetzt eine grüne Kappe und schwarze Handschuhe. Er hat sich für diese Szene extra umgezogen. Seine Truppe ist auf der Siegerstraße. Er ist vorne mit dabei. Das muss er filmen.

Die mit einer gelben Sandschicht bedeckte Fahrzeugkolonne wird immer größer. Plötzlich stößt Gaddafis Sohn Mutassim zu seinen Truppen. In einem blitzenden Lexus-Geländewagen. Durch das geöffnete Fenster nimmt er breit lächelnd den Händedruck seiner begeisterten Soldaten entgegen. Bevor er aussteigt, zieht er noch eine Tarnjacke an. Seinen Kopf verhüllt er mit einem kühnen Schal. Dann mischt er sich, ganz Wüstenkämpfer, unter seine Soldaten.

Mutassim ist sehr schlank und erheblich größer als seine Soldaten. Mit seiner lässigen Kampfkleidung, seiner dunklen Sonnenbrille und seinen hohen Springerstiefeln sieht er verwegen aus. Hillary Clinton wäre jetzt noch hingerissener als im April 2009 in Washington, als sie ihn wie ein kleines Mädchen anhimmelte. Nach wenigen Minuten schwingt sich Mutassim Gaddafi wieder in seinen Geländewagen und braust, Wüstenstaub aufwirbelnd, davon.

Der Wagenpulk unseres Hobbyfilmers führt inzwischen eine Kolonne Schwertransporter an, die mit russischen und italienischen Panzern beladen sind. Der furchterregende Treck ist kilometerlang. Sein Fahrtziel heißt Brega. Und dann Bengasi.

Unser Kriegsberichterstatter hat sich erneut umgezogen. Anstelle der dunkelgrünen Kappe trägt er nun um Stirn und Schultern einen abenteuerlichen hellgrünen Schal. Die Stimmung in seinem Auto ist ausgelassen. Vor ihnen liegt Brega, das die Männer Mutassim Gaddafis bereits in Brand geschossen haben. Aus Öltanks steigt dichter schwarzer Qualm auf.

Heute ist der 14. März. Gaddafis Kämpfer stehen jetzt 30 Kilometer westlich von Brega. Dort werden sie von ihren Kameraden erwartet. Wir – Abdul Latif, Julia, Yussuf und ich – sind zu diesem Zeitpunkt ebenfalls nur noch 30 Kilometer von Brega entfernt. Von Osten kommend.

Plötzlich werden Gaddafis Soldaten von Rebellen angegriffen. Man hört das kehlige Bellen von Maschinengewehren. Einer der Gaddafi-Kämpfer hechtet von seinem Pritschenwagen herunter. Auf der Schulter trägt er eine Panzerabwehrrakete. Vor ihm brennen die Erdölraffinerien Bregas. Im Abendlicht sucht er nach lohnenden Zielen. Ein abenteuerliches Bild.

Auch seine Kameraden springen aus ihren Fahrzeugen. Hektisch schwärmen sie aus. Sie wissen nicht, woher die Schüsse kommen. Das Fahrzeug unseres Hobbykameramanns wird ebenfalls beschossen. Deckung suchend, schleudernd rast es von der Straße herunter. Zu spät? Die Bilder verwackeln, verschwimmen.

Irgendwann, irgendwo findet man die Kamera neben der Leiche des jungen Mannes. Vor Brega oder vor Bengasi? Bengasi selbst hat unser Hobbyfilmer nie erreicht.

Intervenieren – ja oder nein?

Ich hatte mich in jenen Tagen heftig gegen eine westliche Militärintervention in Libyen ausgesprochen. Auch nach dem Tod Abdul Latifs und nach unserer Beschießung im Tal der Flammen. So wie später in Syrien. Ich habe etwas gegen die Ermordung von Kindern, von Zivilisten.

Doch im Fall Gaddafis war dieser Kampf aussichtslos. Der libysche Diktator hatte seinen Gegnern die Dämonisierung zu leicht gemacht. Zwar hatte ihm der Westen die mörderischen Anschläge auf einen US-Jumbojet über Lockerbie und auf eine Berliner Diskothek gegen hohe Geldzahlungen verziehen. Doch als in Bengasi der Aufstand losbrach, lieferte Gaddafi mit Hasstiraden gegen die Aufständischen genau die Stichworte, die der Westen für seinen Krieg brauchte.

Gaddafi nannte die Aufständischen »ekelhafte Ratten«, die er jagen werde. »Zenga, zenga – Gasse für Gasse, Haus für Haus, Zimmer für Zimmer. Bis in die Klos.« Jeder Kenner Libyens wusste, dass Gaddafi immer ein Maulheld war. Er hatte ja auch angekündigt, den Westen militärisch zu zerschmettern. Sein Leben lang hatte er derartige Sprüche geklopft, ohne dass man sie auf die Goldwaage legte. Doch dieses Mal nahm man ihn beim Wort. Wer so rede und gleichzeitig seine Panzer nach Bengasi schicke, sei zu jeder Massenschlächterei fähig, argumentierte der Westen. Er beschloss, in Libyen zu intervenieren. Im Namen der Menschlichkeit.

Jeder, der die westliche Libyenpolitik auch nur am Rande verfolgt hatte, wusste, dass die NATO nicht intervenieren wollte, um den Libyern zu helfen. Ihr ging es in Libyen nie um Menschlichkeit. Der Westen beschloss einzugreifen, weil er glaubte, dass er mit Bomben jetzt mehr erreichen könne als mit den Verhandlungen der letzten Jahre. Gaddafi hatte sich zwar längst in die »Antiterrorfront« des Westens eingereiht. Doch er tanzte noch immer nicht richtig nach der Pfeife der USA. Jetzt gab es die einmalige Chance, eine prowestliche Regierung herbeizubomben und dabei noch als Vorkämpfer der Menschenrechte weltweit Beifall und Ruhm zu ernten. Für Kriegsbefürworter eine fantastische Ausgangslage.

Vor allem McCain, der sich noch wenige Jahre zuvor engagiert für eine strategische Partnerschaft mit Gaddafi eingesetzt hatte, fand plötzlich Bomben auf dessen Haupt erfolgversprechender als das ewige Süßholzraspeln. Das Bombardieren diente ja der Befreiung des libyschen Volkes. Zumindest konnte er das behaupten, nachdem er die Freiheit und die Menschenrechte der Libyer bei seinem damaligen Besuch in Tripolis vergessen hatte.

Außerdem hatten die USA die Revolutionen in Tunesien und Ägypten verschlafen. Libyen bot vielleicht die letzte Chance, auf das arabische Revolutionskarussell aufzuspringen. Militärisches Eingreifen wurde in dieser Lage fast zur patriotischen Pflicht. Der Mittlere Osten war Amerikas strategischer Vorgarten. Öl war viel zu wichtig, um es allein den Arabern zu überlassen, hatte schon Henry Kissinger erkannt.[1] Da konnte man nichts dem Zufall überlassen. Dass sich Präsident Obama mit Worten vornehm zurückhielt, zeigte nur seine politische Klugheit.

Sehr schnell verständigte man sich innerhalb der NATO, dass die USA trotz äußerer Zurückhaltung militärisch die Hauptlast tragen würden. Teilweise flogen US-Piloten sogar französische Kampfjets, wie Präsident Obama öffentlich einräumen musste. Nach außen allerdings ließ man Sarkozy den Vortritt. Der brauchte die Feldherrnrolle dringender. Frankreich stand kurz vor Präsidentschaftswahlen.

Außerdem hatte man für die Bombardierung Libyens in bewährter Weise längst eine friedfertige Formulierung gefunden. Man wollte keinen »Krieg«, sondern lediglich eine »Flugverbotszone«. Das klang verantwortungsbewusst, friedliebend und fair. Welcher Menschenfreund konnte angesichts drohender Massaker gegen eine »Flugverbotszone« sein?

Der amerikanische Verteidigungsminister Robert Gates wehrte sich allerdings gegen diesen Etikettenschwindel. Er nannte die Diskussion über eine »Flugverbotszone« »verantwortungsloses Gequatsche«.[2] Eine Flugverbotszone setze immer ein Bombardieren der gegnerischen Flugabwehr voraus. Libyen stelle außerdem keine Bedrohung der USA dar.[3]

Doch dann machte auch er gezwungenermaßen gute Miene zum bösen Spiel. Seine nachträgliche Begründung hat einen Ehrenplatz im Museum der Kriegslügen verdient. Laut Gates war die Intervention gerechtfertigt, weil sonst »Flüchtlingswellen möglicherweise die Revolutionen in Tunesien und Ägypten gefährdet hätten«.[4] Manchmal fällt selbst gescheiten Verteidigungsministern nichts Gescheites mehr ein. Wenn die Wahrheit tabu ist.

Am 19. März 2011 begann die Militäroperation der NATO gegen Libyen. Dankenswerterweise ohne Deutschland. Die Bundesregierung sollte stolz sein auf den Spott und Hohn, der sich über sie ergoss. Man muss nicht bei jeder Metzelei dabei sein.

Der Friedhof der Panzer

Am 19. März war Gaddafis weit auseinandergezogene Panzerarmee bis auf wenige Kilometer auf Bengasi vorgerückt. Hier
wurde sie von der NATO in einem apokalyptischen Feuersturm
vernichtet. Das höllische Massaker dauerte gerade einmal 15 Minuten. Dann hatte Gaddafi keine Panzerarmee mehr.

Mit Ahmad fahren wir schweigend das Schlachtfeld ab. Über
eine Stunde lang kommen wir an ausgebrannten Kampfpanzern,
Schützenpanzern, Lastwagen, Pritschenwagen, Armeejeeps und
Pkws vorbei.

Die meisten Fahrzeuge hatten versucht, den NATO-Flugzeu-
gen zu entkommen. In verzweifelten Manövern rollten, rasten,
flohen sie in die Wüste. Doch aus dem kühl geplanten Flammen-
inferno gab es kein Entrinnen. Die Panzer wurden zu glühenden
Todesöfen. Hunderte, Tausende Soldaten verbrannten zu Kohle
und Asche.

Wie mit dem Skalpell wurden manche Panzer-Schießtürme
von den NATO-Raketen abgetrennt. Halb versunken finden wir
sie viele Meter entfernt im Wüstensand. Einen Kampfpanzer hat
es auf den Kopf gestellt. Manche Schützenpanzer sind zu bizarren Eisenhaufen zusammengesackt. Kein Fahrzeug entkam den
Flammen.

Für einen Augenblick stelle ich mir das Fegefeuer dieser Minuten vor. Die brennenden, explodierenden Panzer, Lkws und
Jeeps. Die vor Panik und Schmerzen schreienden, verzweifelten, nach Fluchtwegen aus der Hölle suchenden Soldaten. Die
rauschartig begeisterten Piloten, die eine Angriffswelle nach der
anderen flogen. Die hingerissen feststellten, wie unwiderstehlich
ihre Todesmaschinen Gaddafis Armee zerlegten und in Flammen aufgehen ließen. Wie schwarz-orangene Explosionswolken
von dämonischer Schönheit in den Himmel stiegen.

Die französischen Soldaten haben aus dieser Begeisterung nie
einen Hehl gemacht. Bis heute schwärmen sie auf Flugschauen,
den Basaren des Todes, von der Perfektion ihrer feuerspeienden
Todesvögel. Kann es für richtige Männer etwas Schöneres geben,

als aus sicheren Pilotenkanzeln eine feindliche Panzerarmee in die ewige Verdammnis zu schicken?, fragen sie stolz. Kein einziger NATO-Soldat sei verletzt worden.

Schade, dass dieser orgiastische Kampf nur 15 Minuten dauerte, denken sie. Außerdem ist dieser ewige Kampf des Guten gegen das Böse immer wieder ein Milliardengeschäft, stellen die Rüstungsfirmen zufrieden fest.

Was soll man darauf erwidern, wenn der Feind Muammar Al-Gaddafi heißt? Dass es andere Wege geben muss, als immer nur zu töten? Dass Gewalt ein Bumerang ist, der irgendwann zurückkommt?

Unser bis an die Zähne bewaffneter Fahrer und Bodyguard berichtet, dass viele der ausgebrannten Panzerwracks inzwischen zersägt und abtransportiert worden seien. Von ägyptischen Schrotthändlern, die hier das Geschäft ihres Lebens witterten. Ohne Rücksicht darauf, dass ein Großteil der Panzer uranverseucht sei.

Krieg ist wirklich ein grandioses Geschäft. Ein Perpetuum mobile. Nun kann der Westen den Libyern wieder Panzer verkaufen, die er eines Tages erneut zerstören kann. Vielleicht mit Drohnen, die man dann anstelle der bemannten Kampfflugzeuge kaufen könnte.

Die Gefangenen von Bengasi

Am nächsten Tag besuchen wir in Bengasi gefangene Gaddafi-Soldaten. Sie wurden im Raum Brega/Adschdabiya festgenommen. Sie sind im ehemaligen Jugendgefängnis Bengasis untergebracht. Der Vorsteher des Gefängnisses ist ein eleganter Offizier mit kurz gestutztem Bart, weißen Haaren und tiefbraunen Augen. Er hat charismatische Ausstrahlung. Zumindest auf Julia.

Er führt uns in einen großen, kahlen Raum. Zwei dunkelhäutige Gefangene werden hereingeführt. Sie sind Mitte fünfzig. Einer trägt ein langes, weißes Gewand, die Galabiya, der andere eine dunkle Hose und ein dunkles Hemd. Sie fühlen sich in dem großen Zimmer unsicher und bleiben in der Nähe des

Eingangs stehen. Ihre Blicke sind gesenkt. Sie wirken verletzlich, ohne Selbstbewusstsein.

Ich gehe auf sie zu und lege dem dunkel gekleideten Gefangenen die Hand auf die Schulter. Ich will ihm zeigen, dass er von mir nichts Böses zu erwarten hat. Er ist seit 32 Jahren in der Armee. Er habe Libyen immer gedient, in guten und in schlechten Zeiten, sagt er. Soldaten könnten sich ihre Führung nicht aussuchen. Er wisse nicht, was er falsch gemacht habe.

Sein Kollege in der weißen Galabiya hat große Pflaster an Brust und Schulter. Durch das dünne Gewand kann man sie gut erkennen. Ich frage ihn, ob er gefoltert wurde. Er schüttelt den Kopf. Mit leeren Augen schaut er an mir vorbei. Ich versuche, die beiden aufzulockern. Doch es gelingt mir nicht. Sie sind verloren und hilflos. Bis gestern waren sie tapfere Soldaten, die ihre Pflicht erfüllten. Jetzt gelten sie als Mitglieder einer Verbrecherarmee. Das verstehen sie nicht. Ich bringe sie zum Ausgang. Als ich sie mit Handschlag verabschiede, huscht erstmals ein Lächeln über ihr Gesicht.

Dann wird ein Offizier Gaddafis hereingebracht. Er soll Mitte März bei Brega gekämpft haben. Er ist ebenfalls etwa 50 Jahre alt. Er trägt einen Trainingsanzug. Sein linker Arm ist eingegipst. »Folter?«, frage ich. »Ja«, antwortet er. Man habe ihm nach der Festnahme mit einem Stock den Arm gebrochen. Erst hier in Bengasi sei er nicht mehr geschlagen worden.

Er stehe zu Gaddafi. Er habe sich vor vielen Jahren freiwillig gemeldet und würde es heute wieder tun. Er habe nichts Unrechtes getan, als er sich damals für die Armee seines Landes entschieden habe. Immer wieder habe er sein Leben für die Menschen Libyens eingesetzt. Eher müssten sich die Rebellen fragen, warum sie mit Gewalt gegen ihre eigene Armee vorgingen.

Ich erzähle ihm, dass mein Freund Abdul Latif Mitte März von Gaddafi-Einheiten getötet worden sei. Dass auch wir stundenlang bombardiert wurden. Er nickt. Das sei bedauerlich. Aber die Armee habe diesen Krieg nicht begonnen. Ich frage, wo er in jenen Märztagen gekämpft habe. Er schaut mir lange in die Augen. Dann sagt er: »In Brega und Adschdabiya.«

Er ist ein tapferer Mann. Selbst als Gefangener. Er redet niemandem nach dem Mund. Auch ihn bringe ich nach draußen. Im Hinausgehen fragt er Julia noch schnell, ob sie eine Zigarette habe. Er bekommt sie.

Der nächste Gefangene, der hereingeführt wird, ist gesprächiger. Er ist angeblich auf Umwegen mit Gaddafi verwandt. Er behauptet, er habe sich aus Gründen der Menschlichkeit von diesem abgewandt und den Rebellen ergeben. Er habe den Auftrag gehabt, einen Anschlag auf den Flughafen durchzuführen. Doch das habe er nicht übers Herz gebracht. Was ich wissen wolle, fragt er. Er könne mir wahrscheinlich alles bestätigen. Als Insider wisse er alles. Gaddafi habe uns beschießen lassen, um unseren Tod der NATO unterzuschieben.

Das ist so eindeutig gelogen, dass ich das Gespräch abbreche. Die NATO-Intervention fand erst fünf Tage nach unserer Beschießung statt. Doch er will nicht aufhören. Er wisse noch viel mehr, sagt er. Doch mein Interesse an dem gesprächigen Überläufer ist erloschen. Er ist der Einzige, den ich nicht zur Tür begleite. Er würde seine Großmutter verraten, um die Dauer seiner Gefangenschaft zu verkürzen.

Ich frage den Gefängnisoffizier, ob wir die Zellen der Gefangenen sehen könnten. Er nickt. Die erste Zelle wird geöffnet. Zehn Gefangene sitzen und liegen auf etwa 20 Quadratmetern. Die Toiletten und Duschen sind getrennt und sauber.

Ich bitte Julia, aus dem Auto unser Baklawa-Blätterteiggebäck zu holen. Wir wollten es heute Abend selbst verzehren. Es ist eine berühmte Spezialität Bengasis. Julia sprintet los. Als sie zurück ist, gehe ich mit dem Gebäck in die Zelle und setze mich zwischen die Gefangenen. Die sind erst völlig verblüfft. Doch als ich unser Gebäck verteile, werden sie putzmunter.

Die meisten von ihnen sind Mitte zwanzig und patente junge Leute. Sie kämpfen zwar für die falsche Seite. Aber wer wusste noch vor einem Jahr, welches die richtige Seite war? Ich verbringe ungewöhnlich offene, ja sogar lustige Minuten mit den »Feinden« von vorgestern. Alle haben in der Gegend von Brega und Adschdabiya gekämpft. Einer von ihnen hat uns vielleicht beschossen.

Wir reden über Fußball, Politik und über Deutschland. Einer ruft mir zu, ich solle mich nur ja vor dem Gefängnisvorsteher in Acht nehmen. Das sei ein Fan Gaddafis. Doch der steht neben mir und ruft lachend zurück: »Pass du bloß auf!« Alle prusten los.

Die Tür zur gegenüberliegenden Zelle ist verschlossen. Durch die dunklen Gitterstäbe streckt mir ein gefangener Soldat die Hände entgegen. Ich gebe ihm von unserem Gebäck. Er freut sich wie ein Kind und ruft seinen Kameraden etwas zu. Jetzt muss ich auch in diese Zelle. Hier sitzen unter anderem die beiden schwarzen Gefangenen. Als ich mich neben sie setze und die Reste des Gebäcks verteile, lachen sie erstmals richtig. Wer setzt sich in diesen Zeiten schon zu gefangenen dunkelhäutigen Gaddafi-Soldaten? Zu Kämpfern, die der Krieg vielleicht zu Mördern, Plünderern und Vergewaltigern gemacht hat?

Draußen vor dem Gefängnis bedanke ich mich bei dem Offizier für die Art, wie er die Gefangenen behandelt. Mehrfach hätten mir die Gaddafi-Kämpfer gesagt, dass sie ihn fair fänden. Das sei seine Pflicht, antwortet er. Gefangene Soldaten seien wie Waisenkinder. Er müsse sie wie ein Vater behandeln. Alles andere sei Sünde. Außerdem könne schon morgen alles genau umgekehrt sein.

Der kleine Held

Gedankenverloren sitze ich abends im Hotel. Hinter mir höre ich das Geräusch von Krücken. Ein einbeiniger Junge im weißen T-Shirt und blauen Bermudahosen humpelt durch die Hotelhalle. Er grüßt schüchtern. Ich frage ihn, wie es ihm gehe. »Bestens«, antwortet er auf Englisch. Er versucht, seine zuckenden Gesichtszüge unter Kontrolle zu halten.

Hassan ist 18 Jahre alt. Er hatte gerade sein Ingenieursstudium begonnen, als er im Kampf um Misrata sein linkes Bein verlor. Vor drei Monaten. Sechs Tage nach dem Tod Abdul Latifs. Immer wieder verkrampft sich seine linke Hand um die Lehne des Sessels. Mit der anderen Hand kratzt er verstohlen seinen Beinstumpf. Tapfer versucht er, trotz seines zuckenden Gesichts zu lächeln.

Er fragt, ob er mir auf seinem Laptop das Bild seiner Verwundung zeigen könne. »Natürlich«, sage ich und hätte doch am liebsten Nein gesagt. Das Bild ist so grauenerregend, wie ich befürchtet habe. Eine riesige blutige Fleischwunde. Wegen der Schwere der Verletzung und wegen der schlechten hygienischen Verhältnisse wurde das Bein sofort abgenommen. Ein Mann am Nachbartisch sagt laut, Hassan sei ein Held.

Das ist er wohl auch. Ein Kinderheld. Ich erzähle ihm lauter lustige Dinge. Er lacht und lacht. Mit seinem jungen Gesicht, das so traurig ist. Je mehr es mir gelingt, ihn zum Lachen zu bringen, desto mehr ist mir zum Weinen zumute. Ich gebe ihm Tipps für seine zukünftige Prothese. Da kenne ich mich leider aus, seit ich irakischen Kindern Prothesen besorgt habe. Hassan erzählt mir, dass er sogar wieder Auto fahren könne. Die Kupplung bedient er mit der Krücke. Er würde gerne wieder kämpfen und dann sein Studium fortsetzen.

Hassan kommt oft in die Lobby des Ouzu-Hotels. Um nicht vergessen zu werden. Und um seine Geschichte erzählen zu können. Welchen Sinn hätte sein Leben sonst noch? Vielleicht wollen die Menschen in ein paar Jahren nichts mehr von seiner Verwundung hören. Vielleicht ist er dann einfach nur noch ein Krüppel.

Als sein Gesicht wieder zuckt, erzähle ich ihm erneut fröhliche Geschichten. Vom Fußballspielen, von meiner Jugend, von Mädchen, vom Studium, von Pech und Pannen meines Lebens. Und wieder lacht er, erst scheu, dann immer vergnügter. Sein Gesicht zuckt kaum noch.

Nachts finde ich keinen Schlaf. Meine Gedanken kreisen um die Revolution und ihre Opfer. Um die verkohlten Soldaten Gaddafis, die Gefangenen von Bengasi, um Abdul Latif und Hassan. Um 3 Uhr nachts gehe ich in die Hotelhalle, um etwas zu trinken zu holen. Selbst Wasser gibt es in den schmuddeligen Zimmern des Hotels nicht.

In einer dunklen Ecke der Lobby sehe ich Hassan. Völlig in sich zusammengefallen sitzt er alleine da. Jetzt, wo er sich unbeobachtet fühlt, schluchzt er hemmungslos. Auf Zehenspitzen gehe ich auf mein Zimmer zurück. Trinken kann ich auch morgen noch.

Das Festmahl

Am kommenden Abend gibt die Familie Abdul Latifs Julia, Khaled und mir zu Ehren ein großes Festessen. Es ist von unbeschreiblicher Köstlichkeit. Es gibt traditionelle libysche Suppe, Couscous, knusprige Hähnchen und noch krosseren Fisch. Ich esse und esse. Die Stimmung aller, der Familie und der geladenen Freunde, ist locker und liebevoll.

Julia verbringt die meiste Zeit bei den Frauen. Abdul Latifs Schwester schenkt Julia ihr eigenes Lieblingsparfüm. Fotos werden ausgetauscht, Familiengeschichten erzählt. Abdul Latifs Brüder sind stolz, dass ich beim Essen so zuschlage. Jeder versucht, die besten Hähnchenteile und Fischstücke vor mich zu stellen.

Ahmad erzählt, dass Abdul Latif seine letzten zwei Nächte damit verbracht habe, mein Buch *Warum tötest du, Zaid?* zu Ende zu lesen. Da er ständig davon erzählt habe, wollte auch Ahmad einmal reinschauen. Aber Abdul Latif habe ihn nicht rangelassen. In der Nacht vor seinem Tod sei er durch gewesen.

Ahmad nimmt mich zur Seite. Die Familie habe das Zimmer Abdul Latifs nach seinem Tod abgeschlossen. Keiner habe es seither betreten. Aber mir, seinem letzten Freund, wolle er es zeigen. Über eine knarrende Stiege betreten wir den kleinen Arbeitsraum. Es riecht nach den Tausenden Büchern, die sich auf dem Boden, dem Schreibtisch und in den Regalen stapeln. Hier hat ein Bücherwurm gelebt.

Ahmad klettert auf Abdul Latifs Bett, um an dessen Geheimregal zu kommen. Er holt drei Bücher herunter, die sein Bruder immer wieder gelesen hat. Ich halte den Atem an. Es sind englische Ausgaben von Goethe, Nietzsche und Heidegger.

Als wir aufbrechen, hat die Familie für Julia, Khaled und mich alles zusammengepackt, was bei dem Festmahl nicht serviert worden war. Fisch, Hühnchen, Lamm und Unmengen von Obst. Sie wissen, dass das Essen im Ouzo-Hotel bescheiden ist. Sie sind voller Freude, als sie unsere strahlenden Gesichter sehen. Was für eine Familie!

Die Augen Abdul Latifs

Zum Freitagsgebet gehen wir auf den Platz der Freiheit und der für die Freiheit Gefallenen. Hier herrscht fast noch die gleiche revolutionäre Volksfeststimmung, die mir Abdul Latif vor Monaten so stolz präsentiert hatte.

Tausende bereiten sich für das Gebet unter freiem Himmel vor. Nur zwei Scharfschützen auf den Dächern der gegenüberliegenden Häuser sichern den Gottesdienst. Wie auf all meinen Reisen in andere Kulturen – egal, ob hinduistische, buddhistische oder jüdische – nehme ich auch hier am Gebet teil. Es ist heiß. Die Mittagssonne brennt unerbittlich auf uns herab.

Als der neben mir betende Libyer erfährt, dass ich deutscher Christ bin, gibt er mir seinen Gebetsteppich. Ein anderer schenkt mir seinen weißgrauen Schal zum Schutz vor der sengenden Sonne. »Ich hoffe, Sie sind uns nicht böse, dass wir die deutsche Haltung zur NATO-Intervention kritisiert haben«, flüstert er mir zu. »Deutschland ist für uns trotzdem etwas Besonderes.«

Nach dem Gebet gehe ich zu dem angrenzenden Gerichtsgebäude. Hier begann der Aufstand. Wie oft war ich mit Abdul Latif hier! An den Wänden hängen die Bilder der Märtyrer. Jetzt sind es nicht Dutzende, sondern Tausende Fotos getöteter Libyer – Kinder, Jugendliche, Männer und auch Frauen.

Plötzlich stehe ich vor einem großen Foto Abdul Latifs. Fragend schaut er mich an. Wie vom Blitz getroffen schließe ich die Augen. Das letzte Mal hatte er mir noch all die Bilder der Gefallenen erklärt. Jetzt ist er selber einer von ihnen. Mein lächelnder Held. Einer von Tausenden und doch einzigartig.

Es ist Juni 2011. Noch immer toben die Kämpfe zwischen Gaddafis Truppen und den Rebellen.

Der Fall von Tripolis

Wenige Minuten vor dem Tod Abdul Latifs hatten wir vereinbart, uns in Tripolis zu treffen, sobald die Hauptstadt gefallen sei. Im Juni traf ich die gleiche Vereinbarung mit seinem Bruder Ahmad. Es war ein feierliches Versprechen.

Am 21. August 2011 eroberten die Rebellen Tripolis. Ich versuchte, Ahmad telefonisch zu erreichen, und erfuhr, dass er auf dem Weg nach Tripolis sei. Einen Tag später saßen Julia und ich im Flugzeug. Über Tunis und die Insel Djerba wollten wir uns nach Tripolis durchschlagen.

Ein in Djerba lebender Exil-Libyer brachte uns zum Grenzübergang Dehiba. Dort klapperte er ein Dutzend Fahrzeuge ab, um jemanden zu finden, der uns nach Tripolis mitnehmen könnte. Taxis gab es noch keine. Nach längerer Diskussion erklärte sich ein etwa 30-jähriger untersetzter Rebell bereit. Er hieß Aiman.

Mürrisch gab er uns mit seiner Maschinenpistole das Zeichen, in seinen Toyota Hilux einzusteigen. Er war barfuß und trug einen grünen Tarnanzug mit breitkrempigem Legionärshut. Warum er seine großen schmutzigen Füße nicht auch tarnte, blieb sein Geheimnis. Aiman schien ziemlich durchgeknallt zu sein. Durch die Revolution, durch Müdigkeit oder durch Drogen. Seine neben ihm liegende Kalaschnikow war direkt auf Julia gerichtet.

Aiman gab den Rambo. Er fragte nie, bat nie, er befahl. Zwischendurch ballerte er sinnlos mit seiner Kalaschnikow in der Gegend herum. Auch mir hielt er die Waffe hin. Ich sollte gefälligst damit schießen. Ich lehnte dankend ab. Barsch antwortete er, wenn er erschossen werde, müsse ich die Waffe sowieso benutzen. Um mir den Weg freizuschießen.

Stundenlang fuhren wir durch die Wüste, passierten unzählige Checkpoints. Meist bestanden sie aus verbrannten Autos und Felsbrocken. Gelegentlich sahen wir auch verlassene Panzer. Ihre Besatzung war längst über alle Berge, übergelaufen oder tot.

An einem Felsvorsprung hielt Aiman an. Er stieg aus und zeigte uns eine atemberaubende Landschaft. Stil Grand Canyon.

Ohne ein Wort zu sagen ließ er uns die Schönheit seines Landes genießen. Auch diesen Aiman gab es. Oder hatte es einmal gegeben. Vor dem Krieg.

Die Nacht mit Gaddafis Berater

Es wird dunkel. Wir nähern uns Sintan, der Heimatstadt Aimans. Von hier sind es noch 250 Kilometer bis Tripolis. Zur Sicherheit sage ich Aiman nochmals, dass wir nicht nach Sintan, sondern nach Tripolis wollen. Er biegt trotzdem nach Sintan ab. Er wolle nur kurz duschen. Das würde ich ja wohl noch gestatten. Ich bitte ihn, nach der in der Tat wünschenswerten Dusche sofort weiterzufahren. Er gibt keine Antwort.

Bei Aiman zu Hause werden Julia und ich getrennt. Aiman führt Julia zum Frauenhaus. Auf dem stockdunklen Weg fragt er sie, ob sie keine Angst habe, dass er sie jetzt umbringe. Julia fragt wütend, warum er ständig solchen Unsinn rede. »Ich möchte dich weinen sehen«, antwortet Aiman. Er findet das originell.

Dann bringt er Julia in einen Raum mit 18 Frauen und Kleinkindern. Um 3 Uhr nachts gehe es weiter, sagt Aimans Mutter zu Julia. Ihr Sohn müsse sich nur kurz ausruhen. Julia will das mit mir besprechen. Aber sie darf das Frauenhaus nicht mehr verlassen. Schon gar nicht Richtung Männerhaus. Die Frauen und Kinder sind alle ganz aufgeregt, aber auch lieb zu dem Gast aus Europa. Zwischen Babygeschrei und Weibertratsch schläft Julia in ihren durchgeschwitzten Klamotten ein. Duschen ist nur für Aiman.

Ich sitze im Gästeraum des Männerhauses. Aber nicht allein. Mein Mitbewohner ist der 65-jährige Baschir Saleh, einer der einflussreichsten Männer des alten Libyen. Er war außenpolitischer Berater Gaddafis. Und angeblich auch sein »Banker«. Der dunkelhäutige Mann trägt eine elegante graue Hose und ein edles, blau-weiß gestreiftes Hemd. Wilde Gerüchte ranken sich um ihn. Noch vor wenigen Wochen soll er 500 Millionen Dollar nach Algerien geschafft haben. Um Gaddafis Auslandskonten aufzufüllen. Als ich ihn danach frage, lacht er. »Alles Märchen! Gaddafi hat schon genug Geld im Ausland!«

Kein Märchen ist, dass Baschir Saleh bis vor Kurzem mit Sarkozy, der Arabischen Liga und fünf afrikanischen Staatspräsidenten über eine Friedenslösung für Libyen verhandelt hat. Mit Sarkozy hat er in Paris persönlich konferiert. Angeblich vertraute dieser nur ihm.

Vor wenigen Tagen ist er zu den Rebellen übergelaufen. Er weiß nicht, was sie mit ihm vorhaben. Er möchte so schnell wie möglich seine Familie aus Tripolis nachholen und dann das Land verlassen.

Baschir Saleh ist ein freundlicher, leiser Mann. Er hält den Krieg in Libyen für Irrsinn. Es gebe nur vier Millionen echte Libyer. Die meisten würden sich kennen oder seien über ein paar Ecken miteinander verwandt. Jetzt brächten sie sich gegenseitig um, nur weil jemand die Parole »Revolution« ausgegeben habe.

Gaddafi sei an dieser Situation kräftig mitschuld. Allerdings hätten die Rebellen nie eine friedliche Lösung gesucht. Das zynischste Spiel spiele die NATO. Sie habe von den Vereinten Nationen lediglich den Auftrag, die Zivilbevölkerung zu schützen. Stattdessen greife sie ständig in die Kämpfe zwischen den Truppen Gaddafis und den Rebellen ein. Immer wenn Gaddafis Soldaten bei Gefechten mit den Rebellen Geländegewinne erzielten, kämen die NATO-Flugzeuge und bombten sie weg. Wie ein mitboxender Ringrichter.

Niemand im Westen protestiere, wenn die NATO betende Muslime bombardiere oder Kinder töte. Hunderte Zivilisten, Frauen und Kinder habe die NATO auf dem Gewissen. Trotz konkreter Hinweise von Amnesty International, Human Rights Watch und der *New York Times* lehne das westliche Militärbündnis eine genaue Untersuchung von Bombenmassakern stets ab. Auch Entschädigungen habe es nie gezahlt. Wenn westliche Politiker über Menschenrechte sprächen, halte er sich inzwischen die Ohren zu.

Gaddafis Brutalitäten, wie die Ermordung von 1200 Gefangenen im Gefängnis Abu Salim, verurteile er ebenfalls. Aber sie lägen schon über ein Jahrzehnt zurück. Außerdem hätten sich westliche Politiker noch nie für die Einhaltung der Menschenrechte in Libyen interessiert. Er habe mit zahllosen Politikern des Westens verhandelt. Das Thema Demokratie und Menschenrechte hätten sie nicht ein einziges Mal angesprochen.

Gaddafi habe viele Fehler gemacht. So habe er versucht, seine Söhne als Nachfolger einzusetzen. Dafür gebe es keinerlei Legitimation. Außerdem sei er selbstverliebt und unfähig zu Kompromissen. All das zusammen habe zu seinem Sturz geführt.

Die Friedenslösung, die er, Baschir Saleh, mit der Arabischen Liga und dem Westen ausgehandelt habe, sei für Gaddafi außergewöhnlich günstig gewesen. Er hätte weiter in seinem Palast leben dürfen und wäre von jeder Strafverfolgung freigestellt worden. National und international. Er hätte lediglich seine Machtbefugnisse abtreten müssen.

Sarkozy, Cameron und Obama hätten der Vereinbarung schon Anfang Juli zugestimmt. Sarkozy habe ihn kurz danach angerufen und um Beschleunigung des Verfahrens gebeten. Er wollte den Friedensschluss möglichst schon am 14. Juli, dem französischen Nationalfeiertag, verkünden. Aber Gaddafi habe Bedenkzeit gefordert. Mitte August habe er, Baschir Saleh, zum Emir von Katar reisen wollen, um dessen endgültiges Einverständnis einzuholen. Er habe Gaddafi deshalb noch einmal angerufen. Dieser habe ihm jedoch überraschend mitgeteilt, er habe beschlossen weiterzukämpfen. Er werde nie kapitulieren. Wenige Tage später sei Tripolis gefallen.

Er verstehe bis heute nicht, wie Gaddafi ein solches Angebot ausschlagen konnte. Einem derart unbelehrbaren Regierungschef könne er nicht als Berater dienen. Deshalb sei er gegangen.

Während des nächtlichen Gesprächs nickt Baschir Saleh mehrfach ein. Doch ich bekomme ihn stets wieder wach. Entweder huste ich laut, oder ich klopfe gegen den Teekessel. Wann kann man in diesen Zeiten schon eine Nacht mit dem Chefunterhändler Gaddafis verbringen?

Im Morgengrauen, kurz nach 5 Uhr, bringt uns der zehnjährige Neffe Aimans ein kleines Frühstück, das »Suhur«. Da ich um diese Uhrzeit noch nichts herunterbekomme, kann sich der Junge ganz auf Baschir Saleh konzentrieren. Kniend wäscht er ihm Hände und Füße und trocknet sie sorgsam ab. Dann schenkt er ihm die erste Tasse Tee ein. Alles geschieht voller Respekt, fast andächtig. Obwohl die Kinder wissen, dass ihr Gast nicht nur Flüchtling, sondern letztlich auch Gefangener ist.

Nach dem Frühstück nutze ich Baschir Salehs neu erwachte Lebensgeister, um mit ihm über Revolutionen zu sprechen. Über den tiefen Fall der Mächtigen und die plötzliche Macht der Ohnmächtigen. Über ihre Enttäuschung, wenn sie nach ein, zwei Jahren feststellten, dass es nur einigen Revolutionsgewinnlern besser geht, während sie wieder so ohnmächtig sind wie zuvor.

Ich erzähle von der Französischen Revolution, in der viele jakobinische Revolutionäre schnell reich geworden seien. Nach kurzer Zeit hätten sie Kutschen, Schlösser und große Ländereien besessen. Viele Jakobiner hätten sich außerdem in den Adelsstand erheben lassen. Einer habe es sogar zum Prinzen geschafft.[5]

Baschir Saleh glaubt, dass auch in Libyen nur die Spitze ausgewechselt werde. Die Strukturen des Landes würden wie bei den meisten Revolutionen lange Zeit nicht verändert.

Die wichtigste Veränderung müsse ohnehin in den Köpfen der Menschen stattfinden. Jeder Einzelne müsse mehr Fleiß, mehr Eigeninitiative, mehr Dynamik entwickeln. Erst dann werde sich in den arabischen Ländern etwas ändern. Aber darüber werde nicht einmal nachgedacht. Jeder erwarte das Heil vom Sturz der Führung. Deshalb werde es in der arabischen Welt ein böses Erwachen geben.

Baschir Saleh nickt wieder ein. Ich gehe vors Haus. Ich darf jetzt nicht einschlafen! Bald wird es losgehen. Es ist 6 Uhr und längst hell. Ich setze mich auf einen Stein und warte. Ein magerer Hahn jagt seine Hühner über den Hof. Herrisch, fast majestätisch. Doch als ich aufstehe und dem Hahn und seiner Hühnerschar folge, gerät auch der stolze Gockel in Panik. Angstvoll rennt er davon. Von seinem majestätischen Gehabe ist nichts übrig geblieben. Wie im Leben der Menschen.

Aimans Raserei

Ich warte und warte. Dazwischen versuche ich, Abdul Latifs Bruder anzurufen. Doch niemand meldet sich. Gegen 11 Uhr taucht Aiman auf. Er wirkt gut ausgeruht. Er sei nach dem Duschen ein wenig eingenickt, meint er. Eigentlich mache es fast keinen Sinn mehr, nach Tripolis zu fahren. In der Mittagssonne werde es viel zu heiß. Außerdem müsse ich ja auch irgendwann schlafen.

Ich beschließe, ganz ruhig zu bleiben, und erläutere Aiman, dass Julia und ich dann eben trampen würden. So viel Ungeduld kann Aiman überhaupt nicht verstehen. Wir seien doch erst ein paar Tage unterwegs. Dann lädt er mich ein, mit ihm zur Tankstelle zu fahren. Dort hat er eine Tankration von ein paar hundert Litern Benzin gelagert, an die er aufgrund guter Beziehungen zur Revolutionsführung gelangt ist. Einen Teil davon will er jetzt abholen.

In seinem Jeep rast er mit so hoher Geschwindigkeit durch die engen Straßen und Gassen Sintans, dass ich mich schnell anschnalle. Ob ich Angst habe, fragt er mich. Als ich das verneine, lächelt er und fährt noch schneller. Ich habe nicht gewusst, dass man auf derart schmalen Straßen über 120 Stundenkilometer fahren kann. Aiman kann das. Er überquert Kreuzungen und rast durch Kurven, ohne den Fuß vom Gaspedal zu nehmen. Zweimal kommt uns ein Wagen entgegen. Aiman weicht, meterhohe Staubwolken aufwirbelnd, auf den unbefestigten Straßenrand aus, ohne die Geschwindigkeit zu drosseln.

Sollte uns auf einer der vielen Kreuzungen ein Auto in die Quere kommen, ist alles vorbei. Meinen Kindern habe ich stets eingetrichtert, in solchen Situationen sofort auszusteigen. Aber Sintan ist eine der wildesten Rebellenhochburgen des Landes. Weder Gaddafi noch die Führung der Rebellen haben die Stadt jemals richtig unter Kontrolle gebracht. Ich kann hier nicht einfach aus dem Auto springen und zu Fuß weitergehen. Wohin auch? So brülle ich, Aiman solle endlich normal fahren. Doch wie von einer Tarantel gestochen jagt er weiter kreuz und quer durch Sintan. Eine Höllenfahrt.

Schließlich hält er an einer Tankstelle an. Wo seine Tankration sei, schreit er den Tankwart an. Als der zu stottern anfängt, stürzt er mit seiner Kalaschnikow ins Büro der Tankstelle: »Wohin habt ihr Diebe mein Benzin verkauft?« Er dreht völlig durch und bedroht den Kassierer mit dem Tod. Dann rast er bleich und Verwünschungen ausstoßend zur nächsten Tankstelle.

Auch dort weiß man nicht, wo sein Benzin ist. So rast Aiman völlig außer sich, wilde Drohungen ausstoßend, von Tankstelle zu Tankstelle. Da er nirgendwo Erfolg hat, versucht er, die Eigentümer zu Hause zu erreichen. Er trommelt gegen Eisentore, schießt in die Luft und bedroht jeden Herumstehenden, der ihm nicht sagen kann, was aus seinem Benzin geworden ist.

Schließlich prescht er in den Hof eines der Rebellenchefs von Sintan. Auch ihn faucht er an, doch der bleibt ganz ruhig. Er lässt sich von seinem Sohn die Maschinenpistole geben, schiebt das Magazin ein und hält den Lauf der Kalaschnikow direkt auf Aiman. »Irhal – verschwinde!«, sagt er. Plötzlich wird Aiman ganz still. Es ist, als hätte jemand mit einer Nadel in einen aufgeblasenen Luftballon gestochen. Aiman sinkt förmlich in sich zusammen. Dann dreht er sich um und geht vom Hof.

Ohne ein Wort zu sagen, fährt er zu einem kleinen Marktplatz. Dort stehen Dutzende Schwarzhändler mit bunten Benzinkanistern. Aiman bezahlt ein kleines Vermögen, damit sie seinen Tank füllen. Er ahnt, dass er gerade sein eigenes Benzin kauft. Dann fährt er zurück nach Hause. Immer noch schnell, aber nicht mehr so unkontrolliert wie zuvor.

Mit quietschenden Reifen biegt er in den Hof seines Hauses ein. Dort wartet Julia bereits auf ihren gepackten Koffern. Sie hat gut geschlafen. Erst durch einen Kinderfuß im Gesicht ist sie aufgewacht. Ich berichte ihr kurz von der zweistündigen Irrsinnsfahrt durch Sintan. Jetzt würde auch sie am liebsten per Anhalter weiterfahren. Doch wir sind letztlich Gefangene Aimans. Hier kann man nicht trampen.

Gegen 2 Uhr nachmittags geht es endlich los. Wir fahren wieder durch eine atemberaubend schöne Felslandschaft. Dazwischen sehen wir mehrfach ausgebrannte Panzer, die Visitenkarte der NATO. Hoch mit Hausrat beladene Autos kommen uns entgegen. Sind es Anhänger Gaddafis, die aus Tripolis fliehen, oder Familien, die nach dem Vormarsch der Rebellen in ihre Dörfer zurückkehren?

Endlich Tripolis

Wir nähern uns Tripolis. Das moderne Stadtzentrum mit seiner einzigartigen Meeres-Skyline scheint weitgehend unversehrt. An einem der wenigen geöffneten Hotels verabschieden wir uns von Aiman. Was er heute Abend vorhabe, fragt ihn Julia. »Nichts«, antwortet er. »Außer dass ich euch vielleicht doch noch umbringe.« Die Revolution hat viel kaputt gemacht. Auch Aiman, den bizarren Rebellen aus Sintan. Julia ist froh, als sein Wagen in der Ferne verschwindet.

Nach dem Schock mit Aiman treffen wir in Tripolis viele hilfsbereite Menschen. Wegen der Revolution werden zurzeit weder Kreditkarten noch Devisen angenommen. Wir sind daher zahlungsunfähig. Ein Freund unseres Bekannten aus Djerba leiht uns 500 Euro in libyscher Währung. Obwohl wir ihm noch nie begegnet sind. Das Darlehen ist sein gesamtes Bargeld. Er vertraut darauf, dass er es irgendwann zurückbekommt. Wer in Deutschland würde einem unbekannten Libyer 500 Euro leihen?

Als uns abends der Hunger auf die Straße treibt, sehen wir vor dem Hotel einen alten Jaguar. Sein 20-jähriger Fahrer heißt Adnan. Sein Onkel hat ihm das Auto geliehen, damit er Fremde herumfahren kann. Wir fragen, ob er uns zu einem Hotel bringen kann, im dem es etwas zu essen gibt. In unserem gerade erst wiedereröffneten Hotel ist nicht einmal Kaffee vorhanden.

Adnan nickt glücklich. Er will durch seine Hilfe für Fremde Teil der Revolution werden. Leider ist er kein guter Autofahrer. Schon nach 20 Metern fährt er eine Schranke um und verbeult das Auto seines Onkels. Dennoch bringt er uns stolz zum Corinthia-Hotel. Dort soll es zu essen geben. Die Restaurants von Tripolis sind alle noch geschlossen.

Im Corinthia-Hotel stürzen wir sofort zum Buffet. Doch es ist leer gegessen. Mit einem langen Suppenlöffel fischen wir aus den tiefen Töpfen einige fast schon vertrocknete Makkaroni, ein halb abgegessenes Hühnerbein und drei Fischköpfe. Wasser gibt es gar keines. Es ist 20 Uhr, das Buffet war kurz nach 19 Uhr eröffnet worden. Das spärliche Essen hatte nicht einmal für eine Dreiviertelstunde gereicht.

Die Makkaroni teilen wir uns fair. Fünf bekommt Julia, fünf ich. Das halbe Hühnerbein hat Julia schon am Buffet abgenagt. Die Fischköpfe legen wir zurück.

Am Zahlschalter will der Kassierer pro Mahlzeit vierzig Euro. Ich bekomme einen verzweifelten Lachanfall. Das wären acht Euro pro Makkaroni, rechne ich ihm vor. Jetzt muss auch er lachen. »Revolutionspreise«, sagt er und winkt uns durch. Ich gebe ihm zehn Euro, weil er so nett ist.

Dann verspeisen wir ganz langsam unsere fünf Makkaroni. Am Nachbartisch sitzt amüsiert eine etwa 55-jährige amerikanische US-Journalistin. Mary Colvin trägt eine schwarze Augenklappe. Wie ein weiblicher Pirat. Ihr spannendes Leben wird nur noch fünf Monate dauern. Am 22. Februar 2012 wird sie in Baba Amr, im syrischen Homs, von einer Rakete getötet.

Doch über die Gefährlichkeit unserer Reisen denken wir in diesem Augenblick nicht nach. Auch Mary Colvin nicht, die an unserer Makkaroni-Zählerei viel Spaß hat. Unser stärkstes Gefühl an diesem Abend ist Hunger. Schnell verlassen wir das Hotel. Vielleicht finden wir doch noch ein Restaurant. Auch andere Ausländer scheinen Verpflegungsprobleme zu haben. Am Springbrunnen vor dem Hotel sehen wir einen Journalisten, der ein Dutzend leerer Plastikflaschen mit Wasser füllt.

Auf der Suche nach etwas Essbarem ziehen wir durch die Altstadt. Wir finden einen winzigen Lebensmittelladen. Das Wasser läuft mir im Mund zusammen, als ich eine große Dose Thunfisch und eine Familienpackung französischen Streichkäses finde. »La vache qui rit« steht groß darauf.

Zehn Minuten später sitzen wir auf dem Steinboden unter den Arkaden und essen Thunfisch mit Streichkäse. Es schmeckt köstlich. Der Ladenbesitzer, dessen verschlossene Eingangstür wir als Rückenlehne nutzen, bringt uns zwei Löffel und Papierservietten. Wir verbringen die bisher genussvollste halbe Stunde unserer Reise. Zufrieden und gesättigt kehren wir in unser Hotel zurück.

Dort haben sich die kleinen Zimmer in brütend heiße Bienenwaben verwandelt. Mehrfach ziehen wir um, bis wir endlich zwei funktionierende Klimaanlagen finden. Glücklich fallen wir in unsere Betten. Doch dann fällt der Strom aus. Die Zimmer werden wieder zur Sauna. Die erste Nacht im befreiten Tripolis hatten wir uns ganz anders vorgestellt.

Die Plünderer von Bab Al-Aziziya

Am nächsten Morgen fahren wir mit Adnan zu Gaddafis Residenz in Bab Al-Aziziya. Die skelettartigen Reste des einstigen Machtzentrums sind von den Rebellen bunt bemalt und mit Fahnen und Plakaten der Revolution geschmückt worden. Auf den durchschossenen Balkonen und in den riesigen Löchern, die Granaten in die Fassade gerissen haben, stehen wild aussehende Gestalten. Für ein Erinnerungsfoto ballern sie wie verrückt in die Gegend. Vor fünf Monaten stand Gaddafis Tochter Aischa noch auf einem dieser Balkone. Zehntausende jubelten ihr begeistert zu.

In der von beißendem Qualm durchzogenen Eingangshalle aus Marmor stehen und hängen, kunstvoll in Szene gesetzt, amerikanische Raketen und Marschflugkörper. Die USA haben sie im Lauf der Jahrzehnte auf Gaddafis Amtssitz abgeschossen. Wenn sie ihn nicht gerade umwarben. Jetzt haben Kinder, die aufgeregt durch die Ruinen streunen, Graffiti daraufgemalt.

Über einen kleinen Hügel schlendern wir zur Privatvilla Gaddafis. Sie wird gerade von Plünderern geräumt. Vornehm gekleidete Geschäftsleute, Frauen, Kinder, Jugendliche – jeder nimmt sich, was ihm gefällt. Zwei Männer versuchen, mit letzter Kraft einen schweren Backofen über den Hügel zu schleifen. Nach 50 Metern geben sie schwitzend auf. Morgen werden sie mit einigen starken Freunden wiederkommen. Ein dunkelhäutiger

Libyer war erfolgreicher. Stolz zeigt er seine Beute. Eine gusseiserne Gugelhupf-Backform.

In Gaddafis Wohnzimmer ist es stockfinster. Hier gibt es keine Fenster. Da der Brand noch schwelt, ist es brütend heiß. Weiße Sofas bilden einen Kreis. Hier wurde debattiert. Oder Gaddafis Monologen zugehört. Nach Luft schnappend lasse ich mich auf einen der Sessel fallen. Überall liegen Bücher herum. Ich öffne eines: *Die Außenpolitik Indiens*. Es ist Saif, dem Sohn Gaddafis, gewidmet. Und offenbar sogar gelesen worden. Am Rand befinden sich handschriftliche Notizen.

Neben der Eingangstür führt ein Schacht in einen Fluchttunnel. Er soll vier Kilometer lang sein.

Direkt daneben liegt das Haus Aischas. Ihr rosarotes Himmelbett ist unter der Last der Plünderer zusammengebrochen. Überall liegen Kleider und Papiere herum. Versengt oder zerrissen. Was noch brauchbar ist, wird von den wühlenden, stöbernden Plünderern mitgenommen. Der große Flachbildfernseher wurde nicht gestohlen, sondern zertrümmert. Vandalismus scheint genauso viel Spaß zu machen wie Plündern.

Einige Männer zerreißen genussvoll eine Sammlung privater Fotos Gaddafis. Die Überbleibsel werfen sie in die immer wieder auflodernden Flammen. Auch Julia bekommt einen Stapel Bilder. Sie soll beim Zerreißen helfen. Doch sie steckt die Fotos in ihre Tasche. »Ist das Plündern, wenn ich sie vor dem Zerreißen bewahre?«, fragt sie. Sie beschließt, sie der Familie Gaddafis zurückzugeben, wenn es uns irgendwann gelingt, Kontakt mit ihr aufzunehmen. Die Bilder zeigen Gaddafi im Kreis seiner Familie, umgeben von Freunden. Der Despot wirkt gelöst und sympathisch. Auch Tyrannen haben liebenswerte Seiten. Leider nur selten gegenüber ihrem Volk und nie gegenüber ihren Feinden.

Trotz des rosaroten Himmelbetts ist Aischas Wohnung, wie das Haus Muammar Gaddafis, nicht luxuriös. Die Wohnungen der europäischen Oberklasse sind sicher eleganter. Vor der ausgeraubten Villa des Diktators setzt sich ein etwa 50-jähriger Geschäftsmann in Anzug und Krawatte neben mich. Unter jedem Arm trägt er ein erbeutetes Samtkissen. In perfektem Englisch mit amerikanischem Akzent schimpft er auf die Mittelmäßigkeit der Villa Gaddafis. Nicht einmal von Luxus habe Gaddafi etwas verstanden. Verächtlich schimpfend zieht er mit seinen geklauten Kissen ab.

Vor den Ruinen des einstigen Machtzentrums haben sich mittlerweile Hunderte von Rebellen versammelt. Mit schwerer Artillerie. Aus allen Rohren schießen sie in die Luft. Und fotografieren sich dabei gegenseitig. Noch ihre Enkel werden bewundernd vor den Fotos dieser »Revolutionshelden« stehen.

Am Ausgang sind einige der Rebellen damit beschäftigt, einen gepanzerten Luxus-BMW zu zertrümmern. Das scheint harte Arbeit zu sein. Doch sie geben nicht auf. Pausenlos hämmern die Kugeln ihrer Kalaschnikows gegen die Türen und Scheiben des einstigen Prachtgefährts.

Draußen wartet Adnan mit seinem im Dienste der Revolution verbeulten Jaguar. Doch so, wie ich aussehe, will er mich nicht mitnehmen. Meine Hose und mein Hemd sind pechschwarz vom Ruß des Sessels in Gaddafis Wohnzimmer. Und der geht trotz heftigen Bürstens nicht völlig ab. Erst nachdem wir eine große Plastikplane gefunden haben, in die ich gehüllt werde, darf ich in Adnans alte Limousine einsteigen.

Gaddafis Luxus-Jet

Vom Palast aus wollen wir zum Flughafen. Dort stehen angeblich die Privatmaschinen Gaddafis. Doch Adnan will da nicht hin. Angeblich aus Sicherheitsgründen. Wegen Scharfschützen, marodierender Rebellen, Sprengstoffanschlägen usw. In Wahrheit hat er kein Benzin mehr für die lange Strecke. Der Benzinpreis hat sich in den letzten Wochen verfünffacht.

Adnan bietet uns daher eine Zweitbesichtigung Bab Al-Aziziyas an. Da gebe es noch viel zu sehen. Er ist total pleite. Doch wie soll er das seinen Gästen sagen? Julia, ganz Frau, durchschaut seine verzweifelte finanzielle Lage sofort. Sie holt unsere letzte Tüte libyscher Geldnoten hervor. Und plötzlich gibt es keine Scharfschützen mehr, die uns aufhalten könnten. Doch jetzt sind *wir* pleite.

Das Flughafengebiet von Tripolis steht unter der Kontrolle der Rebellen von Sintan. Die wollen mit den Kämpfern von Tripolis nichts zu tun haben. Adnan wird mehrfach angehalten und schroff behandelt. Erst als er glaubhaft darlegen kann, dass er nicht aus Tripolis stammt, werden die Rebellen aus Sintan etwas freundlicher. Betreten dürfen wir den Flughafen trotzdem nicht.

Julia hat wieder einmal die richtige Idee. Sie holt ihre Kamera heraus und zeigt den Flughafenrebellen unsere Fotos mit Revolutionsführer Abd Al-Dschalil. Das wirkt. Von nun an werden wir wie Staatsgäste durch den menschenleeren Flughafen geführt.

Auf dem Rollfeld steht das letzte unversehrte Symbol von Gaddafis einst unumschränkter Macht: Seine noch immer sehr gepflegte, für 100 Millionen Euro gebraucht erworbene Privatmaschine. Gebaut von Airbus, eingerichtet angeblich von der deutschen Lufthansa. Alles ist elegant in hellem Silbergrau und dunklem Rot gehalten. In Gaddafis Bad stehen noch sein Gillette-Rasierwasser und seine schwarzen Hausschuhe. Schwere Ledersessel und ein lackierter Edelholztisch prägen den abgedunkelten Besprechungsraum. Hier entstanden Gaddafis gefürchtete Reden.

Die Piloten sind nach wie vor schick gekleidet. Sie warten darauf, dass irgendein neuer Revolutionsführer sie bittet, durch die Lüfte geflogen zu werden. Doch Abd Al-Dschalil weigert sich, die Diktatorenmaschine zu benutzen. Egal, ob die NATO es erlaubt oder nicht.

Als der Kapitän erfährt, dass ich früher Privatflugzeuge und manchmal auch US-Jets geflogen habe, blitzen seine Augen. Am liebsten würde er jetzt eine Ehrenrunde mit Julia und mir fliegen, um seine Maschine vorzuführen. Wenn da nicht das Flugverbot wäre. So wartet er mit seiner Mannschaft weiter. Jeden Morgen macht er sich und das Flugzeug startklar.

Der Kapitän scheint mich ins Herz geschlossen zu haben. Mit einer kleinen Zange holt er aus der Tür von Gaddafis Toilette eine Kalaschnikow-Kugel. Ein Rebell hatte an dem edlen Klo seine Wut ausgelassen. Vielleicht hatte er es mit seinem Plumpsklo in Sintan verglichen.

Würde er auch heute noch mit Gaddafi tauschen, der sich

wahrscheinlich irgendwo in der Wüste durchschlagen muss? Woher kommt die Faszination schrankenloser Macht, die die Diktatoren unserer Welt so magisch anzieht? Obwohl sie wissen, wie elend die meisten enden. Diktator sein heißt russisches Roulette zu spielen. Aber nicht mit einer, sondern mit fünf Kugeln im Revolver.

Die Wüsten-Nonne

Wir fahren ins Zentralkrankenhaus. Es erinnert an eine italienische Kolonialresidenz. Der Empfangsschalter ist aus edlem Alabaster, der Treppenaufgang aus Marmor.

Das Krankenhaus wurde bis zuletzt von Gaddafis Adoptivtochter Hana geführt, die angeblich 1986 bei einem US-Angriff getötet worden war. Lionel Ritchie hatte damals für die medienwirksam verstorbene und heimlich wiederauferstandene Hana in Bab Al-Aziziya ein ergreifendes Gedenkkonzert gegeben. Im ersten Obergeschoss des Krankenhauses hatte sie anschließend jahrelang ihr stilvolles Büro.

Auf den Gängen kommen uns libysche Pfadfinder entgegen. Sie leisten Freiwilligendienst. Sie säubern das Krankenhaus und helfen, wo immer sie gebraucht werden. Sie sind von der Revolution begeistert.

Wir betreten die Intensivstation. Und sehen wieder das andere, dunkle Gesicht der Revolution. Ein kleiner Junge starrt uns an. Aber er kann sich nicht mehr bewegen. Zwei Männer haben Kopfschüsse erlitten. Von Scharfschützen Gaddafis. Ihre Augenlider sind tiefschwarz, ihre Köpfe merkwürdig verdreht. Die Haut ihrer Arme, Hände und Füße ist gelb. Sie liegen im Koma. Ein paar Betten weiter erblicken wir eine wunderschöne junge Frau. Ihre Augen sind weit aufgerissen. Sie heißt Nahla. Wir fragen ihre danebensitzende Mutter nach ihrer Verletzung. »Querschnittslähmung«, sagt sie. Nahla ist 20 Jahre alt.

In einer abgeschotteten Ecke liegt eine dunkelhäutige Frau. Sie stammt aus Gaddafis berühmter Amazonengarde. »Nonnen der Wüste« wurden sie genannt. Laut Gaddafi sind sie alle

Jungfrauen. Er hat sie angeblich persönlich im Schulalter in der Wüste ausgesucht. Danach haben sie jahrelang hartes militärisches Training erhalten. Gaddafis Kritiker behaupten, die Feinde hätten meist nur vor »Lust gezittert«, wenn die Amazonen aufgetaucht seien.

Doch die schwarze Amazone im Zentralkrankenhaus hat Gaddafis Machtzentrale bis zuletzt tapfer verteidigt. Als die Gebäude gestürmt wurden, erhielt sie Schüsse in Bauch und Beine. Sie bekennt sich auch heute noch zu Gaddafi. Trotz starker Schmerzen. Als Julia sie fragt, ob sie filmen darf, dreht sie sich voller Verachtung um.

Nach einer Stunde in der penetrant riechenden Intensivstation mit all den dahinsiechenden, sterbenden Menschen zieht es uns an die frische Luft. Ali Alkerdasi, ein junger Assistenzarzt, begleitet uns. Er ist Rebell und Mediziner zugleich. Er berichtet, wie er und seine Mitstreiter im Handstreich Tripolis eroberten.

Die Blitzbefreiung

Wochenlang hatten sie sich auf diesen Tag vorbereitet. Ihre Waffen hatten sie klammen Gaddafi-Soldaten abgekauft. Über Satellitentelefon standen sie mit den Aufständischen der anderen Landesteile in Verbindung. In der dritten Augustwoche brachen Rebellen aus ganz Libyen Richtung Tripolis auf.

Gleichzeitig trafen die Widerstandszellen in der Stadt letzte Vorbereitungen. Beim Freitagsgebet am 19. August wurde verschlüsselt durchgegeben, dass die Stunde null kurz bevorstehe. Beim Nachtgebet wiederholten die Imame der Stadt über Lautsprecher immer wieder das islamische Glaubensbekenntnis. Wie in einer Endlosschleife. Das war das vereinbarte Zeichen.

Die Rebellen der Stadt stürmten zu Tausenden auf die Straßen. Sie verbarrikadierten sie mit Betten, Tischen, Schränken, Kühlschränken und Mülltonnen. Für die Kampffahrzeuge Gaddafis gab es kein Durchkommen mehr. Gleichzeitig drangen die Rebellen aus dem Umland in die Innenstadt ein. Angeblich standen schließlich fast 100 000 Mann wenigen tausend Gaddafi-Soldaten gegenüber. Die Schlacht war geschlagen, bevor sie begonnen hatte. Ali freut sich über diesen Geniestreich. »Ein Blitzsieg. Ganz ohne die NATO«, lacht er.

Es ist dunkel, als wir wieder an unserem Hotel ankommen. Dort wartet Aiman mit einem schwer bewaffneten, muskelbepackten Leibwächter. Er will sich erkundigen, ob wir noch existieren. Er sagt, er könne nicht mit dem Gedanken leben, dass uns jemand anderer entführen und umbringen werde als er. Aiman scheint ein hoffnungsloser Fall zu sein.

Noch einmal rufe ich Ahmads Handy an. Ich würde morgen so gerne mit ihm zur großen Freiheitsfeier. Doch sein Telefon ist ausgeschaltet.

Die Freiheitsfeier

Am nächsten Morgen stehen wir kurz nach 6 Uhr auf dem Platz der Märtyrer. Zehntausende feierlich gekleidete Frauen und Männer sind schon hier. Manche haben die ganze Nacht durchgefeiert. Scharfschützen patrouillieren auf den Dächern. Der Grüne Platz macht heute seinem Namen alle Ehre. Um die Knie der Betenden zu schonen, ist er mit grünem Filz ausgelegt. Die Stimmung ist voller Erwartungsfreude. Über 40 Jahre haben die Menschen auf diesen Tag gewartet.

Auch Abdul Latif. Heimlich klebe ich sein Foto auf eine alte Klimaanlage im ersten Obergeschoss eines Regierungsgebäudes. Und auf die große Nationalflagge hinter dem Podium. Hier wird gleich der Imam sprechen. Lange bleibe ich vor Abdul Latifs Bild stehen. Jetzt feiern wir das Fest der Freiheit doch noch zusammen.

Kurz vor 7 Uhr geht ein Raunen durch die Menge. Wie auf ein geheimes Kommando stehen alle Männer und Frauen auf. Es sind jetzt Hunderttausende. Orkanartig braust der Ruf »Allahu Akbar – Gott ist größer« über den Platz. Stürmischer, machtvoller, gewaltiger, als ich ihn je gehört habe. Dann herrscht wieder Stille.

In diesen Sekunden des Schweigens reißen auf einmal Tausende überwiegend junge Frauen die Arme zum Siegeszeichen hoch. Das berühmte helle »Halhula« trällernd, brechen sie in nicht enden wollenden Jubel aus. Es ist ein hinreißendes Schauspiel. Vor schemenhaft verschwommenen Palmen tauchen die weichen Strahlen der Morgensonne die Gesichter der Frauen in goldfarbenes Licht. Sie durchschimmern ihre roten, grünen und blauen Kopftücher und verleihen den Trägerinnen feenhafte Schönheit. Minutenlang trillern und jubilieren die Frauen. Sie ergreifen Besitz von diesem märchenhaft mystischen Augenblick und geben ihn nicht mehr her. Es ist, als hätte die Erde aufgehört, sich zu drehen.

Bis es dem verblüfften Imam, der auch zu Wort kommen will, zu viel wird. »Genug jetzt!«, donnert er in sein riesiges Mikrofon. Der irdische Jubel erstirbt, das himmlische Gebet beginnt. Im Zauber der Morgensonne entfaltet es seine eigene magische Faszination.

Ich denke an Abdul Latif. Wir würden jetzt gemeinsam unter diesen Menschen sitzen und beten. Um Segen bitten für das junge, neue Libyen. Um Trost für all die Familien, die geliebte Menschen verloren haben. Abdul Latif würde auch für die Familien der Gaddafi-Kämpfer beten. Er hat in ihnen nie Feinde, sondern immer Brüder gesehen.

Nach dem Gebet würde er sich bei mir, Julia und Belal unterhaken und mit uns durch die Stadt ziehen. Verschmitzt würde er uns daran erinnern, dass er stets vorausgesagt habe, dass 90 Prozent der Tripolitaner hinter den Rebellen stünden. Zumindest nach dem Fall der Hauptstadt. Warum durften wir diesen historischen Tag nicht mit ihm feiern? Oder wenigstens mit seinem Bruder Ahmad? Doch dessen Telefon schweigt.

Die Verlierer der Revolution

Zwei Stunden später sitzen wir in einem Taxi zurück nach Tunis. Unser Fahrer, ein ausgemergelter älterer Mann, ist vom vielen Feiern völlig übermüdet. Ständig fallen ihm die Augen zu. Abwechselnd rütteln Julia und ich ihn wieder wach. Seine Augen fallen vor allem bei Gegenverkehr zu. Das ist besonders gefährlich, weil er seinen Wagen dann stets nach links zieht.

Auf der Ausfallstraße von Tripolis entdecken wir neben einem Kontrollposten ein Café. Wir bitten den Fahrer, einen starken Kaffee zu trinken und sich die Beine zu vertreten. Wir wollen lebend nach Tunis.

Während wir warten, sehen wir, wie Rebellen aus Sintan einen gepflegten Mittelklassewagen anhalten. Sie zwingen den Fahrer und seinen etwa zehnjährigen Sohn, auszusteigen. Der Mann trägt einen dunklen Anzug und Krawatte. Das scheint Grund genug zu sein, ihn als Anhänger des Regimes zu verdächtigen. Die Rebellen schreien ihn an und verhöhnen ihn. Mit ihren Kalaschnikows treiben sie ihn vor sich her. Einer schlägt ihn mit dem Gewehrkolben zu Boden.

Selbst im Staub der Straße liegend, versucht der Mann im dunklen Anzug Haltung zu bewahren und freundlich zu bleiben. Vielleicht wegen seines Sohnes, der schluchzend neben ihm steht. Vielleicht auch aus Furcht, dass die Lage außer Kontrolle gerät. Brüllend, lachend, prügelnd zerren und treiben die Rebellen den Mann zu ihrer Kontrollbaracke. Flehend hängt sein Sohn sich an den Ärmel eines der Rebellen. Es sieht schlecht aus für seinen Vater. Das beschwörende Weinen seines Sohnes dringt auch noch aus der Baracke zu uns.

Welches ist das wahre Gesicht der Revolution? Der euphorische Jubel über die erkämpfte Freiheit, die ansteckende Aufbruchstimmung, die Bereitschaft der jungen Leute in Tripolis, Bengasi, Kairo, Tunis und Damaskus, alles neu und besser zu machen? Eine Stimmung, die Beethoven in der »Eroica«, seiner Revolutionssinfonie, genial in Musik übersetzt hatte – damals, als er noch an die Französische Revolution und an Napoleon glaubte? Oder sind Gewehrkolben, Terror, Zerstörung, Massaker und der sinnlose Tod Abdul Latifs das wahre Gesicht der Revolution?

Jeden Tag werde ich skeptischer. Der elegante Mann im Anzug, der gerade in die Rebellenbaracke geprügelt wurde, wird, wenn er Glück hat, sein Verhör überleben. Aber wird er dann nicht sein ganzes Leben lang die neuen Machthaber hassen, weil sie ihn vor den Augen seines Sohnes in den Staub getreten haben? Weil er am Boden liegend lächeln musste, um zu überleben? Was ist der Unterschied zwischen diesen Rebellen und den Schergen Gaddafis?

Gaddafis Tod

Im Herbst bringt die NATO auch Muammar Gaddafi zur Strecke. Eine Woche lang hat sie ihn mit ferngesteuerten Drohnen und speziellen Abhörgeräten auf Schritt und Tritt verfolgt.

Am frühen Morgen des 20. Oktober 2011 greifen eine aus den USA gesteuerte Drohne und zwei französische Kampfflugzeuge seinen Konvoi in der Nähe seiner Heimatstadt Sirte an. Sie zerstören mehrere seiner Fahrzeuge. Gaddafi flieht zu Fuß, schwer verletzt. Als er von den Rebellen festgenommen wird, wehrt er sich schon nicht mehr. Auch nicht, als sie ihn mit einer Eisenstange brutal vergewaltigen. Kurz danach stirbt er.

Die NATO erklärt, ihre Intervention habe dem Schutz der Zivilbevölkerung gedient. Sie habe nicht gewusst, dass sich Gaddafi in dem Konvoi befinde.

Der Krieg endet so, wie er begonnen hat. Mit einer erbärmlichen Lüge. Für die Mehrzahl der NATO-Offiziere sind Ehrlichkeit und Anstand noch immer zentrale Werte. Doch sie alle wissen, dass sich die NATO in Libyen ständig außerhalb ihres UN-Auftrags bewegte. Dass sie, um das nicht zugeben zu müssen, permanent die Unwahrheit sagte. Die neue NATO-Doktrin heißt lügen.

Was ist aus dem erfolgreichsten Verteidigungsbündnis der Geschichte geworden? Dem wir fast 70 Jahre Frieden in Europa verdanken. Auch wenn seine ursprüngliche Aufgabe darin bestand: »To keep the Germans down, the Russians out and the Americans in.«[6]

Vor mir liegen Fotos des blutüberströmten, gequälten Gaddafi. Daneben Aufnahmen, auf denen Silvio Berlusconi seine Hände küsst, Tony Blair ihn glückselig in die Arme schließt und Nicolas Sarkozy sowie Barack Obama ihm strahlend die Hand schütteln. Welcher dieser angeblichen Verteidiger der westlichen Zivilisation hat den erbärmlichen Mord an Gaddafi je eine Schande für die NATO, eine Schande für die libysche Revolution, eine Schande für die Menschheit genannt?

In Libyen ist mein Vertrauen in die Integrität der NATO erneut erschüttert worden. Auch meine Begeisterung für Revolutionen ist gestorben. Zumindest für gewaltsame Revolutionen werde ich mich nie mehr einsetzen. Sie sind genauso schlimm wie Kriege. Irrwege der Menschheit.

Rückkehr ins Tal der Flammen

Ich musste noch einmal nach Bengasi. Um Ahmad zu treffen. Ich brauchte eine letzte Aussprache über Abdul Latifs Tod. Im November 2011, kurz nach Gaddafis Tod, bereiteten wir unsere letzte Reise nach Libyen vor.

Julia überprüfte noch einmal alle Fotos des Anschlags. Wie schon oft zuvor. Doch dieses Mal suchte sie mit der Lupe vor allem das Umfeld des Wagens ab. Auf allen Bildern. Zentimeter um Zentimeter. Sie fand nichts. Danach nahm sie noch einmal direkt das brennende Auto unter die Lupe, das sie schon hundertmal betrachtet hatte.

Plötzlich, bei einer der zahllosen Aufnahmen, blieb ihr fast das Herz stehen. Vor dem riesigen orangefarbenen, schwarz umwölkten Feuerball lag etwas. Wenn auch verschwommen und durch Wüstengras halb verdeckt. Es konnten Rauchschwaden sein, abgerissene Autoteile, eine Stoßstange.

Aber dieses dunstige, durchsichtige, hellblau-graue Etwas konnten auch Körperteile eines auf den Rücken geschleuderten Menschen sein. Die Beine von Abdul Latif. Obwohl dieser beige und nicht bläuliche Hosen getragen hatte. Auch die Proportionen der Füße zu den Beinen stimmten nicht. Doch was hatte das zu bedeuten angesichts der Gluthitze eines alles verzerrenden, alles überstrahlenden Feuerballs?

Aufgelöst, verzweifelt rief mich Julia an. Eine Stunde später schauten wir uns gemeinsam wieder und wieder das gespenstisch schemenhafte Bild an. Vieles passte plötzlich zusammen. Die Schilderungen Ahmads, die des Arztes, der Rettungsversuch der Rebellen und die verschwommenen Rauchschwaden, die Abdul Latif sein konnten – und waren.

Wie aber war es möglich, dass Julia, mir und anderen nie aufgefallen war, dass vor dem Auto möglicherweise etwas, jemand lag? Die Bilder waren durch die Hände zahlloser Fernseh- und Zeitungsjournalisten gegangen und millionenfach gesehen worden. Selbst Abdul Latifs Familie besaß sie. Weil das menschliche Auge sich immer nur auf ein oder zwei Stellen eines Fotos konzentriert und nie das ganze Bild detektivisch absucht?

Im Ergebnis erzählte mir das Foto nichts Neues. Ich hatte Ahmad und dem jungen Arzt von Tag zu Tag mehr geglaubt. Aber Glauben und Sehen sind zwei völlig verschiedene Dinge.

Julias Entdeckung zwang mich, dem Sterben Abdul Latifs zuzusehen. Für immer das Bild vor Augen zu haben, wie er hilflos am Boden lag, nachdem ihn die Rakete zerschmettert und verbrannt aus dem Auto geschleudert hatte. Sein Tod hatte auf einmal jegliche entschuldigende Revolutionsromantik verloren. Alle Verdrängungsmechanismen waren für immer ausgeschaltet. Ein Gefühl totaler Ohnmacht überfiel mich. Ich werde es stets als Schuld empfinden. Julia weinte hemmungslos.

Der Empfang bei Abdul Latifs Familie war wieder sehr herzlich. Sie nahmen Julia und mich wie alte Freunde auf. Zwar wurde Julia wie üblich erst einmal in die Frauengemächer verfrachtet. Aber nach einer halben Stunde holte ich sie dort wieder raus. Besonders glücklich war Abdul Latifs Mutter über unsere Rückkehr. Sie sah darin erneut eine Ehrung ihres Sohnes. Sie lachte, scherzte und weinte mit uns.

Am nächsten Tag brachen wir mit Ahmad und Khaldoun ins Tal der Flammen auf. Zum Ort des Anschlags. Obwohl dort seit Monaten nicht mehr gekämpft wurde, hatten die beiden die Fahrt ständig hinausgeschoben. Sie wollten mit uns gemeinsam hin.

Am Stadtausgang von Bengasi ging es an einem ehemaligen Trainingslager für Rebellen vorbei. Hier waren Studenten, Handwerker, Zahnärzte im Schnelldurchgang zu Freiheitskämpfern ausgebildet worden. Auch Gaddafi soll in Bengasi einst ein Ausbildungszentrum für Revolutionäre betrieben haben. Charles Taylor, Laurent Kabila und andere sollen hier trainiert haben.

In Adschdabiya legten wir einen kurzen Halt ein. Verbrannte Bäume reckten ihre verkohlten Äste in den kalten, grauen Himmel. Das Kommandogebäude der Rebellen war fast völlig zerstört. Nur wenige Stunden nach unserer damaligen Abfahrt waren Raketen und Granaten eingeschlagen. An einer Wand hingen Fotos von Einwohnern, die in den Morgenstunden des 15. März getötet worden waren. Unter ihnen zwei kleine Kinder. Ein vierjähriges wunderhübsches Mädchen und ihr achtjähriger Bruder. Die Augen weit aufgerissen, als ahnten sie, dass sie nur noch kurze Zeit zu leben hatten.

Vor Brega tauchen die sieben ausgebrannten Autos auf. Jemand hat Abdul Latifs Auto von der Straße geschoben. Es steht nun auf dem Kopf. Wie am 14. März ist das Wetter windig.

Mit gesenktem Blick gehen Ahmad und Khaldoun auf das Wrack zu. Tränen laufen über ihre Gesichter. Das also ist der Ort, an dem eine Rakete den wichtigsten Menschen ihres Lebens vernichtete. Um irgendetwas zu tun, sammeln Ahmad und Khaldoun die Stoßstange und andere Autoteile auf, die bis zu 70 Meter weit weggeschleudert wurden. Sie verstauen sie in ihrem Wagen. Wozu, wissen sie selbst nicht.

Dann suchen sie das Wrack nach Erinnerungsstücken ab. Nach irgendetwas, was von ihrem Vater und Bruder übrig geblieben sein könnte. Sie finden sein verkohltes Brillenetui. Seinen zusammengeschmolzenen Computer. Die Reste seines Handys, das nie mehr antwortete. Dann forschen sie neben und unter dem Auto weiter. Wie Goldsucher durchsieben sie den Sand. Sie finden eine Plakette, auf der Abdul Latifs Name noch deutlich lesbar ist. Demnach durfte er den Wagen noch drei Monate fahren.

Überall liegen Splitter der Rakete. Sie sind das Einzige, was Ahmad und Khaldoun nicht in ihr Auto tragen. Fast feierlich übergibt mir Ahmad meine verbrannte und verbogene Brille sowie drei geschmolzene Euro-Münzen.

Khaldoun lässt beim Suchen seine Sonnenbrille an. Niemand soll seine Trauer sehen. Schweigend steckt er die auf einen Stock gezogene Freiheitsflagge Libyens ins Autowrack und zurrt sie fest. Ein steifer Wind ist aufgekommen. Wie damals. Fast trotzig flattert die Fahne im Wind.

Wir machen uns auf die Suche nach der Abschussstelle der Rakete. Viereinhalb Kilometer weiter Richtung Brega sehen wir eine kleine Anhöhe. Von hier lässt sich die Straße kilometerweit überblicken. Wir versuchen, zu der Stelle vorzudringen, an der der Schütze lag. Doch das Gelände ist vermint. Ahmad zeigt uns zwei eingegrabene Minen, die nur Millimeter aus dem Sand ragen.

Er bittet uns, keinen Meter weiterzugehen. Dann geht er auf Spurensuche. Nach ein paar Minuten findet er die Fährte eines Esels. In vermintem Gebiet könne man Eseln ausnahmsweise folgen, meint Ahmad. Vorsichtig bahnt er mir einen Weg zu dem flachen Hügel. Mehrfach zeigt er auf verminte Stellen. Julia bleibt zornig zurück. Sie hat keine Lust, an diesem Unglücksplatz auch noch auf eine Mine zu treten. Vor allem, nachdem sie am Straßenrand einen offen herumliegenden Sprengkörper entdeckt hat.

Auf der Anhöhe finden Ahmad und ich sieben gut erhaltene mattgrüne Raketenhülsen. Sie sind etwa anderthalb Meter lang. »Fully loaded – voll geladen« steht darauf. Sieben Schuss, sieben Treffer! Eine saubere Leistung, denke ich bitter. Im Wüstensand liegt eine dicke Wolldecke. Es war kalt an jenem Nachmittag des 14. März. Daneben eine Weinflasche. Der Mörder hatte es sich gemütlich gemacht, als er die sieben Fahrzeuge in Flammen schoss. Khaldoun, der uns schließlich doch noch mit Julia auf dem Eselspfad gefolgt ist, wirft die Flasche voller Verachtung weit weg.

Wortlos fahren wir zu den Autowracks zurück. Julia und ich suchen die Düne, hinter der wir fast vier Stunden bombardiert wurden. Wir finden sie nicht. Alle Dünen sehen hier ähnlich aus. Vielleicht war das unsere Rettung. Stattdessen entdecken wir in der Gegend, in der wir lagen, Hunderte Raketen, Granaten und schwere Artilleriegeschosse. Ich frage Ahmad, warum die Truppen Gaddafis so viel Munition auf uns verfeuert hätten. Experten in Deutschland hätten errechnet, dass die Beschießung bis zu einer halben Million Dollar gekostet hätte. Ahmad schaut mich lange an. »Weil sie keine Zeugen wollten.«

Es wird dunkel. Ich stehe mit Ahmad wieder neben Abdul Latifs Autowrack. Ahmad ist seit unserer erneuten Rückkehr nach Bengasi kaum von meiner Seite gewichen. Jeden Wunsch hat er mir erfüllt. Er hat versucht, mir die gleiche Gastfreundschaft zu schenken wie sein Bruder. Ich lege meinen Arm auf seine Schulter und gehe mit ihm ein paar Schritte in die Wüste. Ich weiß, dass ich hier noch einmal mit ihm sprechen muss. Ich werde mit dem Tod Abdul Latifs nicht fertig. Ich hätte so gerne alles anders gemacht.

Ich frage ihn: »Ahmad, was habe ich falsch gemacht? Bitte, sag es mir. Hier sind wir ganz allein. « Ahmad antwortet ernst: »Ihr im Westen könnt das wahrscheinlich nicht verstehen. Aber die Tage vor seinem Tod waren die glücklichsten Tage in Abdul Latifs Leben. Er war stolz, die Revolution mit Ihnen gemeinsam zu erleben. Ihr Freund zu sein. Ideen zu entwickeln, wie man diesen Krieg friedlich beenden könnte. Er hatte keine Waffe, er hat niemanden getötet. Er ist für sein Land und für seine Träume gestorben. Er ist ein Held. Ein friedlicher Held. Wir sind alle stolz auf ihn.«

»Aber ohne die Fahrt nach Brega würde er noch leben«, erwidere ich. »Nein«, sagt Ahmad entschieden. »Seine Stunde war gekommen.« Aus dem Wind ist ein Sturm geworden. Ahmad und Khaldoun knien neben dem Auto Abdul Latifs und beten.

Am Abend präsentiert uns Ahmad zu Hause eine Überraschung. Zwei seiner Schwestern haben Jungen zur Welt gebracht. Stolz legen Ahmad und Khaldoun die Buben auf Julias Schoß. Beide heißen Abdul Latif. Auch in der Nachbarschaft wurden drei Neugeborene nach ihm benannt. Abdul Latif wird nie vergessen werden. My smiling hero. Mein lächelnder Held.

Anhang

Anmerkungen

I. Am Ende bleiben nur Tränen

1 Siehe www.hanau.de/lih/portrait/geschichte/026788/#anchor_ 10_3

2 Zahlen nach Stadt Hanau, Stadtarchiv: Darstellung nach den Einsatzberichten des Royal Air Force Bomber Command

3 Siehe http://derstandard.at/1313025140893/Algerier-Massaker-in-Paris-50-Jahre-danach-Keiner-zaehlte-die-Opfer

4 »No fewer than 8000 villages and hamlets were either destroyed or burned. Hundreds of thousands of hectares were burned or defoliated by napalm bombs.« In: Mahfoud Bennoune: *The Making of contemporary Algeria, 1830–1987*, Cambridge 2002, S. 89

5 Siehe Hassane Zerrouky: *France-Algérie. Le crime avait un nom: le colonialisme.* In: *l'Humanité*, 17. Juni 2000, http://www.humanite.fr/node/418179

6 Siehe http://www.mozambiquehistory.net/massacres.html#wiry amu

7 Siehe Larry Collins/Dominique Lapierre: *Gandhi – Um Mitternacht die Freiheit*, München 1976 (1984), S. 425

8 Vaclav Havel: *Briefe an Olga*, Reinbek 1984, 1989, S. 306

9 Ausgabe vom 26. September 2005, Nr. 39, http://www.spiegel.de/spiegel/print/d-41939375.html

10 Vgl. http://costofwar.com und http://costsofwar.org

11 »Alexander Ruzkoj war Stellvertretender Luftwaffenkommandeur der 40. Russischen Armee in Afghanistan und geriet in Gefangenschaft der Mudjaheddin. Der General a. D. beurteilt die Erfolgsaussichten eines Militäreinsatzes in Afghanistan skeptisch. ›Alexander Wladimirowitsch, kann ein Vergeltungsschlag der USA in Afghanistan Erfolg haben?‹ ›Alexander der Große hat einmal gesagt: Afghanistan kann man nicht erobern, man

kann es nur durchqueren.«" In: Gisbert Mrozek: »Russischer Ex-General zu den Schwierigkeiten einer Attacke: ›Das Land ist nicht zu erobern‹«, in: *Berliner Zeitung*, 19. September 2001.

12 Vgl. Ron Paul in *Tampa Bay Times*, 24. Oktober 2011, http://www.politifact.com/truth-o-meter/statements/2011/oct/24/ron-paul/ron-paul-says-terror-attacks-have-increased/; vgl. Robert Pape: »It's the Occupation Stupid«, in: *Foreign Policy*, 18. Oktober 2010, http://www.foreignpolicy.com/articles/2010/10/18/it_s_the_occupation_stupid?print=yes&hidecomments=yes&page=full

13 Weltweit gibt es rund fünf Millionen sogenannte Wahhabiten, einschließlich Saudi-Arabien, also 0,3 Prozent der gesamten muslimischen Weltgemeinschaft. Zählt man die Salafisten dazu, sind es maximal 30 Millionen. Schwerpunkt der Salafisten ist Ägypten, dann folgen andere arabische Staaten. Dazu kommen noch wenige Salafisten in nicht-arabischen Staaten. Die Gesamtzahl der Muslime beträgt derzeit 1,5 Milliarden, demzufolge sind nur rund zwei Prozent aller Muslime den Wahhabiten und Salafisten zuzurechnen.

14 Siehe Richard G. Ricklefs: »Fortitude South – D-Day Deception«, in: *Military Intelligence Professional Bulletin*, April–Juni 1996, http://www.fas.org/irp/agency/army/mipb/1996-2/index.html

15 »Gen. David Petraeus said affiliated groups have ›enclaves and sanctuaries‹ in Afghanistan and that ›tentacles of Al Qaeda‹ have touched countries throughout the Middle East and Northern Africa. But he said the terrorist group has suffered ›very significant losses‹ in recent months, and agreed with Afghan President Hamid Karzai's recent assessment that there is no Al Qaeda based in his country.« In: »Al Qaeda No Longer Operating in Afghanistan«, 10. Mai 2009, FOXNews.com

16 Vgl. u. a. James R. Petersen: »Was $73B of Afghan Aid wasted?« In: Politico, 11. Januar 2012, http://www.politico.com/news/stories/0112/71314.html; Ann Jones: »How U.S. dollars disappear in Afghanistan: quickly and thoroughly«, in: *San Francisco Chronicle*, 3. September 2006, http://www.sfgate.com/opinion/article/How-U-S-dollars-disappear-in-Afghanistan-2488522.php

17 Vgl. Deutsches Institut für Wirtschaftsforschung (DIW): »Eine erste Schätzung der wirtschaftlichen Kosten der deutschen Beteiligung am Krieg in Afghanistan«, in: Wochenbericht des DIW Berlin, Nr. 21, 2010, http://www.diw.de/documents/publikationen/73/diw_01.c.356890.de/10-21-1.pdf

18 Laut Weltwährungsfonds

19 Vgl. z. B. »Afghan Taliban getting stronger«. In: *Los Angeles Times*, 29. April 2010, http://articles.latimes.com/2010/apr/29/world/la-fg-0429-us-afghan-20100429

20 ISAF, International Security Assistance Force, nennt sich die »Sicherheits- und Aufbaumission« unter Führung der NATO in Afghanistan, an der sich NATO- und Nicht-NATO-Staaten beteiligen.

21 Siehe *Der Fall Florian Pfaff – Wie die Bundeswehr mit internen Kritikern umgeht.* Ein Beitrag von Jerry Sommer in der NDR-Sendereihe »Streitkräfte und Strategien«, 9. April 2011; www.ndrinfo.de »Anderen Offizieren der Bundeswehr, wie z.B. Major Florian Pfaff, der seine Mitwirkung am Irakkrieg verweigerte, erging es erheblich schlechter. Für ihn gab es eine Beförderungssperre.

Im März 2003 ist der Irak von den USA angegriffen worden. Damals weigerte sich der im Streitkräfteamt der Bundeswehr beschäftigte Major Florian Pfaff aus Gewissensgründen, seine Arbeit an der Neuorganisation der Bundeswehrlogistik fortzusetzen. Die Begründung: Seine Vorgesetzten könnten nicht ausschließen, dass seine Arbeitsergebnisse auch für eine Unterstützung des Irakkrieges eingesetzt würden. Da nach Pfaffs Einschätzung der Irakkrieg ein völkerrechtswidriger Angriffskrieg war, hätten ihm sowohl das Grundgesetz als auch sein Gewissen jede Beteiligung an diesem Feldzug verboten. Deutschland hatte sich damals unter der rot-grünen Regierung nicht direkt am Irakkrieg beteiligt. Aber indirekte Unterstützung für die USA wurde geleistet. Daran wollte der Bundeswehr-Major nicht mitwirken.

Trotz eines Urteils des Bundesverwaltungsgerichts wurde Florian Pfaff weiterhin benachteiligt. Die Bundeswehr verhängte eine Beförderungssperre mit der Begründung, wegen seines Gewissens sei Pfaff nicht ›uneingeschränkt verwendungsfähig‹. Der Major zog wieder vor Gericht, erhielt wieder Recht. Doch der Streit ging weiter. Florian Pfaff: ›*Dann hat die Bundeswehr gesagt: Jetzt wechseln wir die Begründung, jetzt nehmen wir nicht mehr das Gewissen als Begründung, sondern sagen, er kann nicht befördert werden wegen seines Charakters.*‹ Das sahen seine direkten Vorgesetzten allerdings anders. In einer Beurteilung bestätigten sie ihm, er sei ein ›*selbstbewusster, zuverlässiger, loyaler und verantwortungsbewusster Stabsoffizier [...] mit einem gefestigten, ehrlichen und aufrichtigen Charakter*‹.

Inzwischen ist Major Pfaff als EDV-Spezialist im Sanitätsdienst der Bundeswehr eingesetzt. Hier hat er weder direkt noch indirekt mit Kriegseinsätzen zu tun. Trotzdem verweigert die Bundeswehr dem 54-Jährigen die längst fällige Beförderung. Dagegen hat Pfaff erneut geklagt. Bei der Gerichtsverhandlung am 1. März des Jahres 2011 schlug der Vorsitzende Richter außergerichtliche Vergleichsverhandlungen vor. Als Vorbedingung hierfür nannte der Vertreter der Bundeswehr eine ›gewisse Zurückhaltung‹ des Klägers in der Öffentlichkeit. Pfaff hat damit kein Problem, weil sein Recht auf freie Meinungsäußerung dadurch nicht eingeschränkt wird. Entsprechend habe er sich auch vor dem Gericht geäußert. Major Pfaff: ›*Ich musste dafür ansagen [sic], dass ich ein vorbildlicher und rechtstreuer Soldat bleiben will. Ich habe das dann entsprechend formuliert, dass ich ein verantwortungsbewusster Stabsoffizier weiterhin bleiben werde. Das ist mir nicht schwer gefallen. Das wollte ich immer sein und das bin ich natürlich immer noch.*‹«

22 Siehe http://www.ippnw.de/startseite/artikel/a8966af902/body-count-opferzahlen-nach-10-ja.html

23 Siehe http://www.iraqbodycount.org/

24 Heutiger Name: Academi

II. Droge Krieg

1 Zitiert nach Edlef Köppen: *Heeresbericht,* Berlin 1930, Neuauflage Hamburg 2012, S. 154. Köppen baute in seinen Roman über die Erlebnisse eines Kriegsfreiwilligen im Ersten Weltkrieg zahlreiche Originaldokumente ein, u.a. dieses Zitat aus der Kriegsstreitschrift von Adolf Schettler: *In Gottes Namen durch!* Leipzig 1915, S. 18

2 Andere Schätzungen vgl. Matthew White unter: http://necrometrics.com/warstat8.htm

3 Siehe Nigel Jones: »From Stalin to Hitler, the most murderous regimes in the world«, in: *The Daily Mail,* 28. Januar 2012, siehe http://www.dailymail.co.uk/home/moslive/article-2091670/Hitler-Stalin-The-murderous-regimes-world.html; leicht abweichende und differenziertere Zahlen bei http://necrometrics.com/

4 Ein Klassiker moderner Propagandalügen zu Kriegszwecken ist das 1917 von den britischen Zeitungen *The Times* und *The*

Daily Mail kolportierte Gräuelmärchen über deutsche Kadaver-verwertungsanstalten, in denen angeblich die Leichen gefallener deutscher Soldaten zu Seife, Stearin, Nitroglyzerin u.ä. verarbeitet wurden. Die Meldung war vom britischen Geheimdienst erfunden worden und wurde 1925 zurückgezogen. Vgl. George S. Viereck: *Spreading Germs of Hate*, London 1931

5 *Kampf der Kulturen. Die Neugestaltung der Weltpolitik im 21. Jahrhundert.* München 1998, S. 67 f.

6 Siehe Jürgen Todenhöfer: *Feindbild Islam*, S. 11; ausführlich in: Jürgen Todenhöfer: *Warum tötest du, Zaid?* S. 163 ff.

7 Siehe http://www.gallup.com/poll/149369/religion-not-color-views-violence.aspx

8 Siehe Steven Pinker: *Gewalt. Eine neue Geschichte der Menschheit.* Frankfurt am Main 2011, S. 96. Vgl. http://sicherheitspolitik.bpb. de/index.php?page=datentabellen&layer=m1_bpb_morde und www.unodc.org/unodc/en/data-and-analysis/homicide.html

9 So Peter Ustinov in *Achtung! Vorurteile*, Hamburg 2003, S. 142

10 Insgesamt gab es laut Europol in den letzten sieben Jahren in Europa 2456 Terroranschläge. Davon waren 13 islamistisch motiviert. Das sind 0,53 Prozent. Quelle für diese und die im Text erwähnten Zahlen: Europol, TE-SAT. EU Terrorism Situation und Trend Report

11 Siehe Pinker 2011, S. 30

12 ebd., S. 36

13 ebd., S. 36 f.

14 ebd., S. 37

15 Siehe Alexander Demandt: *Kleine Weltgeschichte*, München 2003, S. 132

16 Zit. n. Niall Ferguson: *Der Westen und der Rest der Welt: Die Geschichte vom Wettstreit der Kulturen*, Berlin 2011, S. 223

17 Siehe Havel, a.a.O., S. 301

18 Siehe Kurt Tucholsky: *Gesammelte Werke in zehn Bänden.* Bd. 4: »Französischer Witz«. Reinbek 1975, S. 190

19 Vgl. Andrew Kirell: »Noam Chomsky: ›Obama Is Running Biggest Terrorist Operation That Exists‹«, 21. Juni 2013, in: http:// www.informationclearinghouse.info/article35374.htm

20 Siehe Ausgabe Stuttgart 1978, 2012, S. 261

21 Siehe Joanna Bourke: *An Intimate History of Killing. Face-to-Face Killing in Twentieth-Century Warfare*, London 1999, Kap. 1: »I had thought myself more or less immune from this intoxication un-

433

til, as trench mortar officer, I was given command over what is probably the most murderous instrument in modern warfare. [...] One day [...] I secured a direct hit on an enemy encampment, saw bodies or parts of bodies go up in the air, and heard the desperate yelling of the wounded or the runaways. I had to confess to myself that it was one of the happiest moments of my life. [...]«

22 Karl Marlantes: *Matterhorn*, Zürich, Hamburg 2012

23 Siehe Pinker, a.a.O., S. 816

24 ebd.

25 Sönke Neitzel und Harald Welzer: *Soldaten. Protokolle vom Kämpfen, Töten und Sterben*, Frankfurt am Main 2012, S. 83

26 ebd., S. 105

27 ebd., S. 110

28 ebd., S. 84

29 ebd., S. 125

30 »In einem Brief an seinen amerikanischen Verleger Charles Scribner schilderte Hemingway, wie er nach dem alliierten Einmarsch in Paris einen gefangenen SS-Mann umgelegt habe. Der Kerl sei frech gewesen, habe ihn als Angehörigen einer degenerierten Bastardrasse beschimpft und ihn auch noch darüber belehrt, dass es nach der Genfer Konvention nicht statthaft sei, einen Kriegsgefangenen umzubringen. ›Du irrst, Bruder, sagte ich zu ihm und schoss ihm dreimal schnell in den Bauch. Als er in die Knie ging, schoss ich ihm in den Schädel, sodass ihm das Gehirn aus dem Mund kam oder aus der Nase, glaube ich.‹ Einen anderen jungen Deutschen will ›Papa‹, wie Freunde ihn nannten, mit einem M-1-Gewehr von hinten abgeknallt haben. Das Geschoss habe erst das Rückgrat zerschmettert und dann die Leber zerfetzt. Hemingway: ›Er war im Alter meines Sohnes Patrick.‹« In: Erich Wiedemann: »Ich tötete 122 Deutsche«, in: *Cicero*, 18. September 2008, http://www.cicero.de/salon/%E2%80%9Eich-t%C3%B6tete-122-deutsche%E2%80%9C/39032

31 Siehe Joanne Bourke: *An Intimate History of Killing*, London 1999, S. 175, zitiert nach Neitzel/Welzer 2012, S. 447

32 Vgl. Edward Kennedy: *America Back on Track*, New York 2007

33 Albert Einstein: »Zur Abschaffung der Kriegsgefahr«, in: *Mein Weltbild*, Berlin 1953

III. Der Aufbruchversuch der arabischen Welt

1 Vgl. Karl Marx in *Der 18. Brumaire des Louis Bonaparte*: »So oft während dieser Ferien der verwirrende Lärm des *Parlaments* verstummte und sein Körper sich in die Nation auflöste, zeigte sich unverkennbar, daß nur noch *eins* fehle, um die wahre Gestalt dieser Republik zu vollenden: *seine* Ferien permanent machen und *ihre* Aufschrift: liberté, égalité, fraternité, ersetzen durch die unzweideutigen Worte: Infanterie, Kavallerie, Artillerie!«

IV: Sonderfall Syrien

1 Siehe UNHCR (http://www.unhcr.org/pages/49e486a76.html) und UNRWA (http://www.unrwa.org/etemplate.php?id=55)

2 Zu dieser Einschätzung gelangt mittlerweile auch der ehemalige US-Außenminister Henry Kissinger in einem Interview, siehe hier: http://www.youtube.com/watch?v=2gqyAaC4gng

3 Vgl. http://in.reuters.com/article/2012/02/04/syria-idINDEE81 20CO20120204, http://www.allvoices.com/contributed-news/11 449832-syrian-opposition-416-civilians-dead-in-assads-regime-assault, http://edition.cnn.com/2012/02/03/world/meast/syria-unrest/index.html

4 Vgl. http://www.bbc.co.uk/news/world-middle-east-18840535, http://www.dw.de/terror-in-tremseh/a-16097183, http://www.adn kronos.com/IGN/Aki/English/Security/Syria-350-people-killed-in-Tremseh-massacre-claims-opposition-group_313500209628. html, http://www.independent.co.uk/news/world/middle-east/assad-troops-move-on-damascus-as-massacre-toll-is-cut-7945 484.html

5 Alle vorhergehenden Schami-Zitate aus: Rafik Schami: »Verblendung gepaart mit Eitelkeit«, in: *taz*, 2. März 2012, http://www.taz. de/!88869/

INTERMEZZO ZWISCHEN ZWEI REISEN

1 So die Zahlen laut der israelischen NGO B'tselem – The Israeli Information Center for Human Rights in the Occupied Territories, http://www.btselem.org/statistics/fatalities/any/by-date-of-event

2 Gustave Le Bon: *La Revolution Française et la Psychologie des Revolutions*, Paris 1912, S. 88 f.

V. Die syrische Tragödie

1 »Syrian general: Hundreds of soldiers, police killed by armed gangs«, CNN Wire Staff, 27. Juni 2011
2 Johann Peter Eckermann: *Gespräche mit Goethe in den letzten Jahren seines Lebens.* Frankfurt am Main 1981, Kap. 302
3 Siehe Interview im *Spiegel* Nr. 39, 26. September 2005, http://www.spiegel.de/spiegel/print/d-41939375.html
4 Das wird inzwischen von ehemaligen hochrangigen Politikern wie Roland Dumas, dem einstigen französischen Außenminister, bestätigt. Dumas berichtete am 10. Juni 2013 im französischen Parlamentsfernsehen, dass er bereits 2009 – also zwei Jahre vor Ausbruch des Aufstandes in Syrien – von Spitzenbeamten des britischen Außenministeriums darauf angesprochen wurde, dass man »die Invasion von Rebellen in Syrien« vorbereite. Siehe http://www.lcp.fr/emissions/ca-vous-regarde-le-debat/vod/148110-syrie-les-preuves-du-massacre (die referierte Dumas-Passage etwa ab Minute 27); deutsche Zusammenfassung: https://cooptv.wordpress.com/2013/06/16/frankreich-ehemaliger-ausenminister-dumas-krieg-gegen-syrien-von-langer-hand-geplant/
5 »President Baschar al-Assad is very intelligent, very forceful. From my experience, His Excellency is very popular in his own country.« In: *Forward Magazine*, Januar 2009
6 »Many of the members of Congress of both parties who have gone to Syria in recent months have said they believe he's a reformer.« So Clinton im März 2011 in der CBS-Sendung »Face the Nation«
7 Vgl. http://www.opec.org/opec_web/en/data_graphs/330.htm
8 In: »Syria rebel group's dangerous tie to al Qaeda«, 10. April 2013, http://edition.cnn.com/2013/04/10/opinion/bergen-al-qaeda-syria

VI. Eine andere Sicht auf den Iran

1 Siehe Reuters und *Welt am Sonntag*, jeweils 22. April 2013, http://
de.reuters.com/article/worldNews/idDEBEE83L02Q20120
422 und http://www.welt.de/politik/ausland/article106211210/
Guenter-Grass-hat-uns-sehr-verletzt.html

2 So Netanjahu am 15. April 2012 bei einem Treffen mit US-Se-
nator Joe Lieberman, http://www.botschaftisrael.de/2012/04/16/
netanyahu-zu-iran-gesprachen/

3 Siehe Bundeszentrale für politische Bildung: »Die umstrittene
Rede Ahmadinedschads«, 22. April 2008, http://www.bpb.de/
politik/extremismus/antisemitismus/37989/rede-ahmadined
schads?p=0

4 So Ahmadinedschad am 6. Februar 2013 laut der israelischen
Tageszeitung *Haaretz*: »Ahmadinejad: Iran already a nuclear
state, but has no intention of launching attack on Israel«, http://
www.haaretz.com/news/israel-s-eye-on-iran/ahmadinejad-iran-
already-a-nuclear-state-but-has-no-intention-of-launching-
attack-on-israel-1.501777

5 »To initiate a war of aggression, therefore, is not only an international crime; it is the supreme international crime, differing only
from other crimes in that it contains within itself the accumu-
lated evil of the whole.« Siehe http://www.roberthjackson.org/
the-man/speeches-articles/speeches/speeches-related-to-robert-
h-jackson/the-crime-of-waging-aggressive-war/

6 Siehe S. 176f.

7 Siehe Tabelle »Nuclear forces development«, 2013, http://www.
sipri.org/research/armaments/nuclear-forces

8 Vgl. George P. Shultz, William J. Perry, Henry A. Kissinger, Sam
Nunn: »A World Free of Nuclear Weapons«, in: *The Wall Street
Journal*, 4. Januar 2007, http://online.wsj.com/article/SB1167875
15251566636.html#

9 Robert McNamara: »Apocalypse soon«, in: *Foreign Policy*, 5. Mai
2005, http://www.foreignpolicy.com/articles/2005/05/05/apoca
lypse_soon

10 Zitiert nach Alexander Demandt: Kleine Weltgeschichte, München 2004, S. 302

11 Vgl. http://www.nuclearfiles.org/menu/key-issues/nuclear-wea-
pons/issues/civil-society/cranston_statement-heads-state.htm

12 So Coulter in: »This is War«, 14. September 2001, http://town

hall.com/columnists/anncoulter/2001/09/14/this_is_war/page/full

13 So Coulter in: »Muslim Bites Dog«, 15. Februar 2006, http://www.anncoulter.com/columns/2006-02-15.html

14 Siehe http://video.msnbc.msn.com/msnbc/18203767

15 So in einem Interview mit George Stephanopoulos vom TV-Sender ABC am 17. Februar 2007, http://www.counterpunch.org/2007/02/19/mitt-romney-joins-iran-s-hysterical-accusers/

16 So in *Human Events*, 22. Oktober 2009, http://www.human events.com/2009/10/22/iran-biggest-threat-since-soviets/

17 Siehe http://mondoweiss.net/2010/09/netanyahu-said-iran-was-3-5-years-away-from-nuclear-capability-back-in-95.html

18 Als Vorsitzender der Commission to Assess the Ballistic Missile Threat to the United States, vgl. http://www.washingtonins-titute.org/policy-analysis/view/how-the-u.s.-can-bolster-reform-in-iran

19 Siehe *Spiegel Online* vom 4. August 2003, http://www.spiegel.de/politik/ausland/us-bericht-iran-steht-offenbar-kurz-vor-bau-einer-atombombe-a-259982.html

20 »Scott Peterson at the Christian Science Monitor did a useful timeline for dire Israeli and US predictions of an imminent Iranian nuclear weapon, beginning 20 years ago.
1992: Israeli member of parliament Binyamin Netanyahu predicts that Iran was ›3 to 5 years‹ from having a nuclear weapon.
1992: Israeli Foreign Minister Shimon Peres predicts an Iranian nuclear warhead by 1999 to French TV.
1995: The *New York Times* quotes US and Israeli officials saying that Iran would have the bomb by 2000.
1998: Donald Rumsfeld tells Congress that Iran could have an intercontinental ballistic missile that could hit the US by 2003.«
In: http://www.juancole.com/2012/03/netanyahu-1992-iran-will-have-the-bomb-by-1997.html

21 »Ex-Mossad chief Dagan: ›Military strike against Iran would be ›stupid.‹« In: *Haaretz*, 8. Mai 2011, http://www.haaretz.com/print-edition/news/ex-mossad-chief-dagan-military-strike-against-iran-would-be-stupid-1.360412

22 »Gates: Proceed warily on Iran«. In: *Jewish Exponent*, 22. März 2012, http://www.jewishexponent.com/gates-proceed-warily-iran

23 So Colonel Lawrence Wilkerson, Powells ehemaliger Stabschef,

in einem Interview mit *Vanity Fair*, 2. März 2012, http://www.
vanityfair.com/online/daily/2012/03/lawrence-wilkerson-middle-
east-nancy-schoenberger-israel-iran-nuclear-weapons

24 Siehe Elisabeth Kiderlen: »Warum die Iranerinnen jetzt Fußball
   gucken dürfen« (Besprechung von Ebadis Autobiografie *Mein
   Iran*), in: *Zeit online*, 14. Juni 2006, http://www.zeit.de/2006/25/
   Warum_die_Iranerinnen_jetzt_Fussball_gucken_duerfen
25 Vgl. Dokumentation *Turmoil & Triumph, The George Shultz Years*,
   PBS, 12., 19. und 26. Juli 2010, http://www.turmoilandtriumph.
   org/coldwar/reykjavik_summit.php
26 Siehe Dafna Linzer: »Past Arguments Don't Square With Cur-
   rent Iran Policy.« In: *Washington Post*, 27. März 2005, http://
   www.washingtonpost.com/wp-dyn/articles/A3983-2005Mar26.
   html

Epilog: Das libysche Drama

1 Vgl. u.a. »Die Quelle des Krieges«, in: *Der Spiegel*, Nr. 22, 24.
  Mai 2004
2 Siehe »US defence secretary Robert Gates slams ›loose talk‹
  about no-fly zones«. In: *The Guardian*, 3. März 2011, http://
  www.guardian.co.uk/politics/2011/mar/03/robert-gates-dismis-
  ses-no-fly-zone
3 Vgl. »Defense Secretary: Libya Did Not Pose Threat to U.S.,
  Was Not ›Vital National Interest‹ to Intervene«. In: ABC News,
  27. März 2011, http://abcnews.go.com/International/defense-
  secretary-libya-pose-threat-us-vital-national/story?id=132319
  87#.Ub-BrI4RvaM
4 Ebd.
5 Gustave Le Bon: *La Révolution Française et la Psychologie des Ré-
  volutions*, Paris 1912, S. 239 f.
6 Zumindest nach Aussagen ihres ersten Generalsekretärs Hastings Lionel Ismay. Vgl. Herfried Münkler: *Imperien*, Berlin
  2005, S. 58; Alexander Demandt: *Kleine Weltgeschichte*, München
  2004, S. 313

Orts- und Sachregister

(Kursiv gesetzte Einträge beziehen sich auf Buch-/Filmtitel, Zeitungen etc.)

447

Personenregister

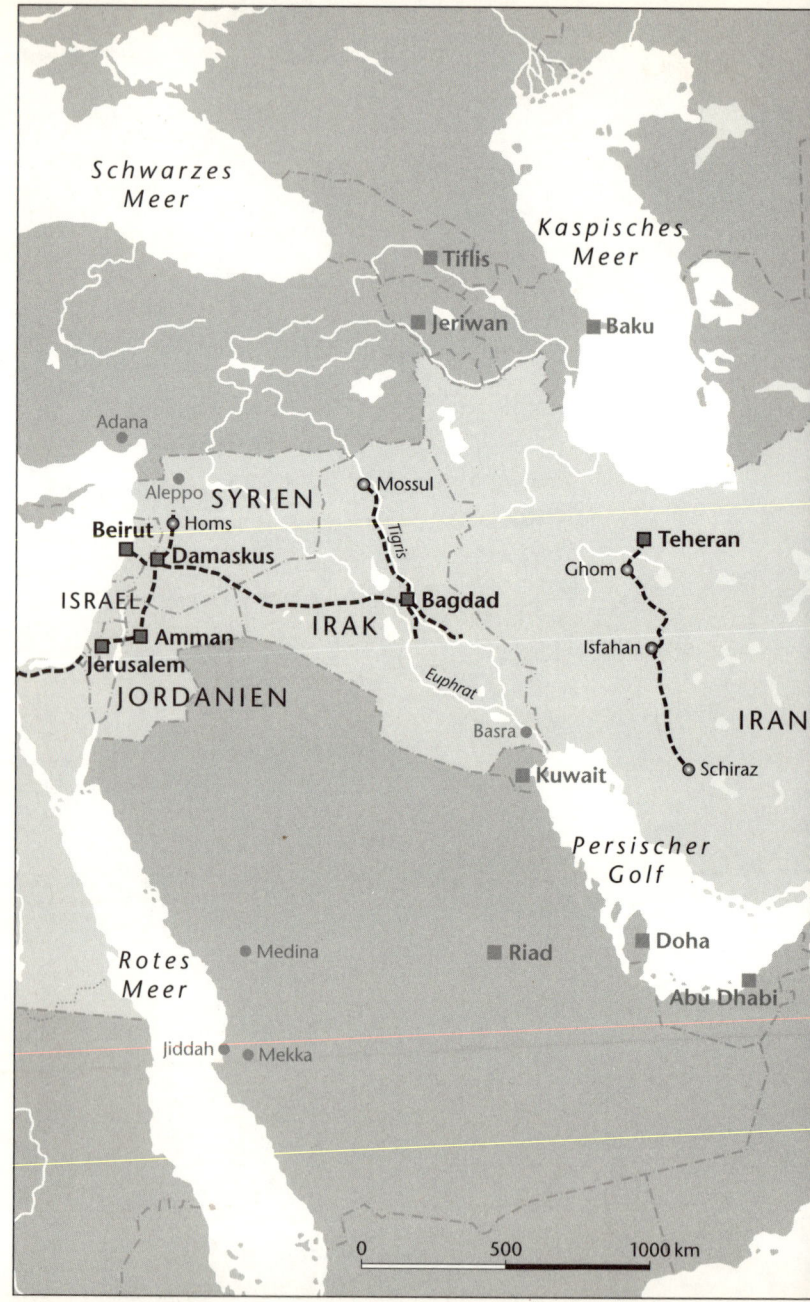

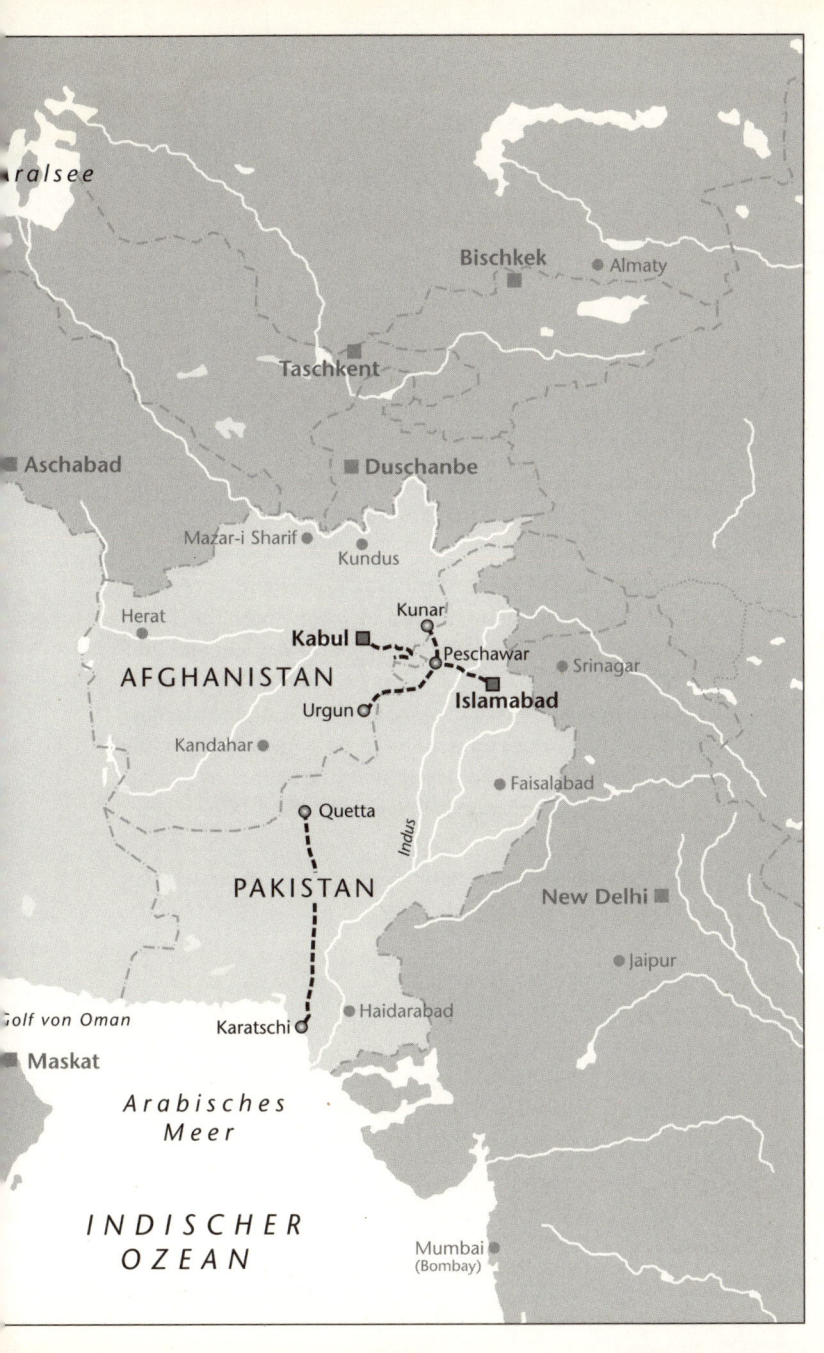

Jean Ziegler

Wir lassen sie verhungern
Die Massenvernichtung in der Dritten Welt

Sachbuch, Broschur, 320 Seiten
btb 74717
Aus dem Französischen von Hainer Kober

Ein aufrüttelnder Appell, die »Massenvernichtung durch Hunger« zu stoppen

Während die globale Landwirtschaft problemlos doppelt so viele ernähren könnte, als es Erdenbewohner gibt, kann die Realität nur als empörend bezeichnet werden: Alle fünf Sekunden verhungert ein Kind unter zehn Jahren. Eine »Massenvernichtung«, nichts weniger, für Jean Ziegler, der sich Kraft und Furor zum empörten Aufbegehren gegen die ungerechte Weltordnung und ihre Profiteure eindrucksvoll bewahrt hat.

»Ein großes Buch, hervorragend recherchiert.«
Süddeutsche Zeitung

JEAN ZIEGLER

Ändere die Welt!

Warum wir die kannibalische Weltordnung
stürzen müssen

Die Kriege sind zurück, Hunger und Not gehören auch
in Europa wieder zum Alltag, aufklärungsfeindliches
Denken gewinnt an Boden. Die Welt verfügt zum ersten
Mal in ihrer Geschichte über die Ressourcen, Hunger,
Krankheit, Tyrannei auszumerzen. Und doch werden
die elementarsten Menschenrechte mit Füßen getreten,
unzählige Konflikte wüten so furchtbar wie eh und je.

Jean Ziegler, der seit Jahrzehnten Elend, Unterdrückung
und Ungerechtigkeit anprangert, blickt zurück und
befragt sich selbst, was er mit seiner wissenschaftlichen
und politischen Arbeit bewirkt hat. Warum gelang
es den Menschen in den westlichen Gesellschaften
bisher nicht, ihre inneren Ketten abzuschütteln, die sie
hindern, frei zu denken und zu handeln? Ziegler ruft
dazu auf, die Welt zu verändern und zu einer sozialen
Ordnung beizutragen, die nicht auf Beherrschung
und Ausbeutung basiert. Seine Hoffnung richtet sich
auf eine neue weltumspannende Zivilgesellschaft, die
antritt, die Ursachen der kannibalischen Weltordnung zu
bekämpfen.

Das provokante Debattenbuch des international
bekannten Globalisierungskritikers und Bestsellerautors

ISBN 978-3-570-10256-5

C. Bertelsmann

Alexis Jenni
Die französische Kunst des Krieges

Roman, Broschur, 768 Seiten
btb 74770

Vom Krieg im Frieden

Als 1991 der erste Golfkrieg ausbricht, ist er für den jungen
Erzähler von Alexis Jennis beeindruckendem Roman nicht
viel mehr als ein paar harmlose Bilder im Fernsehen – ein
Geschehen, weit weg, das sein Dasein nicht berührt. Bis er
eines Tages in einem Bistro Victor Salagnon kennenlernt,
einen Greis, der als junger Mann in der Résistance gegen die
Deutschen kämpfte und später in Indochina und Algerien in
Frankreichs schmutzigen Kolonialkriegen diente. Salagnon ist
ein begnadeter Tuschezeichner, aber er kennt auch das wahre
Gesicht des Krieges: Er hat noch die Kunst des Tötens
gelernt und ausgeübt.
Alexis Jennis monumentaler Roman war die literarische
Sensation des Jahres 2011 – ein Meisterwerk, das den
versteckten Krieg, auf dem unser Frieden beruht,
wieder sichtbar macht.

Ausgezeichnet mit dem Prix Goncourt

»In seinem monumentalen Roman holt Alexis Jenni
die Geschichte seiner Nation seit dem Zweiten Weltkrieg
in die Gegenwart hinein.«
Süddeutsche Zeitung